Managementwissen für Studium und Praxis

Herausgegeben von Professor Dr. Dietmar Dorn und Professor Dr. Rainer Fischbach

Bisher erschienene Werke:

Arrenberg · Kiy · Knobloch · Lange, Vorkurs in Mathematik
Behrens · Kirspel, Grundlagen der Volkswirtschaftslehre, 2. Auflage
Behrens, Makroökonomie – Wirtschaftspolitik
Bichler · Dörr, Personalwirtschaft – Einführung mit Beispielen aus SAP® R/3® HR®
Blum, Grundzüge anwendungsorientierter Organisationslehre
Bontrup, Volkswirtschaftslehre
Bontrup, Lohn und Gewinn
Bontrup · Pulte, Handbuch Ausbildung
Bradtke, Mathematische Grundlagen für Ökonomen
Bradtke, Übungen und Klausuren in Mathematik für Ökonomen
Bradtke, Statistische Grundlagen für Ökonomen
Breitschuh, Versandhandelsmarketing
Busse, Betriebliche Finanzwirtschaft, 4. Auflage
Clausius, Betriebswirtschaftslehre I
Clausius, Betriebswirtschaftslehre II
Dinauer, Allfinanz – Grundzüge des Finanzdienstleistungsmarkts
Dorn · Fischbach, Volkswirtschaftslehre II, 3. A.
Drees-Behrens · Kirspel · Schmidt · Schwanke, Aufgaben und Lösungen zur Finanzmathematik, Investition und Finanzierung
Drees-Behrens · Schmidt, Aufgaben und Fälle zur Kostenrechnung
Ellinghaus, Werbewirkung und Markterfolg
Fank, Informationsmanagement, 2. Auflage
Fank · Schildhauer · Klotz, Informationsmanagement: Umfeld – Fallbeispiele
Fiedler, Einführung in das Controlling, 2. Auflage
Fischbach, Volkswirtschaftslehre I, 11. Auflage
Fischer, Vom Wissenschaftler zum Unternehmer
Frodl, Dienstleistungslogistik
Götze, Techniken des Business-Forecasting
Götze, Mathematik für Wirtschaftsinformatiker
Gohout, Operations Research
Haas, Kosten, Investition, Finanzierung – Planung und Kontrolle, 3. Auflage
Haas, Marketing mit EXCEL, 2. Auflage
Haas, Access und Excel im Betrieb
Hans, Grundlagen der Kostenrechnung
Hardt, Kostenmanagement
Heine · Herr, Volkswirtschaftslehre, 2. Auflage
Hildebrand · Rebstock, Betriebswirtschaftliche Einführung in SAP® R/3®
Hofmann, Globale Informationswirtschaft
Hoppen, Vertriebsmanagement
Koch, Marketing
Koch, Marktforschung, 3. Auflage
Koch, Gesundheitsökonomie: Kosten- und Leistungsrechnung
Krech, Grundriß der strategischen Unternehmensplanung
Kreis, Betriebswirtschaftslehre, Band I, 5. Aufl.
Kreis, Betriebswirtschaftslehre, Band II, 5. Aufl.
Kreis, Betriebswirtschaftslehre, Band III, 5. Aufl.
Laser, Basiswissen Volkswirtschaftslehre
Lebefromm, Controlling – Einführung mit Beispielen aus SAP® R/3®, 2. Auflage
Lebefromm, Produktionsmanagement – Einführung mit Beispielen aus SAP® R/3®,4. Aufl.
Martens, Betriebswirtschaftslehre mit Excel
Martens, Statistische Datenanalyse mit SPSS für Windows
Mensch, Finanz-Controlling
Mensch, Kosten-Controlling
Müller, Internationales Rechnungswesen
Oli ier, Windows-C – Betriebswirtschaftliche Programmierung für Windows
Peto, Einführung in das volkswirtschaftliche Rechnungswesen, 5. Auflage
Peto, Grundlagen der Makroökonomik, 12. A.
Piontek, Controlling
Piontek, Beschaffungscontrolling, 2. Auflage
Piontek, Global Sourcing
Posluschny, Kostenrechnung für die Gastronomie
Posluschny · on Schorlemer, Erfolgreiche Existenzgründungen in der Praxis
Reiter · Matthäus, Marktforschung und Datenanalyse mit EXCEL, 2. Auflage
Reiter · Matthäus, Marketing-Management mit EXCEL
Rothlauf, Total Quality Management in Theorie und Praxis
Rudolph, Tourismus-Betriebswirtschaftslehre
Rüth, Kostenrechnung, Band I
Sauerbier, Statistik für Wirtschaftswissenschaftler
Schaal, Geldtheorie und Geldpolitik, 4. Auflage
Scharnbacher · Kiefer, Kundenzufriedenheit, 2. A.
Schuchmann · Sanns, Datenmanagement mit MS ACCESS
Schuster, Kommunale Kosten- und Leistungsrechnung
Schuster, Doppelte Buchführung für Städte, Kreise und Gemeinden
Specht · Schmitt, Betriebswirtschaft für Ingenieure und Informatiker, 5. Auflage
Stahl, Internationaler Einsatz von Führungskräften
Steger, Kosten- und Leistungsrechnung, 3. Aufl.
Stock, Informationswirtschaft
Strunz · Dorsch, Management
Strunz · Dorsch, Internationale Märkte
Weindl · Woyke, Europäische Union, 4. Auflage
Zwerenz, Statistik, 2. Auflage
Zwerenz, Statistik verstehen mit Excel – Buch mit CD-ROM

Grundlagen der Kostenrechnung

Von
Professor
Dr. Lothar Hans

R. Oldenbourg Verlag München Wien

Die Deutsche Bibliothek - CIP-Einheitsaufnahme

Hans, Lothar:
Grundlagen der Kostenrechnung / von Lothar Hans. – München ;
Wien : Oldenbourg, 2002
(Managementwissen für Studium und Praxis)
ISBN 3-486-24794-8

Rosenheimer Straße 145, D-81671 München
Telefon: (089) 45051-0
www.oldenbourg-verlag.de

Gedruckt auf säure- und chlorfreiem Papier
Druck: Grafik + Druck, München
Bindung: R. Oldenbourg Graphische Betriebe Binderei GmbH

ISBN 3-486-24794-8 ISBN 978-3-486-24794-7 eISBN 978-3-486-70075-6

Vorwort

Die Planung, Steuerung und Kontrolle des laufenden Betriebsgeschehens sind wesentliche Aufgaben der Unternehmensführung. Die Art und Weise der Aufgabenstellung unterscheidet sich dabei je nach Branche, Form der Kundenbeziehungen, Unternehmensgröße, Unternehmensorganisation und weiteren relevanten Bestimmungsmerkmalen. Unabhängig von diesen Bestimmungsfaktoren setzt die Erfüllung der genannten Aufgaben eine leistungsfähige, an die Anforderungen des jeweiligen Unternehmens angepasste Kosten- und Leistungsrechnung voraus, die insbesondere in der Lage sein muss, richtige Daten für betriebliche Planungsprobleme und richtige Methoden zur Kontrolle der Kostenwirtschaftlichkeit bereitzustellen.

Damit wird deutlich, dass der Spielraum einer zweckadäquaten Gestaltung im Bereich der Kostenrechnung deutlich größer ist als im externen Rechnungswesen, der Finanzbuchhaltung, die im System der doppelten Buchführung arbeitet und sich in wesentlichen Fragen an den handels- und steuerrechtlichen Bestimmungen zu orientieren hat.

Mit dem vorliegenden Lehrbuch soll ein systematischer Überblick über den aktuellen wissenschaftlichen und praktischen Stand der Kosten- und Leistungsrechnung gegeben werden. Dabei werden in allen Teilbereichen dieses Systems zum einen die grundlegenden Erfordernisse dargestellt, die für eine funktionsfähige Kostenrechnung unerlässlich sind, zum anderen werden in Frage kommende Gestaltungsalternativen aufgezeigt, die anhand der konkreten Aufgabenstellungen in den Unternehmen nach den Kriterien der Zweckmäßigkeit und der Wirtschaftlichkeit auszuwählen sind; diese Auswahl soll dabei durch die ausführliche Diskussion der Vor- und Nachteile der jeweiligen Alternativen unterstützt werden.

Bei sämtlichen Fragestellungen werden die theoretischen Ausführungen durch mehr oder weniger umfangreiche praxisnahe Beispiele ergänzt. Dabei wurde auf die Wiedergabe eines geschlossenen Beispiels in Form eines Modellbetriebes verzichtet; für die Erläuterung der grundlegenden Arbeitsweise der Kostenrechnung erscheint dies aufgrund der vielfältigen Vernetzungen zu komplex. Es wird aber an den geeigneten Stellen ausführlich auf die Querverbindungen zu den vor- und nachgelagerten Teilsystemen hingewiesen. Die Beispiele orientieren sich dabei wegen der höheren Anschaulichkeit an den Gegebenheiten von Industriebetrieben; auch treten hier Gestaltungsprobleme auf, die in anderen Branchen in dieser Form nicht bestehen. Eine analoge Übertragung der Sachverhalte auf Unternehmen anderer Wirtschaftszweige wird aber keine Probleme bereiten.

Die Ausführungen sind in sieben Kapitel gegliedert. Im einleitenden Kapitel erfolgt zunächst eine Gegenüberstellung der beiden Teilsysteme des Rechnungswesens, der Finanzbuchhaltung und der Kostenrechnung. Anschließend werden ausführlich die wesentlichen Grundbegriffe des Rechnungswesens definiert und gegeneinander abgegrenzt. Abschließend werden die im Weiteren benötigten produktions- und kostentheoretischen Grundlagen der Kostenrechnung dargestellt und erläutert.

Im zweiten Kapitel werden die grundsätzlichen Entwicklungsformen der Kostenrechnung vorgestellt und miteinander verglichen. Ein Schwerpunkt der Ausführungen liegt dabei auf der Behandlung der Plankostenrechnung, die in ihren Gestaltungsformen als

Vollkostenrechnung und als Grenzplankostenrechnung dargestellt wird; diese werden in ihren Gemeinsamkeiten und Unterschieden im Lichte der Erfüllung der oben genannten Aufgaben miteinander verglichen. Die Plankostenrechnung wird dann dem System der relativen Einzelkostenrechnung gegenübergestellt, wobei in diesem Zusammenhang der Nutzen dieses Systems für Dienstleistungsunternehmen herausgestellt wird.

In den folgenden Kapiteln werden die Teilgebiete der Kostenrechnung ausführlich dargestellt. Im Teil über die Kostenartenrechnung liegt der Schwerpunkt der Ausführungen auf der Planung, Erfassung und Kontrolle der wichtigsten Kostenarten eines Unternehmens; dies sind neben den Material- und den Personalkosten die überwiegend auf den Betriebsmitteleinsatz zurückzuführenden Abschreibungen und Zinsen.

Im Kapitel über die Kostenstellenrechnung werden zunächst die Kriterien zur Einteilung eines Unternehmens in Kostenstellen und die Möglichkeiten zur Messung der Leistungen dieser Stellen mit Hilfe von Bezugsgrößen behandelt. Im Weiteren erweist es sich als zweckmäßig, die Darstellung nach den grundlegenden Entwicklungsformen der Kostenrechnung – Istkostenrechnung und Plankostenrechnung – zu trennen, da sich wesentliche Aufgaben und Gestaltungsalternativen der Kostenstellenrechnung für diese Kostenrechnungssysteme unterscheiden. Während der Abschnitt über die Istkostenrechnung der Erfassung der Gemeinkosten und ihrer Aufbereitung zur Weiterverrechnung auf die Produkte gewidmet ist, werden im Teil über die Plankostenrechnung ausführlich die Planung und die Kontrolle der über die Kostenstellen verrechneten Kosten behandelt.

Im 5. Kapitel über die Kalkulation werden nach der Behandlung der Aufgaben und Arten von Kalkulationen die gängigen Kalkulationsverfahren bei unverbundener Produktion und bei Kuppelproduktion vorgestellt und anhand von Beispielen ausführlich erläutert. Ein Schwerpunkt liegt hier auf der Kalkulation mehrteiliger Erzeugnisse, die sich aus mehreren eigenerstellten oder fremdbezogenen Teilen und Baugruppen zusammensetzen.

Als letztes Teilgebiet wird dann die kurzfristige Erfolgsrechnung vorgestellt, wobei der Behandlung der eigentlichen Verfahren der Gewinnermittlung die zweckmäßige Gestaltung einer Erlösrechnung als Vorsystem der kurzfristigen Erfolgsrechnung vorangestellt wird. Neben den grundsätzlichen Verfahren der Erfolgsrechnung liegt ein Schwerpunkt der Ausführungen auf der Behandlung der verschiedenen Formen der Deckungsbeitragsrechnung, die ausführlich dargestellt und in ihren Vor- und Nachteilen miteinander verglichen werden.

Im letzten Kapitel werden ausgewählte Instrumente des Kostenmanagements vorgestellt, wobei hier der Schwerpunkt auf der Behandlung der Prozesskostenrechnung liegt, deren Arbeitsweise ausführlich dargestellt und im Lichte der Aufgaben der Kostenrechnung beurteilt wird. Abschließend wird das Zielkostenmanagement oder Target Costing behandelt. Hierbei handelt es sich um ein Management-Instrument des Produkt-Controlling, das im Wesentlichen auf den Daten der Kostenrechnung und insbesondere denen der Produktkalkulationen aufbaut.

Zielgruppe des Lehrbuches sind zum einen Studierende der Betriebwirtschaftslehre, der Wirtschaftsinformatik und des Wirtschaftsingenieurwesens und zum anderen Praktiker, die sich in ihren betrieblichen Funktionen mit den Fragestellungen der Kostenrechnung konfrontiert sehen. Dabei sind die Ausführungen nicht nur für die Spezialisten des Rechnungswesens relevant, auch in den Bereichen des Marketings, der Logistik und in sämtlichen technischen Funktionen sind die Problemstellungen der Kostenrechnung, insbesondere die Planung der Kostenvorgaben bei wirtschaftlicher Betriebsführung, die Bestimmung geplanter oder tatsächlicher Kosten pro Leistungseinheit und die Kontrolle der Kostenwirtschaftlichkeit von großer Bedeutung.

LOTHAR HANS

Inhaltsverzeichnis

1 Die Kostenrechnung als Teilgebiet des betrieblichen Rechnungswesens

1.1 Die Teilgebiete des betrieblichen Rechnungswesens und ihre Aufgaben

Das charakteristische Merkmal von Unternehmen besteht darin, durch die Kombination von Produktionsfaktoren Güter oder Dienstleistungen herzustellen und abzusetzen. Während eine brauchbare Systematisierung der erstellten Güter und Leistungen aufgrund deren Mannigfaltigkeit schwierig ist, lassen sich die eingesetzten Produktionsfaktoren für betriebswirtschaftliche Fragestellungen zweckmäßigerweise wie folgt systematisieren:[1]

1 Elementarfaktoren
- 1.1 Werkstoffe,
- 1.2 Ausführende menschliche Arbeit,
- 1.3 Betriebsmittel,
- 1.4 Fremdbezogene Dienstleistungen.

2 Dispositiver Faktor
Zielorientierte Führung des Unternehmens mit den Aufgaben:
- Zielbildung,
- Planung und Kontrolle,
- Organisation,
- Mitarbeiterführung.

Die Bereitstellung dieser Produktionsfaktoren, ihre Umwandlung in betriebliche Leistungen im Kombinationsprozess sowie der Vertrieb dieser Leistungen findet organisatorisch in eigenständigen Funktionsbereichen statt. Daneben werden auch für die wesentlichen dispositiven Tätigkeiten eigene organisatorische Einheiten gebildet.

Das Zusammenspiel der klassischen Funktionsbereiche Beschaffung, Produktion und Absatz[2] sowie die Verbindung des Unternehmens zu seiner Außenwelt sind in dem Kreislaufschema der Übersicht 1.1 dargestellt.[3] Das dargestellte Schema ist typisch für Industriebetriebe; in Unternehmen, die Dienstleistungen erstellen, werden die Produktionsfaktoren zu nicht lagerfähigen Leistungen kombiniert, so dass hier Halb- und Fertigfabrikatebestände entfallen.

Der obere Teil der Übersicht 1.1 zeigt den Mengenstrom von den Beschaffungsmärkten durch das Unternehmen hin zu den Absatzmärkten. Von den Beschaffungsmärkten bezieht das Unternehmen die zur Leistungserstellung benötigten Produktionsfaktoren. Die wichtigsten Beschaffungsmärkte eines Unternehmens sind:

- Märkte für Rohstoffe,
- Zulieferer für Teile und Baugruppen,
- Betriebsmittelhersteller,
- Werkzeughersteller,
- Externe Dienstleister,

[1] Vgl. die Systematisierung der Produktionsfaktoren bei E. Gutenberg, (Grundlagen 1951), S. 3 ff., W. Kilger, (Einführung 1992), S. 1.

[2] Unter Produktion soll hier nicht nur die Herstellung industrieller Güter verstanden werden, sondern jede Form der Kombination von Produktionsfaktoren zur Leistungserstellung.

[3] Vgl. die Übersicht bei W. Kilger, (Einführung 1992), S. 2.

- Energieversorgungsunternehmen,
- Arbeitsmarkt.

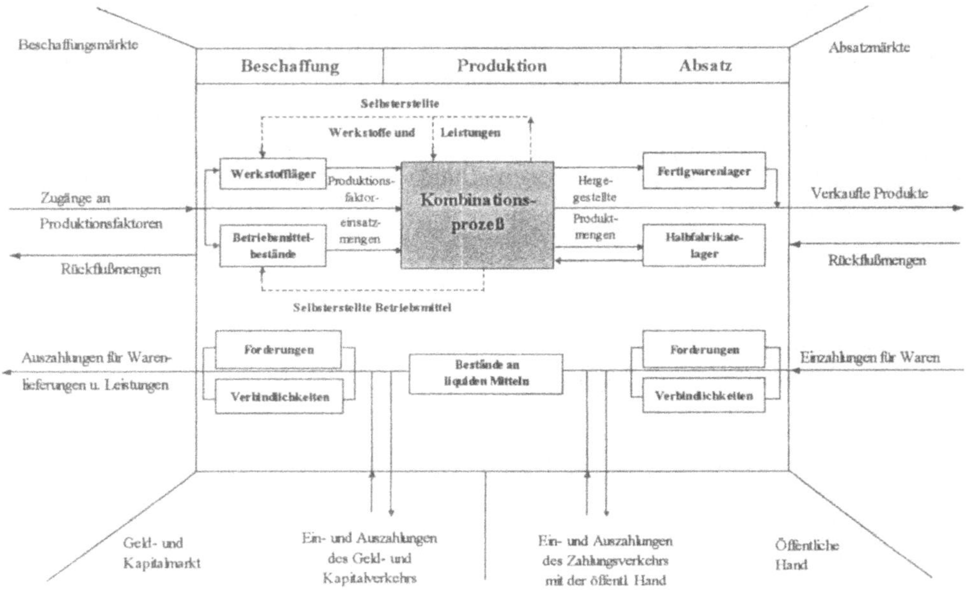

Übersicht 1.1: Kreislaufschema der Mengen- und Werteströme

Die beschafften Produktionsfaktoren gehen dann entweder unmittelbar oder nach einer vorherigen Lagerung in den betrieblichen Kombinationsprozess ein, wobei für die menschliche Arbeitsleistung und fremdbezogene Dienstleistungen eine Lagerung nicht möglich ist, so dass hier der Faktorzugang immer dem Verbrauch entspricht. Eine Besonderheit besteht in diesem Zusammenhang bei dem Produktionsfaktor Betriebsmittel. Diese stellen sogenannte Potentialfaktoren dar, die im Allgemeinen über mehrere Jahre im Produktionsprozess einsetzbar sind; ihr Beschaffungswert wird demzufolge aktiviert und über den Zeitraum der Nutzung abgeschrieben.[4]

Im Kombinationsprozess werden die Produktionsfaktoren zu den betrieblichen Leistungen umgeformt. Ein Teil dieser Leistungen kann als selbsterstellte Werkstoffe und Dienstleistungen oder als selbsterstellte Betriebsmittel erneut den Status von Produktionsfaktoren erlangen.

Der überwiegende Teil der erstellten Leistungen wird jedoch aus für den Absatzmarkt bestimmten Gütern und Dienstleistungen bestehen. Handelt es sich dabei um materielle Güter, so gehen diese entweder in einer Zwischenstufe in Halbfabrikateläger und von dort erneut in den Kombinationsprozess ein, oder sie werden vor ihrer endgültigen Verwertung in Fertigfabrikateläger zwischengelagert oder sie werden – in gleicher Weise wie die nicht-materiellen Dienstleistungen - unmittelbar dem Absatzmarkt zugeführt.

Übersicht 1.1 deutet einen Mengenstrom in umgekehrter Richtung an. Von den Absatzmärkten fließen Güter als Leergut, vom Kunden beanstandete Ware oder als zu-

[4] Vgl. hierzu unsere Ausführungen zu den kalkulatorischen Abschreibungen in Abschnitt 3.5.

rückzunehmende Altprodukte wieder in das Unternehmen. Diese werden dort entweder erneut dem Produktionsprozess oder einer Entsorgung zugeführt. In gleicher Weise erfolgt ein Mengenstrom zurück zu den Beschaffungsmärkten ebenfalls für Leergut, beanstandete Rohstoffe, Baugruppen und Teile sowie für Produktionsabfälle und nicht mehr benötigte Betriebsmittel und Werkzeuge.

Der untere Teil der Übersicht 1.1 zeigt die Werteströme des Unternehmens. Auf der einen Seite fließen von den Absatzmärkten Einzahlungen für die gelieferten Güter und Dienstleistungen, auf der anderen sind für die von den Beschaffungsmärkten bezogenen Produktionsfaktoren diesen entsprechende Auszahlungen zu leisten. Häufig werden sich die Zeitpunkte der Absatzleistung bzw. der Produktionsfaktorzugänge von den zugehörigen Zahlungsterminen unterscheiden; hierdurch entstehen oder entfallen Forderungen und Verbindlichkeiten.[5]

Neben den bereits beschriebenen Zahlungsströmen steht das Unternehmen im Zahlungsverkehr mit den Finanzmärkten und der öffentlichen Hand. Von den Finanzmärkten erhält das Unternehmen Einzahlungen in Form von zusätzlichem Eigen- und Fremdkapital sowie für Erträge aus Finanzanlagen und Beteiligungen. Auszahlungen an die Finanzmärkte fallen an für Tilgung und Verzinsung von Krediten, Gewinnausschüttungen sowie für Finanzanlagen und neue Beteiligungen.

An die öffentliche Hand sind Auszahlungen für Steuern, Sozialabgaben und für sonstige Gebühren und Abgaben zu leisten. Einzahlungen seitens des Staates können für Steuererstattungen und für Direktsubventionen anfallen.

Aus den beschriebenen Mengen- und Wertebewegungen resultieren eine Vielzahl von Geschäftsvorfällen sowohl zwischen dem Unternehmen und seinen externen Märkten (einschließlich der öffentlichen Hand) als auch innerhalb des Unternehmens. Gemäß § 238 Abs. 1 Satz 1 HGB ist das Unternehmen verpflichtet, „Bücher zu führen und in diesen seine Handelsgeschäfte und die Lage seines Vermögens nach den Grundsätzen ordnungsgemäßer Buchführung ersichtlich zu machen“. Dies setzt die lückenlose Erfassung sämtlicher Geschäftsvorfälle voraus.

Für die Zwecke der zielorientierten Führung des Unternehmens muss in folgender Weise über die gesetzlich vorgeschriebene Erfassungs- und Dokumentationspflicht hinausgegangen werden. Zum einen müssen die Mengen- und Wertebewegungen zwischen den internen Organisationseinheiten (Funktionsbereiche, Abteilungen, Stellen) erfasst werden. Zum zweiten ist eine Trennung zwischen solchen Geschäftsvorfällen, die auf den eigentlichen Betriebszweck des Unternehmens zurückzuführen sind, und außergewöhnlichen Geschäftsvorfällen notwendig. Drittens erfordern die Aufgaben der Unternehmensführung nicht nur die nachträgliche Erfassung und Dokumentation, sondern auch die Planung der Mengen- und Werteströme. Plandaten dienen einerseits der Vorbereitung betrieblicher Entscheidungen und andererseits der Kontrolle der Wirtschaftlichkeit des Betriebsgeschehens.

Die beschriebenen Planungs-, Erfassungs- und Kontrollaufgaben obliegen dem betrieblichen Rechnungswesen. Hierunter versteht man ein System zur Ermittlung, Darstellung und Auswertung von Zahlen über die gegenwärtigen und zukünftigen wirt-

---

[5] Auf diese Zusammenhänge werden wir im nächsten Abschnitt bei der Erläuterung der Grundbegriffe des Rechnungswesens näher eingehen.

schaftlichen Tatbestände und Vorgänge im Betrieb sowie über die gegenwärtigen und zukünftigen Beziehungen des Betriebes zu seiner Umwelt.[6]

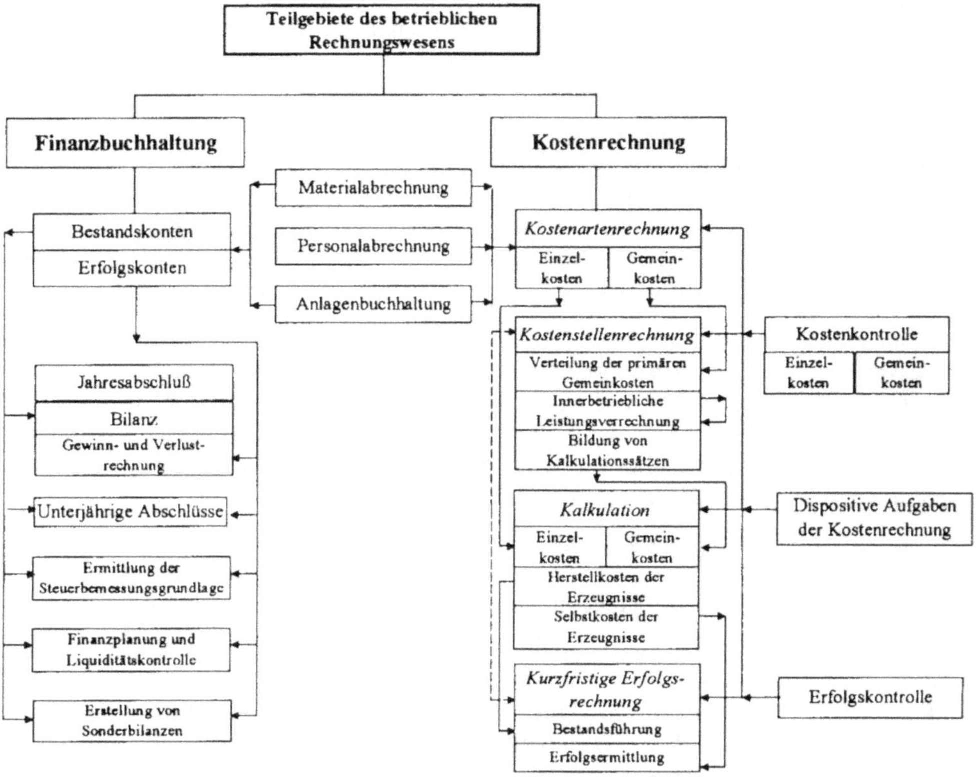

Übersicht 1.2: Teilgebiete des betrieblichen Rechnungswesens

Übersicht 1.2 zeigt die Teilgebiete des betrieblichen Rechnungswesens und ihre wesentlichen Aufgaben.[7] Die Übersicht zeigt zunächst die grundsätzliche Unterteilung des Rechnungswesens in die Finanzbuchhaltung und die Kostenrechnung. Aufgabe der **Finanzbuchhaltung** ist die laufende Erfassung und Dokumentation aller Geschäftsvorfälle, die Veränderungen in der Höhe und/oder der Zusammensetzung des betrieblichen Vermögens oder Kapitals bewirken.[8] Dies sind zum überwiegenden Teil die Geschäftsvorfälle zwischen dem Unternehmen und seinen externen Marktpartnern. Die Finanzbuchhaltung wird daher häufig auch als *Externes Rechnungswesen* bezeichnet.

Die Erfassung der betreffenden Geschäftsvorfälle erfolgt in der Finanzbuchhaltung im System der doppelten Buchführung, wobei zwischen Bestands- und Erfolgskonten zu unterscheiden ist. In Bestandskonten werden die Vermögens- und Kapitalpositionen erfasst, in Erfolgskonten die aus Faktorverbräuchen und Leistungsentstehung resultierenden Aufwands- und Ertragspositionen.[9] Anhand der Bestands- und Erfolgskonten

[6] H.K. Weber, (Rechnungswesen 1994), S. 2.
[7] Vgl. die ähnliche Übersicht bei W. Kilger, (Einführung 1992), S. 12.
[8] Vgl. H. Bieg u. H. Kußmaul, (Rechnungswesen 1996), S.1.
[9] Die exakte Abgrenzung dieser Begriffe erfolgt im nachstehenden Anschnitt.

werden zu bestimmten Stichtagen Abschlüsse erstellt, die sich aus der Bilanz, dem Überblick über das Vermögen und Kapital an einem Stichtag, und der Gewinn- und Verlustrechnung zusammensetzen, welche die Erfolgskomponenten einer Periode beinhaltet. Hierbei ist der Jahresabschluss am Ende des Geschäftsjahres gesetzlich vorgeschrieben.[10]

Neben dem Jahresabschluss erstellen viele Unternehmen unterjährige Abschlüsse, z.B. Monats- oder Quartalsabschlüsse, um sich frühzeitig einen Einblick in die Entwicklung der Vermögens- und Ertragslage im Geschäftsjahr zu verschaffen und die externen Adressaten des Abschlusses entsprechend zu informieren.

Weitere Aufgaben der Finanzbuchhaltung sind die Ermittlung der Bemessungsgrundlagen für Steuerzahlungen, die laufende Finanzplanung und Liquiditätskontrolle sowie die Erstellung von Sonderbilanzen zu bestimmten Anlässen, wie z.B. dem Ausscheiden eines Gesellschafters, einer Fusion oder einem Konkurs.

Damit wird deutlich, dass die Aufgabenschwerpunkte der Finanzbuchhaltung in der Darstellung der Vermögens- und Erfolgslage des Unternehmens nach außen liegen. Für die Führungsaufgaben in einem Unternehmen ist sie aus folgenden Gründen nur bedingt geeignet:

1. Wie gesehen, arbeitet die Finanzbuchhaltung im System der doppelten Buchführung. Für die Erfassung der externen Geschäftsvorfälle und die Erstellung des Jahresabschlusses ist dieses System ausreichend leistungsfähig. Für die Betrachtung der Mengen- und Werteströme zwischen den vielen Funktionsbereichen und Stellen des Unternehmens ist es aber zu schwerfällig und zu unübersichtlich,[11] insbesondere lassen sich mit diesem System keine Aussagen über den Werteverzehr je Erzeugnis- oder Leistungseinheit machen.
2. Aufgrund ihrer Aufgabenstellung muss die Finanzbuchhaltung sämtliche Geschäftsvorfälle zwischen dem Unternehmen und seinen Marktpartnern erfassen und damit auch solche, die nicht mit dem eigentlichen Betriebszweck in Zusammenhang stehen, sondern auf betriebsfremde, periodenfremde oder außerordentliche Ursachen zurückzuführen sind. Für die Analyse des eigentlichen Betriebsgeschehens und insbesondere die Ermittlung des Erfolges der eigentlichen Betriebstätigkeit sind diese Geschäftsvorfälle störend.
3. Das Handels- und Steuerrecht erlauben bei der Erstellung des Jahresabschlusses eine Vielzahl von Bilanzierungs- und Bewertungswahlrechten, die das Unternehmen im Hinblick auf seine bilanzpolitischen Ziele nutzt.[12] Auch dies behindert die interne Analyse des Betriebsgeschehens.

Aus diesen Gründen hat sich bereits frühzeitig die **Kostenrechnung** als eigenständiges Teilgebiet des Rechnungswesens herausgebildet. Sie beschäftigt sich vorwiegend mit den Mengen- und Werteströmen innerhalb des Unternehmens, sie wird daher auch als *Internes Rechnungswesen* bezeichnet. Da die Informationen der Kostenrechnung in erster Linie internen Dokumentations- und Steuerungsaufgaben dienen, ist die Gestal-

---

[10] Zu Aufgaben und Inhalt des Jahresabschlusses vgl. H. Bieg u. H. Kußmaul, (Rechnungswesen 1996), S.2 ff.

[11] Vgl. W. Kilger, (Einführung 1992), S. 14.

[12] Vgl. hierzu auch G. Laßmann, (Weiterentwicklung 1995), S. 1050.

tung im Gegensatz zur Finanzbuchhaltung keinen gesetzlichen Vorschriften unterworfen und kann demzufolge nach Zweckmäßigkeitsgesichtspunkten erfolgen.[13]

Die grundsätzlichen Aufgaben der Kostenrechnung lassen sich wie folgt systematisieren:

1 Traditionelle Aufgaben
Hierunter verstehen wir die Aufgaben, zu deren Erfüllung die Kostenrechnung als eigenständiges Teilgebiet des Rechnungswesens entwickelt wurde und die von jedem Kostenrechnungssystem erfüllt werden müssen.[14] Dies sind insbesondere:

1.1 Ermittlung der Kosten pro Erzeugniseinheit
Die Kosten pro Erzeugniseinheit[15] werden benötigt für die Bewertung der Bestände an Halb- und Fertigfabrikaten, zur Festlegung interner Verrechnungspreise, zur Verkaufssteuerung und zur Plausibilisierung der am Markt erzielten Verkaufspreise. Je nach Aufgabe werden hierbei die Herstell- oder die Selbstkosten der betrieblichen Produkte herangezogen.[16]

1.2 Ermittlung des kurzfristigen Periodenerfolges
Da der Gewinn der Finanzbuchhaltung aufgrund der Berücksichtigung nicht betriebsbedingter Erfolgskomponenten und der Orientierung an einen externen Adressatenkreis für die internen Zielsetzungen des Rechnungswesens nicht geeignet ist, hat sich frühzeitig als eine Aufgabe der Kostenrechnung die Ermittlung eines am eigentlichen Betriebsgeschehen orientierten Ergebnisses herausgebildet. Die Ermittlung des Betriebserfolges wird hierbei normalerweise monatlich durchgeführt. Der eigentlichen Erfolgsrechnung wird häufig eine rechnerische Bestandsführung der Halb- und Fertigfabrikatebestände vorgeschaltet.

2 Moderne Aufgaben
Die zielorientierte Führung eines Unternehmens stellt der Kostenrechnung weitergehende Aufgaben, die deren Ausgestaltung als Plankostenrechnung erforderlich machen. Im Einzelnen sind dies:

2.1 Kostenkontrolle
Die Sicherstellung der Wirtschaftlichkeit des Betriebsgeschehens erfordert eine laufende Kostenkontrolle. Hierzu müssen den tatsächlich angefallenen Istkosten geplante Kosten gegenübergestellt werden, bei deren Bestimmung von der Annahme eines wirtschaftlichen Verbrauches der Produktionsfaktoren ausgegangen wird.

2.2 Erfolgskontrolle
Neben der Ermittlung des tatsächlichen Betriebserfolges ist es für die Zwecke der Unternehmensführung unerlässlich, diesen Gewinn dem erwarteten Plangewinn der betreffenden Periode gegenüberzustellen und die aufgetretenen Abweichungen nach Verantwortungsbereichen differenziert zu analysieren.

---

[13] Vgl. hierzu G. Wöhe u. H. Kußmaul, (Bilanztechnik 2000), S.8.
[14] Auf die verschiedenen Kostenrechnungssysteme werden wir im 2. Kapitel ausführlich eingehen.
[15] Unter dem Begriff Erzeugnis wollen wir im folgendem sowohl materielle Produkte als auch Dienstleistungen verstehen.
[16] Die genaue Abgrenzung dieser Begriffe erfolgt in Abschnitt 5.1.

2.3 Dispositive Aufgaben

Eine Vielzahl betrieblicher Entscheidungen, z.B. in der Verkaufssteuerung oder der Verfahrenswahl, basieren auf geplanten Kosten- und Leistungsdaten. Auch zur Erfüllung dieser Aufgabe ist die Gestaltung der Kostenrechnung als Plankostenrechnung erforderlich.

Aus Übersicht 1.2 geht hervor, dass sich die Kostenrechnung in die folgenden vier Teilgebiete untergliedert:

1. Kostenartenrechnung
2. Kostenstellenrechnung
3. Kalkulation oder Kostenträgerstückrechnung
4. Kurzfristige Erfolgsrechnung oder Kostenträgerzeitrechnung.

Der **Kostenartenrechnung** kommen im System der Kostenrechnung folgende Aufgaben zu:

1. Lückenlose Erfassung aller betriebsbedingten bewerteten Faktorverbräuche.
2. Festlegung der Art der Weiterverrechnung der angefallenen Kostenarten entweder als Einzelkosten direkt auf die betrieblichen Erzeugnisse oder als Gemeinkosten auf die Kostenstellen des Unternehmens.
3. Planung und Kontrolle der Einzelkosten bei Einsatz einer Plankostenrechnung.

Die **Kostenstellenrechnung** befasst sich mit den Kostenarten, die sich nicht unmittelbar den Produkten zurechnen lassen, den Gemeinkosten. Diese werden vor ihrer kalkulatorischen Weiterverrechnung den Kostenstellen zugeordnet. Unter Kostenstellen versteht man betriebliche Teilbereiche, die im System der Kostenrechnung als selbständige Kontierungseinheiten dienen.[17] Je nach der Art der Leistungserstellung unterscheidet man Hauptkostenstellen, die ihre Leistungen für die betrieblichen Produkte erbringen, und Hilfskostenstellen, die Serviceleistungen an andere Stellen liefern. Die Kostenstellenrechnung hat folgende Aufgaben zu erfüllen:

1. Verteilung der Gemeinkosten auf die Kostenstellen, in denen der entsprechende Faktorverbrauch stattgefunden hat.
2. Durchführung der innerbetrieblichen Leistungsverrechnung, in der die Kosten der Hilfskostenstellen den leistungsempfangenden Kostenstellen zugerechnet werden. Ziel der innerbetrieblichen Leistungsverrechnung ist es, sämtlich Gemeinkosten auf die Hauptkostenstellen zu verrechnen, um sie von dort auf die Produkten verteilen zu können.
3. Bildung von Kalkulationssätzen, mit deren Hilfe die Gemeinkosten auf die Erzeugnisse kalkuliert werden.
4. Planung und Kontrolle der Gemeinkosten bei Einsatz einer Plankostenrechnung.

In der **Kalkulation** werden die Herstell- und Selbstkosten pro Produkteinheit ermittelt, wobei die Einzelkosten aus der Kostenartenrechnung übernommen werden und die Gemeinkosten anhand der Kalkulationssätze der Kostenstellen auf die Produkte verrechnet werden. Hierbei werden die Stückkosten entweder als nachträglich kalkulierte

---

[17] Vgl. W. Kilger, (Einführung 1992), S. 15 sowie unsere Ausführungen im 4. Kapitel.

Istkosten oder als geplante Herstell- und Selbstkosten festgelegt. Letztere werden insbesondere für die dispositiven Aufgaben der Kostenrechnung benötigt.

Die **kurzfristige Erfolgsrechnung** hat die Aufgabe, den Periodenerfolg für unterjährige Teilperioden (Monate, Quartale) differenziert nach Erzeugnissen oder Erzeugnisgruppen zu ermitteln und zu analysieren. Die Erfolgsanalyse soll zeigen, wie die Produkte zur Gewinnerzielung beigetragen haben. Die moderne Aufgabe der Erfolgskontrolle erfordert neben der nachträglichen Ermittlung der tatsächlichen Gewinne eine Gewinnplanung. Hierzu ist die Planung der Erlöse und der Kosten für einen Durchschnittsmonat des Planjahres erforderlich.[18]

Da der überwiegende Teil der bewerteten Produktionsfaktorverbräuche sowohl für die Kostenrechnung als auch für die Finanzbuchhaltung benötigt wird, hat es sich als zweckmäßig erwiesen, für die wichtigsten Produktionsfaktorgruppen eigenständige Abrechnungssysteme zu installieren. Wie Übersicht 1.2 zeigt, gehören hierzu:

1. **Die Materialabrechnung**
   In der Materialabrechnung werden für alle Werkstoffe die Lagerbestände geführt und monatlich die bewerteten Verbräuche, d.h. die Materialaufwendungen bzw. Materialkosten ermittelt.

2. **Die Personalabrechnung**
   Die Personalabrechnung ermittelt die monatlichen Bruttolöhne und -gehälter und leitet hieraus die entsprechenden Nettobeträge ab. Weiterhin werden die mit dem Mitarbeitereinsatz verbundenen Personalnebenkosten erfasst.

3. **Die Anlagenbuchhaltung**
   Die Anlagenbuchhaltung verwaltet das Inventar des Anlagevermögens, auf dessen Grundlage die Abschreibungen für die Kostenrechnung und die Finanzbuchhaltung berechnet werden.

In der Literatur werden als weitere Teilgebiete des betrieblichen Rechnungswesens die Betriebsstatistik und die Planungsrechnung angeführt.[19] Dies erscheint nicht zweckmäßig, da zum einen die Erstellung von Statistiken zu den Aufgaben sämtlicher betrieblicher Funktionsbereiche gehört und hier nicht nur rechnungswesenbezogene Daten erfasst und verarbeitet werden. Zum zweiten haben unsere voranstehenden Ausführungen gezeigt, dass zumindest allen Teilgebieten der Kostenrechnung Planungsaufgaben zuzuordnen sind, sollen die modernen Aufgaben der Kostenrechnung erfüllt werden. Umgekehrt sind Planungsrechnungen auch in den anderen Funktionsbereichen durchzuführen, z. T. ohne dass das Rechnungswesen hiervon tangiert ist.

Die Aufgaben und die Arbeitsweise der einzelnen Teilsysteme der Kostenrechnung wollen wir an einem einfachen Beispiel erläutern. Ein kleiner Handwerksbetrieb fertigt drei Produktarten, die aus zwei Materialarten bestehen und in einem Fertigungsbereich bearbeitet werden. Tabelle 1.1 zeigt die Materialbedarfe, die Bearbeitungszeiten pro Produkteinheit sowie die Produktionsmengen für einen Abrechnungsmonat.

---

[18] Vgl. hierzu u.a. W. Kilger, (Plankostenrechnung 1992), L. Hans u. V. Warschburger, (Controlling 1999), S. 271 ff.

[19] Vgl. u.a. W. Kilger, (Einführung 1992), S. 18 f., G. Wöhe, (Einführung 2000), S. 854.

Produkt-art	Menge [Stck/Mon]	Materialbedarf		Bearbei-tungszeit [Min/Stck]
		Material I [kg/Stck]	Material II [kg/Stck]	
1	4.000	8,00	5,00	42,50
2	3.000	16,00	10,00	37,50
3	6.000	6,00	2,00	22,50

Tabelle 1.1: Beispiel zu den Teilsystemen der Kostenrechnung

Der Einstandspreis für Materialart I beträgt 5,00 €/kg, derjenige für Materialart II 10,00 €/kg, für die Fertigungstätigkeiten wird ein einheitlicher Lohn von 12,00 €/Std vergütet.

Aufgabe der *Kostenartenrechnung* ist, wie gesehen, die Erfassung der im Abrechnungsmonat angefallenen Kosten und ihre Zuordnung zu den Kategorien Einzel- und Gemeinkosten. Im Beispiel ergeben sich folgende Einzelkosten:

Einzelmaterialkosten: 1.200.000 €/Mon,
Einzellohnkosten: 83.500 €/Mon.

Als Gemeinkosten sollen vereinfachend nur die Kostenarten Löhne (ohne Fertigungslöhne) und Gehälter, Personalnebenkosten, Hilfs- und Betriebsstoffe, Abschreibungen und Zinsen anfallen. Für diese Kostenarten wurden folgende Beträge erfasst:

Gemeinkostenart	€/Mon
Löhne u. Gehälter	120.000
Personalnebenkosten	84.000
Hilfs- und Betriebsstoffe	50.950
Abschreibungen	109.300
Zinsen	32.250

Tabelle 1.2: Beispiel zu den Teilsystemen der Kostenrechnung

Erste Aufgabe der *Kostenstellenrechnung* ist die Verteilung dieser Gemeinkosten auf die einzelnen Kostenstellen des Unternehmens. Im Beispiel soll das Unternehmen aus nur fünf Kostenstellen bestehen; dies sind die beiden Hilfskostenstellen Reparaturabteilung und Stromversorgung und die drei Hauptkostenstellen Materialbereich, Fertigung sowie Verwaltung und Vertrieb (V.u.V.). Die Zuordnung der Gemeinkosten auf die Kostenstellen, in denen der entsprechende Faktorverbrauch stattgefunden hat, erbrachte folgende Ergebnisse:

Gemeinkostenart	Reparatur-werkstatt	Stromver-sorgung	Material	Fertigung	V.u.V.	Summe
Löhne u. Gehälter	28.000	0	14.000	46.000	32.000	120.000
Personalnebenkosten	19.600	0	9.800	32.200	22.400	84.000
Hilfs- u. Betriebsstoffe	5.600	22.000	10.050	7.540	5.760	50.950
Abschreibungen	8.000	8.950	13.550	71.400	7.400	109.300
Zinsen	2.800	3.550	4.700	18.600	2.600	32.250
Summe	64.000	34.500	52.100	175.740	70.160	396.500

Tabelle 1.3: Beispiel zu den Teilsystemen der Kostenrechnung

Die so zugeordneten Gemeinkosten der Kostenstellen bezeichnet man als deren primäre Gemeinkosten.

Die nächste Aufgabe der Kostenstellenrechnung ist die Durchführung der innerbetrieblichen Leistungsverrechnung, in der die Kosten der Hilfskostenstellen, die keinen unmittelbaren Bezug zu den Erzeugnissen aufweisen, auf die Hauptkostenstellen verrechnet werden. Hierzu muss die Leistungsabgabe der Hilfskostenstellen erfasst werden. Im Beispiel wird die Leistung der Reparaturabteilung in Reparaturstunden, die der Stromversorgung in Kilowattstunden gemessen. Tabelle 1.4 zeigt die Leistungsabgabe der beiden Servicekostenstellen an die Hauptkostenstellen.[20]

Kostenstelle	Reparatur [Std/Mon]	Strom [kWh/Mon]
Material	100	50.000
Fertigung	840	140.000
Verwaltung u. Vertrieb	60	40.000
Summe	1.000	230.000

Tabelle 1.4: Beispiel zu den Teilsystemen der Kostenrechnung

Die Verrechnungssätze zur Weiterverrechnung der Kosten der Hilfskostenstellen ergeben sich nun durch Division der Gemeinkosten dieser Stellen durch die Summe der abgegebenen Leistungen.

Reparatur: Verrechnungssatz = 64.000 : 1.000 = 64,00 €/Std

Strom: Verrechnungssatz = 34.500 : 230.000 = 0,15 €/kWh

Mit Hilfe dieser Verrechnungssätze werden nun die Kosten der Hilfskostenstellen gemäß der Leistungsinanspruchnahme auf die Hauptkostenstellen verteilt. Die in der innerbetrieblichen Leistungsverrechnung weiterverrechneten Gemeinkosten der Hilfskostenstellen bezeichnet man als sekundäre Gemeinkosten. Tabelle 1.5 zeigt die Ergebnisse der innerbetrieblichen Leistungsverrechnung.

---

[20] Das einfache Beispiel vernachlässigt das wesentliche Problem der innerbetrieblichen Leistungsverrechnung, nämlich die Interdependenz des Leistungsaustausches, das auftritt, wenn sich Hilfskostenstellen gegenseitig mit Leistungen beliefern; hierauf werden wir in Abschnitt 4.3.2 ausführlich eingehen.

Kostenart	Material	Fertigung	V.u.V.	Summe
Summe primäre Gemeinkosten	52.100	175.740	70.160	298.000
Sekundäre Reparaturkosten	6.400	53.760	3.840	64.000
Sekundäre Stromkosten	7.500	21.000	6.000	34.500
Summe gesamte Gemeinkosten	66.000	250.500	80.000	396.500

Tabelle 1.5: Beispiel zu den Teilsystemen der Kostenrechnung

Dritte Aufgabe der Kostenstellenrechnung ist die Bildung von Kalkulationssätzen zur Verrechnung der gesamten Gemeinkosten auf die Erzeugnisse. Im Beispiel wollen wir das Verfahren der Zuschlagskalkulation anwenden,[21] bei dem die Gemeinkosten des Materialbereiches auf die Einzelmaterialkosten, die Gemeinkosten des Fertigungsbereiches auf die Einzellöhne und die Gemeinkosten des V.u.V.-Bereiches auf die Herstellkosten bezogen werden. Im Beispiel erhält man dann folgende Kalkulationssätze:

$$\text{Zuschlagssatz Materialgemeinkosten} = \frac{66.000}{1.200.000} \cdot 100 = 5{,}5\%$$

$$\text{Zuschlagssatz Fertigungsgemeinkosten} = \frac{250.500}{83.500} \cdot 100 = 300\%$$

$$\text{Zuschlagssatz V.u.V.-Gemeinkosten} = \frac{80.000}{1.600.000} \cdot 100 = 5{,}0\%$$

Die Herstellkosten im Nenner des Verrechnungssatzes für den Verwaltungs- und Vertriebsbereich setzen sich zusammen aus den Einzelmaterialkosten, den Einzellöhnen und den gesamten Gemeinkosten der Material- und der Fertigungskostenstelle.

Aufgabe der *Kalkulation* ist nun die Errechnung der Kosten pro Produkteinheit, wobei, wie gesehen, zwischen der Herstell- und den Selbstkosten der Erzeugnisse unterschieden wird. Tabelle 1.6 zeigt die Ergebnisse der Produktkalkulationen im Beispiel.

Kalkulationsbereich	Produkt 1	Produkt 2	Produkt 3
Einzelmaterialkosten	90,00	180,00	50,00
Materialgemeinkosten	4,95	9,90	2,75
Fertigungslöhne	8,50	7,50	4,50
Fertigungsgemeinkosten	25,50	22,50	13,50
Herstellkosten	**128,95**	**219,90**	**70,75**
V.u.V.-Kosten	6,45	11,00	3,55
Selbstkosten	**135,40**	**230,90**	**74,30**

Tabelle 1.6: Beispiel zu den Teilsystemen der Kostenrechnung

Die Einzelmaterialkosten pro Produkteinheit erhält man, in dem die Materialbedarfe der Tabelle 1.1 mit den zugehörigen Einstandpreisen multipliziert und addiert werden. Die sich ergebenden Beträge werden zur Ermittlung der Materialgemeinkosten pro Stück mit dem zugehörigen Verrechnungssatz von 5,5% multipliziert. Zur Errechnung der Fertigungslöhne werden die Bearbeitungszeiten pro Stück mit dem Minutenfaktor, d.h. dem Stundenlohn dividiert durch 60, bewertet. Die Fertigungsgemeinkosten

[21] Die einzelnen Verfahren zur Kalkulation der Gemeinkosten werden wir in Abschnitt 5.3 ausführlich darstellen.

betragen dann 300% der sich ergebenden Fertigungslöhne. Die Herstellkosten pro Erzeugniseinheit errechnen sich als Summe aus Material- und Fertigungskosten. Hierauf bezieht man dann den Verrechnungssatz für Verwaltungs- und Vertriebsgemeinkosten; die Summe aus Herstell- sowie V.u.V.-Gemeinkosten ergibt die Selbstkosten der Produkte.

Die Richtigkeit der Ergebnisse lässt sich nun überprüfen, indem die Selbstkosten mit den zugehörigen Produktmengen multipliziert werden. Man erhält:

$$\text{Gesamtkosten} = 135{,}40 \cdot 4.000 + 230{,}90 \cdot 3.000 + 74{,}30 \cdot 6.000 = 1.680.100 \text{ €/Mon.}$$

Die Gesamtkosten laut Kostenartenrechnung betragen 1.680.000 €/Mon, die Differenz in Höhe von 100 €/Mon ist auf Rundungsfehler zurückzuführen.

Die *kurzfristige Erfolgsrechnung* ermittelt nun den Gewinn im Abrechnungsmonat. Ein Verfahren der kurzfristigen Erfolgsrechnung[22] stellt den Verkaufspreisen der Produkte deren Selbstkosten gegenüber und errechnet auf diese Weise die Gewinnbeiträge der einzelnen Erzeugnisse, deren Summe dann das Ergebnis des Monats darstellt. Tabelle 1.7 zeigt die Ermittlung des Periodenergebnisses. In der dritten Spalte sind die realisierten Verkaufspreise der drei Produkte ausgewiesen, die letzte Spalte zeigt die Gewinnbeiträge, die errechnet werden, indem die Differenz aus Verkaufspreisen und Selbstkosten mit der Produktmenge multipliziert wird.

Produkt-art	**Menge [Stck/Mon]**	**Verkaufspreis [€/Stck]**	**Selbstkosten [€/Stck]**	**Gewinn [€/Mon]**
1	4.000	180,00	135,40	178.400
2	3.000	320,00	230,90	267.300
3	6.000	180,00	74,30	634.200
Summe				1.079.900

Tabelle 1.7: Beispiel zu den Teilsystemen der Kostenrechnung

Die einzelnen Aufgaben und Verfahrenstechniken in den Teilgebieten der Kostenrechnung werden wir in den entsprechenden Kapiteln ausführlich behandeln.

1.2 Die Grundbegriffe des betrieblichen Rechnungswesens

1.2.1 Die Grundbegriffe des externen Rechnungswesens

Unsere Ausführungen zu den Mengen- und Werteströmen im voranstehenden Abschnitt haben gezeigt, dass Unternehmen von den Beschaffungsmärkten Produktionsfaktoren beziehen, diese im betrieblichen Kombinationsprozess in Güter oder Dienstleistungen umwandeln, die dann den Absatzmärkten zugeführt werden. Wie gesehen, kommt dem betrieblichen Rechnungswesen in diesem Zusammenhang die Aufgabe zu, die mit dem Unternehmensprozess verbundenen Wertebewegungen zu erfassen und weiterzuverarbeiten.

Die unterschiedlichen Anforderungen an das betriebliche Rechnungswesen machen es nun erforderlich, zur prägnanten Beschreibung der verschiedenen Formen der Werte-

[22] Auf die einzelnen Verfahren der kurzfristigen Erfolgsrechnung gehen wir in Abschnitt 6.3 ausführlich ein.

bewegungen zweckentsprechende Begriffe zu definieren. In diesem Zusammenhang sind folgende Formen der Wertebewegungen relevant:

1. Zu- und Abgänge an liquiden Mitteln,
2. Zugänge von Produktionsfaktoren bzw. Abgänge von Gütern und Dienstleistungen,
3. Verbräuche von Produktionsfaktoren und Entstehung von Gütern und Dienstleistungen.

Gemäß dieser Systematik sind nun die folgenden Grundbegriffe zu definieren.[23] Auf der Ebene des Zu- und Abflusses liquider Mittel verwendet man die Begriffe Ein- und Auszahlungen. Unter *Auszahlung* versteht man den Abfluss liquider Mittel vonseiten des Unternehmens an andere Wirtschaftssubjekte (Lieferanten, Kapitalmarkt, Staat). Demgegenüber definiert man *Einzahlungen* als Zufluss liquider Mittel von anderen Wirtschaftssubjekten (Kunden, Kapitalmarkt, Staat).

Die bewerteten Zu- und Abgänge an Gütern und Dienstleistungen werden durch die Begriffe Ausgabe und Einnahme beschrieben. Als *Ausgabe* bezeichnet man den Wert der einem Unternehmen von den Beschaffungsmärkten, dem Kapitalmarkt und dem Staat zufließenden Güter und Dienstleistungen. Den überwiegenden Teil der Ausgaben stellt der Wert der von den Beschaffungsmärkten bezogenen Produktionsfaktoren dar; diesen wollen wir als *Beschaffungswert* bezeichnen. Hierzu zählen u.a. alle bewerteten Zugänge an Rohstoffen, Vorprodukten und Werkzeugen. Beispiele für Ausgaben an den Kapitalmarkt sind Zinszahlungen für aufgenommenes Fremdkapital. Ausgaben an den Staat sind in Form von Steuern zu leisten, die als Entgelt für die bereitgestellten Leistungen der öffentlichen Hand (z.B. Infrastruktur) interpretiert werden können.

Unter *Einnahme* versteht man das Entgelt für die vom Unternehmen an die Absatz- und Finanzmärkte sowie an den Staat gelieferten Güter und Dienstleistungen. Den überwiegenden Teil der Einnahmen stellt der Wert der den Absatzmärkten zugeführten Güter dar, für den der Begriff *Umsatz* verwendet wird. Beispiel für Einnahmen vom Kapitalmarkt sind Zinsen für Ausleihungen des Unternehmens, Einnahmen von seiten des Staates sind beispielsweise Direktsubventionen, die dem Unternehmen für gewünschtes wirtschaftspolitisches Verhalten zufließen.

Auf der Ebene der Verbräuche und der daraus entstehenden Leistungen des Unternehmens verwendet man im externen Rechnungswesen das Begriffspaar Aufwand und Ertrag. Unter *Aufwand* versteht man demzufolge den bewerteten Verbrauch von Gütern und Dienstleistungen unabhängig von der Verwendungsursache. Als *Ertrag* bezeichnet man den Brutto-Wertzuwachs eines Unternehmens aufgrund der erstellten und/oder den Marktpartnern zugeführten Güter und Leistungen.

Die Begriffe Aufwand und Ertrag finden ausschließlich im externen Rechnungswesen Verwendung, da sie auf das gesamte Unternehmensgeschehen abstellen und somit nicht betriebsnotwendige Sachverhalte beinhalten. Im internen Rechnungswesen werden an deren Stelle die Begriffe Kosten und Betriebsertrag bzw. Leistung verwendet. Auf deren Definition und die Abgrenzungen zu Aufwand und Ertrag gehen wir im nächsten Abschnitt ein.

[23] Zu den Grundbegriffen des Rechnungswesens vgl. u.a. W. Kilger, (Einführung 1992), S.19 ff., G. Wöhe u. H. Kußmaul, (Bilanztechnik 2000), S.15 ff., C. Freidank, (Kostenrechnung 1997), S. 10 ff.

Die Differenz zwischen dem Ertrag, d.h. der Summe der geschaffenen Werte einer Periode, und dem hierfür erforderlichen Verbrauch an Gütern und Dienstleistungen, dem Aufwand, stellt den Gewinn oder Verlust dieser Periode im externen Rechnungswesen dar.

Zur weiteren Konkretisierung der definierten Begriffe wollen wir im Folgenden Auszahlungen, Ausgaben und Aufwand auf der einen Seite sowie Einzahlungen, Einnahmen und Ertrag auf der anderen gegeneinander abgrenzen. In Übersicht 1.3 sind die Unterschiede zwischen Auszahlung, Ausgabe und Aufwand schematisiert.

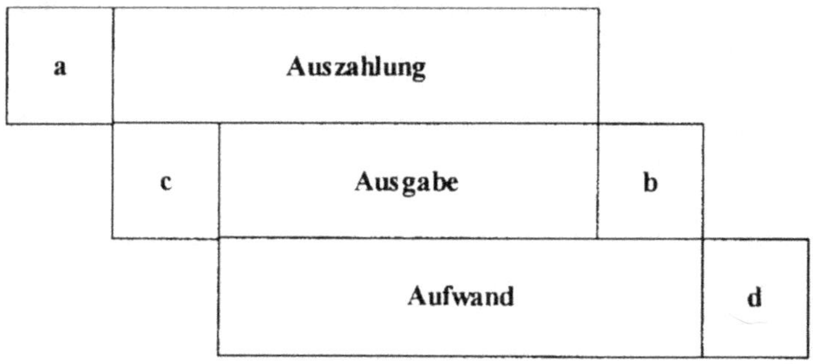

a: Auszahlung - keine Ausgabe
Forderung entsteht oder Verbindlichkeit erlischt

b: Ausgabe - keine Auszahlung
Verbindlichkeit entsteht oder Forderung erlischt

c: Ausgabe - kein Aufwand
Lagerbestandszunahme im Rohstofflager

d: Aufwand - keine Ausgabe
Lagerbestandsabnahme im Rohstofflager

Anmerkung: Bei nicht lagerfähigen Produktionsfaktoren sind Ausgabe und Aufwand identisch.

Übersicht 1.3: Abgrenzung Auszahlung, Ausgabe und Aufwand

Die Übersicht 1.3 zeigt als Erstes den Fall, dass eine Auszahlung vorliegt, der keine Ausgabe in derselben Periode gegenübersteht, d.h. das Unternehmen leistet Zahlungen, ohne dass in der betreffenden Periode Güter und Dienstleistungen zugegangen sind. Dies ist dann der Fall, wenn Zugänge früherer Perioden beglichen oder wenn Vorauszahlungen für zukünftige Zugänge geleistet werden. Während im ersten Fall eine Verbindlichkeit erlischt, entsteht im zweiten eine Forderung.

Eine Ausgabe ohne entsprechende Auszahlung liegt zum einen dann vor, wenn ein im voraus bezahlter Zugang erfolgt; hier erlischt eine Forderung. Zum zweiten kann es sein, dass ein Zugang erst in einer späteren Periode beglichen wird; in diesem Fall entsteht eine neue Verbindlichkeit.

Die Unterschiede zwischen Ausgabe und Aufwand resultieren aus Veränderungen der Werkstofflagerbestände. Jeder Zugang, der nicht in derselben Periode verbraucht wird, erhöht den Lagerbestand. Ist umgekehrt der Wert des Verbrauches größer als der Wert des Zuganges, so muss ein Bestandsabbau vorliegen. Bei nicht lagerfähigen Produktionsfaktoren müssen sich zwangsläufig Ausgabe und Aufwand entsprechen.

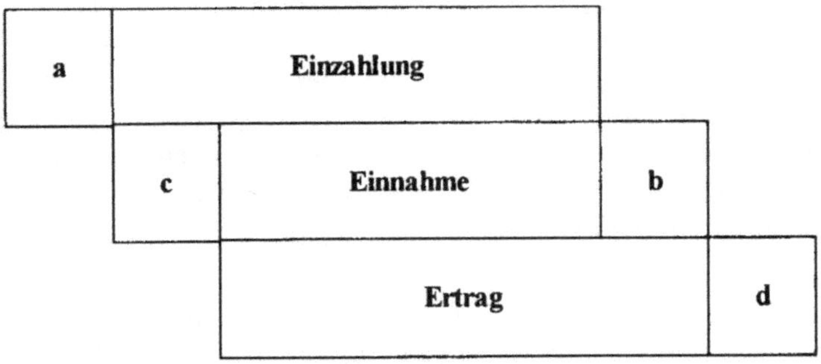

a: **Einzahlung - keine Einnahme**
Verbindlichkeit entsteht oder Forderung erlischt

b: **Einnahme - keine Einzahlung**
Forderung entsteht oder Verbindlichkeit erlischt

c: **Einnahme - kein Ertrag**
Lagerbestandsabnahme im Fertigfabrikatelager

d: **Ertrag - keine Einnahme**
Lagerbestandszunahme im Halb- und Fertigfabrikatelager

Anmerkung: Bei nicht lagerfähigen Gütern und bei Dienstleistungen sind Einnahme und Ertrag identisch.

Übersicht 1.4: Abgrenzung Einzahlung, Einnahme und Ertrag

Übersicht 1.4 zeigt die Abgrenzung zwischen Einzahlung, Einnahme und Ertrag. Eine Einzahlung ohne entsprechende Einnahme liegt dann vor, wenn Lieferungen aus Vorperioden vom Kunden beglichen werden oder wenn diese Vorauszahlungen für spätere Lieferungen leisten. Im ersten Fall erlischt eine Forderung, im zweiten entsteht eine Verbindlichkeit.

Eine Einnahme, der keine Einzahlung gegenübersteht, resultiert aus Lieferungen, die bereits bezahlt wurden oder erst in späteren Perioden bezahlt werden, so dass hier Verbindlichkeiten erlöschen oder Forderungen entstehen.

Die Unterschiede zwischen Einnahmen und Erträgen sind auf die Veränderungen der Bestände an Halb- und Fertigfabrikaten zurückzuführen. Eine Einnahme ohne entsprechenden Ertrag liegt dann vor, wenn vom Lager verkauft wird; der entsprechende Ertrag war hier in Vorperioden. Steht einem Ertrag keine Einnahme gegenüber, so sind die betreffenden Güter den Halb- oder Fertigfabrikatelägern zugeführt worden und werden in späteren Perioden zu Umsätzen und damit zu Einnahmen führen. Bei nicht lagerfähigen Produkten und bei Dienstleistungen entsprechen sich Einnahme und Ertrag einer Periode.

1.2.2 Die Grundbegriffe des internen Rechnungswesens

Wie oben dargelegt, verwendet das externe Rechnungswesen auf der Ebene des Faktorverbrauches und der Leistungsentstehung die Begriffe Aufwand und Ertrag. Die Aufgaben des internen Rechnungswesens erfordern an der Stelle andere Begriffsinhalte als die des externen, demzufolge sind auch andere Begriffe zu prägen. Auf der Seite des bewerteten Faktorverbrauches verwendet man im internen Rechnungswesen den Begriff der Kosten, auf der Seite der Leistungsentstehung den des Betriebsertrages bzw. der absatzbezogenen Leistung.

Unter Kosten versteht man den bewerteten Verbrauch von Produktionsfaktoren, der für die Erstellung und Verwertung der betrieblichen Leistungen und die Aufrechterhaltung der hierfür erforderlichen Kapazitäten notwendig ist.[24] Im folgenden wollen wir die Unterschiede zwischen dem Aufwands- und dem Kostenbegriff darlegen; in Übersicht 1.5 sind diese in einem Schema dargestellt.[25]

Übersicht 1.5: Abgrenzung zwischen Aufwand und Kosten

Übersicht 1.5 zeigt, dass sich der gesamte Aufwand einer Periode in den neutralen Aufwand und den Zweckaufwand unterteilen lässt. Unter *neutralem Aufwand* versteht man solche bewerteten Verbräuche von Gütern und Dienstleistungen, die mit dem üblichen Betriebsgeschehen in der Betrachtungsperiode nicht in Zusammenhang stehen. Der neutrale Aufwand lässt sich in die folgenden drei Komponenten zerlegen:

[24] Diese Definition der Kosten beruht auf dem sogenannten wertmäßigen Kostenbegriff, der sich in Theorie und Praxis der Kostenrechnung durchgesetzt hat, vgl. u.a. W. Kilger, (Plankostenrechnung 1992), S.16. In der Theorie zur Kostenlehre wurden als Alternativen der pagatorische und der entscheidungsorientierte Kostenbegriff vorgeschlagen. Da diese sich nicht durchsetzen konnten, wollen wir auf ihre Erläuterung verzichten; vgl. hierzu u.a. C. Freidank, (Kostenrechnung 1997), S. 3 ff., H.J. Hoitsch, (Erlösrechnung 1999), S. 26 ff., L. Hans, (Plankostenrechnung 1984), S. 30 ff.

[25] Eine ähnliche Übersicht findet sich bei W. Kilger, (Einführung 1992), S. 25.

- **Betriebsfremder Aufwand**
  Hierunter werden Aufwandspositionen verstanden, die mit dem eigentlichen Betriebszweck nicht zusammenhängen. Ein Beispiel sind Instandhaltungsarbeiten an einem vermieteten Lagergebäude.
- **Periodenfremder Aufwand**
  Es handelt sich hierbei um Aufwandspositionen, die zwar mit dem Betriebszweck in Zusammenhang stehen, die aber die betrachtete Periode nicht betreffen, z.B. die nachträgliche Veranlagung für Steuern, Gebühren und Beiträge.
- **Außerordentlicher Aufwand**
  Dieser beinhaltet Aufwendungen für außergewöhnliche Geschäftsvorfälle, die in dieser Form nicht zum normalen Betriebsgeschehen gehören. Beispiele hierfür sind Sturm-, Wasser- oder Feuerschäden, auch zählen hierzu Buchverluste aus dem Verkauf von Gegenständen des Anlagevermögens.

Aufwendungen, die aus dem eigentlichen Betriebszweck resultieren, wollen wir als *Zweckaufwand* bezeichnen. Der Zweckaufwand entspricht zum großen Teil den im internen Rechnungswesen verrechneten Kosten, die unterschiedlichen Aufgabenstellungen beider Systeme des Rechnungswesens machen aber an einigen Stellen verschiedenartige Mengen- und Wertansätze erforderlich. Den Teil des Zweckaufwandes, dem Kosten in identischer Höhe gegenüberstehen, wollen wir als *kostengleichen Zweckaufwand* bezeichnen; hierzu zählen u.a. die Aufwands- bzw. Kostenarten Löhne und Gehälter, fremdbezogene Dienstleistungen und Energie.

Der Teil des Zweckaufwandes, dem in der Kostenrechnung andere Mengen- und Wertansätze gegenüberstehen, wird als *kostenverschiedenen Zweckaufwand* bezeichnet. Hier erfordern die bilanzpolitischen Zielsetzungen des externen Rechnungswesens ein Abweichen von den aus der Sicht der Aufgaben der Kostenrechnung richtigen bewerteten Faktorverbräuchen. Ein Beispiel sind die Abschreibungen für den Werteverzehr langlebiger Wirtschaftsgüter, bei denen das Handelsrecht bilanzpolitisch nutzbare Gestaltungsspielräume zulässt.

Dem kostengleichen Zweckaufwand entsprechen in der Begriffswelt der Kostenrechnung die *Grundkosten*. Die Kostenbestandteile, denen kein Zweckaufwand bzw. kein Zweckaufwand in identischer Höhe entspricht, bezeichnet man als *kalkulatorische Kosten*. Diese lassen sich wiederum in die beiden Kategorien Zusatzkosten und Anderskosten unterteilen. Als *Anderskosten* bezeichnet man den Teil der kalkulatorischen Kosten, dem in der Finanzbuchhaltung andere Mengen- und Wertansätze gegenüberstehen; *Zusatzkosten* sind demgegenüber solche kalkulatorische Kosten, für die in der Finanzbuchhaltung überhaupt keine bewerteten Verbräuche angesetzt werden. Zu den wichtigsten kalkulatorischen Kostenarten zählen:

- **Kalkulatorische Abschreibungen**
  Abschreibungen stellen den Aufwand bzw. die Kosten für den Werteverzehr langfristig nutzbarer Betriebsmittel dar. Wie oben angedeutet, gibt das Handelsrecht bei dieser Aufwandsart einerseits bilanzpolitsch nutzbare Gestaltungsspielräume, macht aber andererseits genaue Vorgaben über den Ausgangsbetrag der Abschreibungen und die anzusetzende Dauer der Maschinennutzung. All dies entspricht nicht den aus Sicht der Ziele der Kostenrechnung zweckmäßigen Ansätzen, so dass

hier im Allgemeinen deutlich unterschiedliche Beträge als Anderskosten verrechnet werden.

- **Kalkulatorische Zinsen**
  Die Bereitstellung von Kapital ist eine notwendige Voraussetzung für jede unternehmerische Tätigkeit. Interpretiert man diese Kapitalbereitstellung als Dienstleistung an das Unternehmen, so findet durch jede Kapitalbereitstellung ein Verbrauch von Produktionsfaktoren statt, der in der Kostenrechnung abzubilden ist, unabhängig davon, ob es sich um Eigen- oder um Fremdkapital handelt. Während in der Finanzbuchhaltung ausschließlich die effektiv angefallenen Fremdkapitalzinsen verrechnet werden dürfen, werden somit in der Kostenrechnung Zinsen für das gesamte betriebsnotwendige Kapital als kalkulatorische Kosten angesetzt.

- **Kalkulatorischer Unternehmerlohn**
  Im Unternehmen mitarbeitende Eigentümer von Personengesellschaften dürfen für ihre Tätigkeit kein Gehalt als Aufwand verrechnen; sie erhalten ganz oder anteilig den erzielten Gewinn bzw. können Privatentnahmen von ihrem Eigenkapitalkonto tätigen. Aus der Sicht der Aufgaben der Kostenrechnung ist dieses Verbot nicht richtig, da hier eindeutig ein Einsatz des Produktionsfaktors Arbeit vorliegt, der zu entsprechenden Zusatzkosten führt.

Neben den genannten Kostenarten findet man in der Literatur zur Kostenrechnung als weitere kalkulatorische Kosten die kalkulatorischen Wagnisse und die kalkulatorische Miete. Deren Berechtigung als eigenständige kalkulatorische Koste**narten** wollen wir im Folgenden hinterfragen.

Kalkulatorische Wagnisse sollen angesetzt werden für Faktorverbräuche, die „der Zeit und Höhe nach unregelmäßig, plötzlich, stoßartig, unerwartet, d.h. zufällig“[26] erfolgen. Beispiele für kalkulatorische Wagnisse sind[27]:

- **Beständewagnis**
  Schwund, Güteminderung
- **Anlagenwagnis**
  Verlust von Anlagegütern, Fehlschätzung der Nutzungsdauer
- **Fertigungswagnis**
  Ausschuss, Nacharbeit
- **Entwicklungswagnis**
  Scheitern von Forschungs- und Entwicklungsprojekten
- **Gewährleistungswagnis**
  Nacharbeit bereits ausgelieferter Produkte
- **Vertriebswagnis**
  Verluste aus Forderungsausfällen

Den angeführten Wagnissen ist gemeinsam, dass sie zufällig und in nicht vorhersehbarer Höhe anfallen. Daher muss man bei der Bestimmung durchschnittlicher Kosten pro Erzeugniseinheit, die dem normalen Betriebsgeschehen entsprechen, hierfür standardi-

[26] E. Kosiol, (Kosten- und Leistungsrechnung 1979), S. 12.
[27] Vgl. C. Freidank, (Kostenrechnung 1997), S. 130 f., L. Hans, (Plankostenrechnung 1984), S. 167 f.

sierte Beträge in der Kalkulation ansetzen. Diese werden meist in Form von prozentualen Zuschlägen auf geeignete Kalkulationsbestandteile verrechnet. So setzt man in den Kalkulationen beispielsweise für Ausschuss einen prozentualen Zuschlag auf die Einzelmaterial- und/oder die Fertigungskosten an.

Damit handelt es sich hierbei lediglich um Kalkulationspositionen, nicht aber um originäre Kostenarten wie z.B. Abschreibungen und Zinsen. In der Kostenartenrechnung eines Abrechnungsmonats werden nämlich die tatsächlich angefallenen Kosten für Ausschuss, Nacharbeit und die sonstigen angeführten Risiken erfasst; diese werden auch bei der Ermittlung des tatsächlichen Periodenergebnisses in der kurzfristigen Erfolgsrechnung angesetzt. Daneben stellt man in einer gesonderten Deckungsrechnung die kalkulatorisch gedeckten Wagniskosten den effektiv angefallenen Beträgen gegenüber, um damit die Plausibilität der angesetzten Kalkulationspositionen zu überprüfen.

Damit wären kalkulatorische Wagnisse als Kostenart im eigentlichen Sinne nur dann anzusetzen, wenn für stochastisch anfallende Geschäftsvorfälle normalisierte Beträge als Istkosten in allen Teilsystemen der Kostenrechnung verrechnet werden. Dies ist beispielsweise der Fall, wenn ein Unternehmen in größeren zeitlichen Abständen zu dann recht hohen Gewährleistungsverpflichtungen herangezogen wird, diese aber zum einen nicht neutral abgrenzen und zum anderen die Perioden des Anfalls nicht allein mit diesen außergewöhnlichen Beträgen belasten will.

Unter der kalkulatorischen Miete versteht man einen fiktiven, am Markt erzielbaren Mietwert, der als Kosten für eigen genutzte Räume angesetzt wird. Der Ansatz einer derartigen „Kostenart", die nichts mit einem bewerteten Verbrauch von Produktionsfaktoren zu tun hat, sollte unterbleiben. Für die Raumnutzung fallen nämlich originäre Kostenarten wie Abschreibungen, Zinsen, Energiekosten, Instandhaltungskosten, Reinigungslöhne u.ä. an, die mit ihren effektiven Beträgen in der Kostenartenrechnung anzusetzen sind.

Im Folgenden wollen wir uns den Begriffen des internen Rechnungswesens auf der Seite der Leistungsentstehung zuwenden. Als *Betriebsertrag* oder *Leistung* bezeichnet man den Brutto-Wertzuwachs eines Unternehmens, der auf die Herstellung und den Vertrieb der betrieblichen Erzeugnisse zurückzuführen ist. Die Leistung setzt sich zusammen aus dem Umsatz, korrigiert um die Veränderungen der Halb- und Fertigfabrikatebestände bewertet zu Herstellkosten. Dabei werden zur Errechnung der Leistung Lagerbestandserhöhungen zum Umsatz hinzugezählt und Bestandsverminderungen abgezogen, da die entsprechenden Werte in Vorperioden geschaffen wurden.

In der Übersicht 1.6 ist die Abgrenzung zwischen dem Ertrag und dem Betriebsertrag bzw. der Leistung wiedergegeben.[28] Wie die Übersicht zeigt, setzt sich der Gesamtertrag aus dem neutralen Ertrag und dem Zweckertrag zusammen. Analog zum neutralen Aufwand lässt sich der *neutrale Ertrag* in folgende Komponenten aufteilen:

- **Betriebsfremder Ertrag**
  Hierunter versteht man Ertragspositionen, die nicht im Zusammenhang mit dem eigentlichen Betriebszweck stehen. Beispiele sind Zinserträge und Erträge aus Beteiligungen.

[28] Vgl. die ähnliche Übersicht bei W. Kilger, (Einführung 1992), S. 30 sowie bei J. Kloock, G. Sieben u. T. Schildbach, (Leistungsrechnung 1999), S. 41 f.

- **Periodenfremder Ertrag**
  Es handelt sich um Ertragspositionen, die ihre Ursache außerhalb der betrachteten Periode haben, z.B. Rückerstattung geleisteter Steuerzahlungen.
- **Außerordentlicher Ertrag**
  Dieser resultiert aus außergewöhnlichen, nicht zum normalen Betriebsgeschehen zählenden Geschäftsvorfällen, z.B. Versicherungsleistungen für Schadensfälle oder Verkauf von Anlagevermögen über Buchwert.

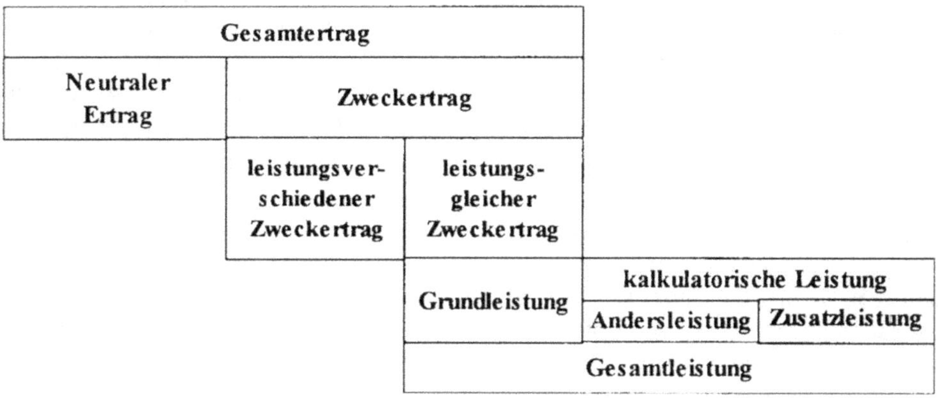

Übersicht 1.6: Abgrenzung zwischen Ertrag und Leistung

Erträge, die aus dem eigentlichen Betriebszweck entstanden sind, bezeichnet man als *Zweckertrag*. Dem überwiegenden Teil des Zweckertrages stehen im internen Rechnungswesen Leistungen in identischer Höhe gegenüber; diesen Teil bezeichnet man als *leistungsgleichen Zweckertrag*. Zu diesem zählen die Umsätze aus dem Verkauf der betrieblichen Güter und Dienstleistungen.

Daneben existieren noch Positionen des Zweckertrages, denen in der internen Leistungsrechnung andere Wertansätze gegenüberstehen, diese wollen wir als *leistungsverschiedene Zweckerträge* bezeichnen. Ein wichtiges Beispiel hierfür ist die Bewertung der Bestandsveränderungen an Halb- und Fertigfabrikaten, die im externen Rechnungswesen zu Herstellungskosten erfolgt, in denen keine kalkulatorischen Elemente enthalten sein dürfen.

Im internen Rechnungswesen entspricht dem leistungsgleichen Zweckertrag die *Grundleistung*. Neben dieser Grundleistung zählt zur gesamten Leistung noch die *kalkulatorische Leistung*, die sich analog zur Kostenseite in die Zusatzleistung und die Andersleistung unterteilt. *Andersleistungen* sind die Teile der kalkulatorischen Leistung, denen in der Finanzbuchhaltung andere Wertansätze gegenüberstehen. Das wesentliche Beispiel sind – analog zum leistungsverschiedenen Zweckertrag – die Bestandsveränderungen der Halb- und Fertigfabrikatebestände, die im internen Rechnungswesen mit den Herstellkosten bewertet werden; diese beinhalten kalkulatorische Kostenkomponenten.

Als *Zusatzleistung* bezeichnet man den Teil der kalkulatorischen Leistung, dem in der Finanzbuchhaltung keine Erträge gegenüberstehen. Ein Beispiel wäre die interne Aktivierung eines selbsterstellten immateriellen Vermögensgegenstandes (z.B. Patent,

Software), dessen Aktivierung im externen Rechnungswesen nicht erlaubt ist, so dass die entsprechenden Beträge unmittelbar als Aufwand verrechnet werden müssen.

Die Beispiele zeigen, dass die Bedeutung der kalkulatorischen Leistungen bei weitem nicht so groß ist wie die der kalkulatorischen Kosten.

Der Gewinn im internen Rechnungswesen ergibt sich nun als Differenz aus den Leistungen und den Kosten, er wird als der Leistungserfolg der Kostenrechnung bezeichnet.[29] Im Folgenden wollen wir die Unterschiede zwischen den Erfolgsbegriffen im internen und im externen Rechnungswesen herausarbeiten. Wie im voranstehenden Abschnitt gesehen, ergibt sich der Erfolg der Finanzbuchhaltung nach folgender Gleichung:

Unternehmenserfolg = Ertrag – Aufwand

Durch Abspaltung der neutralen Erträge und neutralen Aufwendungen kann der Unternehmenserfolg in den neutralen Erfolg und den Betriebserfolg zerlegt werden:

Unternehmenserfolg = Zweckertrag – Zweckaufwand
+ neutraler Ertrag – neutraler Aufwand

Unternehmenserfolg = Betriebserfolg
+ neutraler Erfolg

Ersetzt man nun den Zweckertrag durch Leistung und den Zweckaufwand durch Kosten, erhält man die folgenden Komponenten des Unternehmenserfolges:

Unternehmenserfolg = Leistung – Kosten
+ neutraler Ertrag – neutraler Aufwand
- kalk. Leistung + leistungsversch. Zweckertrag
+ kalk. Kosten – kostenversch. Zweckaufwand

Unternehmenserfolg = Leistungserfolg der Kostenrechnung
+ neutraler Erfolg
- Abstimmdifferenz zwischen Finanzbuchhaltung und Leistungsrechnung
+ Abstimmdifferenz zwischen Finanzbuchhaltung und Kostenrechnung[30]

Damit wird deutlich, dass sich der Gewinn der Finanzbuchhaltung aus dem Leistungserfolg der Kostenrechnung durch Berücksichtigung der angegebenen Korrekturpositionen ermitteln lässt. Da die Abstimmdifferenz zwischen Finanzbuchhaltung und Leistungsrechnung in der Praxis von untergeordneter Bedeutung sein wird, sind die Ergebnisunterschiede zwischen beiden Teilgebieten des Rechnungswesens in erster Linie auf den neutralen Erfolg sowie die Differenz zwischen den kalkulatorischen Kosten und dem kostenverschiedenen Zweckaufwand zurückzuführen. Der neutrale Erfolg resultiert dabei aus betriebsfremden, periodenfremden und außerordentlichen Ge-

[29] Zu den Gewinnbegriffen vgl. u.a. W. Kilger, (Einführung 1992), S. 33 f.

[30] Die Abstimmdifferenz zwischen Finanzbuchhaltung und Kostenrechnung wird auch als der kalkulatorische Ausgleich bezeichnet.

schäftsvorfällen, die vom externen Rechnungswesen sauber abzugrenzen sind und dann unproblematisch erfasst werden können.

Die Unterschiede zwischen dem Leistungserfolg der Kostenrechnung und den damit korrespondierenden Positionen des Unternehmenserfolges stoßen in der Praxis manchmal auf Verständnisschwierigkeiten seitens der obersten Unternehmensleitung, was zu Akzeptanzproblemen der Aussagen des internen Rechnungswesens führt, die zum Teil soweit gehen, dass auf eine eigenständige interne Ergebnisrechnung verzichtet wird.[31]

Unsere vorstehenden Ausführungen haben aber gezeigt, dass insbesondere den kalkulatorischen Kosten betriebswirtschaftliche Funktionen zukommen, die auch für die oberste Unternehmensleitung wichtig sind, aber vor allem für die operative Steuerung in den nachgelagerten Hierarchieebenen eine große Bedeutung haben, zum Beispiel bei der langfristigen Plausibilisierung von Verkaufspreisen.

Die angedeuteten Akzeptanzschwierigkeiten sollten aber zum Anlass genommen werden, die Abstimmdifferenzen auf das betriebswirtschaftlich absolut notwendige zu beschränken. Die verbleibenden Gewinnunterschiede sollten in einer detaillierten Übergangsrechnung dargelegt und erläutert werden.[32]

Abschließend wollen wir die Gewinnermittlung im internen und externen Rechnungswesen an einem einfachen Beispiel erläutern. In einem kleinen Unternehmen wurden für einen Abrechnungsmonat die folgenden Kosten bzw. Aufwendungen erfasst:

1.	Materialkosten:	975.000 €/Mon
2.	Löhne und Gehälter:	825.000 €/Mon
3.	Werkzeugkosten:	50.000 €/Mon
4.	Kalkulatorische Abschreibungen:	195.000 €/Mon
5.	Kalkulatorische Zinsen:	165.000 €/Mon
6.	Kalkulatorischer Unternehmerlohn:	15.000 €/Mon
7.	Buchzinsen:	81.000 €/Mon
8.	Bilanzabschreibungen:	160.000 €/Mon
9.	Sonstiger, kostengleicher Zweckaufwand:	475.000 €/Mon
10.	Neutraler Aufwand:	17.000 €/Mon
11.	Neutraler Ertrag:	23.000 €/Mon

Das Unternehmen stellt nur ein Produkt her. Während der Abrechnungsperiode wurden 150.000 Stück hergestellt, dagegen 170.000 Stück abgesetzt. Die Herstellkosten betrugen 17,50 €/Stck, der Verkaufspreis 25,00 €/Stck. Die Herstellungskosten des externen Rechnungswesens betragen 15,00 €/Stck.

Zunächst soll der Betriebsertrag bzw. die Leistung des betreffenden Monats errechnet werden. Diese besteht aus dem Umsatz, vermindert um die Lagerentnahme in Höhe von 20.000 Stck/Mon, die in der Kostenrechnung mit den Herstellkosten bewertet werden. Man erhält:

[31] Vgl. zu dieser Diskussion H.U. Küpper, (Rechensysteme 1997), S. 20; H. Ziegler, (Neuorientierung 1994), S. 175 ff.; J. Ueberbach, (Kalkulatorische Kosten 1993), S. 447 ff.

[32] Vgl. hierzu ausführlich W. Männel, (Reorganisation 1997), S. 9 ff.

Umsatz:	25,00 · 170.000	=	4.250.000 €/Mon
- Lagerentnahme:	17,50 · 20.000	=	- 350.000 €/Mon
= Betriebsertrag:			3.900.000 €/Mon

Die gesamten Kosten des Monats setzen sich zusammen aus :

Grundkosten:	2.325.000 €/Mon
+ Kalkulatorische Kosten:	375.000 €/Mon
= Gesamte Kosten:	2.700.000 €/Mon

Die Differenz zwischen dem Betriebsertrag und den Gesamtkosten ergibt nun den Leistungserfolg der Kostenrechnung.

Betriebsertrag:	3.900.000 €/Mon
- Gesamtkosten:	2.700.000 €/Mon
= Leistungserfolg der Kostenrechnung:	1.200.000 €/Mon

Aus dem Leistungserfolg der Kostenrechnung lässt sich nun durch Berücksichtigung der oben angegebenen Korrekturpositionen der Unternehmenserfolg der Finanzbuchhaltung ermitteln. Im Einzelnen erhält man:

1. **Neutraler Erfolg**
   Der neutrale Erfolg ergibt sich als Differenz zwischen neutralem Ertrag (23.000 €/Mon) und den neutralen Aufwendungen (17.000 €/Mon), beträgt somit im Beispiel 6.000 €/Mon.

2. **Abstimmdifferenz zwischen Finanzbuchhaltung und Leistungsrechnung**
   Aufgrund der unterschiedlichen Bewertung der Bestandsveränderungen ergibt sich folgende Abstimmdifferenz:[33]

Kalkulatorische Leistung:	-17,50 · 20.000 =	-350.000 €/Mon
- Leistungsversch. Zweckertrag:	-15,00 · 20.000 =	-(-300.000) €/Mon
= Abstimmdifferenz:		-50.000 €/Mon

3. **Abstimmdifferenz zwischen Finanzbuchhaltung und Kostenrechnung**
   Auf der Seite der bewerteten Faktorverbräuche ergibt sich folgende Abstimmdifferenz zwischen beiden Teilgebieten des Rechnungswesens:

Kalkulatorische Kosten:	375.000 €/Mon
- Kostenverschiedener Zweckaufwand:	241.000 €/Mon
= Abstimmdifferenz:	134.000 €/Mon

Damit lässt sich der Unternehmenserfolg der Finanzbuchhaltung wie folgt ermitteln:

Leistungserfolg der Kostenrechnung:		1.200.000 €/Mon
+ Neutraler Erfolg:	+	6.000 €/Mon
- Abstimmdifferenz zwischen Finanzbuchhaltung und Leistungsrechnung:	-	(-50.000) €/Mon
+ Abstimmdifferenz zwischen Finanzbuchhaltung und Kostenrechnung:	+	134.000 €/Mon
= Unternehmenserfolg der Finanzbuchhaltung:	=	1.390.000 €/Mon

[33] Bei Lagerbestandsabnahmen liegt der auf den ersten Blick sonderbare Fall vor, dass die kalkulatorische Leistung und der leistungsverschiedene Zweckaufwand negativ sind. Aufgrund der oben angegebenen Definitionen ist dies aber folgerichtig.

Der Unternehmenserfolg liegt damit um 190.000 €/Mon über dem Leistungserfolg der Kostenrechnung. Anhand der dargestellten Überleitungsrechnung werden die Ursachen für den Gewinnunterschied grob ersichtlich. Bei Bedarf kann diese weiter differenziert werden.

1.3 Kostentheoretische Grundlagen der Kostenrechnung

1.3.1 Das System der Kostenbestimmungsfaktoren

Die Höhe der Kosten eines Unternehmens hängt von bestimmten Gesetzmäßigkeiten ab, d.h. es existieren Einflussgrößen, deren Ausprägungen für den Kostenanfall maßgebend sind. Für die praktische Arbeit der Kostenrechnung ist es notwendig, Kenntnisse über die Art und die Wirkungsweisen dieser Kostenbestimmungsfaktoren zu besitzen, um zum einen die zukünftigen Kosten in Abhängigkeit von diesen Einflussgrößen planen zu können und um zum anderen die Kostenhöhe zu beeinflussen. In Übersicht 1.7 ist das System der Kostenbestimmungsfaktoren wiedergegeben.[34]

Entsprechend der Definition der Kosten als bewerteter Verbrauch von Produktionsfaktoren lassen sich als Hauptkostenbestimmungsfaktoren die Faktorpreise und die Faktorverbrauchsmengen unterscheiden. Bezüglich der Beeinflussbarkeit der **Faktorpreise** sind die beiden folgenden Fälle zu unterscheiden:

- Die Preise der Produktionsfaktoren sind von außen vorgegeben und somit vom Unternehmen nicht beeinflussbar. Beispiele hierfür sind die Tariflöhne und Tarifgehälter sowie die Preise börsennotierter Rohstoffe.
- Die Faktorpreise werden vom Unternehmen in bilateralen Verhandlungen mit den entsprechenden Zulieferern festgelegt. Dies ist insbesondere bei allen vorgefertigten Teilen und Baugruppen der Fall.

In Bezug auf die **Faktorverbrauchsmengen** lassen sich vier Kostenbestimmungsfaktoren anführen:

1. Zeitungebundene Nutzungspotentiale,
2. Kapazitäten betrieblicher Teilbereiche,
3. Verfahren betrieblicher Teilbereiche,
4. Ausbringung betrieblicher Teilbereiche.

Als **zeitungebundene Nutzungspotentiale** bezeichnet man Vorleistungen für spätere Perioden, die dazu dienen, die Stellung des Unternehmens im Markt langfristig zu halten oder auszubauen. Beispiele hierfür sind:

- Erschließungsmaßnahmen in Gewinnungsbetrieben,
- Forschungs- und Entwicklungsmaßnahmen,
- Erwerb von Nutzungsrechten,
- Investitionen in Werbung und Öffentlichkeitsarbeit,
- Aus- und Weiterbildungsmaßnahmen,
- Maßnahmen zur Verbesserung der Unternehmensorganisation.

[34] Vgl. hierzu W. Kilger, (Plankostenrechnung 1992), S. 135 ff., L. Haberstock, (Kostenrechnung II 1999), S. 46 ff.

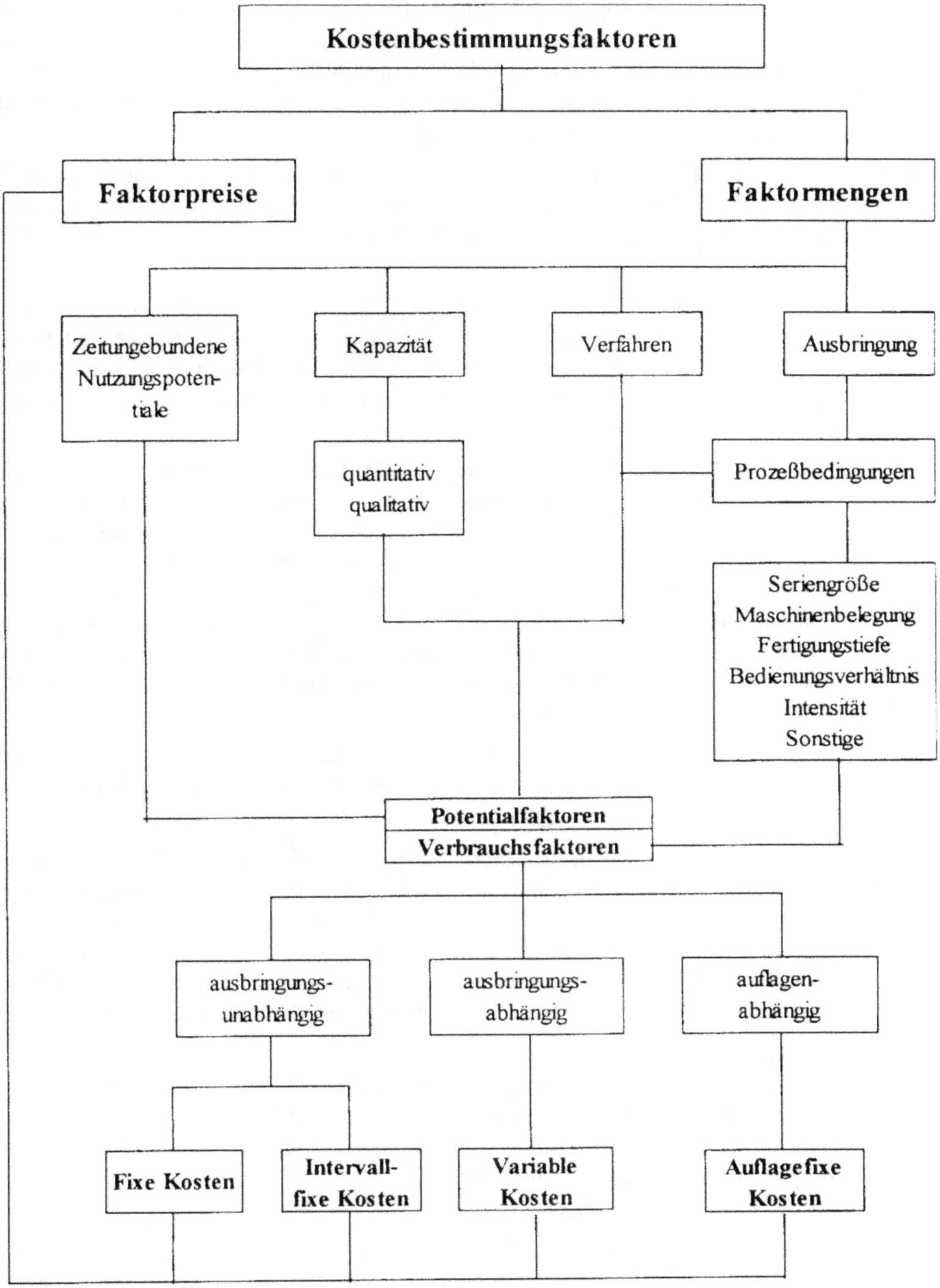

Übersicht 1.7: System der Kostenbestimmungsfaktoren

Durch derartige Maßnahmen werden langfristig nutzbare Potentiale geschaffen. Die entstehenden Kosten werden auch als Vorleistungskosten bezeichnet.[35] Sie sind in der Regel fix, in seltenen Fällen aber auch ausbringungsabhängig disponierbar und damit variabel. Ein Beispiel hierfür sind erworbene Rechte an technischem Wissen, die in Form von Stücklizenzen mengenabhängig vergütet werden.

Ein großer Teil der Kosten eines Unternehmens wird durch die installierten **Kapazitäten** festgelegt. Unter der Kapazität versteht man das Leistungsvermögen der einzelnen betrieblichen Teilbereiche, d.h. die maximal mögliche Ausbringungs- oder Leistungsmenge.[36]

Neben der Höhe der Kapazitäten, die durch die Zahl der Betriebsmittel und der personellen Betriebsbereitschaft geprägt ist, bestimmt auch die Art der eingesetzten **Fertigungsverfahren** die Höhe der Kosten. Ein Beispiel für die Anwendung unterschiedlicher Fertigungstechnologien wäre der alternative Einsatz von konventionellen Drehmaschinen oder von modernen Bearbeitungszentren.

Durch Kapazität und Verfahren werden ebenfalls Potentialfaktoren festgelegt, also solche Produktionsfaktoren, die im Produktionsprozess mehrmals eingesetzt werden können. Ist die Wertminderung der Potentialfaktoren unabhängig von der Ausbringungsmenge, so führt der Einsatz dieser Potentiale zu fixen Kosten. Ein Beispiel hierfür wäre die Wertminderung von Betriebsmitteln infolge des Zeitverschleißes, etwa durch Korrosion oder Witterungseinflüsse.[37] Ändern sich die Kapazitäten im Zeitablauf, so fallen sprung- oder intervallfixe Kosten an, z.B. wenn im Jahresverlauf neue Maschinen installiert werden und sich hierdurch die Höhe der kalkulatorischen Abschreibungen und Zinsen verändert.

Diese Potentialfaktoren können aber auch ausbringungsabhängig disponierbar sein und führen dann zu variablen Kosten. Dies ist z.B. bei Maschinen und Werkzeugen, die dem Gebrauchsverschleiß unterliegen, der Fall.

In manchen Produktionsprozessen werden Potentialfaktoren für die Schaffung kurzfristiger Leistungspotentiale benötigt, die Voraussetzung für die nachfolgende Produktion sind. Wichtigstes Beispiel hierfür sind die Rüstprozesse der Maschineneinsteller bei Serienproduktion, die für die Umstellung der Betriebsmittel auf eine andere Erzeugnisart erforderlich sind. Da diese Faktorverbräuche von der gefertigten Stückzahl unabhängig sind und erst bei nochmaligem Auflegen wieder anfallen, spricht man von auflagefixen Kosten.

Im System der Kostenrechnung geht man von gegebenen Kapazitäten und Verfahren aus. Entscheidungen über den Auf- und Abbau von Kapazitäten und Verfahren werden nicht im System der Kostenrechnung getroffen, sondern mit Hilfe der Methoden der langfristig ausgerichteten Investitionsrechnung.

Unsere Ausführungen zeigen, dass für den Verbrauch an Potentialfaktoren neben den Nutzungspotentialen, Kapazitäten und Verfahren auch die **Ausbringung** bzw. die Beschäftigung der betrieblichen Teilbereiche entscheidend ist; diese stellt den wesentlichen kurzfristig wirksamen Kostenbestimmungsfaktor dar. Unter der Ausbringung

[35] Vgl. W. Kilger, (Einführung 1992), S. 52 f.

[36] Zum Kapazitätsbegriff und den Bestimmungsfaktoren der betrieblichen Kapazität vgl. ausführlich L. Hans u. V. Warschburger, (Controlling 1999), S. 128 f.

[37] Auf die einzelnen Verschleißursachen werden wir in Abschnitt 3.5 ausführlicher eingehen.

versteht man die während einer Periode hergestellten oder bearbeiteten Leistungsmengen. Im Folgenden wollen wir uns mit den Möglichkeiten zur Messung der Ausbringung befassen.

Am einfachsten lässt sich die Ausbringung in solchen Teilbereichen messen, in denen nur ein Erzeugnis bearbeitet wird bzw. in denen an verschiedenartigen Erzeugnissen immer der gleiche Arbeitsgang getätigt wird, z.B. das Stempeln von Typenschildern an verschiedenartigen Produkten. Hier kann die Anzahl der bearbeiteten Produktmengen unmittelbar zur Ausbringungsmessung verwendet werden.

In der überwiegenden Zahl der Fälle werden allerdings an verschiedenen Produkten unterschiedliche Arbeitsgänge durchgeführt werden; hier müssen die Unterschiede in der Bearbeitung der verschiedenen Produkte mit Hilfe von Bezugsgrößen gleichnamig gemacht werden. Diese dienen als Maßgröße für die Leistungserstellung und die Kostenverursachung in einer Produktionsstelle. Geeignete Bezugsgrößen zur Ausbringungsmessung sind:[38]

- Fertigungszeiten der Mitarbeiter,
- Maschinenlaufzeiten,
- Durchsatzgewichte,
- Längen-, Flächen-, Hohlmaße.

Werden in einer Periode $j = 1,...,n$ verschiedene Produkte mit der Stückzahl x_j hergestellt, für die b_j Bezugsgrößeneinheiten pro Stück erforderlich sind, so lässt sich die Leistung der Stelle mit der Bezugsgröße B messen, für die folgende Bestimmungsgleichung gilt:

$$B = \sum_{j=1}^{n} b_j \cdot x_j$$

In vielen Fällen lässt sich die Ausbringung einer Produktionsstelle mit einer Bezugsgröße erfassen. Dies ist immer dann der Fall, wenn:

- der Faktorverbrauch pro Bezugsgrößeneinheit bei allen Produktarten gleich groß ist,
- die Ausbringung mit konstanten **Prozessbedingungen** erstellt wird, z.B. mit konstanten Bedienungsverhältnissen, Rüstzeitrelationen, Ausbringungsgeschwindigkeiten u.ä.

Hier spricht man von homogener Kostenverursachung.

Ist eine der beiden Bedingungen nicht erfüllt, so müssen zur Ausbringungsmessung mehrere Bezugsgrößen herangezogen werden; dies wird als heterogene Kostenverursachung bezeichnet.[39]

Durch die Ausbringung und die Prozessbedingungen werden im wesentlichen die Faktormengen der Verbrauchsfaktoren bestimmt; hierunter versteht man die Produktionsfaktoren, die bei einmaligem Einsatz im Produktionsprozess untergehen. Diese führen zum überwiegenden Teil zu variablen Kosten. Werden Verbrauchsfaktoren für produktionsvorbereitende Rüstprozesse eingesetzt, so entstehen auflagefixe Kosten.

[38] Das Bezugsgrößensystem der Kostenrechnung werden wir in Abschnitt 4.2 behandeln.

[39] Beispiele hierfür werden wir in Abschnitt 4.2 behandeln.

Verbrauchsfaktoren können auch zur Aufrechterhaltung der Betriebsbereitschaft eingesetzt werden und führen dann zu fixen Kosten.

1.3.2 Kurzfristige Kostenverläufe

Im Folgenden sollen die funktionalen Zusammenhänge zwischen den beschriebenen Kostenbestimmungsfaktoren und der entsprechenden Höhe der Kosten untersucht werden. Die Kenntnis dieser Zusammenhänge ist für die dispositiven und kontrollbezogenen Aufgaben der Kostenrechnung von großer Bedeutung.

Wie im voranstehenden Abschnitt gesehen, lassen sich die beiden übergeordneten Kostenbestimmungsfaktoren Faktorpreise und Faktormengen unterscheiden. Die Faktorpreise werden entweder exogen vorgegeben oder mit Zulieferern ausgehandelt. Für die Analyse der Zusammenhänge zwischen den Faktormengen und den relevanten Kostenbestimmungsfaktoren ist es notwendig, den Einfluss der Faktorpreise zu eliminieren. Man unterstellt daher bei den produktions- und kostentheoretischen Überlegungen gegebene Faktorpreise.

Weiterhin ist es für die praktische Analyse notwendig, zwischen kurzfristiger und langfristiger Betrachtungsebene zu unterscheiden. Bei der Untersuchung kurzfristiger Kostenverläufe geht man von gegebenen Kapazitäten, Verfahren und getroffenen Entscheidungen hinsichtlich der zeitungebundenen Nutzungspotentiale aus. Damit bleibt als kurzfristig wirkender Kostenbestimmungsfaktor die Ausbringung übrig, deren relevante Kostenverursachung, wie Übersicht 1.7 verdeutlicht, wiederum von den jeweils wirkenden Prozessparametern mitbestimmt wird.

Wie die produktions- und kostentheoretischen Überlegungen E. Gutenbergs gezeigt haben, wird der grundsätzliche Zusammenhang zwischen Ausbringung und Kosten durch die Art der Anpassung an Beschäftigungsschwankungen festgelegt.[40] Für die kurzfristige Anpassung an Beschäftigungsänderungen einer Produktionsstelle hat E. Gutenberg die beiden folgenden grundsätzlichen Anpassungsformen herausgearbeitet:[41]

1. Zeitliche Anpassung,
2. Intensitätsmäßige Anpassung.

Bei **zeitlicher Anpassung** werden die kostengünstigsten Prozessbedingungen ermittelt und im Zeitablauf konstant gehalten. Veränderungen der Ausbringungsmengen werden dann durch Variation der Laufzeiten der Betriebsmittel realisiert, d.h. die Maschinen werden je nach erforderlichem Arbeitsumfang kürzer oder länger gefahren. Wie Gutenberg nachgewiesen hat, führt diese Art der Anpassung zu niedrigeren Kosten als die intensitätsmäßige; sie wird in der Praxis in der überwiegenden Zahl der Fälle angewandt.

Intensitätsmäßige Anpassung bedeutet, dass bei konstanter Fertigungszeit die Prozessbedingungen so verändert werden, dass sich die Ausbringungsgeschwindigkeit oder Intensität gemäß dem Arbeitsumfang erhöht oder vermindert. Da hier im Allgemeinen von den kostengünstigsten Ausprägungen der Prozessbedingungen abgewi-

[40] Vgl. E. Gutenberg, (Produktion 1983), S. 242 ff.
[41] Bei langfristiger Betrachtung kommt als dritte Anpassungsform die quantitative Anpassung durch Veränderung des Maschinenbestandes hinzu; auf diese gehen wir im nächsten Abschnitt ein.

chen werden muss, ist diese Anpassungsform nur dann wirtschaftlich, wenn die zeitliche Anpassung nicht möglich ist. Dies ist immer dann der Fall, wenn der Produktionsprozess aus technologischen Gründen nicht unterbrochen werden kann; man spricht hier von vollkontinuierlicher Produktion. Beispiele für derartige Produktionsprozesse sind Hochöfen, Kokereien oder Schwefelsäurebatterien.

Im Folgenden wollen wir die Kostenverläufe der beiden beschriebenen Anpassungsformen darstellen und dabei mit dem Ausnahmefall der intensitätsmäßigen Anpassung beginnen. Wie E. Gutenberg in seiner Theorie der Verbrauchsfunktionen nachgewiesen hat, variiert bei vielen Kostenarten der Faktorverbrauch zur Herstellung **einer** Erzeugniseinheit in Abhängigkeit von der Ausbringungsgeschwindigkeit bzw. Intensität.

Für industrielle Produktionsprozesse typisch ist dabei der in Abbildung 1.1 dargestellte u-förmige Verlauf einer derartigen Verbrauchsfunktion.[42]

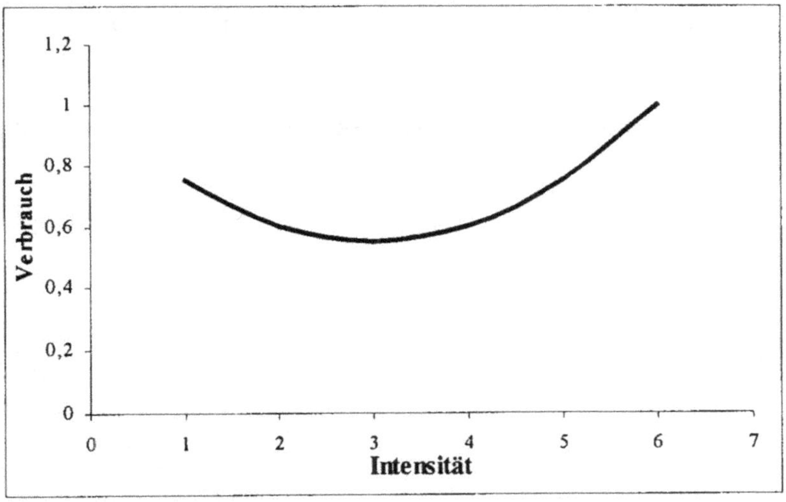

Abbildung 1.1: Faktorverbrauch pro Einheit in Abhängigkeit von der Intensität

Aus der Abbildung geht hervor, dass es eine Intensität gibt, die zu dem geringsten Faktorverbrauch pro Leistungseinheit führt. Bewertet man die Verbrauchsfunktionen der einzelnen Produktionsfaktoren einer Produktionsstelle mit den zugehörigen Faktorpreisen und addiert die bewerteten Verbrauchsfunktionen, so erhält man die Funktion der variablen Kosten pro Stück bzw. im Mehrproduktfall pro Bezugsgrößeneinheit in Abhängigkeit von der Intensität. Bezeichnet man die Ausbringungsgeschwindigkeit mit l, so gilt für die variablen Kosten pro Einheit folgende Gleichung:

$$k_{V(l)} = a \cdot l^2 - b \cdot l + c$$

Die Intensität, die zu den geringsten variablen Kosten führt, errechnet man durch Nullsetzen der ersten Ableitung obiger Gleichung. Bei intensitätsmäßiger Anpassung lässt sich diese nur für eine Ausbringung realisieren. Bei annahmegemäß konstanter Ferti-

[42] Weitere mögliche Verläufe von Verbrauchsfunktionen finden sich bei W. Kilger, (Kostentheorie 1958), S. 53 ff.

gungszeit T besteht nämlich zwischen der Intensität und der Bezugsgröße B folgender Zusammenhang:

$$B = l \cdot T \text{ bzw. } l = \frac{B}{T}$$

Wird der letzte Ausdruck für l in die Gleichung der variablen Kosten pro Einheit eingesetzt, so ergibt sich:

$$k_{V(B)} = a \cdot \left(\frac{B}{T}\right)^2 - b \cdot \left(\frac{B}{T}\right) + c$$

Für die gesamten variablen Kosten K_V gilt:

$$K_{V(B)} = k_{V(B)} \cdot B = \frac{a}{T^2} \cdot B^3 - \frac{b}{T} \cdot B^2 + c \cdot B$$

Für die gesamten Kosten ergibt sich folgende Bestimmungsgleichung:

$$K_{(B)} = K_F + k_{V(B)} \cdot B$$

In Abbildung 1.2 ist der s-förmige Gesamtkostenverlauf bei intensitätsmäßiger Anpassung wiedergegeben.

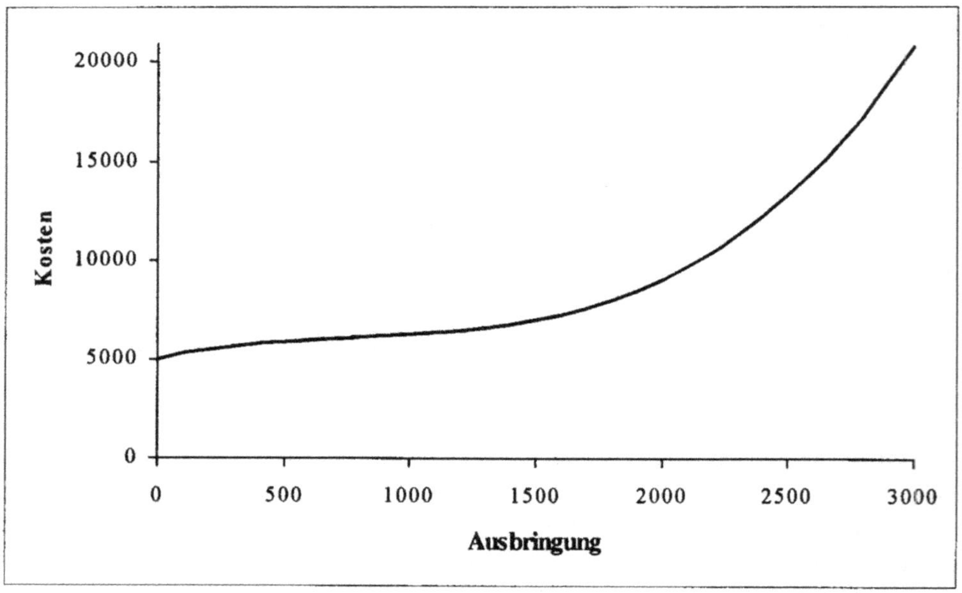

Abbildung 1.2: Kostenverlauf bei rein-intensitätsmäßiger Anpassung

Die Verläufe der gesamten und variablen Durchschnittskosten pro Ausbringungseinheit sowie der Grenzkosten sind in der Abbildung 1.3 dargestellt.

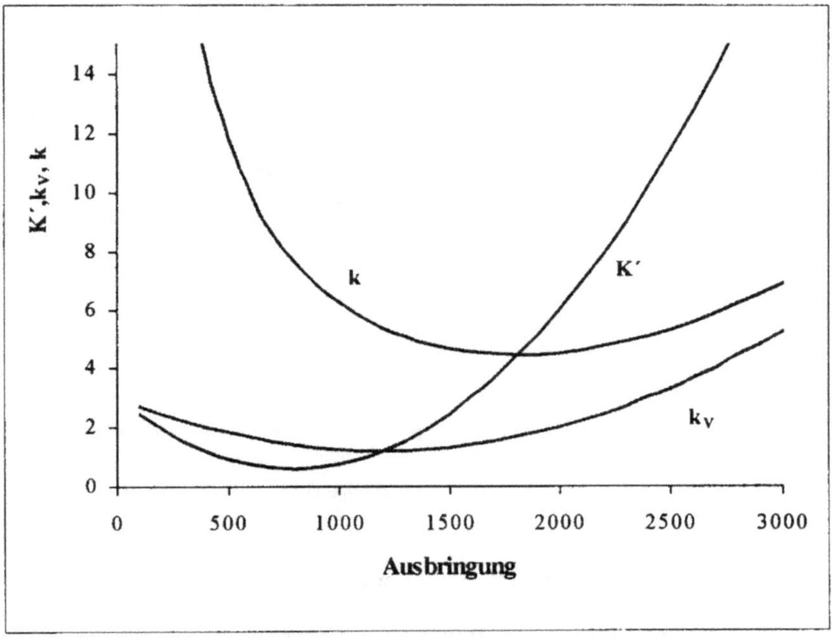

Abbildung 1.3: Verläufe der Grenz-, der variablen und gesamten Durchschnittskosten

Die Abbildung verdeutlicht nochmals den u-förmigen Verlauf der variablen Durchschnittskosten k_V bei intensitätsmäßiger Anpassung. Die gesamten Durchschnittskosten k fallen hier zunächst und steigen anschließend wieder an.

Weiterhin sind in Abbildung 1.3 die Grenzkosten wiedergegeben. Als Grenzkosten bezeichnet man die Kosten der jeweils nächsten Ausbringungs- oder Beschäftigungseinheit. [43] Bei rein-intensitätsmäßiger Anpassung schneiden die Grenzkosten sowohl die variablen als auch die gesamten Durchschnittskosten in deren Minimum.

Weit häufiger als die intensitätsmäßige findet man in der Praxis die zeitliche Anpassung. Da bei zeitlicher Anpassung die kostengünstigsten Prozessbedingungen ermittelt und im Zeitablauf konstant gehalten werden, fallen für jede Beschäftigungseinheit die gleichen variablen Kosten an. Damit ergibt sich in diesem Fall ein linearer Kostenverlauf in Abhängigkeit von der Ausbringung oder Beschäftigung. Bezeichnen wir die Beschäftigung einer Produktionsstelle mit B, die variablen Kosten pro Beschäftigungseinheit mit d und die aus dem Einsatz der langfristig wirkenden Kostenbestimmungsfaktoren resultierenden Fixkosten pro Periode mit K_F, so gilt für die Gesamtkosten K folgende Bestimmungsgleichung:

$$K = K_F + d \cdot B$$

In Abbildung 1.4 ist der Gesamtkostenverlauf für die zeitliche Anpassung dargestellt.

[43] Vgl. W. Kilger, (Kostentheorie 1958), S. 19.

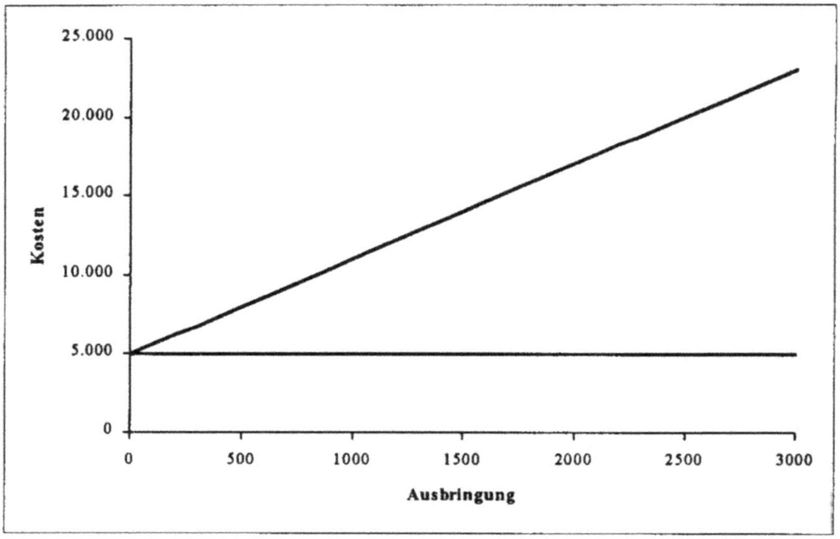

Abbildung 1.4: Gesamtkostenverlauf bei zeitlicher Anpassung

Die Abbildung zeigt zum einen als Parallele zur Abszisse die ausbringungsunabhängigen Fixkosten und zum zweiten die proportional zur Beschäftigung steigenden variablen Kosten K_V. Hinsichtlich der konkreten Festlegung der Kostenfunktion hat der lineare Kostenverlauf den praktischen Vorteil, dass durch die Festlegung zweier Kostenpunkte die Funktion eindeutig bestimmt ist.

In Abbildung 1.5 sind die Kostenverläufe der variablen und gesamten Kosten pro Beschäftigungseinheit dargestellt.

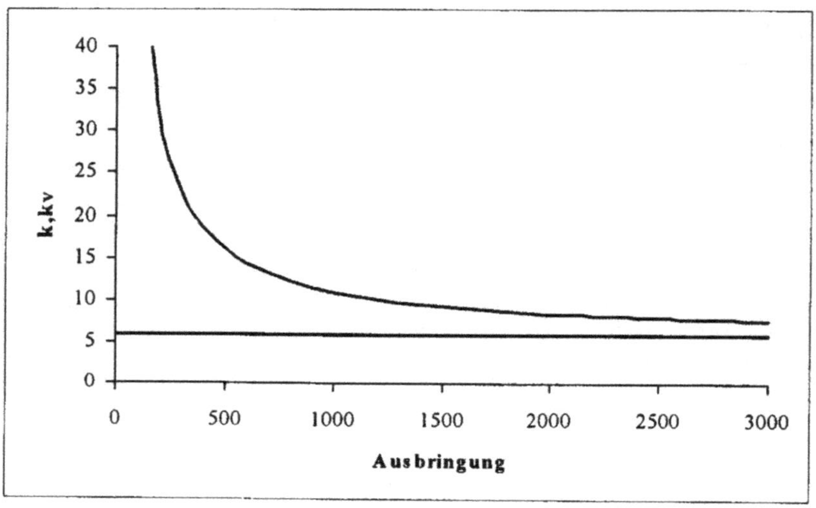

Abbildung 1.5: Kosten pro Ausbringungseinheit bei zeitlicher Anpassung

Aus der Abbildung wird die Ausgangsüberlegung deutlich, dass bei zeitlicher Anpassung die variablen Kosten pro Beschäftigungseinheit k_V unabhängig vom jeweiligen Beschäftigungsvolumen sind. Die Abbildung verdeutlicht weiterhin, dass die Grenzkosten einer zusätzlichen Produktionseinheit immer gleich groß sind; bei linearen Kostenverläufen stimmen die Grenzkosten mit den variablen Durchschnittskosten überein.

Für die gesamten Kosten pro Beschäftigungseinheit gilt ein hyperbelförmiger Kostenverlauf. Dieser ist dadurch zu erklären, dass die von der Beschäftigung unabhängigen Fixkosten mit wachsender Beschäftigung auf eine größere Zahl von Ausbringungseinheiten verteilt werden, womit die Kostenbelastung pro Einheit abnimmt. Man spricht hier von dem Phänomen der Fixkostendegression. Formal stellt sich dieser Zusammenhang wie folgt dar:

$$h = d + \frac{K_F}{B}$$

Mit h werden die gesamten Kosten pro Beschäftigungseinheit bezeichnet.

Die zeitliche Anpassung lässt sich nur bis zur Grenze der kostenoptimalen Kapazität realisieren; hierunter versteht man das Leistungsvermögen einer Produktionsstelle bei kostengünstigsten Prozessbedingungen. Reicht diese Kapazität zur Realisierung des Produktionsprogrammes nicht aus, so bestehen folgende kurzfristig wirksame Möglichkeiten der Kapazitätserweiterung:

1. Einsatz von Mehrarbeit,
2. Zeitlich-intensitätsmäßige Anpassung.

Durch den *Einsatz von Mehrarbeit* steigt für die zusätzlichen Produktionsmengen der variable Kostensatz infolge der zu zahlenden Mehrarbeitszuschläge. Da in der Praxis je nach Umfang der Mehrarbeit unterschiedlich hohe Zuschläge vergütet werden, ergibt sich ein stufenförmiger Kostenverlauf, wie er in Abbildung 1.6 dargestellt ist.

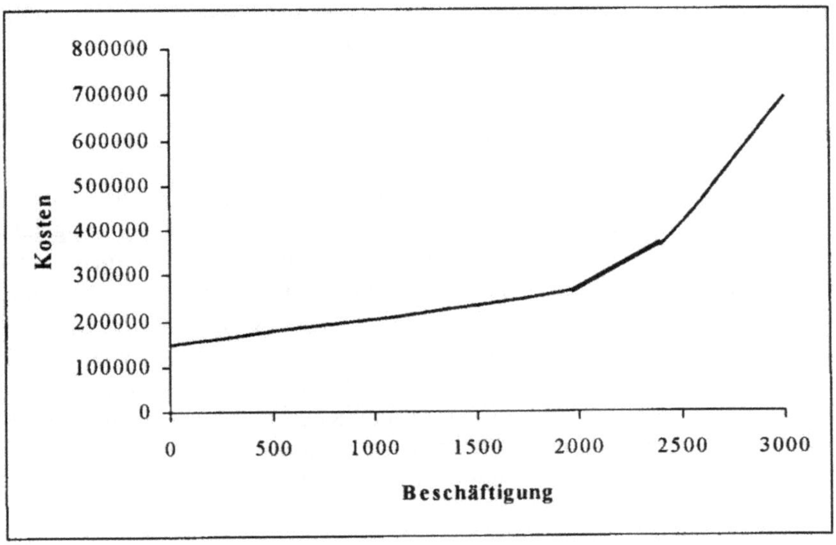

Abbildung 1.6: Gesamtkostenverlauf bei Einsatz von Mehrarbeit

Die konkreten Änderungen der Steigungen sind dabei abhängig von der Höhe der tariflich vereinbarten Mehrarbeitszuschläge und vom Anteil der Lohnkosten an den variablen Fertigungskosten.

Eine Alternative zum Einsatz von Mehrarbeit ist die *zeitlich-intensitätsmäßige Anpassung*. Hier erfolgt jenseits der Grenze der kostenoptimalen Kapazität zur Steigerung der Ausbringung eine Erhöhung der optimalen Ausbringungsgeschwindigkeit. Dabei ergibt sich für Ausbringungsmengen, die über die kostenoptimale Kapazität hinausgehen, der progressiv steigende Kostenverlauf der intensitätsmäßigen Anpassung. Abbildung 1.7 zeigt diesen Zusammenhang.

Die Abbildung verdeutlicht, dass nach Überschreiten der kostenoptimalen Kapazität der lineare Kostenverlauf verlassen wird und die Gesamtkosten progressiv ansteigen.

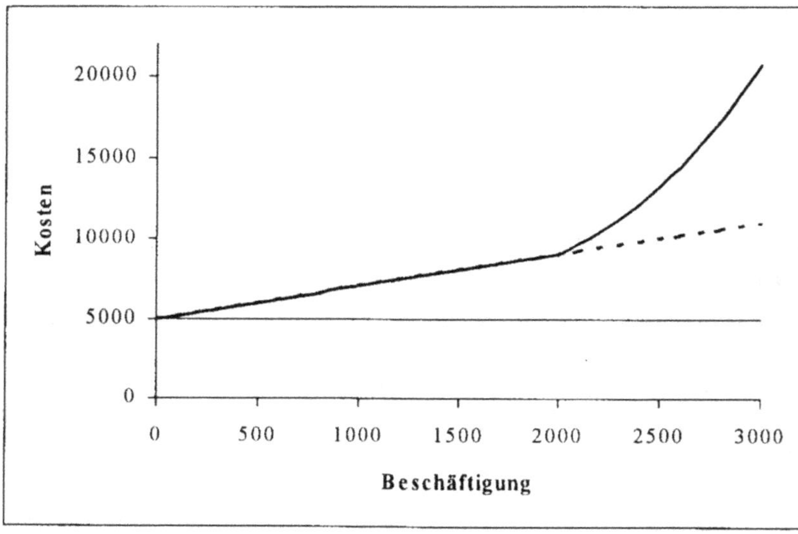

Abbildung 1.7: Kostenverlauf bei zeitlich-intensitätsmäßiger Anpassung

Damit sind für die verschiedenen Formen der Anpassung an Beschäftigungsschwankungen die Kostenverläufe in Abhängigkeit von dem Kostenbestimmungsfaktor Ausbringung dargestellt. Wie im voranstehenden Abschnitt erwähnt, ist der Kostenverlauf von der Wahl der Prozessbedingungen abhängig. Bei der Analyse der Zusammenhänge zwischen Ausbringung und Kosten sind diese vorab kostenoptimal einzustellen und dann, abgesehen von dem Ausnahmefall der intensitätsmäßigen Anpassung, in dieser kostengünstigsten Ausprägung beizubehalten. Dies bedeutet, dass vor der Analyse des Zusammenhanges zwischen Ausbringung und Kosten die sonstigen relevanten Prozessbedingungen wie Fertigungsverfahren, Bedienungsrelationen u.ä. im Rahmen der Produktionsvollzugsplanung kostenoptimal festzulegen sind.[44]

[44] Die Festlegung des optimalen Produktionsvollzuges ist ausführlich dargestellt bei W. Kilger, (Produktionsplanung 1973).

Eine Besonderheit stellt in diesem Zusammenhang der Prozessparameter Seriengröße dar. Durch die Wahl der Seriengröße wird bei gegebener Ausbringung die Zahl der Auflegungen und damit die Höhe der Rüstkosten pro Periode bestimmt. In Abbildung 1.8 sind für alternative Seriengrößen die Verläufe der auflagefixen Kosten dargestellt.

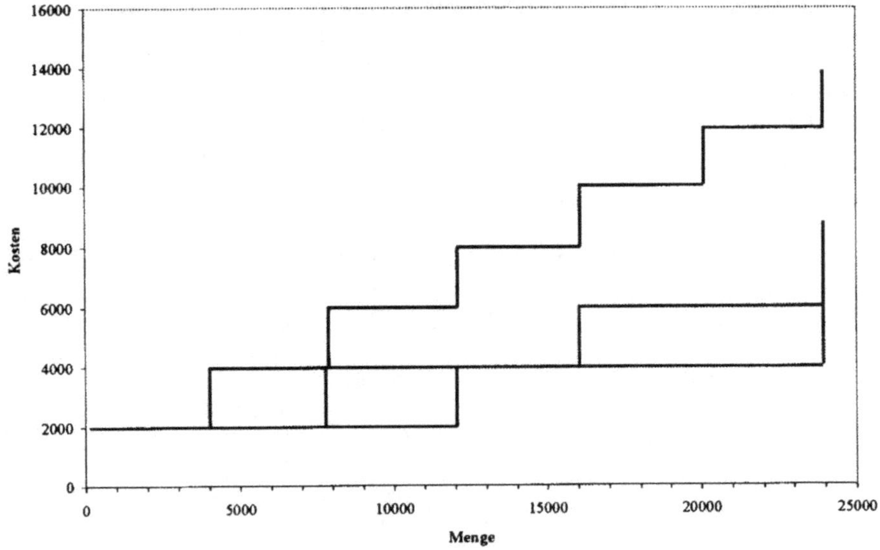

Abbildung 1.8: Verlauf der auflagefixen Kosten in Abhängigkeit von alternativen Seriengrößen

Der Abbildung liegt ein Beispiel zugrunde, bei dem die Rüstkosten in Höhe von 2.000 €/Serie in Abhängigkeit von den drei Seriengrößen 4.000 Stück/Serie, 8.000 Stück/Serie und 12.000 Stück/Serie bei einer maximalen Ausbringung von 24.000 Stück/Mon für die einzelnen Ausbringungsmengen unterschiedlich oft anfallen. Die Bestimmung der optimalen Seriengröße kann allerdings nicht nur auf der Basis der berücksichtigten Fertigungskosten erfolgen, hier müssen vielmehr die Daten der Lagerhaltung berücksichtigt werden, da unterschiedlich hohe Seriengrößen zu unterschiedlichen Lagerkosten führen.[45]

Damit sind für die praktisch relevanten Fälle die Zusammenhänge zwischen den kurzfristig beeinflussbaren Kostenbestimmungsfaktoren und der Kostenhöhe behandelt. Wie gesehen, wird bei gegebenen Kapazitäten und Produktionstechnologien der Kostenverlauf durch die Beschäftigung und die Ausprägungen der relevanten Prozessparameter bestimmt. Da für die kostenrechnerischen Analysen die Zusammenhänge zwischen Ausbringung und Kosten von besonderem Interesse sind, geht man hier so weit wie möglich von konstanten, vorab optimierten Prozessbedingungen aus.

Abschließend wollen wir die verschiedenen Anpassungsformen und die sich daraus ergebenden Kostenfunktionen an einem einfachen Beispiel erläutern. In einer Produktionsstelle eines Betriebes, in dem der Einfachheit halber nur eine Erzeugnisart herge-

[45] Zur Planung kostenoptimaler Seriengrößen vgl. u.a. W. Kilger, (Produktionsplanung 1973), S. 383 ff.

stellt werden soll, kann die Ausbringungsgeschwindigkeit zwischen 0 und 10 Stück pro Stunde kontinuierlich variiert werden. Die Kapazität der Produktionsstelle betrage 500 Std/Mon. Tabelle 1.8 zeigt für die in der Stelle eingesetzten Produktionsfaktoren die technischen Verbrauchsfunktionen, die den Faktorverbrauch zur Herstellung einer Produkteinheit angeben, und die zugehörigen Faktorpreise.

Faktorart	**Techn. Verbrauchsfunktion**	**Faktorpreis**
Lohn	15,00 [Min/Stck]	20,00 [€/Std]
Werkzeuge	$0{,}06 \cdot l^2 - 0{,}36 \cdot l + 1{,}60$ [ME/Stck]	1,50 [€/ME]
Reparatur	$0{,}06 \cdot l^2 - 4{,}00 \cdot l + 38{,}90$ [Min/Stck]	30,00 [€/Std]
Energie	$0{,}40 \cdot l^2 - 0{,}80 \cdot l + 10{,}00$ [kWh/Stck]	0,075 [€/kWh]
Sonstige	$0{,}10 \cdot l^2 - 0{,}10 \cdot l + 3{,}20$ [ME/Stck]	2,00 [€/ME]

Tabelle 1.8: Verbrauchsfunktionen und Faktorpreise

Bewertet man die Verbrauchsfunktionen mit den entsprechenden Faktorpreisen, so ergeben sich die in Tabelle 1.9 angegebenen bewerteten Verbrauchsfunktionen, deren Summe die variablen Kosten zur Herstellung einer Produkteinheit darstellt.

Faktorart	**Bewertete Verbrauchsfunktion**
Lohn	5,00 €/Stck
Werkzeuge	$0{,}09 \cdot l^2 - 0{,}54 \cdot l + 2{,}40$ €/Stck
Reparatur	$0{,}03 \cdot l^2 - 2{,}00 \cdot l + 19{,}45$ €/Stck
Energie	$0{,}03 \cdot l^2 - 0{,}06 \cdot l + 0{,}75$ €/Stck
Sonstige	$0{,}20 \cdot l^2 - 0{,}20 \cdot l + 6{,}40$ €/Stck
Summe	**$0{,}35 \cdot l^2 - 2{,}80 \cdot l + 34{,}00$** €/Stck

Tabelle 1.9: Bewertete Verbrauchsfunktionen

Die Funktion der variablen Stückkosten in Abhängigkeit von der Intensität lautet damit:

$$k_{V(l)} = 0{,}35 \cdot l^2 - 2{,}80 \cdot l + 34{,}00$$

Bei rein-intensitätsmäßiger Anpassung werden die Produktionszeit konstant auf 500 Std/Mon gesetzt und Schwankungen der zu leistenden Ausbringungsmenge durch Variation der Ausbringungsgeschwindigkeit realisiert. Damit besteht zwischen der Ausbringungsmenge x und der Intensität folgender Zusammenhang:

$$x = l \cdot 500 \text{ bzw. } l = \frac{x}{500}$$

Damit lässt sich in der Funktion der variablen Stückkosten die Intensität durch die Ausbringungsmenge ersetzen. Man erhält:

$$k_{V(x)} = \frac{0{,}35}{500^2} \cdot x^2 - \frac{2{,}80}{500} \cdot x + 34{,}00$$

$$k_{V(x)} = 0{,}0000014 \cdot x^2 - 0{,}0056 \cdot x + 34{,}00$$

Die Funktion der variablen Kosten pro Monat erhält man durch Multiplikation der Stückkostenfunktion mit der Ausbringungsmenge x.

$$K_{V(x)} = k_{V(x)} \cdot x = 0{,}0000014 \cdot x^3 - 0{,}0056 \cdot x^2 + 34{,}00 \cdot x$$

Betragen die fixen Kosten der Produktionsstelle 38.400 €/Mon, so ergibt sich folgende s-förmige Gesamtkostenfunktion bei rein-intensitätsmäßiger Anpassung:

$$K_{(x)} = 0{,}0000014 \cdot x^3 - 0{,}0056 \cdot x^2 + 34{,}00 \cdot x + 38.400$$

Dividiert man diese Funktion wiederum durch die Produktionsmenge x, so erhält man die Gleichung der gesamten Stückkosten. Die Grenzkosten der jeweiligen Ausbringungsmengen ergeben sich als erste Ableitung der Kostenfunktion.

Sollen in einem Betrachtungsmonat 1.500 Stück produziert werden, d.h. die Intensität ist auf 3 Stück/Std einzustellen, so ergeben sich variable Kosten in Höhe von 43.125 €/Mon. Die variablen Stückkosten betragen 28,75 €/Stück, die gesamten Stückkosten 54,35 €/Stück.

Bei zeitlicher Anpassung wird zunächst die kostengünstigste Ausbringungsgeschwindigkeit ermittelt, die dann während der Laufzeit der Maschinen beibehalten wird. Änderungen der Ausbringung werden hier durch Variation der Arbeitszeit realisiert. Die günstigste Intensität ist diejenige, bei der die variablen Kosten pro Einheit ihr Minimum erreichen. Diese Intensität erhält man durch Nullsetzen der ersten Ableitung der entsprechenden Kostenfunktion. Es ergibt sich:

$$k'_{V(l)} = 0{,}70 \cdot l - 2{,}80 = 0$$

Die kostenminimale Ausbringungsgeschwindigkeit beträgt damit:

$$l = \frac{2{,}80}{0{,}70} = 4{,}0 \text{ Stück/Std}$$

Die variablen Stückkosten belaufen bei dieser Intensität auf 28,40 €/Stück. Da die kostengünstigste Intensität konstant gehalten wird, gelten diese variablen Stückkosten für alle Erzeugnisse; man erhält demzufolge den folgenden linearen Kostenverlauf:

$$K_{(x)} = 38.400 + 28{,}40 \cdot x$$

Die Produktionsmenge 1.500 Stück/Mon wird nun dergestalt realisiert, dass die Maschinenlaufzeit bei der optimalen Ausbringungsgeschwindigkeit von 4 Stück/Std auf 375 Std/Mon gesetzt wird. Die variablen Gesamtkosten betragen dann auf 42.600 €/Mon, die vollen Stückkosten sinken auf 54,00 €/Stück. Das Beispiel verdeutlicht damit den Sachverhalt, dass die zeitliche Anpassung immer zu niedrigeren Kosten führt als die intensitätsmäßige.

Im Beispiel lässt sich die zeitliche Anpassung bis zu einer Produktionsmenge von 2.000 Stück/Mon zu kostenoptimalen Bedingungen realisieren. Bei größeren Produktionsmengen muss entweder Überzeit eingesetzt oder mit höheren als der optimalen Intensität produziert werden.

Durch den Einsatz von Überzeit erhöhen sich die variablen Stückkosten infolge der den Mitarbeitern zu vergütenden Überzeitzuschläge; deren Höhe ist tarifvertraglich geregelt, wobei im Allgemeinen je nach Umfang der Mehrarbeit unterschiedliche Zuschläge gelten. Gehen wir im Beispiel davon aus, dass für die ersten dreißig Überstunden im Monat 25% Zuschlag auf die Fertigungslöhne zu zahlen sind und für alle weiteren Überstunden 50%, so erhöhen sich die ursprünglichen Lohnkosten von 5,00

€/Stück um 1,25 €/Stück bzw. um 2,50 €/Stück. Man erhält damit folgende Kostenfunktion:

$$K_{(x)} = 38.400 + \begin{cases} 28,40 \cdot x & \text{für } 0 \leq x \leq 2.000 \\ 29,65 \cdot x & \text{für } 2.000 < x \leq 2.120 \\ 30,90 \cdot x & \text{für } x > 2.120 \end{cases}$$

Soll für Produktionsmengen, die größer sind als das Produkt aus optimaler Intensität und Kapazität, die Ausbringungsgeschwindigkeit erhöht werden, so gilt für diese Mengen die s-förmige Kostenfunktion, wie wir sie oben für den Fall der reinintensitätsmäßigen Anpassung hergeleitet haben. Damit ergibt sich als Kostenfunktion:

$$K_{(x)} = 38.400 + \begin{cases} 28,40 \cdot x & \text{für } 0 \leq x \leq 2.000 \\ 0,0000014 \cdot x^3 - 0,0056 \cdot x^2 + 34,00 \cdot x & \text{für } x > 2.000 \end{cases}$$

Ob der Einsatz von Überzeit oder die Erhöhung der Intensität kostengünstiger ist, muss für jede Produktionsmenge im Einzelfall überprüft werden.

1.3.3 Langfristige Kostenverläufe

Wie gesehen, geht die Kostenrechnung von gegebenen Kapazitäten und Verfahren und den sich hieraus ergebenden kurzfristigen Kostenverläufen aus. Andererseits muss sich die Kostenrechnung an jede Änderung von Kapazitäten und Produktionstechnologien anpassen. Aus diesem Grund sind die Einflüsse langfristiger Anpassungsmaßnahmen für die praktische Arbeit der Kostenrechnung ebenfalls von Interesse. In diesem Abschnitt wollen wir die Kostenverläufe bei möglichen Veränderungen von Kapazitäten und Fertigungsverfahren betrachten; derartige Veränderungen sind nur in einer längerfristigen Betrachtung technisch möglich und ökonomisch sinnvoll.

Reicht die vorhandene Kapazität eines betrieblichen Teilbereiches auf längere Sicht nicht aus, so ist eine quantitative Anpassung des Maschinenbestandes zur Erhöhung der Kapazität notwendig, da die kurzfristigen Möglichkeiten der Kapazitätserhöhung wie Überstundeneinsatz oder Intensitätserhöhung häufig nicht ausreichen werden und zu erhöhten Kosten führen. Ob eine Kapazitätserhöhung durch Änderung des Maschinenbestandes wirtschaftlich ist, kann nicht mit Hilfe der Kostenrechnung entschieden werden. Es handelt sich hierbei um ein langfristiges Planungsproblem, daher kann die Vorteilhaftigkeit nur mit einem Verfahren der Investitionsrechnung beurteilt werden.[46]

Bei der quantitativen Kapazitätserweiterung lassen sich zwei Grundformen unterscheiden:[47]

1. Multiple Kapazitätserhöhung
2. Mutative Kapazitätserhöhung

Von **multipler Kapazitätserhöhung** spricht man, wenn die Kapazität bei unveränderter Verfahrenstechnik erhöht wird, d.h. es werden von dem gleichen Maschinentyp zusätzliche Aggregate beschafft. Hierdurch bleiben die variablen Kosten pro Bezugs-

[46] Zu den Verfahren der Investitionsrechnung vgl. u.a. L. Hans u. V. Warschburger, (Controlling 1999), S. 39 ff.
[47] Vgl. E. Gutenberg, (Produktion 1983), S. 113 ff.

größeneinheit und damit die Steigung der Kostenfunktion unverändert. Die Anpassungsprozesse führen lediglich zu einem sprunghaften Anstieg der fixen Kosten; hier liegen die in Abschnitt 1.3.1 erwähnten sprung- oder intervallfixen Kosten vor. Abbildung 1.9 zeigt den Kostenverlauf bei multipler Kapazitätserweiterung.

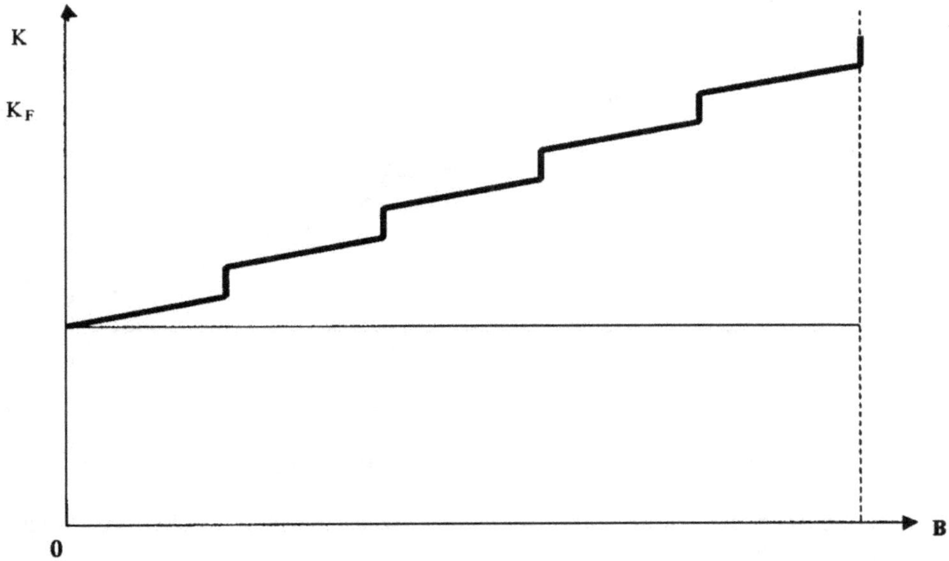

Abbildung 1.9: Kostenverlauf bei multipler Kapazitätserweiterung

Die Abbildung verdeutlicht, dass bei Kapazitätserweiterungen mit Beibehaltung der ursprünglichen Verfahrenstechnologie die linearen Kostenverläufe an sich unverändert bleiben, durch die Hinzunahme eines neuen Betriebsmittels sich aber ein Fixkostensprung ergibt. Da nicht sämtliche Fixkosten mit der Erweiterung angepasst werden müssen, fallen die jeweiligen Kostensprünge niedriger aus als der Ausgangsbetrag der Fixkosten.

Abbildung 1.10 zeigt die Verläufe der variablen und gesamten Kosten pro Beschäftigungseinheit bei multipler Erweiterung. Sie verdeutlicht, dass bei dieser Anpassungsform die variablen Kosten pro Beschäftigungseinheit konstant bleiben und die gesamten Kosten mit den Fixkostensprüngen ansteigen, um dann in gewohnter Weise degressiv zu sinken. Man sieht weiterhin, dass nach der Investition eine bestimmte Mindestbeschäftigung zusätzlich gefahren werden muss, bis der Vollkostensatz wieder das Niveau vor der Kapazitätserhöhung erreicht hat.

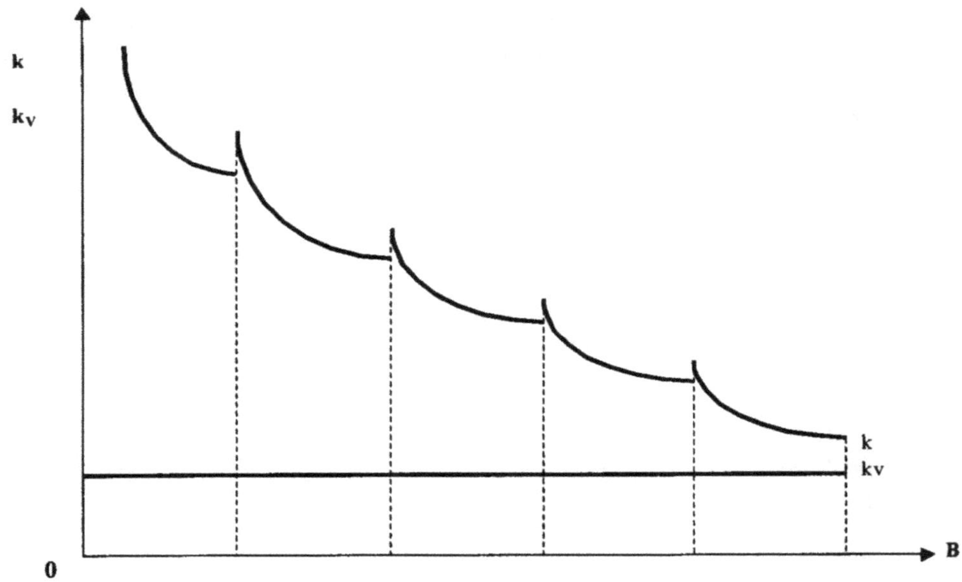

Abbildung 1.10: Kosten pro Einheit bei multipler Erweiterung

Für die rechnerische Bestimmung dieser Zusatzbeschäftigung wollen wir folgende Kurzzeichen verwenden:

- K_F: Fixkosten an der Kapazitätsgrenze
- ΔK_F: Zusätzliche Fixkosten bei Erweiterung
- B: Beschäftigung an der Kapazitätsgrenze
- ΔB: Gesuchte zusätzliche Mindestbeschäftigung
- d: Konstante variable Kosten je Beschäftigungseinheit
- h: Gesamte Kosten je Beschäftigungseinheit

Für die gesamten Kosten pro Einheit an der Kapazitätsgrenze gilt:

$$h = d + \frac{K_F}{B}$$

Nach der Erweiterung gilt:

$$h = d + \frac{K_F + \Delta K_F}{B + \Delta B}$$

Setzt man die beiden Ausdrücke gleich, so ergibt sich nach einigen Umformungen für die gesuchte Zusatzbeschäftigung folgende Bestimmungsgleichung:

$$\Delta B = \frac{\Delta K_F}{K_F} \cdot B$$

Dies bedeutet, dass der prozentuale Beschäftigungszuwachs gleich dem prozentualen Zuwachs der Fixkosten sein muss. Betragen beispielsweise die ursprünglichen Fixkosten 60.000 €/Mon und die ursprüngliche Beschäftigung 5.000 Std/Mon, so muss bei einem Fixkostensprung um 20.000 €/Mon die Beschäftigung um 33% auf 6.667

Std/Mon ansteigen, damit die Erweiterung nicht zu einer Erhöhung des Vollkostensatzes führt.

Bei der **mutativen Kapazitätserhöhung** ändert sich mit der Kapazität auch die Verfahrenstechnologie. Häufig besteht diese Änderung in einer Erhöhung des Automatisierungsgrades, d.h. es werden höher mechanisierte Verfahren eingesetzt, die weniger personalintensiv sind und daher geringere variable Kosten pro Einheit verursachen, dafür aber auf der anderen Seite höhere Fixkosten aufweisen. Abbildung 1.11 zeigt den langfristigen Gesamtkostenverlauf bei mutativer Anpassung:

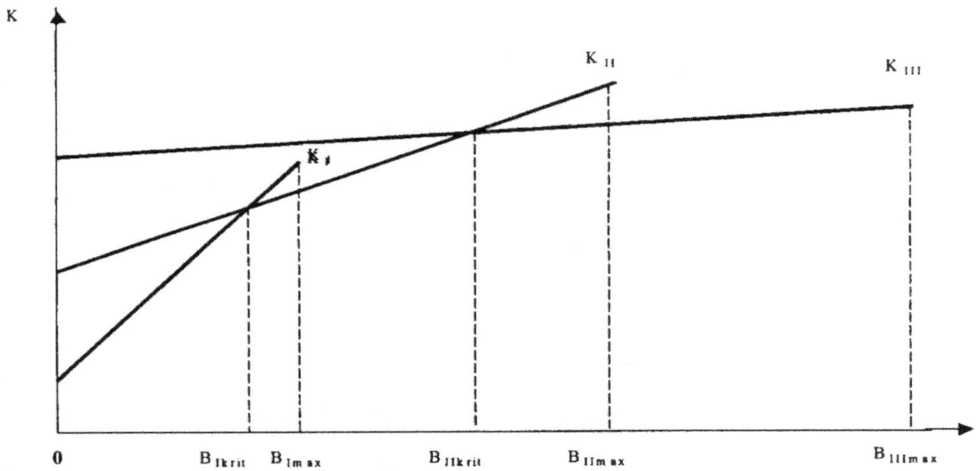

Abbildung 1.11: Gesamtkostenverlauf bei mutativer Anpassung

Die Abbildung verdeutlicht die kostenmäßigen Auswirkungen einer Veränderung der Verfahrenstechnologie zur Realisierung steigender Ausbringungsmengen. Im Gegensatz zur multiplen Erweiterung werden hier die älteren, weniger mechanisierten Verfahren durch die neuen Technologien ersetzt.

Abbildung 1.12 zeigt wiederum die Verläufe der Kosten pro Ausbringungseinheit im vorliegenden Fall. Die Abbildung verdeutlicht, dass sich mit dem Einsatz der höher mechanisierten Verfahrenstechnologie die variablen Kosten pro Einheit sprunghaft vermindern. Der Verlauf der Vollkostensätze zeigt, dass hier ebenfalls eine kritische Beschäftigung errechnet werden kann, ab welcher der Einsatz des neuen Verfahrens zu niedrigeren Vollkosten führt. Kennzeichnen wir das bisherige und das neue Verfahren mit I bzw. II, so lässt sich die kritische Beschäftigung durch Gleichsetzen der beiden folgenden Kostenfunktionen errechnen:

$$K_{FI} + d_I \cdot B = K_{FII} + d_{II} \cdot B$$

Für die kritische Beschäftigung gilt dann:

$$B_{krit.} = \frac{K_{FII} - K_{FI}}{d_I - d_{II}}$$

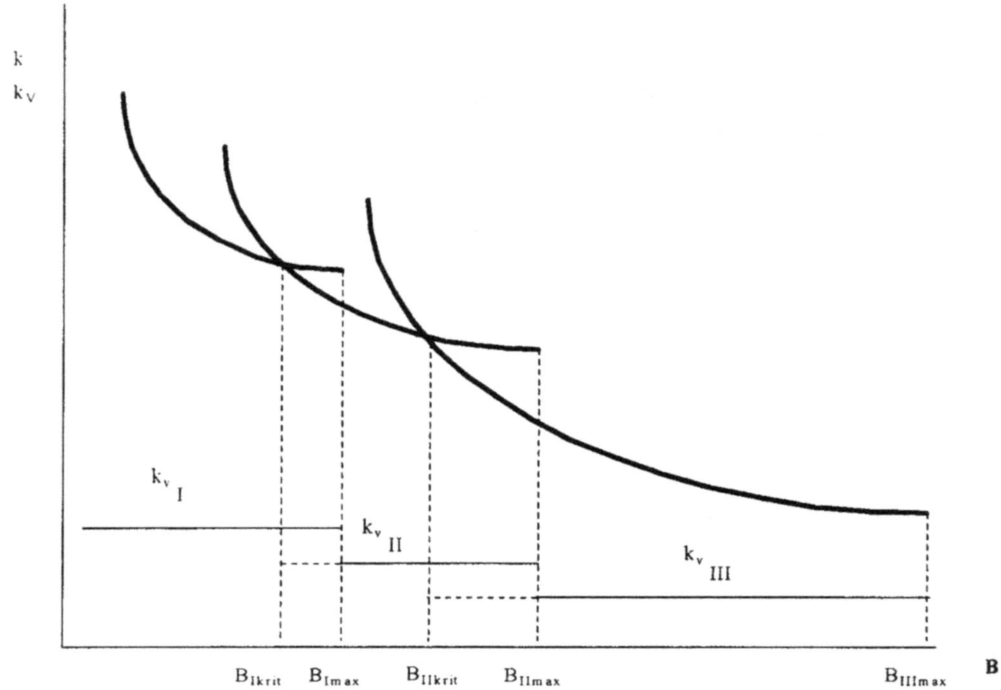

Abbildung 1.12: Kosten pro Einheit bei mutativer Anpassung

Die kritische Beschäftigung ergibt sich als Quotient aus Erhöhung der Fixkosten und Verminderung des variablen Kostensatzes bei Einsatz des neuen Verfahrens.

Betrachten wir beispielhaft die folgenden drei Kostenfunktionen

$$K_I = 20.000 + 50 \cdot B$$
$$K_{II} = 40.000 + 25 \cdot B$$
$$K_{III} = 55.000 + 12{,}5 \cdot B$$

so ergeben sich als kritische Beschäftigungen:

$$B_{I/II} = \frac{40.000 - 20.000}{50 - 25} = 800 \text{ Std/Mon}$$

$$B_{II/III} = \frac{55.000 - 40.000}{25 - 12{,}5} = 1.200 \text{ Std/Mon}$$

Eine Besonderheit langfristiger Kostenverläufe besteht darin, dass sich bei Beschäftigungsrückgängen andere Kostenverläufe ergeben als bei steigender Beschäftigung. Es ist nämlich im Allgemeinen nicht möglich, sämtliche bei der Kapazitätserweiterung aufgebauten Fixkosten bei sinkender Beschäftigung wieder abzubauen. Dies gilt insbesondere für die Kostenarten Abschreibungen und Zinsen, aber auch für einen Teil der Personalkosten, der Raumkosten und der sonstigen Fixkosten. Man spricht in diesem Zusammenhang von remanenten Kosten, d.h. Kosten, die dem Betrieb verbleiben, weil kostensenkende Anpassungsmaßnahmen bei Beschäftigungsrückgang nicht möglich sind oder von den verantwortlichen Stellen unterlassen werden.

1.3.4 Grundprinzipien der Kostenzuordnung

Bezüglich der Zuordnung von Kosten auf betriebliche Leistungen werden in der Literatur mehrere Prinzipien diskutiert. Diese lassen sich unterteilen in Prinzipien zur Verrechnung derjenigen Kosten, die funktional von den Mengeneinheiten der jeweiligen Produktarten abhängen, und in Prinzipien zur Verrechnung der gesamten Kosten auf die einzelnen Leistungseinheiten des Unternehmens.

Die Verwendung zweier unterschiedlicher Zurechnungsprinzipien ist in der Kostenrechnung wegen der verschiedenartigen Verwendungszwecke der Stückkosten erforderlich, da neben den entscheidungsrelevanten variablen Kosten für bestimmte Zwecke noch Vollkosten benötigt werden.[48]

Grundprinzip für die Ermittlung entscheidungsrelevanter Kosten ist das **Verursachungsprinzip**, das sich auf dreifache Art interpretieren lässt.[49]

1. Kausale Interpretation,
2. Finale Interpretation,
3. Interpretation als Identitätsprinzip.

Nach der *kausalen Interpretation* sind den betrieblichen Leistungen diejenigen Kosten zuzuordnen, welche durch sie „verursacht" worden sind. Damit wird eine Ursache-Wirkung-Beziehung zwischen den Leistungen und einem Teil der Kosten unterstellt.[50] Die *finale Interpretation* unterstellt, dass der Faktorverbrauch und damit die Kostenentstehung Mittel zum Zweck der Leistungserstellung sind; demzufolge werden den Leistungen die Kosten zugerechnet, die zum Zwecke ihrer Erstellung aufzuwenden sind.[51]

Zur Würdigung der kausalen Interpretation ist zu analysieren, welche Voraussetzungen für das Vorliegen einer Ursache-Wirkung-Beziehung vorhanden sein müssen. P. Riebel nennt die folgenden drei Bedingungen:[52]

1. Die Ursache muss der Wirkung zeitlich vorausgehen.
2. Das Auftreten der Ursache ist notwendige Bedingung für das Eintreten der Wirkung.
3. Bei Auftreten der Ursache muss stets dieselbe Wirkung folgen.

Bereits das Fehlen der ersten Bedingung macht deutlich, dass zwischen Faktorverbrauch und Leistungen keine kausalen Beziehungen bestehen können. Der Verbrauch an Produktionsfaktoren und die Leistungsentstehung sind Vorgänge, die zeitlich parallel ablaufen. Beide sind Wirkungen eines Kausalprozesses, wobei die Leistungsentstehung die gewünschte positive Wirkung und der Faktorverbrauch die hierfür notwendige negative Wirkung dieses Kausalprozesses darstellen.[53] Gemeinsa-

---

[48] Auf die Aufgaben der gesamten Stückkosten gehen wir in Abschnitt 2.3 näher ein.

[49] Vgl. W. Kilger, (Plankostenrechnung 1992), S. 17; L. Hans, (Planung 1984), S. 47 ff.

[50] Vertreter der kausalen Interpretation sind z.B. K. Rummel, (Kostenrechnung 1967), S. 115 ff., der das Verursachungsprinzip als Proportionalitätsprinzip bezeichnet, sowie E. Heinen, (Zuschlagskalkulation 1958), S. 3 ff.

[51] Vertreter der finalen Interpretation sind E. Kosiol, (Kostenbegriff 1958), S. 28, der hierfür den Begriff Kosteneinwirkungsprinzip prägte; weiterhin G. Munzel, (Kostenträgerrechnung 1966), S. 50 ff.; H. Vormbaum, (Kalkulationsarten 1970), S 14 ff.

[52] Vgl. P. Riebel, (Einzelkostenrechnung 1994), S. 70.

[53] Vgl. R. Ehrt, (Zurechenbarkeit 1967), S. 23 f.; R. Hohenbild, (Verursachungsdenken 1974), S. 173.

me Ursache von Kosten- und Leistungsentstehung ist somit der Einsatz von Produktionsfaktoren im betrieblichen Kombinationsprozess.

Da ein kausaler Zusammenhang nicht bestehen kann, sind auch finale Beziehungen zwischen Kosten und Leistungen ausgeschlossen, weil Finalität Kausalbeziehungen zwischen Mittel und Zweck voraussetzt, d.h. als Mittel kann nur eingesetzt werden, was den gewünschten Zweck bewirken kann.[54]

Übersicht 1.8 zeigt die finalen und kausalen Zusammenhänge betrieblicher Produktionsprozesse.[55]

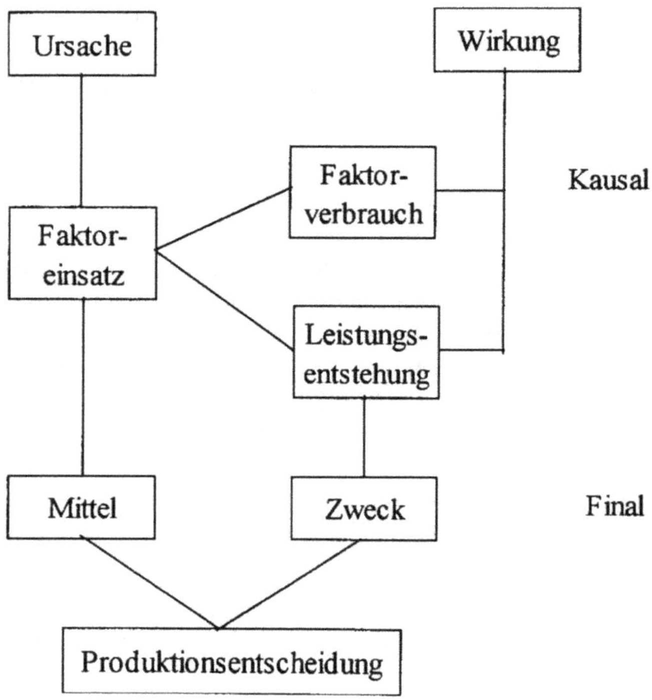

Übersicht 1.8: Final- und Kausalbeziehungen im Produktionsprozess

Die Übersicht verdeutlicht, dass der gewünschte Zweck, also die Herstellung betrieblicher Leistungen, als Mittel den Einsatz von Produktionsfaktoren initiiert. Der Faktoreinsatz bewirkt somit ursächlich neben der gewünschten Leistungserstellung den Verbrauch der Produktionsfaktoren und gleichzeitig die damit verbundenen Kosten. Da dieser Kausalprozess stets durch eine Disposition, die Produktionsentscheidung, hervorgerufen wird, sind den betrieblichen Leistungen verursachungsgerecht die Kosten zuzuordnen, welche auf dieselbe (identische) Produktionsentscheidung zurückzuführen sind. P. Riebel spricht daher vom *Identitätsprinzip*.[56]

P. Riebel folgert nun aus den Zusammenhängen des Identitätsprinzips, dass den Erzeugnissen nur ihre Einzelkosten zugerechnet werden dürfen, da alle Gemeinkosten ex

[54] Vgl. P. Riebel, (Einzelkostenrechnung 1994), S. 74.
[55] Vgl. L. Hans, (Planung 1984), S. 49.
[56] Vgl. P. Riebel, (Einzelkostenrechnung 1994), S. 75 f.

definitione für mehrere Produkte anfallen und somit auf die Entscheidung zur Produktion aller betreffenden Erzeugnisse zurückzuführen sind. Daher sind sie nur der Menge dieser Produkte gemeinsam zurechenbar und nicht pro Mengeneinheit zu kalkulieren.[57]

An dieser Auffassung entzündete sich eine Kontroverse zwischen den Vertretern der relativen Einzelkostenrechnung und denen der Plankostenrechnung, da im Konzept der relativen Einzelkostenrechnung variable Gemeinkosten nicht auf die betrieblichen Leistungen verrechnet werden, diese aber im System der Plankostenrechnung zu den entscheidungsrelevanten Kosten gehören.

Dieser Streit erscheint überwiegend durch Unterschiede in der Definition des Begriffes Gemeinkosten begründet. Während in der allgemein gebräuchlichen Terminologie unter Gemeinkosten alle über Kostenstellen verrechnete Kosten verstanden werden, definiert P. Riebel diese als solche Kosten, die sich auch bei Anwendung genauester Erfassungsmethoden nicht den einzelnen Erzeugnissen zurechnen lassen.[58]

Untersucht man im Lichte dieser Definition die als proportionale Stückkosten kalkulierten Gemeinkosten, so lässt sich für den überwiegenden Teil feststellen, dass sie bei Anwendung genauester Erfassungsmethoden den Produkteinheiten direkt zurechenbar wären.[59] Dies wird aber deshalb unterlassen, weil die genauesten Erfassungsmethoden im Allgemeinen nicht die wirtschaftlichsten sind und weil es aus Gründen der Kostenkontrolle zweckmäßig ist, diese Kosten den betrieblichen Bereichen zuzuordnen, die für den wirtschaftlichen Faktoreinsatz verantwortlich sind.

In der Terminologie der relativen Einzelkostenrechnung stellen die proportionalen Gemeinkosten sogenannte unechte Gemeinkosten dar, also solche Kosten, die theoretisch als Einzelkosten verrechnet werden könnten, was aber aus wirtschaftlichen Gründen unterlassen wird.[60] Im übrigen beziehen sich sämtliche Beispiele P. Riebels für echte variable Gemeinkosten auf Produktionsprozesse mit Kuppelproduktion, d.h. solche Produktionsprozesse, bei denen aus technologischen Gründen zwangsläufig mehrere Erzeugnisse entstehen. Hier ist es aber völlig unstrittig, dass die Ermittlung entscheidungsrelevanter Stückkosten für einzelne Kuppelprodukte unmöglich ist.[61]

Die Einordnung variabler Gemeinkosten, wie Energie, Betriebsstoffe, Werkzeugverschleiß zu den entscheidungsrelevanten Kosten ist auch dadurch zu begründen, dass bei unverbundener Produktion der beschäftigungsabhängige Faktorverbrauch sich mit der Herstellung zusätzlicher Produkteinheiten erhöht und somit auf die Entscheidung über deren Herstellung zurückzuführen ist. Somit bleibt festzuhalten, dass nach dem Identitätsprinzip alle variablen Kosten den betrieblichen Erzeugnissen zugerechnet werden können.

Damit bleibt die Frage zu klären, nach welchen Zurechnungsprinzipien die Kalkulation der Vollkosten erfolgen kann. Hierzu werden in der betriebswirtschaftlichen Literatur zwei Prinzipien genannt:

---

[57] Vgl. P. Riebel, (Einzelkostenrechnung 1994), S. 24.

[58] Vgl. P. Riebel, (Einzelkostenrechnung 1994), S. 24.

[59] Diesen Nachweis hat für wichtige Gemeinkostenarten im Einzelnen geführt E. Piroth, (Potentialkosten 1983), S. 57 ff.

[60] Vgl. P. Riebel, (Einzelkostenrechnung 1994), S. 24 f. und die dort angegebene Literatur.

[61] Zu den betrieblichen Entscheidungen bei Kuppelproduktion vgl. W. Kilger, (Produktionsplanung 1973), S. 340 ff.

1. Leistungsentsprechungsprinzip,
2. Kostentragfähigkeitsprinzip.

Nach dem von H. Koch formulierten **Leistungsentsprechungsprinzip** wird jedem Kostenträger von den Gesamtkosten eines betrieblichen Teilbereiches der Anteil zugerechnet, welcher der Inanspruchnahme der Leistungen dieses Teilbereiches durch den Kostenträger entspricht.[62] Als Maßgröße zur Quantifizierung der Stellenleistung werden pro Kostenstelle eine oder mehrere Bezugsgrößen festgelegt.[63] Die auf die Produkte zu verrechnenden Gemeinkosten der einzelnen Kostenstellen ergeben sich gemäß des Anteils der einzelnen Kostenträger an der Gesamtbezugsgrößenmenge.

An sich wäre zu fordern, in den Vollkostenkalkulationen nur die fixen Kosten nach dem Leistungsentsprechungsprinzip zu verrechnen und für die proportionalen Kosten das Identitätsprinzip anzuwenden. Es erscheint aber plausibel, dass zur Kostenzurechnung nach dem Leistungsentsprechungsprinzip dieselben Bezugsgrößen verwendet werden, die bei der Kalkulation der variablen Kosten zur Anwendung kommen, so dass in Vollkostenkalkulationen eine gemeinsame Verrechnung fixer und variabler Gemeinkosten zu richtigen Ergebnissen führt.

Das **Kostentragfähigkeitsprinzip** verrechnet die Kosten im Verhältnis der Erlöse auf die Produkte, d.h. jedem Erzeugnis werden so viele Kosten zugeordnet, wie es gemäß seiner Erlössituation vertragen kann. Die Stückkosten errechnen sich hier durch Multiplikation der Verkaufspreise mit der Relation von Gesamtkosten zu Gesamtumsatz. Sollen lediglich die Fixkosten nach diesem Prinzip verrechnet werden, die variablen aber nach dem Verursachungsprinzip, so könnten statt der Erlöse die Deckungsbeiträge als Verrechnungsmaßstäbe verwendet werden.[64]

Bei Anwendung dieses Zurechnungsprinzips geht mit dem Marktpreis eine Größe in die Kostenzurechnung ein, die in keinem Zusammenhang zu der innerbetrieblichen Kosten- und Leistungsentstehung steht, sondern von außerbetrieblichen Marktgegebenheiten bestimmt wird; damit wird die Kostenverrechnung von wesensfremden Elementen bestimmt. Hinzu kommt, dass sich mit jeder Veränderung der Marktpreisrelationen die Kostenbelastungen der Erzeugnisse verändern werden.

In der betrieblichen Praxis findet das Tragfähigkeitsprinzip vor allem Anwendung bei der Kalkulation von Kuppelprodukten; hier ist eine verursachungsgerechte Ermittlung von Stückkosten wegen der technologischen Verbundbeziehungen der Erzeugnisse nicht möglich.[65]

[62] Vgl. H. Koch, (Prinzip 1965), S. 331 ff.
[63] Auf das Bezugsgrößensystem der Kostenrechnung gehen wir in Abschnitt 4.2 ausführlich ein.
[64] Vgl. W. Kilger, (Plankostenrechnung 1992), S. 19.
[65] Die Kalkulationsverfahren bei Kuppelproduktion werden wir in Abschnitt 5.3.3 behandeln.

2 Die Entwicklungsformen der Kostenrechnung

2.1 Die Istkostenrechnung

Unsere Ausführungen in Abschnitt 1.1 haben gezeigt, dass die Unternehmensführung eine Vielzahl von Aufgaben an eine funktionsfähige Kostenrechnung stellt. Der Wandel dieser Aufgabenfelder von eher traditionellen, verrechnungsbezogenen Aufgaben hin zu modernen, für die Steuerung des Unternehmensprozesses notwendigen Funktionen erforderte eine Weiterentwicklung der eingesetzten Kostenrechnungssysteme. Im Laufe dieser Entwicklung haben sich die folgenden, grundsätzlichen Entwicklungsformen der Kostenrechnung ergeben:[1]

1. Istkostenrechnung
2. Normalkostenrechnung
3. Plankostenrechnung
   3.1. Starre Plankostenrechnung
   3.2. Flexible Plankostenrechnung auf Vollkostenbasis
   3.3. Flexible Plankostenrechnung auf Grenzkostenbasis
   3.4. Flexible Plankostenrechnung als kombinierte Voll- und Grenzkostenrechnung
4. Relative Einzelkostenrechnung

Die **Istkostenrechnung** stellt die älteste Form der Kostenrechnung dar. In diesem Kostenrechnungssystem werden ausschließlich die tatsächlich angefallenen Kosten erfasst und weiterverrechnet.[2] Die Hauptzielsetzung der Istkostenrechnung besteht in der laufenden Nachkalkulation der betrieblichen Aufträge und Erzeugnisse, wobei dem Prinzip der Kostenüberwälzung gefolgt wird. Nach dem Kostenüberwälzungsprinzip werden in jeder Abrechnungsperiode sämtliche Istkosten von der Kostenartenrechnung über die Kostenstellenrechnung bis in die Kalkulation und die Erfolgsrechnung weiterverrechnet. Kostenabweichungen fallen in einer Istkostenrechnung nicht an.

Die Istkostenrechnung gilt heute als ein veraltetes Verfahren der Kostenrechnung, da sie insbesondere die modernen Aufgaben der Kostenrechnung nicht erfüllen kann. Im Einzelnen sind folgende Kritikpunkte zu nennen:

1. Mit der Istkostenrechnung lässt sich keine Kontrolle der Kostenwirtschaftlichkeit durchführen. Eine sinnvolle Kostenkontrolle erfordert Plan- oder Sollkosten, die unter Beachtung der Grundsätze einer wirtschaftlichen Betriebsführung festgelegt werden; diesen werden dann die tatsächlich angefallenen Istkosten gegenübergestellt.

   Mit reinen Istkosten lassen sich allenfalls Zeit- und Betriebsvergleiche durchführen, die aber für eine ordnungsgemäße, laufende Kostenkontrolle nicht geeignet sind. Bei Zeitvergleichen können systematische Unwirtschaftlichkeiten, die in jeder Periode in ähnlicher Höhe anfallen, nicht erkannt werden. Betriebsvergleiche leiden zum einen unter der Schwierigkeit, unterschiedliche Betriebsstätten vergleichbar zu machen, zum zweiten sind sie für eine laufende Kostenkontrolle zu aufwendig.

---

[1] Auf neuere Ergänzungen der grundsätzlichen Kostenrechnungssysteme gehen wir in Kapitel 7 ein.
[2] Vgl. W. Kilger, (Einführung 1992), S. 54 ff.

2. Die Istkostenrechnung kann die dispositiven Aufgaben der Kostenrechnung nicht erfüllen, da nur die Kosten vergangener Perioden betrachtet werden, die Aufgaben der betrieblichen Planung aber zukunftsgerichtete Plankosten erfordern. Weiterhin fehlt in einer Istkostenrechnung die Aufteilung der gesamten Kosten in fixe und variable Bestandteile; für wichtige Planungs- und Entscheidungsprobleme sind aber lediglich die variablen Kosten entscheidungsrelevant.[3]

3. Die wesentliche Zielsetzung der Istkostenrechnung ist die laufende Nachkalkulation aller Erzeugnisse. Dies ist nur in Betrieben mit Einzelfertigung, die meist große Aufträge als Unikate kundenspezifisch fertigen, sinnvoll.[4] Da in diesen Fällen jedes Erzeugnis nur einmal gefertigt wird und sich wesentlich von den anderen unterscheidet, ist die Ermittlung der tatsächlichen Selbstkosten der Aufträge unerlässlich, um den Gewinnbeitrag der einzelnen Produkte zu ermitteln und um Anhaltspunkte für die Vorkalkulation zukünftiger Aufträge zu erhalten.[5]

   Bei Baukasten-, Serien- und Massenfertigung ist die laufende Nachkalkulation sämtlicher Produkte weder sinnvoll noch wirtschaftlich. Zum einen führen die Ergebnisse zu wenig aussagefähigen monatlichen Schwankungen der Selbstkosten, da Kostensätze aufgrund der unterschiedlichen Anzahl von Arbeitstagen und von nicht vorhersehbaren Kostenschüben regelmäßigen und unregelmäßigen Veränderungen unterworfen sind.

   Zum zweiten sind Nachkalkulationen insbesondere bei hoher Teilevielfalt und großer Anzahl von Arbeitsgängen auch bei Anwendung moderner DV-Systeme mit erheblichem Rechenaufwand und entsprechenden Kosten im Bereich der Datenverarbeitung verbunden.

   In diesen Unternehmen werden daher meist jahresbezogene Standardkalkulationen erstellt, die während des laufenden Jahres konstant gehalten und am Jahresende an das dann aktuelle Mengen- und Preisgerüst angepasst werden.

Verzichtet man auf die laufende Nachkalkulation der Erzeugnisse, so ist auch die monatliche Ermittlung von Istpreisdurchschnitten der einzelnen Materialarten, die monatliche Durchführung der innerbetrieblichen Leistungsverrechnung und die monatliche Errechnung von Kalkulationssätzen aller Kostenstellen überflüssig. Damit wäre die Ebene der reinen Istkostenrechnung verlassen und die Kostenrechnung zur Normalkostenrechnung weiterentwickelt, mit der wir uns im nächsten Abschnitt befassen.

2.2 Die Normalkostenrechnung

Durch den Verzicht auf eine laufende Nachkalkulation und die Berechnung standardisierter Kalkulationen entwickelte sich die Kostenrechnung zur Normalkostenrechnung weiter. Statt einer monatlichen Neuberechnung wurden hier in folgenden Bereichen jahresbezogene Festwerte, sogenannte Normalkosten, verwendet:

- Die Materialabrechnung erfolgt zu durchschnittlichen jahresbezogenen Festpreisen.

---

[3] Auf diese Problematik werden wir in Abschnitt 2.3 ausführlich eingehen.

[4] Die verschiedenen Formen der Auftragserteilung sind im Einzelnen erläutert bei L. Hans u. V. Warschburger, (Controlling 1999), S. 190 f.

[5] Vgl. hierzu u.a. W. Kilger, (Einführung 1992), S. 55 f.

- Für Löhne und Gehälter werden Durchschnittstarife angesetzt.
- Die Ermittlung der Verrechnungssätze für die Leistungen der Hilfskostenstellen im Rahmen der innerbetrieblichen Leistungsverrechnung erfolgt auf der Grundlage durchschnittlicher Kosten dieser Stellen und einer durchschnittlichen Leistungsinanspruchnahme.
- Für die Hauptkostenstellen werden Normalkostensätze als Kalkulationssätze berechnet, die auf durchschnittlichen Kosten und einer durchschnittlichen Beschäftigung basieren.
- Für die betrieblichen Erzeugnisse werden jahresbezogene Normalkalkulationen erstellt, die auf einem festen Mengengerüst sowie den oben genannten Festpreisen und Normalkostensätzen aufbauen.

Die genannten Durchschnittswerte werden aus den Istkosten vergangener Abrechnungsperioden ermittelt. Hierbei können die entsprechenden Istdaten entweder unkorrigiert übernommen oder um ungewöhnliche Kostenschübe bereinigt werden; ein Beispiel hierfür wäre ein erhöhter Ausschuss infolge fehlerhafter Materiallieferung. Es ist weiterhin auch denkbar, vorhersehbare Veränderungen in der Kostenstruktur zu berücksichtigen. Beispiele für derartige Korrekturen der Istkosten sind:

- Lohnerhöhungen,
- Veränderungen der Einstandspreise bei Material und Vorprodukten,
- Rationalisierungsmaßnahmen,
- Beschäftigungsänderungen.

Die Verwendung fester Wertansätze führt nun im System der Kostenrechnung zu Abweichungen zwischen den kalkulatorisch gedeckten Normalkosten und den im jeweiligen Abrechnungsmonat tatsächlich angefallenen Istkosten. Hierbei sind die folgenden Kostenabweichungen zu unterscheiden:

1. Im Bereich der Materialabrechnung führt die Verwendung fester Verrechnungspreise zu Preisabweichungen, die sich als Differenz zwischen den tatsächlichen Rechnungswerten der Materialarten und den Festwerten ergeben.
2. Im Bereich der Einzellöhne fallen Tarifabweichungen aufgrund der Unterschiede zwischen den tatsächlichen und den durchschnittlichen Tarifen an.
3. In den einzelnen Kostenstellen treten Abweichungen zwischen den Istkosten und den Normalkosten auf, die als Über- oder Unterdeckungen bezeichnet werden. Hierbei ergeben sich die Normalkosten der Kostenstellen für einen Abrechnungsmonat, indem die konstanten Normalkostensätze mit der jeweiligen Istbeschäftigung multipliziert werden:

   Normalkosten = Normalkostensatz · Istbeschäftigung

   Die Über- oder Unterdeckungen errechnen sich dann nach folgender Gleichung:

   Über- bzw. Unterdeckung = Istkosten – Normalkosten.

Die genannten Kostenabweichungen werden monatlich erfasst und in das Betriebsergebnis verrechnet, wo sie zu den kalkulatorisch gedeckten Normalkosten dazu addiert bzw. von diesen subtrahiert werden.

Die Arbeitsweise der Normalkostenrechnung wollen wir an einem Beispiel verdeutlichen. Für die Kostenstelle Drehmaschinen einer Maschinenfabrik sind im abgelaufenen Jahr die in nachstehender Tabelle angegebenen Kosten- und Leistungsdaten erfasst worden:

Monat	Lohnkosten	Sonstige Kosten	Maschinenstunden
Januar	86.945	216.878	6.100
Februar	82.427	211.645	5.740
März	95.330	234.538	6.480
April	90.572	218.378	6.200
Mai	100.485	227.518	6.900
Juni	98.655	228.038	6.480
Juli	89.171	211.520	5.700
August	107.562	226.100	6.820
September	111.573	235.922	7.040
Oktober	99.990	226.445	6.340
November	112.750	232.178	7.200
Dezember	100.705	222.200	6.400
Summe	1.176.165	2.691.360	77.400

Tabelle 2.1: Beispiel zur Normalkostenrechnung

Für die Ermittlung der Normalkosten des laufenden Jahres sollen die folgenden Korrekturen berücksichtigt werden:

- Zum 1. April des Vorjahres haben sich die Tariflöhne um 3% erhöht.
- Für das laufende Jahr wird mit einer durchschnittlichen Tariferhöhung von 2,5% gerechnet.
- Bei den sonstigen Kosten rechnet man für das laufende Jahr mit einer Verteuerung um 2%.
- Die Beschäftigung der Dreherei soll im laufenden Jahr um 8% höher sein als im Vorjahr.
- Die beschäftigungsunabhängigen Kosten werden auf 100.000 €/Mon geschätzt.

Die Korrektur der erfassten Istkosten vollzieht sich in folgenden Schritten:

1. **Anpassung der Lohnkosten an das erwartete Tarifniveau des laufenden Jahres:**

   - **Anpassung der Löhne Januar bis März des Vorjahres:**
     Als Erstes muss ein einheitliches Lohnniveau für das Vorjahr hergestellt werden; da die Tariferhöhung in den ersten drei Monaten noch nicht wirksam war, müssen die Löhne dieser Monate um 3,0 % erhöht werden.

     86.945 + 82.427+ 95.330= 264.702
     3,0% von 264.702= 7.941

- **Anpassung an das Tarifniveau des laufenden Jahres**
  Unter Berücksichtigung dieser Anpassung müssen nun die gesamten Löhne des Vorjahres an die erwartete Tarifsteigerung des laufenden Jahres in Höhe von 2,5% angepasst werden.

1.176.165 + 7.941=	1.184.106 €/Jahr
2,5% von 1.184.106:	29.603 €/Jahr
Summe Lohnkosten:	1.213.709 €/Jahr

2. Anpassung der Gemeinkosten

Die den Gemeinkosten des Vorjahres zugrundeliegenden Faktorpreise sollen sich um 2,0% verteuern.

Summe Gemeinkosten:	2.691.360 €/Jahr
2,0% von 2.691.360:	53.827 €/Jahr
Summe Gemeinkosten:	2.745.187 €/Jahr

3. Beschäftigungsanpassung

- **Anpassung der Kosten:**
  Die Fertigungslöhne und die beschäftigungsabhängigen Gemeinkosten müssen an die Beschäftigungserhöhung um 8% angepasst werden.

Summe Gemeinkosten:	2.745.187 €/Jahr
davon Fixkosten:	1.200.000 €/Jahr
Variable Gemeinkosten:	1.545.187 €/Jahr
Summe Lohnkosten:	1.213.709 €/Jahr
Summe var. Kosten:	2.758.896 €/Jahr
8% von 2.758.896:	220.712 €/Jahr
Fixkosten:	1.200.000 €/Jahr
Summe Kosten	4.179.608 €/Jahr

- **Anpassung der Beschäftigung:**
  Die Beschäftigung des Vorjahres muss ebenfalls um 8% erhöht werden:

Beschäftigung Vorjahr:	77.400 Std/Jahr
8% von 77.400:	6.192 Std/Jahr
Beschäftigung lfd. Jahr:	83.592 Std/Jahr

Damit ergibt sich der folgende Normalkostensatz:

Normalkostensatz = 4.179.608: 83.592 = 50,00 €/Std

In einem Abrechnungsmonat des laufenden Jahres sollen nun die Istbeschäftigung 6.542 Maschinenstunden betragen und Istkosten in Höhe von 328.215 €/Mon angefallen sein. Damit ergeben sich für die Dreherei im betreffenden Monat folgende Normalkosten:

Normalkosten = 50,00 · 6.542 = 327.100 €/Mon

Als Kostenabweichung des Monats ergibt sich dann folgende Unterdeckung:

Unterdeckung = 328.215 - 327.100 = 1.115 €/Mon

Diese Unterdeckung wird unmittelbar aus der Kostenstellenrechnung in die kurzfristige Erfolgsrechnung übernommen und dort zu den kalkulatorisch gedeckten Kosten addiert.

Abschließend wollen wir die Vor- und Nachteile der Normalkostenrechnung behandeln.

1. In Betrieben mit Serien- und Massenproduktion entfallen die aufwendigen monatlichen Nachkalkulationen und werden durch jahresbezogene Standardkalkulationen ersetzt. Wie gesehen, erübrigt sich dadurch auch die monatliche Berechnung von Istpreisdurchschnitten, von Verrechnungssätzen für innerbetriebliche Leistungen und von Kalkulationssätzen der Hauptkostenstellen.
2. Für eine ordnungsgemäße Kostenkontrolle ist die Normalkostenrechnung nicht geeignet. Die Normalkostensätze werden aus den Istkosten vergangener Perioden ermittelt und enthalten demzufolge auch dann systematische Unwirtschaftlichkeiten, wenn Aktualisierungen für das laufende Jahr vorgenommen werden. Des Weiteren sind die Normalkostensätze als Vollkostensätze von der Beschäftigung abhängig, so dass in den Über- und Unterdeckungen Kostenabweichungen infolge von Unterschieden zwischen der angesetzten Durchschnittsbeschäftigung und der Istbeschäftigung des Abrechnungsmonats enthalten sind.
3. Für die dispositiven Aufgaben der Kostenrechnung sind die Normalkosten dann etwas besser geeignet als die Istkosten, wenn sie an erwartete Veränderungen der Kostenstruktur angepasst werden. Exakte Daten für betriebliche Entscheidungen lassen sich aber nur im Rahmen einer Kostenplanung gewinnen, insbesondere fehlt in der Normalkostenrechnung die für die dispositiven Aufgaben unerlässliche Trennung der Kosten in fixe und variable Bestandteile. Wie wir später noch sehen werden, ist die exakte Trennung in fixe und variable Kosten in vielen Fällen dispositionsabhängig und damit nur mit geplanten Kosten möglich.

2.3 Die Plankostenrechnung

Das charakteristische Merkmal einer Plankostenrechnung besteht darin, dass für alle betriebliche Teilbereiche eine nach Kostenarten, Kostenstellen und Kostenträgern differenzierte Kostenplanung durchgeführt wird, die mit den einzelnen Teilplänen der kurzfristig operativen Planung abgestimmt wird.[6]

Unabhängig von der konkreten Ausgestaltung der Plankostenrechnung verläuft die Kostenplanung in folgenden Schritten:

1. Die Einzelkosten werden zunächst pro Einheit der einzelnen Erzeugnisarten geplant; durch Multiplikation der Einzelkosten pro Einheit mit den Planproduktionsmengen und Summation über alle Erzeugnisarten erhält man die Planeinzelkosten der Periode.
2. Die Gemeinkosten werden nach Kostenarten und Kostenstellen differenziert geplant. Hierzu wird zunächst je Kostenstelle eine Planbeschäftigung festgelegt, die sich aus der Beschäftigungsplanung der kurzfristig operativen Planung ableitet. Anschließend werden die zur Realisierung dieser Planbeschäftigung bei wirtschaft-

[6] Zum System der kurzfristig operativen Planung vgl. L. Hans u. V. Warschburger, (Controlling 1999), S. 189 ff.

licher Betriebsführung notwendigen Kosten geplant. Dividiert man die Plankosten einer Kostenstelle durch die Planbeschäftigung, erhält man den Plankalkulationssatz der Stelle.

3. Mit Hilfe der Einzelkosten pro Einheit und der Plankalkulationssätze werden die Plankalkulationen der einzelnen Produkte aufgebaut.

Wie oben gesehen, unterscheidet man mehrere Entwicklungsstufen der Plankostenrechnung. Erste Entwicklungsstufe war die **starre Plankostenrechnung**.[7] Diese verzichtet auf eine Trennung der geplanten Kosten der einzelnen Kostenstellen in fixe und variable Bestandteile. Damit kann keine richtige Anpassung der für eine Planbeschäftigung festgelegten Plankosten an die tatsächliche Beschäftigung eines Abrechnungsmonats vorgenommen werden. Bezüglich dieser Kostenanpassung lassen sich nun zwei Vorgehensweisen unterscheiden:

1. Auf eine Anpassung der ursprünglich festgelegten Plankosten wird völlig verzichtet, d.h. in den Kostenstellen werden den Istkosten die ursprünglich für eine bestimmte Planbeschäftigung ermittelten Plankosten gegenübergestellt.[8] Der Ausweis einer derartigen Abweichung ergibt keinen Sinn, wenn ein Teil der Produktionsfaktorverbräuche beschäftigungsabhängig anfällt, da die Herstellung von mehr oder weniger Erzeugnismengen naturgemäß entsprechend höhere oder niedrigere variable Kosten erfordert.
2. Die ursprünglich geplanten Kosten werden linear an eine höhere oder niedrigere Beschäftigung angepasst. Dieses Vorgehen ist aber, wie wir unten zeigen werden, für die Zwecke der Kostenkontrolle ebenfalls ungeeignet.

Die Arbeitsweise der starren Plankostenrechnung wollen wir an einem einfachen Beispiel erläutern. Für die Kostenstelle Fräserei eines Werkzeugherstellers werden die folgenden Daten geplant:

Plankosten:	262.500 €/Mon
Planbeschäftigung:	3.500 Std/Mon

Damit erhält man einen Plankalkulationssatz von:

Plankalkulationssatz = 262.500: 3.500 = 75,00 €/Std

Für einen beliebigen Abrechnungsmonat ergeben sich folgende Istdaten:

Istkosten:	240.000 €/Mon
Istbeschäftigung:	2.500 Std/Mon

Die starre Plankostenrechnung ermittelt nun – sofern überhaupt eine Beschäftigungsanpassung erfolgt - lediglich die kalkulatorisch verrechneten Plankosten, die sich als Produkt aus dem einmal festgelegten Plankalkulationssatz und der Istbeschäftigung ergeben. Diese entsprechen den Kosten, die über die Plankalkulationen der Produkte in die kurzfristige Erfolgsrechnung verrechnet werden.

Verrechnete Plankosten = 75,00·2.500 = 187.500 €/Mon

---

[7] Zur starren Plankostenrechnung vgl. u.a. W. Kilger, (Plankostenrechnung 1992), S. 48 ff.

[8] Vgl. hierzu K. Agthe, (Kostenplanung 1963), S. 62 ff.

Stellt man diesen verrechneten Plankosten die Istkosten des Abrechnungsmonats gegenüber, so erhält man folgende Kostenabweichung:

Kostenabweichung = 240.000 – 187.500 = 52.500 €/Mon

In der Abbildung 2.1 ist die Arbeitsweise der starren Plankostenrechnung dargestellt.

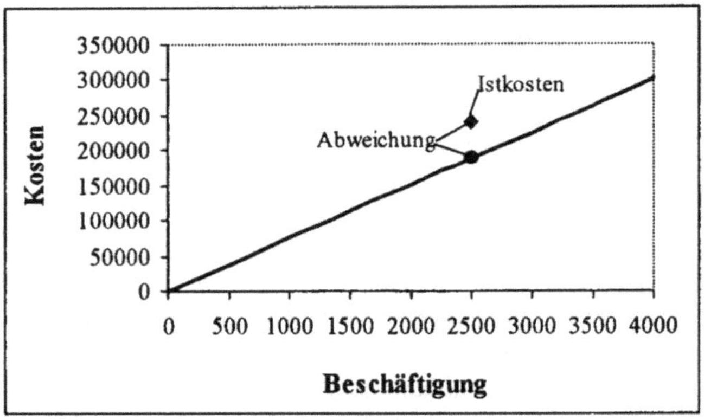

Abbildung 2.1: Kostenabweichungen in der starren Plankostenrechnung

In der Beurteilung der starren Plankostenrechnung ist zunächst positiv zu würdigen, dass mit diesem Kostenrechnungssystem erstmals eine Festlegung von geplanten Kosten auf der Basis wirtschaftlicher Betriebsführung erfolgt. Weiterhin kann hiermit die Kostenrechnung in das Gesamtsystem der kurzfristig operativen Planung integriert werden.

Zur Erfüllung der modernen Aufgaben der Kostenrechnung ist die starre Plankostenrechnung allerdings nicht geeignet. Eine wirksame Kostenkontrolle scheitert daran, dass die Anpassung der Plankosten an die Istbeschäftigung nicht richtig erfolgt. Es wird nämlich nicht berücksichtigt, dass ein Teil der Plankosten als fixe Kosten unabhängig von der Beschäftigung anfällt; diese werden in der starren Plankostenrechnung wie variable Kosten an die jeweilige Istbeschäftigung angepasst.

Die ausgewiesenen Kostenabweichungen beinhalten damit neben Abweichungen infolge außerplanmäßiger Wirtschaftlichkeit auch Abweichungen, die auf die fehlerhafte Beschäftigungsanpassung der Fixkosten zurückzuführen sind.

Die dispositiven Aufgaben der Kostenrechnung kann die starre Plankostenrechnung ebenfalls nicht erfüllen, da auf die hierfür notwendige Trennung der Kosten in fixe und variable Bestandteile verzichtet wird.

Zur Beseitigung der genannten Mängel wurde die starre Plankostenrechnung zur **flexiblen Plankostenrechnung** weiterentwickelt. In dieser Ausgestaltung der Plankostenrechnung wird der beschäftigungsabhängige Teil der Plankosten an die jeweilige Istbeschäftigung angepasst; Voraussetzung hierfür ist die Auflösung der gesamten Plankosten in ihre fixen und variablen Bestandteile.[9] Diese so ermittelten Plankosten

[9] Die Methoden zur Auflösung der Plankosten in fixe und variable Bestandteile werden wir in Abschnitt 4.4.2 ausführlich behandeln.

bei Istbeschäftigung werden als Sollkosten bezeichnet. Diese sind die Kostenvorgaben, welche die Kostenstellen bei gegebener Istbeschäftigung und wirtschaftlicher Betriebsführung erreichen sollten; sie werden in der Kostenkontrolle den tatsächlich angefallenen Istkosten gegenübergestellt.

Für den Fall linearer Kostenverläufe, der, wie in Abschnitt 1.3.2 gesehen, für industrielle Produktionsprozesse als typisch anzusehen ist, lassen sich diese Sollkosten nach folgender Bestimmungsgleichung errechnen:

$$\text{Sollkosten} = \text{Fixe Plankosten} + \text{Proportionale Plankosten} \cdot \frac{\text{Istbeschäftigung}}{\text{Planbeschäftigung}}$$

Die Differenz zwischen den Istkosten eines Abrechnungsmonats und den Sollkosten wird als Verbrauchsabweichung bezeichnet.

$$\text{Verbrauchsabweichung} = \text{Istkosten} - \text{Sollkosten}$$

Die Arbeitsweise der flexiblen Plankostenrechnung wollen wir an obigem Beispiel verdeutlichen. Die gesamten Plankosten in Höhe von 262.500 €/Mon werden wie folgt in fixe und variable Bestandteile aufgeteilt

Fixe Plankosten:	105.000 €/Mon
Variable Plankosten:	157.500 €/Mon

Für die angegebene Istbeschäftigung in Höhe von 2.500 Std/Mon erhält man dann die folgenden Sollkosten:

$$\text{Sollkosten} = 105.000 + 157.500 \cdot \frac{2.500}{3.500} = 217.500 \text{ €/Mon}$$

Damit ergibt sich für den betreffenden Monat eine Verbrauchsabweichung (VA) infolge außerplanmäßiger Wirtschaftlichkeit in Höhe von:

$$VA = 240.000 - 217.500 = 22.500 \text{ €/Mon}$$

Dies bedeutet, dass die Kostenstelle in der Abrechnungsperiode ihre Kostenvorgaben um 22.500 €/Mon überschritten hat. Ein Vergleich dieses Ergebnisses mit der Kostenabweichung, die in der starren Plankostenrechnung ausgewiesen werden kann, zeigt die Unzulänglichkeit dieses Verfahrens für die Kostenkontrolle; die dort ausgewiesene Kostenabweichung ist mit 52.500 €/Mon mehr als doppelt so groß. Die Verbrauchsabweichung ist nun im Rahmen eines Controlling-Prozesses auf die zugrundeliegenden Abweichungsursachen hin zu untersuchen.

In Abbildung 2.2 ist die Arbeitsweise der flexiblen Plankostenrechnung graphisch dargestellt.

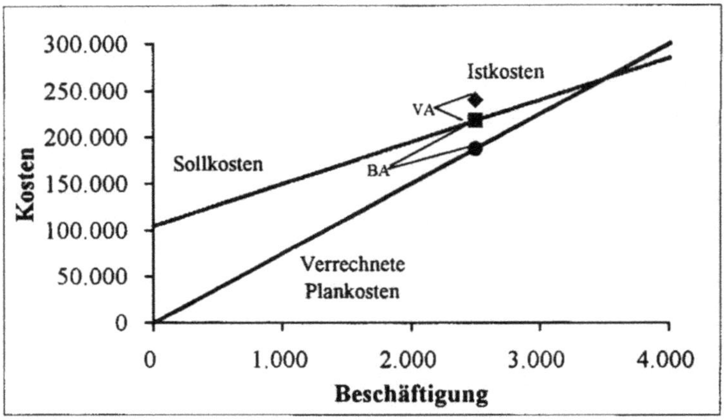

Abbildung 2.2: Kostenverläufe in der flexiblen Plankostenrechnung

Im System der Plankostenrechnung wird die Verbrauchsabweichung von der Kostenstellenrechnung in die kurzfristige Erfolgsrechnung weiterverrechnet, wo sie die kalkulatorisch gedeckten Plankosten korrigiert.

Wie eingangs erwähnt, haben sich im Laufe der Zeit nun zwei Entwicklungsstufen der flexiblen Plankostenrechnung herausgebildet. Erste Entwicklungsform war **die flexible Plankostenrechnung auf Vollkostenbasis**. Hier wird die in der Kostenstellenrechnung vorgenommene Trennung der Kosten in fixe und variable Bestandteile in der Kalkulation und der kurzfristigen Erfolgsrechnung nicht beibehalten, d.h. in diesen Teilsystemen der Kostenrechnung werden nur Gesamtkosten pro Produkteinheit bzw. pro Periode ohne Differenzierung nach der Beschäftigungsabhängigkeit ausgewiesen.

Aufgrund der in Kalkulation und Erfolgsrechnung erfolgenden künstlichen Proportionalisierung der Fixkosten tritt nun zwischen den in der Kostenstelle angefallenen Sollkosten und den kalkulatorisch verrechneten Plankosten eine Kostenabweichung auf; diese wird als Beschäftigungsabweichung (BA) bezeichnet.

$$BA = \text{Sollkosten} - \text{verrechnete Plankosten}$$

In obigem Beispiel betragen die verrechneten Plankosten:

$$\text{Verrechnete Plankosten} = 75{,}00 \cdot 2.500 = 187.500 \text{ €/Mon}$$

Damit ergibt sich die folgende Beschäftigungsabweichung:

$$BA = 217.500 - 187.500 = 30.000 \text{ €/Mon}$$

In der Plankostenrechnung auf Vollkostenbasis wird die Beschäftigungsabweichung in gleicher Weise wie die Verbrauchsabweichung von der Kostenstellenrechnung in die kurzfristige Erfolgsrechnung übernommen.

Im folgenden wollen wir weitere Interpretationsmöglichkeiten der Beschäftigungsabweichung aufzeigen. Die Beschäftigungsabweichung lässt sich einmal darstellen als das Produkt aus fixen Plankosten und dem Grad der Über- bzw. Unterbeschäftigung der Kostenstelle:[10]

$$BA = \text{Fixe Plankosten} \cdot \left(1 - \frac{\text{Istbeschäftigung}}{\text{Planbeschäftigung}}\right)$$

Im Beispiel ergibt sich nach dieser Berechnungsweise folgendes Ergebnis:

$$BA = 105.000 \cdot \left(1 - \frac{2.500}{3.500}\right) = 30.000 \text{ €/Mon}$$

Die Beschäftigungsabweichung zeigt damit den Anteil der fixen Plankosten, der aufgrund der rechnerischen Proportionalisierung der Fixkosten zuwenig, bzw. bei Überbeschäftigung zuviel, in die Kalkulation verrechnet wurde.

Die Beschäftigungsabweichung lässt sich weiterhin darstellen als Produkt aus dem Kalkulationssatzfehler und der Istbeschäftigung. Wie in Abschnitt 1.3.2 gesehen, ist der Vollkostensatz bei linearen Kostenverläufen aufgrund der Fixkostendegression von der Beschäftigung abhängig, d.h. bei Istbeschäftigung müsste die Kalkulation der Plangemeinkosten auf Basis eines anderen Vollkostensatzes erfolgen als bei Planbeschäftigung. Abbildung 2.3 verdeutlicht für das Beispiel nochmals diesen Zusammenhang.

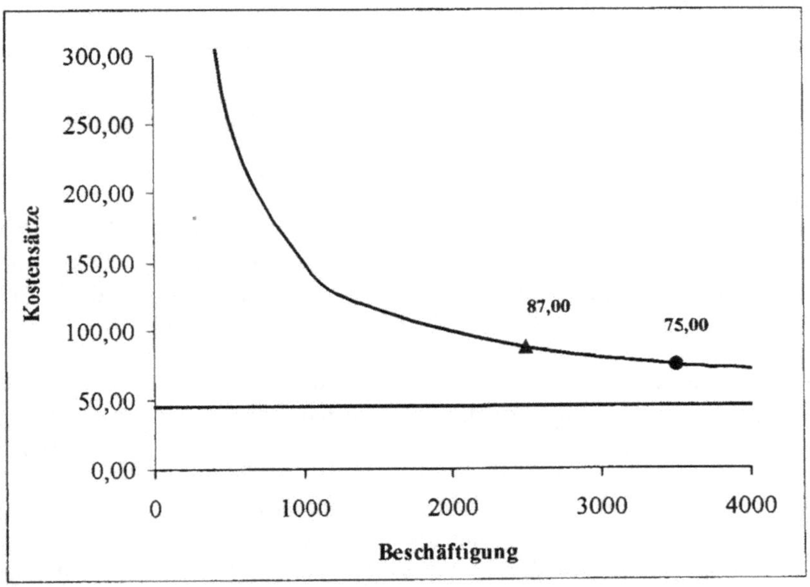

Abbildung 2.3: Verläufe der gesamten und proportionalen Kostensätze

Nach dieser Interpretation lässt sich die Beschäftigungsabweichung wie folgt darstellen:

[10] Die Herleitungen der nachfolgenden Bestimmungsgleichungen für die Beschäftigungsabweichung findet sich bei W. Kilger, (Einführung 1992), S. 60 f.

$$BA = \left\{ \begin{matrix} \text{Vollkostensatz bei} \\ \text{Istbeschäftigung} \end{matrix} - \begin{matrix} \text{Vollkostensatz bei} \\ \text{Planbeschäftigung} \end{matrix} \right\} \cdot \text{Istbeschäftigung}$$

Im Beispiel ergibt sich folgender Vollkostensatz bei Istbeschäftigung:

$$\text{Vollkostensatz bei Istbeschäftigung} = 217.500 : 2.500 = 87{,}00$$

Als Beschäftigungsabweichung erhält man dann nach dieser Berechnungsweise:

$$BA = (87{,}00 - 75{,}00) \cdot 2.500 = 30.000 \text{ €/Mon}$$

Aufgrund der Abweichung der Istbeschäftigung von der den Plankalkulationen zugrunde gelegten Planbeschäftigung sind pro Bezugsgrößeneinheit 12,00 €/Std zu wenig Gemeinkosten kalkulatorisch verrechnet worden; dieser Fehler ist 2.500 mal aufgetreten.

Als Letztes lässt sich die Beschäftigungsabweichung darstellen als die Differenz zwischen Ist- und Planbeschäftigung bewertet mit dem geplanten Fixkostenverrechnungssatz, d.h. dem Quotienten aus Fixkosten und Planbeschäftigung.

$$BA = (\text{Planbeschäftigung} - \text{Istbeschäftigung}) \cdot \text{Fixkostenverrechnungssatz}$$

Im Beispiel betragen die Planfixkosten pro Beschäftigungseinheit:

$$\text{Fixkostenverrechnungssatz} = \frac{105.000}{3.500} = 30{,}00 \text{ €/Std.}$$

Damit lässt sich die Beschäftigungsabweichung noch wie folgt ermitteln:

$$BA = (3.500 - 2.500) \cdot 30 = 30.000 \text{ €/Mon}$$

Diese Ermittlungsweise zeigt die Beschäftigungsabweichung als Verrechnungsabweichung zwischen der Kostenstellen- und der Kostenträgerrechnung; aufgrund der Unterbeschäftigung wurden weniger Fixkosten in die Kalkulation und die Erfolgsrechnung verrechnet als planmäßig in der Kostenstelle angefallen sind.

Planmäßig in der Kostenstelle angefallene Fixkosten:	3.500 · 30 =	105.000 €/Mon
In die Kostenträgerrechnung verrechnete Fixkosten:	2.500 · 30 =	75.000 €/Mon
Beschäftigungsabweichung:		30.000 €/Mon

Zur Beurteilung der flexiblen Plankostenrechnung ist zunächst festzuhalten, dass diese unabhängig von ihrer Ausgestaltung als Voll- oder als Grenzkostenrechnung neben den traditionellen Aufgaben der Kostenrechnung die Aufgaben der Kostenkontrolle in vollem Umfang erfüllen kann. In den einzelnen Kostenstellen lassen sich den tatsächlich angefallen Istkosten Sollkosten gegenüberstellen, die den planmäßigen Kostenvorgaben bei der realisierten Istbeschäftigung entsprechen; damit lässt sich die Wirtschaftlichkeit der Betriebsführung in den Kostenstellen überprüfen.

Eine ausschließlich nach dem Vollkostenprinzip aufgebaute Kostenträgerrechnung kann allerdings die dispositiven Aufgaben der Kostenrechnung nicht erfüllen. Wie gesehen, wird hier die Zerlegung der Kosten in fixe und variable Bestandteile nur in der

Kostenstellenrechnung durchgeführt, in Kalkulation und kurzfristiger Erfolgsrechnung werden ausschließlich Vollkosten der betrieblichen Erzeugnisse ausgewiesen. Diese rechnerische Proportionalisierung der Fixkosten und deren gemeinsamer Ausweis mit den variablen Kosten verstellt dem Entscheidenden den Blick dafür, welche Kosten von der jeweiligen Entscheidung betroffen sind und welche Kosten davon unberührt bleiben. Dies führt zu schwerwiegenden Fehlern insbesondere bei Entscheidungen bezüglich der Verfahrenswahl und der kurzfristigen Verkaufssteuerung.[11] Dies sei an einem einfachen Beispiel verdeutlicht.

Für ein Erzeugnis liegen folgende Daten vor:

Verkaufspreis:	180,00	€/Stck
Selbstkosten:	220,00	€/Stck
Absatzmenge:	3.200	Stck/Mon

Im Rahmen der Erfolgsanalyse könnte man nun zu dem Schluss kommen, dass das betreffende Produkt aufgrund seines negativen Gewinnbeitrages das Gesamtergebnis verschlechtere und dass ein Verzicht auf die Herstellung und den Verkauf des Produktes den Gewinn um 128.000 €/Mon erhöhe. Dieser Schluss übersieht allerdings, dass ein Teil der Selbstkosten in Höhe von 220,00 €/Stck aus künstlich proportionalisierten Fixkosten besteht, die nicht wegfallen, wenn das Erzeugnis aus dem Sortiment gestrichen wird, sondern dann auf die noch verbleibenden Produkte verteilt werden müssen und damit deren Vollkostengewinn schmälern.

Ein Verzicht auf das Produkt ist kurzfristig nur dann wirtschaftlich, wenn der Verkaufspreis nicht ausreicht, um die *variablen* Selbstkosten zu decken; diese stellen die kurzfristige Preisuntergrenze dar. [12] Die variablen Selbstkosten der Produkte sind aber in einer ausschließlich nach dem Vollkostenprinzip aufgebauten Kalkulation nicht bekannt.

Gehen wir im Beispiel davon aus, dass die Selbstkosten zu 150,00 €/Stck aus variablen und zu 70,00 €/Stck aus proportionalisierten Fixkosten bestehen, so trägt das Produkt mit 30,00 €/Stck bzw. 96.000 €/Mon zur Deckung der Fixkosten des Unternehmens bei; ein Verzicht auf das Erzeugnis würde den Gewinn somit nicht um 128.000 €/Mon erhöhen, sondern um 96.000 €/Mon vermindern. Diese Überlegungen können aber nur angestellt werden, wenn die Trennung der Kosten in fixe und variable Bestandteile auch in der Kalkulation und der kurzfristigen Erfolgsrechnung beibehalten wird.

Die Mängel des Vollkostenprinzips bei der Erfüllung der dispositiven Aufgaben der Kostenrechnung haben die Weiterentwicklung der Plankostenrechnung zur **Grenzplankosten- und Deckungsbeitragsrechnung** bewirkt. Hier erfolgt die Trennung in fixe und variable Kosten nicht nur in der Kostenstellenrechnung, sondern auch in Kalkulation und Erfolgsrechnung.

In der reinen Grenzplankostenrechnung werden den Produkten in der Kalkulation ausschließlich die variablen Kosten zugerechnet, auf einen Ausweis der gesamten Selbstkosten pro Erzeugniseinheit wird hier verzichtet. In analoger Weise werden in der

[11] Vgl. hierzu u.a. W. Kilger, (Einführung 1992), S. 63 ff; L. Hans u. V. Warschburger, (Controlling 1999), S. 230 f. und 272 f.

[12] Zu Begriff und Formen von Preisuntergrenzen vgl. u.a. L. Hans u. V. Warschburger, (Controlling 1999), S. 215 ff.

kurzfristigen Erfolgsrechnung den Erlösen der Produkte ausschließlich variablen Kosten gegenübergestellt.

Der erzeugnisbezogene Erfolgsausweis beschränkt sich damit auf die Angabe von Deckungsbeiträgen, die als Differenz zwischen Erlösen und variablen Kosten den Beitrag jedes Produktes zur Fixkostendeckung und damit zur Gewinnerzielung angeben. Die fixen Kosten werden ohne weitere Differenzierung aus der Kostenstellenrechnung in die Erfolgsrechnung übernommen und dort von der Summe der Deckungsbeiträge subtrahiert. Der Gewinnausweis nach dem Deckungsbeitragsprinzip ergibt sich somit nach folgender Gleichung:

$$G = \underbrace{\underbrace{\sum_{j=1}^{n} \underbrace{\underbrace{(p_j - k_{pj})}_{\text{Stück-DB}} * x_{Aj}}_{\text{Erzeugnis-DB}}}_{\text{Gesamt-DB}} - K_F}_{\text{Gewinn}}$$

Die Kurzzeichen haben folgende Bedeutung:

- G: Periodengewinn
- j: Artikelnummer
- n: Anzahl Erzeugnisse im Sortiment
- p: Verkaufspreis
- k_P: Variable Selbstkosten
- x_A: Absatzmenge
- K_F: Fixkosten pro Periode

Mit einer so gestalteten Grenzplankosten- und Deckungsbeitragsrechnung lassen sich die dispositiven Aufgaben der Kostenrechnung erfüllen, da in jedem Teilgebiet die Kosten, die sich mit den betrieblichen Dispositionen verändern, von denen getrennt werden, die von den zu treffenden Entscheidungen nicht beeinflusst werden.

Der völlige Verzicht auf den Ausweis der gesamten Selbstkosten der Erzeugnisse, der in der reinen Grenzplankostenrechnung propagiert wurde[13], hat sich in der praktischen Anwendung der Kostenrechnung nicht durchgesetzt; insbesondere für folgende Fragestellung werden die Vollkosten der Produkte benötigt:[14]

1. Bewertung der Halb- und Fertigfabrikatebestände, vor allem im externen Rechnungswesen,
2. Konzernberichterstattung und Betriebsvergleiche,
3. Selbstkostenpreisermittlung für öffentliche Aufträge,
4. Preisplausibilisierung.

---

[13] Vgl. hierzu insbesondere W. Kilger, (Plankostenrechnung 1992), S. 82 ff. und die dort angegebene Literatur.
[14] Vgl. hierzu W. Kilger, (Plankostenrechnung 1992), S. 607.

Aus diesem Grunde ging man dazu über, in den Kalkulationen parallel die variablen und die gesamten Selbstkosten der Produkte zu berechnen.[15] Die kurzfristige Erfolgsrechnung erfolgt aber auch hier ausschließlich nach dem Deckungsbeitragsprinzip, um die Gewinnbeiträge der einzelnen Produkte richtig ausweisen und analysieren zu können.

Eine so ausgestaltete Plankostenrechnung ist dann in der Lage, sowohl die traditionellen als auch die modernen Aufgaben der Kostenrechnung ordnungsgemäß zu erfüllen. Sie erfuhr in den letzten Jahren noch einige Ergänzungen und Verfeinerungen; als Beispiele sind ein intensiveres Fixkostenmanagement und die Orientierung an den Betriebsprozessen zu nennen. Hierauf werden wir im 7. Kapitel ausführlicher eingehen.

2.4 Die relative Einzelkostenrechnung

Parallel zur beschriebenen Entwicklung der Kostenrechnung von der Ist- über die Normal- hin zu den Gestaltungsformen der Plankostenrechnung hat P. Riebel ein spezielles Kostenrechnungssystem konzipiert, das in seiner Auseinandersetzung mit den sonstigen Systemen einen wesentlichen Beitrag zur Weiterentwicklung des Fachgebietes geleistet hat.[16]

Das Konzept der relativen Einzelkosten- und Deckungsbeitragsrechnung hat seinen Ursprung in der Beschäftigung mit den besonderen Problemen bei der Kostenzurechnung bei Kuppelproduktion, d.h. solchen Produktionsprozessen, die zwangsläufig mehrere Erzeugnisse hervorbringen.[17] Hier ist unmittelbar einsichtig, dass die Kosten des Kuppelprozesses sich nur willkürlich auf die verbundenen Produkte aufteilen lassen. Diese Überlegungen wurden verallgemeinert und führten zum konstituierenden Hauptprinzip der relativen Einzelkostenrechnung, nämlich dem generellen Verzicht auf die Schlüsselung echter Gemeinkosten.[18] Die Abbildung der in der Realität existierenden Verbundwirkungen hat möglichst wirklichkeitsnah zu erfolgen und sollte intersubjektiv nachprüfbar sein.

Im Vergleich zu den oben beschriebenen Kostenrechnungssystemen weist die relative Einzelkostenrechnung die folgenden Besonderheiten auf:

1. **Ausweitung der betrachteten Kalkulationsobjekte**
   Während bei den übrigen Systemen die Ermittlung der Kosten der betrieblichen Erzeugnisse im Vordergrund steht, ordnet die relative Einzelkostenrechnung die Kosten und auch die Erlöse beliebigen Bezugsobjekten zu. Dabei können durchaus die Produkte derartige Bezugsobjekte darstellen, es kommen aber noch andere betriebliche Sachverhalte wie Losgrößen, Absatzgebiete, Kostenstellen, Funktionsbereiche u.ä. als Bezugsobjekte in Frage. Der Begriff Bezugsobjekt darf dabei nicht mit dem oben genannten Begriff Bezugsgröße verwechselt werden, der für die Leistungsmessung innerhalb einer Kostenstelle im Mehrproduktfall verwandt wird.

[15] Auf die genaue Ausgestaltung der Parallelkalkulation variabler und gesamter Kosten gehen wir in Abschnitt 5.3 ein.
[16] Die relative Einzelkostenrechnung ist ausführlich beschrieben in P. Riebel, (Einzelkostenrechnung 1994).
[17] Vgl. unsere Ausführungen in Abschnitt 1.3.4.
[18] Vgl. P. Riebel, (Einzelkostenrechnung 1994), S. 618.

2. **Ausgabenorientierung des Kostenbegriffes**
   Kosten sind nach P. Riebel die durch eine Disposition über das betrachtete Untersuchungsobjekt ausgelösten Ausgaben im Sinne von Zahlungsverpflichtungen.[19] Damit werden im System der relativen Einzelkostenrechnung keine kalkulatorischen Kostenarten wie kalkulatorische Abschreibungen oder kalkulatorische Zinsen auf das Eigenkapital zugelassen.

3. **Keine klare Periodenabgrenzung**
   P. Riebel lehnt eine Periodisierung der Kosten unterhalb der Wirkungsdauer der zugrundeliegenden Disposition ab. So werden die Auszahlungen für eine Betriebsmittelbeschaffung nicht als Abschreibungen auf die Jahre der Nutzungsdauer periodisiert, sondern als Gemeinkosten offener Perioden in das System der relativen Einzelkostenrechnung übernommen. Auch eine unterjährige Periodisierung von Reparatur- und Instandhaltungskosten oder Einmalzahlungen im Sozialbereich wird nicht vorgenommen; diese werden als Gemeinkosten geschlossener Perioden dem jeweiligen Jahr zugeordnet.

4. **Abweichende Verwendung der Begriffe Einzel- und Gemeinkosten**
   Während die übrigen Kostenrechnungssysteme die Begriffe Einzel- und Gemeinkosten immer erzeugnisbezogen verwenden, verallgemeinert P. Riebel den Einzelkostenbegriff auf beliebige Bezugsobjekte.

5. **Aufgabe der üblichen Gliederung der Kostenrechnung**
   Die relative Einzelkostenrechnung kennt die traditionelle Unterteilung der Kostenrechnung in Kostenarten-, Kostenstellen- und Kostenträgerrechnung nicht, statt dessen erfolgt die Zuordnung der Kosten auf Bezugsobjekte in einer zweckneutralen Grundrechnung.

6. **Strikte Orientierung am Identitätsprinzip**
   Kosten werden nur solchen Bezugsobjekten zugeordnet, deren Entstehung auf die identische Entscheidung wie der in Frage stehende Faktorverbrauch zurückzuführen ist.

Das System der relativen Einzelkostenrechnung wird charakterisiert durch die folgenden systemprägenden Grundbegriffe und –prinzipien:

1. **Das Einzelkostenprinzip**
   Nach dem Einzelkostenprinzip sind sämtliche Kosten eines Unternehmens dem Bezugsobjekt zuzuweisen, für das sie als Folge einer betrieblichen Entscheidung ausgelöst werden und dem sie deshalb logisch zwingend zurechenbar sind.[20] Die aufgrund des Entscheidungzusammenhangs eindeutig dem Bezugsobjekt zurechenbaren Kosten werden als wesensmäßige oder echte Einzelkosten bezeichnet. Demgegenüber versteht man unter echten Gemeinkosten oder verbundenen Kosten solche Kosten, die für das betrachtete Bezugsobjekt und weitere Objekte gemeinsam disponiert werden. Solche echten Gemeinkosten lassen sich somit erst einem hierarchisch höheren Bezugsobjekt als Einzelkosten zuordnen.

   Hieraus folgt, dass die Unterscheidung in Einzel- und Gemeinkosten relativ ist und auf jeden interessierenden Tatbestand, der sachlich und zeitlich genau abgegrenzt

[19] Vgl. P. Riebel, (Einzelkostenrechnung 1994), S. 627.
[20] Vgl. P. Riebel, (Führungsrechnung 1994), S. 11.

werden muss, anzuwenden ist. Somit können alle Kosten an irgendeiner Stelle der Bezugsobjektehierarchie als Einzelkosten ausgewiesen werden und sei es als Einzelkosten des Gesamtunternehmens. In Übersicht 2.1 haben wir für das Beispiel eines Reisevermittlers eine Bezugsgrößenhierarchie dargestellt.

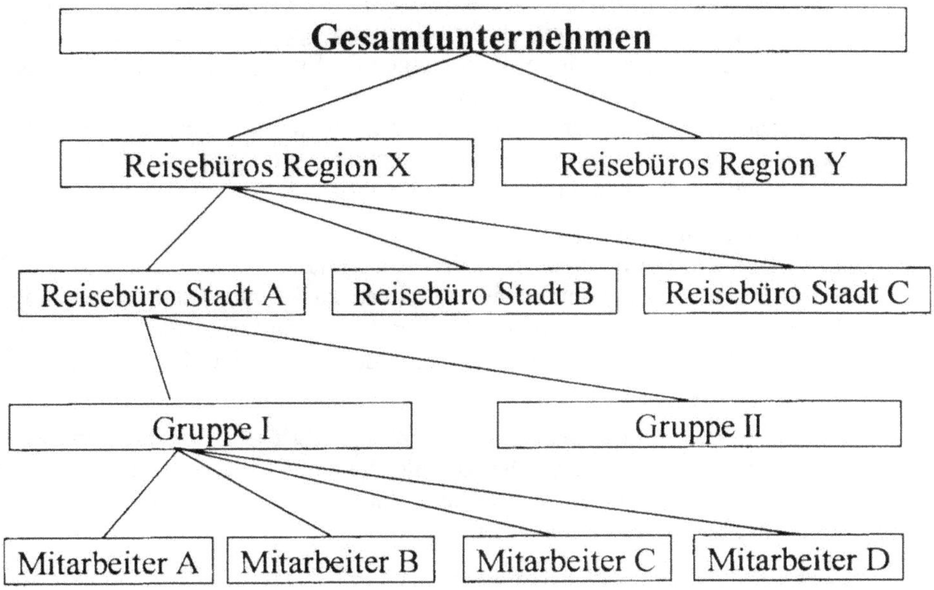

Übersicht 2.1: Beispiel einer Bezugsgrößenhierarchie

Unterste Ebene dieser Bezugsgrößenhierarchie sind die einzelnen Mitarbeiter, denen ihre unmittelbar verursachten Kosten, im vorliegenden Fall aber auch die von ihnen erzielten Umsätze, zugeordnet werden können, d.h. in diesem Dienstleistungsunternehmen sollen die Kosten- und Erlösträger nicht irgendwelche Produkte sein, sondern die einzelnen Mitarbeiter. Auf der nächsten Ebene werden dann die Kosten, die einer Mitarbeitergruppe gemeinsam zugeordnet werden können, als Einzelkosten erfasst, dann die eines gesamten Reisebüros, einer regionalen Gruppe von Reisebüros und schließlich die Kosten des Gesamtunternehmens.

Wegen des zu großen Erfassungsaufwandes werden aber nicht alle Kosten tatsächlich dort als Einzelkosten erfasst, wo dies tatsächlich möglich wäre: Beispiele hierfür sind Hilfsstoffe wie Schrauben, Nägel, Leim u.ä., die eigentlich den Bezugsobjekten Erzeugnisse zugeordnet werden könnten, stattdessen aber auf den übergeordneten Bezugsobjekten Kostenstellen erfasst werden. Solche Kosten, die bei Anwendung genauester, aber teurer Erfassungsmethoden den spezielleren Objekten als Einzelkosten direkt zurechenbar wären, bezeichnet man als unechte Gemeinkosten.[21]

2. **Das Deckungsprinzip**
   Die Anwendung dieses Prinzips besagt, dass jede für den Markt bestimmte Leistung mindestens ihre Einzelkosten in voller Höhe tragen muss. Darüber hinaus soll-

[21] Vgl. P. Riebel, (Führungsrechnung 1994), S. 12.

te ein Überschuss erzielt werden, der zur Deckung der Gemeinkosten beitragen soll. Dieser relative Deckungsbeitrag ergibt sich somit aus der Differenz der Einzelerlöse und der Einzelkosten eines betrachteten Bezugsobjektes.[22] Aus der Sicht des Identitätsprinzips ist der Deckungsbeitrag eine durch eine bestimmte Disposition hervorgerufene Erfolgsveränderung. Die so definierten Deckungsbeiträge können nun stufenweise oder zeitlich fortschreitend aggregiert werden; man erhält somit eine Vielzahl differenzierter Rechnungen für Erfolgsquellenanalysen. Mögliche Auswertungsobjekte können beispielsweise Produkte und Produktklassen, Aufträge, Auftragsarten oder auch Kunden, Absatzgebiete oder Vertriebswege sein. Der konkrete Aufbau der Deckungsbeitragsrechnungen ist somit von den interessierenden Fragestellungen abhängig.

3. **Das Grundrechnungsprinzip**
   Um das Konzept der relativen Einzelkostenrechnung mit der Fülle und der Offenheit seiner Auswertungsrichtungen realisieren zu können, ist es notwendig, eine vielseitig auswertbare, zweckneutrale Grundrechnung zu konzipieren. Hierbei unterscheidet P. Riebel die Grundrechnungen der Erlöse, der Kosten und der Potentiale.[23]

   - In der *Erlösgrundrechnung* werden die Erlöse, Erlösminderungen und Erlösberichtigungen nach allen für die Planung, Steuerung und Kontrolle des Absatzes relevanten Merkmalen aufgeführt; es handelt sich letztlich um eine Form der mehrdimensionalen Umsatzstatistik.
   - Die *Grundrechnung der Kosten* erfasst alle Kosten für interessierende Kalkulationsobjekte und/oder Zeitabschnitte als Einzelkosten. Dabei sollen Mengengerüst und Preis – nach Möglichkeit – gesondert ausgewiesen werden. Die sich ergebenden „natürlichen Kostenarten" werden nach allen für die unterschiedlichen Auswertungszwecke relevanten Eigenschaften differenziert, hauptsächlich nach ihrem Verhalten gegenüber den Haupteinflussgrößen und nach ihrem Ausgabencharakter. Die einer Periode nicht direkt zurechenbaren Kosten werden in eine Zeitablaufrechnung übernommen. Die Grundrechnung der Kosten stellt eine kombinierte Kostenarten-, Kostenstellen- und Kostenträgerrechnung dar. In Übersicht 2.2 ist ein möglicher Aufbau einer derartigen Grundrechnung schematisch wiedergegeben.
   - Aufgabe der *Grundrechnung der Potentiale* ist es, die Bestände an personellen, sachlichen und finanziellen Nutzungspotentialen sowie ihre geplante und tatsächliche Beanspruchung durch die verschiedenen internen und externen Leistungen abzubilden.

[22] Vgl. P. Riebel, (Einzelkostenrechnung 1994), S. 621.
[23] Vgl. P. Riebel, (Einzelkostenrechnung 1994), S. 395f.

				Gesamtsumme	Kostenstellen										Kostenträger				
							Bereich 1				Bereich 2								
					Geschäftsleitung	Fertigungshilfsstelle	Fertig.-stelle F11	Fertig.-stelle F12	Verwalt.-stelle V13	Summe Bereich 1	Fertig.-stelle F21	Fertig.-stelle F22	Verwalt.-stelle V23	Summe Bereich 1	Prod. I	Prod. II	Prod. III	Prod IV	Summe
Periodeneinzelkosten	Leistungskosten	absatzab. Leistungskosten	umsatzwertabh.	Provisionen															
			von sonstigen Faktoren abhäng.	Ausgangsfrachten															
				Auftragsabw.															
		erzeugungsabh. Leistungskosten	erzeugungsmengenabhängig	Rohstoffe															
				Lizenzen															
	Bereitschaftskosten geschlossener Perioden		stunden-, schicht-, tages- bzw. monatsdisponible Bereitschaftskosten	Strom															
				Betriebsstoffe															
				Büromaterial															
				Porti, Telefon															
				Löhne (monatliche Kündigung)															
				Zinsen f. Tagesgeld															
			Aggregierte Monatseinzelkosten																
			quartalsdisponible Bereitschaftskosten	Gehälter (vierteljährl. Kündigung)															
			Aggregierte Quartalseinzelkosten																
			jahresdispon. Bereitschaftsko.	Steuern															
			Aggregierte Jahreseinzelkosten																
Bereitschaftskosten offener Perioden		nicht aktivierungspflichtig		Eigene Reparaturen															
				Werbeausgaben															
		aktivierungspflichtig		Ausgaben für Großreparaturen															
				Anschaffungsausg. für Anlagegüter															
Gesamtkosten der innerbetrieblichen Leistungsverrechnung																			
Umlagen der Einzelkosten eigener Reparaturabteilungen																			
Gesamtkosten																			

Übersicht 2.2: Schematische Darstellung einer Grundrechnung

Aufbauend auf den geschilderten Prinzipien kann mit Hilfe der relativen Einzelkostenrechnung eine Auswertung der in der Grundrechnung erfassten Daten für verschiedene Bezugsobjekte und Rechnungszwecke erreicht werden. Dabei werden die Kosten in unterschiedlicher Schichtung den Erlösen gegenübergestellt, wobei zwischen Leistungskosten und Bereitschaftskosten unterschieden wird.

Als Leistungskosten werden alle diejenigen Kosten bezeichnet, die sich unmittelbar bei kurzfristigen Variationen von Art, Menge und Erlös der tatsächlich erzeugten und abgesetzten Leistungen ändern. Hierzu gehören nur das Fertigungsmaterial, der erzeugungsabhängige Teil der Energiekosten, die eindeutig zurechenbaren Sondereinzelkosten der Fertigung und des Vertriebs sowie u.U. in Kostenstellen erfasste unechte Gemeinkosten.[24]

Alle übrigen Kostenarten sind Bereitschaftskosten. Diese werden im System der relativen Einzelkostenrechnung nach der Zurechenbarkeit auf die Abrechnungsperioden unterteilt. Es werden unterschieden:

- Periodeneinzelkosten, die direkt einer speziellen Abrechnungsperiode zugerechnet werden können (Gehälter, Mieten).
- Gemeinkosten geschlossener Perioden, die unregelmäßig anfallen und sich nur mehreren Perioden gemeinsam eindeutig zuordnen lassen (Instandhaltungsaufwendungen, 13. Gehalt).
- Gemeinkosten offener Perioden, die auf einmaligen oder unregelmäßigen Ausgaben beruhen und die der Schaffung zeitungebundener Nutzungspotentiale dienen (Forschungsaufwendungen, Weiterbildungsaufwendungen, Abschreibungen).

Allerdings sieht auch P. Riebel, dass auf absehbare Zeit Kosten- und Erfolgsrechnungen der gewohnten Art sowohl von internen als auch von externen Adressaten gefordert werden.[25] Dies ist – bei entsprechender Gestaltung der Grundrechnung – fallweise oder standardisiert durch den Einsatz relationaler Datenbanktechnologien möglich. Die hierfür notwendigen Anpassungen können bei den aufzunehmenden Eigenschaften oder teilweise mit Hilfe von Methodenbanken befriedigt werden.

Genau hieran wird auch die Schwierigkeit einer kritischen Beurteilung des Systems der relativen Einzelkostenrechnung deutlich. Infolge seiner Offenheit und Gestaltungsfreiheit ist das System nur schwer einer Beurteilung zugänglich. Das System lässt eine Fülle von Gestaltungsoptionen zu. Je differenzierter die Ausgestaltung ist, desto größer werden naturgemäß die Komplexität und der Aufwand für die Systemimplementierung und die laufende Abrechnung. Ferner besteht bei einem solch komplexen System die Gefahr, dass zum einen Fehler bei der Implementierung, Handhabung und Auswertung auftreten und zum anderen Fehlinterpretationen der Ergebnisse zu Fehlentscheidungen führen können. P. Riebel selbst weist darauf hin, dass das System nicht „narrensicher" konstruiert werden kann.[26]

Als konzeptionelle Schwächen des Systems werden in der Literatur genannt:[27]

---

[24] Vgl. A. Coenenberg, (Kostenrechnung, 1997), S. 266.
[25] Vgl. P. Riebel, (Führungsrechnung, 1994), S. 22.
[26] Vgl. P. Riebel, (Führungsrechnung 1994), S. 30.
[27] Vgl. u.a. A. Coenenberg, (Kostenrechnung, 1997), S. 270f. u. W. Kilger, (Plankostenrechnung 1992), S. 93ff.

- Durch die Zurechnung der Kosten auf Zeitabschnitte erhält man ein System zeitlich ineinander geschachtelter Periodenrechnungen unterschiedlicher Fristigkeit. Der Unternehmenserfolg lässt sich somit genaugenommen nur für die Gesamtlebensdauer eines Unternehmens bestimmen. Eine operable Unternehmensführung mit Deckungsbeiträgen und Gewinnen, die sich auf die unterschiedlichsten Aktionen und Zeiträume beziehen, ist nur sehr schwer vorstellbar.
- Durch die Verwendung des ausgabenbezogenen entscheidungsorientierten Kostenbegriffs werden der Kostenrechnung auch Aufgaben der Finanzplanung und Liquiditätssteuerung übertragen. Es darf bezweifelt werden, ob die Kostenrechnung solche Aufgaben lösen kann und soll.[28]
- Ein weiterer Kritikpunkt betrifft den Sachverhalt, dass kein Betriebsergebnis ausgewiesen wird. P. Riebel kritisiert hier neben der üblichen Periodisierung auch die willkürliche Abgrenzung bzw. Einengung des betrieblichen Bereichs unter Vernachlässigung der Gesamtsicht des Unternehmens sowie die mangelhafte Ausrichtung am langfristigen Erfolgsziel.[29] Dies sind aber genau die Abgrenzungen, die in der betrieblichen Praxis zur Ermittlung der Betriebsergebnisse vorgenommen werden und die für eine operative Steuerung der Unternehmensbereiche zweckmäßig erscheinen.
- Weiterhin wird im Fehlen der eindeutigen Periodisierung aller Bereitschaftskosten das Problem gesehen, dass hierdurch eine Kalkulation der betrieblichen Erzeugnisse nicht möglich ist.[30] Dies ist prinzipiell richtig, kann aber durch entsprechende (systemfremde) Anpassungen vermieden werden. Dort, wo nicht die Produkte im Vordergrund der Erfolgsanalyse stehen, wie z.B. in einem Reisebüro, kann die relative Einzelkostenrechnung dagegen direkt sinnvolle Ergebnisanalysen liefern.
- Die Ermittlung aussagefähiger, für die dispositiven Aufgaben der Kostenrechnung geeigneter Selbstkosten der Produkte dürfte insbesondere bei der Herstellung mehrteiliger Erzeugnisse in Serienfertigung kaum möglich sein.[31]
- Ein letzter Kritikpunkt trifft die Verrechnung der Kosten für Investitionen und die Vorleistungskosten z.B. für Forschung oder Weiterbildung. Diese Kosten werden in der relativen Einzelkostenrechnung als Gemeinkosten offener Perioden ausgewiesen, denen keine fest definierte Bezugsgröße zugewiesen wird, weil es nicht möglich ist, die Nutzungsdauer vorab zu bestimmen. Hierdurch wird die Bereitschaft zur Übernahme von Verantwortung für Abweichungen in den verursachenden Bereichen eher gering sein.[32]

Insgesamt ist die relative Einzelkostenrechnung als Bereicherung der Kostenrechnung zu sehen. Im Vordergrund des Systems steht dabei eindeutig die Gestaltung einer möglichst zweckneutralen und vielseitig auswertbaren Grundrechnung. Dadurch ist seine Ausbaufähigkeit sehr hoch. Um dies jedoch umzusetzen, benötigt man aber Konzepte für die Struktur der Auswertungsrechnungen. Diese werden leider nur in Ansätzen und

[28] Vgl. W. Kilger, (Plankostenrechnung 1992), S. 97.
[29] Vgl. P. Riebel, (Führungsrechnung, 1994), S. 27.
[30] Vgl. W. Eisele, (Technik, 1998), S.747.
[31] Vgl. hierzu W. Kilger, (Plankostenrechnung 1992), S. 93 ff.
[32] Vgl. A. Coenenberg, (Kostenrechnung, 1997), S. 270.

meist auf konkrete Problemsituationen bezogen aufgezeigt.[33] Es ist zu vermuten, dass bei einer praxisnahen Ausgestaltung der Einzelkostenrechnung kaum Unterschiede zu einer flexiblen Plankostenrechnung bestehen.

Abschließend wollen wir die Anwendungsmöglichkeiten der relativen Einzelkostenrechnung am Beispiel eines Reisebüros aufzeichnen, das einen Teil eines nach Regionen differenzierten Reisevermittlers darstellt. Die zugehörige Erfolgsrechnung ist in Übersicht 2.3 wiedergegeben.

Erstes Bezugsobjekt im Reisebüro sind die einzelnen Mitarbeiter, denen soweit wie möglich die Erträge, d.h. die Provisionerlöse für die Vermittlung der Reise, sowie die zurechenbaren Kosten zugeordnet werden. Die nicht den Mitarbeitern zurechenbaren Kosten werden auf die weiteren Bezugsobjekte Mitarbeitergruppe, Reisebüro als Ganzes, Regionalvertretung und Gesamtunternehmen zugeordnet.

Für jedes Bezugsobjekt können damit die direkten Deckungsbeiträge ausgewiesen und bis zum Gesamtergebnis des Unternehmens verdichtet werden. In Übersicht 2.3 sind die über das betrachtete Reisebüro hinausgehenden Verdichtungen lediglich angedeutet; für die genauen Angaben sind die Ergebnisse der übrigen Reisebüros des Unternehmens erforderlich.

---

[33] Vgl. M. Schweitzer, H.-U. Küpper, (Systeme, 1998), S. 520.

	Mitarbeiter												
	A	B	C	D	E	F	G	H	Gruppe I (A-D)	Gruppe II (E-H)	Reisebüro A	Region X	Gesamt
Ertrag	20.280	17.220	14.630	4.504	7.890	9.888	6.084	2.026	56.634	25.888	82.522		
Zusatzprovisionen									4.531	1.553	6.084		
Gehälter	5.502	3.797	3.319	744	1.255	1.255	1.003	620	13.362	4.133	17.495		
Soz. Vers.	1.117	771	674	151	255	255	204	62	2.712	775	3.488		
Aus-u. Weiterbildung	150	200	80	150	75	200	150	90	580	515	1.095		
Betr. Altersvers.	500					400			500	400	900		
Summe Personalkosten	7.269	4.768	4.073	1.045	1.585	2.110	1.357	772	17.154	5.823	22.978		
Deckungsbeitrag je MA	13.011	12.452	10.557	3.459	6.305	7.778	4.727	1.254	44.010	21.618	65.628		
Werbegeschenke									1.432	985	2.417		
Verkaufsförderung									595	375	970		
Datenverarbeitung									1.150	1.150	2.300		
Büromaterial									85	70	155		
Summe Gruppenkosten									3.262	2.580	5.842		
Deckungsbeitrag Gruppe									40.748	19.038	59.786		
Miete											2.120		
Mietnebenkosten											350		
Telefon, Telefax											850		
Porti											250		
Prospekte, Plakate											475		
Anzeigen											680		
Abschreibungen											5.000		
Summe Kosten RB A											9.725		
Deckungsbeitrag RB A											50.061		
Verwalt.kosten Region												4.500	
Allgemeine Verwaltung													2.980
Gesamtergebnis													

Übersicht 2.3: Beispiel einer Erfolgsrechnung im System der relativen Einzelkostenrechnung

3 Die Kostenartenrechnung

3.1 Grundsätze für die Einteilung und Kontierung der Kostenarten

Die Kostenartenrechnung hat im System der Kostenrechnung die Aufgabe, sämtliche bewerteten Produktionsfaktorverbräuche einer Periode zu erfassen und anzugeben, wie dieser bewertete Faktorverbrauch in die folgenden Teilsysteme der Kostenrechnung, d.h. in die Kostenstellenrechnung und die Kostenträgerrechnung, weiterzuverrechnen ist. Die systematische, richtige Erfassung aller angefallenen Kosten ist unabhängig vom installierten Kostenrechnungssystem Voraussetzung dafür, dass die Aufgaben der Kostenrechnung ordnungsgemäß erfüllt werden können.

Bei der Bildung von Kostenarten und Kostenartengruppen sollten die folgenden Grundsätze beachtet werden:[1]

1. Vollständigkeit der Kostenarten, d.h. alle bewerteten Produktionsfaktorverbräuche müssen von der Kostenarteneinteilung erfasst werden.
2. Untergliederung der Kostenarten nach den wichtigsten Produktionsfaktorgruppen, z.B. in Material-, Personal-, Energiekosten.
3. Vermeidung überflüssiger kostenstellen- oder kostenträgerbezogener Einteilungskriterien, wie etwa Schlossereikosten oder Fuhrparkkosten, die sich aus mehreren originären Kostenarten zusammensetzen. Hierdurch wird die Kostenarteneinteilung unnötig aufgebläht und damit auch fehleranfällig. Dieser Grundsatz wird auch mit der Forderung nach Bildung „sauberer Kostenarten" umschrieben.
4. Unterteilung der Kostenarten nach ihrer Weiterverrechnung im System der Kostenrechnung in Einzelkosten, welche direkt auf die Kostenträger verrechnet werden, und in Gemeinkosten, die für mehrere Erzeugnisse gemeinsam anfallen und daher vor ihrer kalkulatorischen Verrechnung den Kostenstellen zugeordnet werden müssen. Die Gemeinkosten sind weiterhin zu unterteilen in primäre Gemeinkosten, die unmittelbar aus der Kostenarten- in die Kostenstellenrechnung übernommen werden, und in sekundäre Gemeinkosten, die auf Hilfskostenstellen gesammelt und dann im Rahmen der innerbetrieblichen Leistungsverrechnung den einzelnen Kostenstellen zugerechnet werden.
5. Kennzeichnung kalkulatorischer Kostenarten, d.h. solcher Kostenarten, bei denen nicht die zahlungswirksamen Istbeträge in das System der Kostenrechnung eingehen, sondern normalisierte, umgewertete oder zeitlich abgegrenzte Beträge.

Die Kostenarteneinteilung sollte mit dem Kontenrahmen der Finanzbuchhaltung abgestimmt werden, um die Vergleichbarkeit beider Teilgebiete des Rechnungswesens zu erleichtern. Die Abgrenzung zwischen den kalkulatorischen Kosten und dem neutralen und kostenverschiedenen Zweckaufwand erfolgt dabei auf speziellen Abgrenzungskonten in einem eigenen Nummernkreis des jeweiligen Kontenrahmens.

[1] Vgl. hierzu W. Kilger, (Einführung 1992), S. 69 ff. und die dort angegebene Literatur.

40/41 Material

4001 Grauguss
4002 Hartguss
4010 Stahl
4020 Zugekaufte Teile
4030 Verpackungsmaterial
4100 Werkzeuge, Geräte
4110 Hilfs- und Betriebsstoffe
4150 Ersatzteile, Reparaturmaterial

42 Brennstoffe und Energie

4200 Heizstoffe
4210 Treibstoffe
4250 Fremdbezogene Energie
4260 Fremdbezogenes Wasser

43 Löhne und Gehälter

4301 Fertigungslöhne
4302 Löhne für innerbetriebliche Leistungen
4309 Zusatzlöhne für Akkordarbeiter
4310 Hilfslöhne für Vorarbeiter und Einrichter
4311 Hilfslöhne für Transport- und Lagerarbeiter
4312 Hilfslöhne für Reinigungsarbeiten
4315 Sonstige Hilfslöhne
4320 Mehrarbeitszuschläge für Arbeiter
4350 Gehälter
4360 Mehrarbeitszuschläge für Angestellte

44 Personalnebenkosten (entfallen in Kostenrechn.)

4401 Gesetzliche Sozialabgaben für Arbeiter
4402 Gesetzliche Sozialabgaben für Angestellte
4411 Freiwillige Sozialabgaben für Arbeiter
4412 Freiwillige Sozialabgaben für Angestellte
4430 Gemeinsame freiwillige Sozialabgaben

45 Reparaturen, sonst. Techn. Leistungen

4501 Reparaturen für Gebäude
4502 Reparaturen für Betriebsmittel
4503 Sonstige Reparaturen
4511 Forschungskosten
4512 Entwicklungskosten
4513 Konstruktionskosten
4560 Kosten für Ausschuss und Nacharbeit

46 Steuern, Gebühren, Beiträge, Versicherungen

4601 Grundsteuer
4602 Kraftfahrzeugsteuer
4604 Gewerbeertragsteuer
4609 Sonstige Kostensteuern
4611 Gebühren und Abgaben (ohne Postgebühren)
4621 Beitrag für Industrie- und Handelskammer
4622 Beitrag für Arbeitgeberverband
4623 Beiträge für Fachverbände
4629 Sonstige Beiträge
4631 Kraftfahrzeugversicherung
4632 Feuerversicherung
4633 Betriebsunterbrechungsversicherung
4634 Betriebshaftpflichtversicherung
4639 Sonstige Versicherungsprämien

47 Mieten, Büro-,Werbekosten

4701 Raummieten
4702 Mieten für Maschinen und Anlagen
4711 Porto
4712 Büromaterial, Drucksachen, Bücher
4713 Telekommunikationskosten
4722 Reisespesen und Übernachtungskosten
4723 Bewirtungs- und Repräsentationskosten
4729 Fremdbezogene Dienstleistungen
4741 Beratungsleistungen
4750 Kosten für Werbung
4790 Vertreterprovision

48 Kalkulatorische Kosten

4801 Kalkulatorische Abschreibungen
4810 Kalkulatorische Zinsen auf Anlagevermögen
4811 Kalkulatorische Zinsen auf Umlaufvermögen
4820 Kalk. Personalnebenkosten für Arbeiter
4821 Kalk. Personalnebenkosten für Angestellte
4830 Sonstige kalkulatorische Kostenarten

49 Kosten der innerbetr. Leistungsverrechnung

4940 Sekundäre Raumkosten
4951 Sekundäre Stromkosten
4952 Sekundäre Dampfkosten
4953 Sekundäre Wasserkosten
4960 Sekundäre Transportkosten
4970 Sekundäre Leistungskosten
4999 Sekundäre Fixkosten

Übersicht 3.1: Beispiel für eine Kostenarteneinteilung

Die konkrete Ausgestaltung der Kostenarteneinteilung hängt in hohem Maße von betriebs- und branchenspezifischen Besonderheiten ab, so dass keine allgemeingültigen Regelungen aufgestellt werden können. In Übersicht 3.1 haben wir als Beispiel die Kostenarteneinteilung eines Maschinenbauunternehmens wiedergegeben. Die Einteilung lehnt sich hier an den Gemeinschaftskontenrahmen der Industrie an, in dem die Kontenklasse 4 für die Kostenartenrechnung vorgesehen ist.

In den Kostenartengruppen 40 und 41 finden sich die Materialkosten, wobei die Gruppe 40 die verschiedenen Arten der Einzelmaterialkosten enthält und die Gruppe 41 das über Kostenstellen verrechnete Material, das auch als Gemeinkostenmaterial bezeichnet wird. Zu beachten ist, dass die Kosten für Verpackungen den Einzelmaterialkosten zugeordnet werden; diese werden kalkulatorisch als Sondereinzelkosten des Vertriebs direkt auf die Produkte verrechnet.

Die Kosten für Brennstoffe und Energie sind in der Gruppe 42 zusammengefasst. Neben den Kosten für Heizöl und Kraftstoffe sind hier die Stromkosten und die Kosten für Wasser von besonderer Bedeutung, für die an kommunale oder private Energieversorgungsunternehmen im Allgemeinen monatliche Pauschalbeträge zu entrichten sind; in einer jahresbezogenen Abrechnung werden dann die Kosten für die effektiven Verbräuche der Periode bestimmt.

Die Kostenartengruppe 43 beinhaltet die für den Mitarbeitereinsatz zu entrichtenden Bruttolöhne und –gehälter. Im Beispielunternehmen erfolgt eine Akkordentlohnung; hier fallen neben den eigentlichen Fertigungslöhnen Zusatzlöhne für vom Mitarbeiter nicht zu vertretende Arbeitsunterbrechungen an. Daneben werden noch Löhne für innerbetriebliche Leistungen und Hilfslöhne für verschiedene Tätigkeitsgruppen differenziert. Eine weitere Kostenart ist für die Mehrarbeitszuschläge der Arbeiter vorgesehen. Bei den Gehältern erfolgt lediglich eine Unterscheidung nach Gehaltskosten und Mehrarbeitsvergütungen für Angestellte.

Die für den Mitarbeitereinsatz anfallenden Personalnebenkosten bilden die Kostenartengruppe 44, wobei hier zwischen gesetzlichen/tariflichen und freiwilligen Sozialabgaben unterschieden wird. Beispiele für derartige Sozialkosten sind die Arbeitgeberbeiträge zur Sozialversicherung, die Lohnfortzahlung im Krankheitsfall, Urlaubs- und Feiertagsvergütungen sowie Einmalzahlungen wie Urlaubs- und Weihnachtsgeld. Da ein wesentlicher Teil dieser Kosten im Jahresverlauf sehr starken Schwankungen unterworfen ist, sieht man in der monatlichen Kostenrechnung von einer Verrechnung der effektiv angefallenen Beträge ab und ersetzt diese durch die kalkulatorischen Personalnebenkosten für Arbeiter und Angestellte, die in Kostenartengruppe 48 zu finden sind. Hier werden in einer jahresbezogenen Berechnung der prozentuale Anteil der Personalnebenkosten an den Löhnen bzw. Gehältern bestimmt und in der laufenden Abrechnung anteilige Beträge, bezogen auf die monatlichen Löhne und Gehälter, verrechnet[2]. Am Jahresende erfolgt dann in einer Deckungsrechnung der Abgleich zwischen den tatsächlich angefallenen und den kalkulatorisch verrechneten Personalnebenkosten; die sich ergebenden Differenzen werden dann in das Betriebsergebnis gebucht.

[2] Auf die Ermittlung dieser Verrechnungssätze gehen wird in Abschnitt 3.4 ausführlich ein.

Für Reparaturen und Instandhaltungsmaßnahmen ist die Kostenartengruppe 45 vorgesehen; im Beispiel werden Reparaturen für Gebäude, Betriebsmittel und sonstige Maßnahmen unterschieden. Hier wird in vielen Fällen gegen den Grundsatz einer strikten Trennung von primären und sekundären Gemeinkosten verstoßen; häufig werden unter den angeführten Kostenarten Material- und Ersatzteilkosten, Kosten für Fremdfirmen und die Kosten der eigenen Reparaturwerkstätten zusammengefasst. Der Grund hierfür liegt darin, dass für die einzelnen Reparaturaufträge spezielle Auftragsnummern vergeben werden, auf die sämtliche mit der entsprechenden Maßnahme verbundenen Kosten gebucht werden. Nach Abschluss der betreffenden Maßnahme werden die Kosten von dieser speziellen Auftragsabrechnung in die Kostenstellenrechnung übernommen oder, falls es sich um maßgebliche werterhöhende Reparaturen handelt, im Anlagevermögen aktiviert.

In der Kostenartengruppe 45 sind weiterhin die Kosten für Forschung, Entwicklung und Konstruktion zusammengefasst, wobei als primäre Kostenarten hier entsprechende Fremdleistungen anzusetzen sind; die im Unternehmen anfallenden Kosten sind unter der betreffenden originären Kostenart zu verrechnen, z.B. die Gehälter der Mitarbeiter in diesem Bereich. Für die kalkulatorische Behandlung der Forschungs- und Entwicklungskosten finden sich in der betrieblichen Praxis die beiden folgenden Möglichkeiten:

1. Verrechnung der Forschungs- und Entwicklungskosten auf speziellen Kostenstellen, von wo sie mit Hilfe von Kalkulationssätzen auf die Produkte des laufenden Produktionsprogrammes verrechnet werden.
2. Sammlung der für ein Forschungs- und Entwicklungsprojekt anfallenden Kosten in einer eigenen Auftragsabrechnung. Nach Abschluss des jeweiligen Projektes werden die Kosten dann auf die Produkte oder Verfahren verteilt, die aus dem Projekt hervorgegangen sind.

Neben den Reparatur- und Instandhaltungskosten sowie den Forschungs- und Entwicklungskosten werden der Kostenartengruppe 45 noch die Kosten für Ausschuss und Nacharbeit zugeordnet. Diese Fehlerkosten, die sich aus Material- und Lohnkosten sowie aus Fertigungsgemeinkosten zusammensetzen, werden ebenfalls in einer speziellen Ausschuss- und Nacharbeitsabrechnung erfasst und anschließend den Kostenstellen zugeordnet, welche für die entsprechenden Fehler verantwortlich sind.

In den Kostenartengruppen 46 und 47 wird die Vielzahl der sonstigen Gemeinkostenarten zusammengefasst, wobei in Gruppe 46 die Kostensteuern, Gebühren und Versicherungskosten und in Gruppe 47 die sonstigen Gemeinkosten wie Mieten, Büro- und Werbekosten enthalten sind.

Die kalkulatorischen Kosten, denen in der Finanzbuchhaltung kein Zweckaufwand bzw. ein Zweckaufwand in anderer Höhe gegenübersteht, finden sich in der Kostenartengruppe 48. Neben den bereits erwähnten kalkulatorischen Personalnebenkosten sind hier insbesondere die kalkulatorischen Abschreibungen und die kalkulatorischen Zinsen auf Anlage- und Umlaufvermögen von Bedeutung.[3]

[3] Vgl. hierzu unsere Ausführungen in Abschnitt 1.2.2.

Die letzte Kostenartengruppe ist für die sekundären Kostenarten vorgesehen, d.h. für die Kosten der Hilfskostenstellen, die im Rahmen der innerbetrieblichen Leistungsverrechnung gebildet und auf die leistungsempfangenden Kostenstellen verrechnet werden. Die Beispiele zeigen, dass für die wesentlichen innerbetrieblichen Leistungen eigene Kostenarten gebildet werden. Eine Besonderheit stellt die letzte Kostenart „Sekundäre Fixkosten" dar; diese ist dann notwendig, wenn in einer flexiblen Plankostenrechnung auf Grenzkostenbasis eine Parallelkalkulation der variablen und gesamten Gemeinkosten erfolgt. Hier muss die innerbetriebliche Leistungsverrechnung für die variablen und die fixen Kosten der Hilfskostenstellen getrennt durchgeführt werden, um zu vermeiden, dass fixe Kosten der Hilfskostenstellen auf den Hauptkostenstellen zu variablen Kosten werden. Die auf die Hauptkostenstellen verrechneten Fixkosten der Hilfskostenstellen werden unter der Kostenart Sekundäre Fixkosten zusammengefasst.

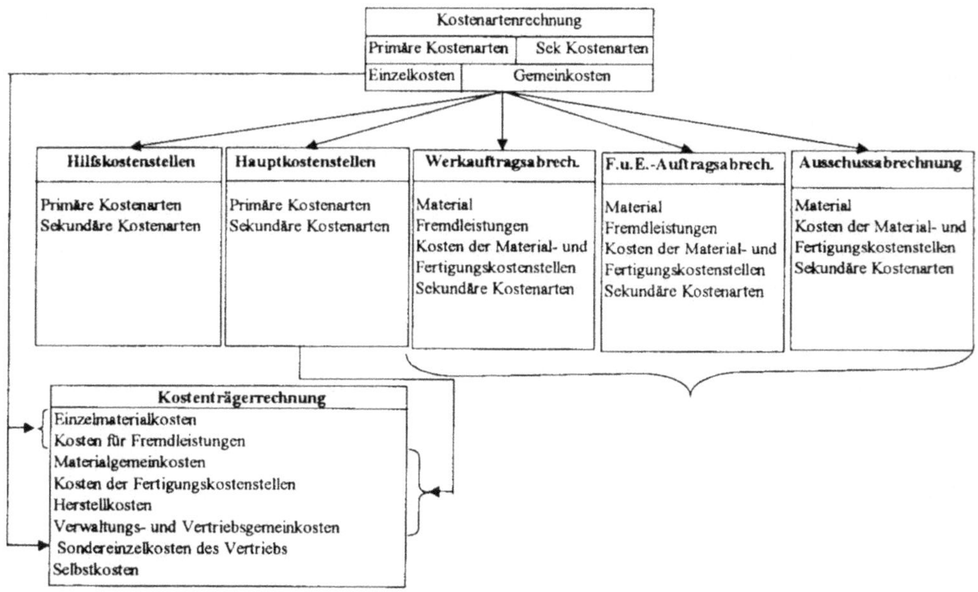

Übersicht 3.2: Weiterverrechnung der Kostenarten

In der Übersicht 3.2 haben wir die Verrechnungswege der einzelnen Kostenartenkategorien schematisch wiedergegeben. Die Übersicht zeigt zunächst nochmals die Unterteilung der Kostenarten in Einzel- und Gemeinkosten sowie in primäre und sekundäre Kostenarten. Die Einzelkosten gehen unmittelbar von der Kostenartenrechnung in die Kostenträgerrechnung ein, während die Gemeinkosten zunächst auf Kostenstellen verrechnet werden, wo für die Leistungen der Hilfskostenstellen im Rahmen der innerbetrieblichen Leistungsverrechnung sekundäre Kostenarten entstehen.

Neben diesen grundsätzlichen Verrechnungsmöglichkeiten der einzelnen Kostenarten auf Kostenstellen oder auf Kostenträger können diese auch in gesonderte Abrechnungssysteme fließen. Wie oben gesehen, werden für Reparatur- und Instandhaltungsaufträge, aber auch für selbsterstellte Maschinen und Einrichtungen, die nach ihrer

Fertigstellung im Anlagevermögen aktiviert werden, eigenständige Werkaufträge festgelegt. Die mit diesen Maßnahmen im Zusammenhang stehenden Kosten werden aus der Kostenartenrechnung auf die entsprechenden Werkauftragsnummern kontiert und nach Fertigstellung entweder in die Kostenstellenrechnung oder in das Anlagevermögen weiterverrechnet.

In gleicher Weise wird mit den Kosten für Forschungs- und Entwicklungsaufträge verfahren, falls diese nicht in die laufende Kostenstellen- und Kostenträgerrechnung gebucht, sondern auf die mit den jeweiligen Aktivitäten verbundenen neuen Produkte oder Verfahren verrechnet werden sollen.

Auch für die Ausschusskosten bestehen, wie oben erwähnt, in vielen Unternehmen gesonderte Abrechnungssysteme. Dies ist insbesondere deshalb erforderlich, um für diese Kosten, die auf Fehler im betrieblichen Produktionsprozess zurückzuführen sind, eine gesonderte Überwachung einzurichten. Oftmals ist nämlich die Kostenstelle, in der die Fehlerkosten angefallen sind, nicht die Stelle, die für die Fehlerursache verantwortlich ist. Die Kosten werden dann von der Ausschussabrechnung in die Kostenstellenrechnung auf die verursachenden Kostenstellen verrechnet.

3.2 Der Aufbau eines Planpreissystems

Wie im Kapitel über die Entwicklungsformen der Kostenrechnung gezeigt, werden in der Istkostenrechnung die Produktionsfaktorverbräuche mit gewogenen Istpreisdurchschnitten bewertet, die sich aus den Werten der Lageranfangsbestände und der Produktionsfaktorzugänge der betreffenden Periode zusammensetzen. In der Normal- und der Plankostenrechnung erfolgt dagegen die entsprechende Bewertung in einem Fest- bzw. Planpreissystem, d.h. für die von außen bezogenen Materialien und Vorprodukte werden jahresbezogen konstante Wertansätze festgelegt. Analog hierzu erfolgt die Bewertung von Arbeitszeiten mit konstanten durchschnittlichen Tariflöhnen und Tarifgehältern.

Mit diesen Fest- bzw. Planwerten werden sowohl die Verbräuche der als Einzelkosten verrechneten Produktionsfaktoren als auch der überwiegende Teil der über Kostenstellen verrechneten Güter und Leistungen bewertet. Die Abweichungen zwischen den Fest- bzw. Planpreisen und den tatsächlichen Einstandswerten werden als Preis- und Tarifabweichungen in der kurzfristigen Erfolgsrechnung berücksichtigt.

Wir wollen uns im folgenden mit dem Planpreissystem der Plankostenrechnung befassen. [4] Dem Planpreissystem kommen in der Plankostenrechnung die folgenden Aufgaben zu:

1. **Eliminierung von Preis- und Tarifschwankungen aus der laufenden Kostenkontrolle**
   Kosten ergeben sich immer als Produkt aus Faktorverbrauchsmengen und Faktorpreisen. Für den wirtschaftlichen Verbrauch an Produktionsfaktoren ist nun im Unternehmen aber ein anderer Personenkreis – die Fertigungsingenieure und die Kostenstellenleiter – verantwortlich als für den Bezug dieser Faktoren zu möglichst günstigen Beschaffungspreisen. Daher muss in der Kostenkontrolle immer zwi-

[4] Vgl. hierzu ausführlich W. Kilger, (Plankostenrechnung 1992), S. 197 ff.

schen der Kontrolle der Verbräuche und der Kontrolle der Faktorpreise unterschieden werden.

2. **Steuerung der Einkaufsabteilungen**
   In Unternehmen mit einer Plankostenrechnung wird die gesamte Kostenplanung mit dem System der kurzfristig operativen Planung abgestimmt. Im Rahmen dieses Planungsprozesses legt der Einkauf für die einzelnen Materialarten Planpreise fest, die zum einen für die Planung der entsprechenden Materialkosten verwendet werden, zum anderen aber nach Genehmigung der Planung durch die Unternehmensleitung wesentliche Ziele der Einkaufsabteilungen darstellen.[5] Anhand der monatlich zu erfassenden Preisabweichung kann dann die Zieleinhaltung des Einkaufs überwacht werden.

3. **Bereitstellung geplanter Wertansätze als Grundlage für betriebliche Entscheidungen**
   Zur Erfüllung der dispositiven Aufgaben der Kostenrechnung ist es notwendig, die für den Planungszeitraum zu erwartenden Einstandswerte der Produktionsfaktoren möglichst genau zu prognostizieren.

Die genannten Aufgaben können theoretisch exakt nur dann erfüllt werden, wenn sämtliche Produktionsfaktorarten mit geplanten Preisen bewertet werden. Diese Forderung lässt sich in der Praxis aber nur annähernd erfüllen, da bei einigen Produktionsfaktoren die Festlegung geplanter Preise nicht möglich oder nicht wirtschaftlich ist. Bezüglich der Frage, welche Produktionsfaktoren in ein Planpreissystem aufgenommen werden können bzw. sollen, sind daher die folgenden Kriterien zu beachten:[6]

1. Die Produktionsfaktoren müssen ein eindeutiges Mengengerüst aufweisen, d.h. die Bezugsmengen dürfen sich in Leistungsinhalt und Qualität der bezogenen Leistung nicht wesentlich unterscheiden, da ansonsten die jeweiligen Preise von den Leistungs- oder Qualitätsmerkmalen bestimmt werden. Dies kann beispielsweise bei Reparatur- oder Beratungsleistungen der Fall sein.
2. Die Produktionsfaktoren sollten regelmäßig und in größeren Stückzahlen beschafft werden. Dies ist z.B. nicht der Fall bei Spezialwerkzeugen, Walzen, Formen u.ä.
3. Es sollten solche Produktionsfaktoren ausgeschlossen werden, deren Kosten so niedrig sind, dass sie in der laufenden Kostenkontrolle keine wesentliche Rolle spielen, z.B. billiges Kleinmaterial wie Unterlegscheiben, O-Ringe, Dichtungen etc.

Bei den Produktionsfaktoren, die nicht in das Planpreissystem aufgenommen werden, erfolgt in der Kostenplanung und der laufenden Abrechnung keine getrennte Betrachtung von Mengen- und Preisgerüst der jeweiligen Kosten; eine ordnungsgemäße Kostenkontrolle ist dann unmittelbar nicht möglich.

Zunächst wollen wir die Planung der Preise für fremdbezogene Materialien und Vorprodukte behandeln. Die Bewertung dieser Produktionsfaktoren erfolgt mit den Einstandpreisen, die sich aus folgenden Komponenten zusammensetzen:

[5] Vgl. hierzu L. Hans u. V. Warschburger, (Controlling 1999), S. 196.
[6] Vgl. hierzu W. Kilger, (Plankostenrechnung 1992), S. 206.

Listenpreise
- Preisnachlässe
  (Boni, Skonti, Rabatte)
+ Außerbetriebliche Beschaffungsnebenkosten
  (Fracht, Zoll, Transportversicherungen)

= Einstandspreis

Die Bestimmung der Planpreise für Material und Vorprodukte kann mit Hilfe der folgenden Verfahren erfolgen[7]:

1. Schätzung durch den Einkauf
2. Statistische Auswertung von Zeitreihen der Einstandspreise vergangener Perioden
   2.1. Einfache Mittelwertbildung
   2.2. Gleitende Mittelwertbildung
   2.3. Trendberechnungen
   2.4. Verfahren der exponentiellen Glättung

In der Praxis erfolgt die Preisplanung in der überwiegenden Zahl der Fälle mit Hilfe von Schätzungen der zuständigen Einkäufer. Die Anwendung der statistischen Verfahren erscheint für die normalen Materialarten und Vorprodukte zu aufwendig, oftmals werden die erforderlichen Daten auch nicht in der benötigten Form zur Verfügung stehen. Diese Methoden kommen daher – wenn überhaupt – nur für solche Materialarten in Betracht, deren Preisentwicklung zum einen vom Unternehmen nicht beeinflusst werden kann und zum anderen stochastischen Schwankungen unterliegt; wir wollen daher diese Verfahren nicht näher behandeln und verweisen auf die Spezialliteratur.[8]

Die Schätzungen der Einkäufer wiederum können je nach Anzahl der Materialpositionen auf zwei Arten erfolgen:

1. **Individuelle Preisplanung**
   Auf der Grundlage der letzten Einstandspreise planen die zuständigen Einkäufer die im Durchschnitt des Planjahres erwarteten Einstandspreise der einzelnen Materialarten. Hierbei spielen deren Marktkenntnisse und insbesondere die Einschätzung der eigenen Einkaufsmacht gegenüber den Zulieferern die wesentliche Rolle. Diese individuelle Preisplanung ist naturgemäß nur in Betrieben mit relativ wenigen Materialpositionen bzw. nur für die wichtigsten Materialarten möglich.

2. **Festlegung von Plan-Steigerungsraten für Materialgruppen**
   Hier erfolgt die Preisplanung nicht positionsweise, sondern für homogene Materialgruppen gemeinsam. Die Einkäufer planen Veränderungsraten der durchschnittlichen Einstandspreise der einzelnen Materialgruppen für das Planjahr, wobei die Bezugsbasis die letzten Einstandswerte des laufenden Jahres sind, d.h. es werden Preisindizes der folgenden Form geplant:

$$\text{Preisindex} = \frac{\text{Durchschnittspreisniveau des Planjahres}}{\text{Endstandspreisniveau des laufenden Jahres}}$$

[7] Vgl. hierzu W. Kilger, (Plankostenrechnung 1992), S. 212 ff.
[8] Vgl. hierzu W. Kilger, (Plankostenrechnung 1992), S. 213 ff. und die dort angegebene Literatur.

Zur Festlegung der Planpreise der einzelnen Materialarten werden nun deren letzte Einstandspreise mit dem geplanten Preisindex der zugehörigen Materialgruppe multipliziert.

Planpreis = Letzter Einstandspreis · Preisindex

Wird beispielsweise bei einem Hydraulikhersteller für die fremdbezogenen Drehteile eine Preiserhöhung in Höhe von 1,6%, bezogen auf den Endstand des laufenden Jahres erwartet, so erhält man als Planpreis eines Steuerschiebers, dessen letzter Einstandspreis 13,30 €/Stück beträgt:

Planpreis = 13.30 · 1,016 = 13,51 €/Stück

Diese Art der Preisplanung kann in hohem Maße dv-unterstützt ablaufen, wenn die verschiedenen Materialgruppen in der Einkaufsstammdatei entsprechend gekennzeichnet sind.

Für die Personalkosten sind für das Planjahr geplante durchschnittliche Tarife festzulegen. Zur Bestimmung des durchschnittlichen Tarifniveaus des Planjahres sind die beiden folgenden Sachverhalte zu prognostizieren:

1. Höhe der Tarifsteigerung,
2. Zeitpunkt des Inkrafttretens der Erhöhung.

Eine Tariferhöhung zum 1. April wirkt im betreffenden Jahr noch für neun Monate und damit im Jahresdurchschnitt zu 75%. Erwartet man zu diesem Zeitpunkt eine Erhöhung der Löhne und Gehälter um 4%, so beträgt die im Jahresdurchschnitt wirkende Tarifsteigerung:

4% · 9/12 = 3%

Beim Aufbau der Kostenplanung werden dann die aktuell geltenden Tariflöhne und die tariflichen Gehaltsbestandteile um diesen Betrag erhöht.

Die Planung der Tarifveränderungen bereitet dann größeren Aufwand, wenn von den Sozialpartnern Absolutbeträge festgelegt werden, um die sich die Mitarbeitereinkommen mindestens erhöhen sollen; in diesen Fällen ist die prozentuale Lohnerhöhung der unteren Lohngruppen stärker. Ein weiteres Problem kann dann auftreten, wenn die Lohn- und Gehaltserhöhungen ganz oder teilweise auf übertarifliche Entlohnungsbestandteile angerechnet werden sollen.

3.3 Die Planung und Erfassung der Materialkosten

3.3.1 Der Aufbau der Materialkostenplanung

Die Materialkosten lassen sich unterteilen in die Kosten für Einzelmaterial und die Kosten für über Kostenstellen verrechnete Materialien, die auch als Gemeinkostenmaterial bezeichnet werden. Zum Einzelmaterial zählen alle Werkstoffe, die unmittelbar in die betrieblichen Produkte eingehen und diesen in den Kalkulationen direkt zurechenbar sind. Zum Gemeinkostenmaterial gehören in erster Linien die Hilfs- und Betriebsstoffe, die für die Leistungserstellung der Kostenstellen benötigt werden, aber auch solches Material, das zwar in die Produkte eingeht, dessen Planung und Erfassung als Einzelkosten aber wegen des geringen Wertes nicht wirtschaftlich ist.[9]

Im Folgenden wollen wir uns der Planung der Einzelmaterialkosten zuwenden. Diese setzten sich zusammen aus den geplanten Verbrauchsmengen der jeweiligen Materialarten und den Planpreisen, auf deren Planung wir im letzten Abschnitt eingegangen sind.

Aufgrund der Vielfalt des verschiedenartigen Materialeinsatzes in den industriellen Fertigungsprozessen können zum Vorgehen bei der Planung der Verbrauchsmengen nur allgemeine Aussagen gemacht werden. Übersicht 3.3 skizziert grob das entsprechende Vorgehen.

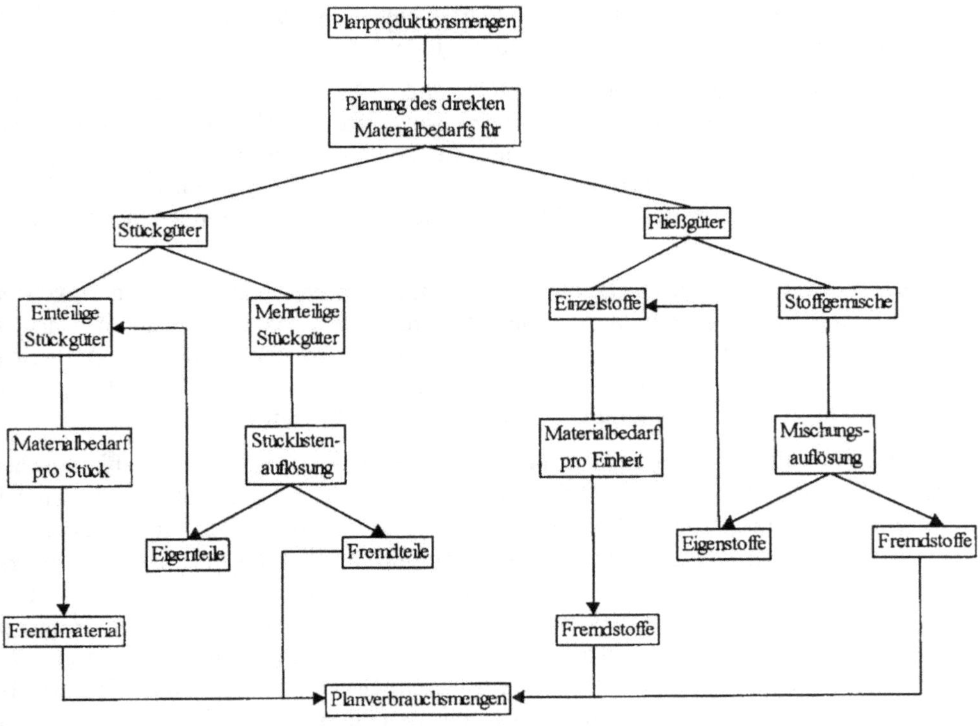

Übersicht 3.3: Planung der Einzelmaterialverbrauchsmengen

Die Übersicht zeigt, dass für die Planung die Unterscheidung in Stückgüter und Fließgüter von Bedeutung ist. Unter Stückgütern versteht man Erzeugnisse, deren Gestalt in allen drei Dimensionen festgelegt ist; diese können nicht weiter unterteilt werden, ohne dass sie ihre charakteristischen Eigenschaften verlieren.[10] Beispiele für Stückgüter sind Schrauben, Bolzen, Magnete, Gehäuserohlinge, aber auch komplexere fremdbezogene Funktionseinheiten wie Getriebe, Auspuffanlagen oder elektronische Systeme.

[9] Die Planung der Kosten für Gemeinkostenmaterial erfolgt im Rahmen der Gemeinkostenplanung auf den einzelnen Kostenstellen; hierauf werden wir in Abschnitt 4.4.3 eingehen.

[10] Vgl. hierzu W. Kilger, (Industriebetriebslehre 1986), S. 27 und die dort angegebene Literatur.

Wie die Übersicht zeigt, ist nun für die Kostenplanung die Unterscheidung in einteilige und mehrteilige Stückgüter relevant, wobei letztere sich aus mehreren – in manchen Fällen sehr vielen – Vorprodukten zusammensetzen. Bei einteiligen Stückgütern ergeben sich die Verbrauchsmengen pro Stück unmittelbar aus den Konstruktionsdaten des Enderzeugnisses; die gesamten Verbrauchsmengen erhält man durch Multiplikation mit der Planproduktionsmenge des betreffenden Produktes.

Bei mehrteiligen Stückgütern sind die Bedarfsmengen der einzelnen Baugruppen und Einzelteile zur Herstellung einer Erzeugniseinheit in Stücklisten festgehalten. Bei jeder Stücklistenposition ist vermerkt, ob es sich um ein Fremdteil handelt, das von Zulieferern bezogen wird, oder um ein Eigenteil, an dem innerbetriebliche Arbeitsgänge durchgeführt werden; für die Eigenteile bestehen wiederum eigene Stücklisten. Durch die Auflösung der Stücklisten werden nun sämtliche von außen zu beziehenden Materialpositionen ermittelt; die Gesamt-Bedarfsmengen ergeben sich wiederum durch Multiplikation mit den Planproduktionsmengen der Enderzeugnisse.

Zu den Fließgütern zählen alle Erzeugnisse, die zumindest in einer Dimension nicht eindeutig festgelegt sind, deren Konsistenz also gasförmig, flüssig oder pulverförmig ist.[11] Analog zu den Stückgütern können die Fließgüter aus Einzelstoffen oder aus Stoffgemischen bestehen. Bei Einzelstoffen ergeben sich die Verbrauchsmengen wiederum unmittelbar aus den Spezifikationen der betreffenden Enderzeugnisse sowie deren Planproduktionsmengen.

Bei der Verwendung von Stoffgemischen bilden Rezepturen und Mischungsanweisungen die Grundlage der Planung der Bedarfsmengen. In analoger Weise zur Stücklistenauflösung erfolgt hier eine Mischungsauflösung, in der sämtliche unmittelbar fremdbezogenen oder vorab bearbeiteten Stoffe ermittelt werden. Die geplanten Verbrauchsmengen erhält man dann in gleicher Weise wie bei Stückgütern.

Eine Besonderheit tritt bei der Planung der Einzelmaterialkosten von Stoffgemischen dann auf, wenn Variationen der Mischungsverhältnisse der zugrundeliegenden Einzelstoffe möglich sind, d.h. das Endprodukt kann in unterschiedlichen Einsatzverhältnissen der Vorprodukte erzeugt werden. Beispiele hierfür sind die Lebensmittelindustrie und die Stahlproduktion, wo zur Erzeugung der gleichen Stahlqualität das Verhältnis von Eisenerz und Schrott in bestimmten Bandbreiten variiert werden kann. In diesen Fällen muss vor Beginn der Einzelmaterialkostenplanung eine planmäßige Mischungszusammensetzung festgelegt werden, auf deren Grundlage dann die Planung der Verbrauchsmengen erfolgt.[12] Wird im Ist von der planmäßigen Mischungszusammensetzung abgewichen, so ergeben sich bei der Kontrolle der Einzelmaterialkosten spezielle Mischungsabweichungen.

Abschließend wollen wir ein Beispiel zur Planung der Einzelmaterialkosten für den Fall mehrteiliger Stückgüter behandeln. Ein Unternehmen stellt drei mehrteilige Enderzeugnisse her, in die neben jeweils einer Grundplatte drei eigenerstellte und vier fremdbezogene Einzelteile eingehen. Die eigenerstellten Einzelteile bestehen wiederum aus einem Rohstoff, der vor dem Zusammenbau in mehreren Arbeitsgängen bearbeitet werden muss. Es gelten folgende Stücklisten:

---

[11] Vgl. W. Kilger, (Industriebetriebslehre 1986), S. 26 f.

[12] Vgl. hierzu ausführlich W. Kilger, (Plankostenrechnung 1992), S. 245.

Einzelteil		Materialbedarf je Teil		Teilebedarf für Produkte		
Nr.	Bezeichnung	Art	kg/Stück	Produkt I	Produkt II	Produkt III
01	Grundplatte A	Grauguss	15,6	1	-	1
02	Grundplatte B	Hartguss	11,5	-	1	-
11	Eigenteil I	Stahl 42	3,2	2	3	1
12	Eigenteil II	Stahl 39	2,8	-	1	-
13	Eigenteil III	Stahl 39	2,2	1	-	3
21	Fremdteil 1			2	2	-
22	Fremdteil 2			-	1	-
23	Fremdteil 3			9	8	6
24	Fremdteil 4			3	6	5

Tabelle 3.1: Beispiel zur Einzelmaterialkostenplanung

Für die fremd zu beziehenden Materialarten und Teile werden die folgenden Planpreise festgelegt:

Einzelteil		Planpreis
Nr.	Bezeichnung	
01	Grauguss	1,40 €/kg
02	Hartguss	2,85 €/kg
	Stahl 39	0,60 €/kg
	Stahl 42	0,90 €/kg
21	Fremdteil 1	1,75 €/Stck
22	Fremdteil 2	4,30 €/Stck
23	Fremdteil 3	1,40 €/Stck
24	Fremdteil 4	2,75 €/Stck

Tabelle 3.2: Beispiel zur Einzelmaterialkostenplanung

In der Eigenfertigung wird ein Ausschuss von 1,5% des Netto-Materialverbrauches geplant, bei der Montage der Fremdteile kein Ausschuss vorgegeben. Die Vorgabe eines planmäßig erwarteten Ausschusses ist dann sinnvoll, wenn in den Fertigungsprozessen ein bestimmtes Mindestmaß an Fehlern unvermeidbar ist und die entsprechenden Mehrverbräuche in der Kostenplanung und hier insbesondere in den Plankalkulationen und der Ergebnisplanung Berücksichtigung finden sollen. Dabei sollten sich die Vorgaben an dem bei wirtschaftlicher Betriebsführung unvermeidbaren Ausschuss orientieren.

Für die drei Enderzeugnisse werden die nachstehenden Produktionsmengen geplant:

Produktart	I	II	III
Planproduktionsmenge [Stck/Mon]	2.500	3.200	2.000

Tabelle 3.3: Beispiel zur Einzelmaterialkostenplanung

Die Bestimmung der monatlichen Planeinzelmaterialkosten kann nun auf zweierlei Weise erfolgen. Zum einen lassen sich die gesamten Planbedarfe der Rohstoffe und Teile mit Hilfe einer Stücklistenauflösung bestimmen; die Plankosten erhält man dann durch Multiplikation mit den zugehörigen Planpreisen. Zum anderen kann man die Planeinzelmaterialkosten pro Stück der drei Enderzeugnisse bestimmen; die Gesamtkosten ergeben sich hier durch Multiplikation mit den entsprechenden Planproduktionsmengen.

Die Stücklistenauflösung ergibt die in Tabelle 3.4 wiedergegebenen Bedarfe der einzelnen Material- und Teilearten; in der Tabelle ist für die Grundplatten und die Eigenteile zunächst der Bedarf in Stück und in der nächsten Spalte der daraus resultierende Bedarf in Kilogramm angegeben, wobei die Nettobedarfe um 1,5% Ausschuss erhöht werden.

Einzelteil		**Materialbedarf pro Monat**			
Nr.	**Bezeichnung**	**Art**	**in Stück**	**in kg**	**incl. Ausschuss**
01	Grundplatte A	Grauguss	4.500	70.200	71.253
02	Grundplatte B	Hartguss	3.200	36.800	37.352
11	Eigenteil I	Stahl 42	16.600	53.120	53.917
12	Eigenteil II	Stahl 39	3.200	8.960	9.094
13	Eigenteil III	Stahl 39	8.500	18.700	18.981
21	Fremdteil 1		11.400		
22	Fremdteil 2		3.200		
23	Fremdteil 3		60.100		
24	Fremdteil 4		36.700		

Tabelle 3.4: Beispiel zur Einzelmaterialkostenplanung

Die Plankosten für einen Durchschnittsmonat des Planjahres erhält man nun durch die Bewertung der geplanten Bedarfsmengen mit den zugehörigen Planpreisen. Tabelle 3.4 zeigt die Ergebnisse der Einzelmaterialkostenplanung.

Material	**Bedarf**	**Planpreis**	**Plankosten**
Grauguss	71.253	1,40	99.754
Hartguss	37.352	2,85	106.453
Stahl 39	28.075	0,60	16.845
Stahl 42	53.917	0,90	48.525
Fremdteil 1	11.400	1,75	19.950
Fremdteil 2	3.200	4,30	13.760
Fremdteil 3	60.100	1,40	84.140
Fremdteil 4	36.700	2,75	100.925
Summe			**490.352**

Tabelle 3.5: Beispiel zur Einzelmaterialkostenplanung

Diese Art der Berechnung hat den Vorteil, dass die geplanten Materialkosten nach Materialarten differenziert ausgewiesen sind, so dass für den Einkauf das erwartete Bezugsvolumen nach Zulieferern bzw. Zulieferergruppen unmittelbar vorliegt.

Die zweite Methode der Ermittlung der Planeinzelmaterialkosten arbeitet mit den Plankalkulationen der Erzeugnisse. Im ersten Schritt werden die Einzelmaterialkosten pro Produkteinheit ermittelt, indem man die entsprechenden Bedarfe laut Stückliste mit den zugehörigen Planpreisen multipliziert. Neben den Nettobedarfen zur Herstellung der jeweiligen Erzeugniseinheiten sind noch die Kosten für den einzukalkulierenden Ausschuss zu berücksichtigen; im Beispiel soll Ausschuss nur für die Grundplatten und die Eigenteile kalkulatorisch berücksichtigt werden. Tabelle 3.6 zeigt die Ergebnisse der Berechnung.

Materialart	Produkt I	Produkt II	Produkt III
Grundplatte A	21,84		21,84
Grundplatte B		32,78	
Eigenteil I	5,76	8,64	2,88
Eigenteil II		1,68	
Eigenteil III	1,32		3,96
Summe Eigenteile	28,92	43,10	28,68
Ausschuss	0,43	0,65	0,43
Summe incl. Ausschuss	29,35	43,74	29,11
Fremdteil 1	3,50	3,50	
Fremdteil 2		4,30	
Fremdteil 3	12,60	11,20	8,40
Fremdteil 4	8,25	16,50	13,75
Summe Fremdteile	24,35	35,50	22,15
Einzelmaterialkosten	**53,70**	**79,24**	**51,26**

Tabelle 3.6: Beispiel zur Einzelmaterialkostenplanung

Die zugehörigen Monatsbeträge erhält man nun, indem die Planeinzelmaterialkosten pro Stück mit den zugehörigen Planproduktionsmengen gewichtet werden. In der nachstehenden Tabelle sind die Ergebnisse dieser Berechnung wiedergegeben.

Erzeugnis	Materialkosten [€/Stck]	Menge [Stck/Mon]	Materialkosten [€/Mon]
Produkt I	53,70	2.500	134.260
Produkt II	79,24	3.200	253.573
Produkt III	51,26	2.000	102.520
Summe			**490.352**

Tabelle 3.7: Beispiel zur Einzelmaterialkostenplanung

Die Berechnungen in Tabelle 3.7 sind nicht mit den angegebenen gerundeten, sondern mit den exakten Werten vorgenommen worden; nur so erhält man das gleiche Resultat wie bei der zuerst behandelten Berechnung.

3.3.2 Die Erfassung und Kontrolle der Materialverbräuche

In diesem Abschnitt wollen wir uns zunächst mit der Erfassung der Materialverbrauchsmengen und anschließend mit der Überwachung der Kostenwirtschaftlichkeit im Zusammenhang mit dem Materialeinsatz befassen. Die Erfassung der Materialverbrauchsmengen kann nach den folgenden Methoden erfolgen:[13]

1. Erfassung ohne Bestandsführung,
2. Inventurverfahren,
3. Rückrechnung,
4. Erfassung mit Materialentnahmebelegen.

Die **Materialerfassung ohne Bestandsführung** geht von der Fiktion aus, dass die einzelnen Materialarten nicht gelagert, sondern nach ihrem Zugang unmittelbar verbraucht werden, d.h. hier wird die Zugangsmenge gleich der Verbrauchsmenge gesetzt. Dieses Verfahren führt dann zu richtigen Ergebnissen, wenn die Materialbeschaffung bedarfssynchron erfolgt und demzufolge eine Lagerung der betreffenden Materialarten nicht stattfindet. Unterscheiden sich hingegen Zugangs- und Verbrauchsmengen, so führt dieses Verfahren zu Fehlern in der Kostenkontrolle und im Erfolgsausweis; seine Anwendung könnte dann nur noch bei geringwertigen Materialarten gerechtfertigt sein.

Das **Inventurverfahren** ermittelt den Materialverbrauch aus den Veränderungen der Lagerbestände während des Betrachtungszeitraumes, d.h. die Verbrauchsmengen werden nach folgender Bestimmungsgleichung errechnet:

$$\text{Materialverbrauchsmenge} = \text{Anfangsbestand} + \text{Zugang} - \text{Endbestand}$$

Hierbei werden die Anfangs- und Endbestände durch körperliche Bestandsaufnahmen (Inventuren) erhoben; die Zugänge ergeben sich anhand der Lieferscheine oder der Rechnungseingänge. Dieses Vorgehen mag im Rahmen einer jahresbezogenen Materialerfassung für die Zwecke der Finanzbuchhaltung noch anwendbar sein, für die monatliche Ermittlung der Materialkosten ist es zu aufwendig; insbesondere in größeren Unternehmen ist es undenkbar, an jedem Monatsende eine Stichtagsinventur durchzuführen, die einen erheblichen Mitarbeitereinsatz erfordert und zu einem entsprechenden Kapazitätsverlust führt. Ein weiterer Nachteil des Verfahrens besteht darin, dass nicht erkannt werden kann, wofür das Material verbraucht wurde; Materialverluste infolge von Ausschuss, Diebstahl u.ä. können ohne weiteres nicht erkannt werden.

Die **Rückrechnung** leitet den Materialverbrauch aus den Bedarfen zur Herstellung der betrieblichen Erzeugnisse ab. Anhand der Istproduktionsmengen sowie der zugehörigen Stücklisten, Rezepturen oder Mischungsanweisungen wird errechnet, welche Materialmengen in die hergestellten Produkte eingegangen sind. Damit wird aber deutlich, dass nach dieser Methode keine Ist-, sondern lediglich Sollverbrauchsmengen bestimmt werden, von denen die tatsächlichen Verbrauchsmengen aufgrund von Ausschuss, unwirtschaftlichen Abfallmengen, Lagerverlusten u.ä. erheblich abweichen können. Im Rahmen der Kontrolle der Materialverbrauchsmengen werden nach diesem Verfahren die Sollverbräuche errechnet, denen dann aber die tatsächlichen Ver-

[13] Vgl. W. Kilger, (Einführung 1992), S. 79 ff.

Verbrauchsmengen gegenübergestellt werden; anschließend werden im Rahmen eines Controlling-Prozesses die Ursachen der aufgetretenen Abweichungen analysiert.

Das in der Praxis übliche Verfahren ist die Erfassung mit Hilfe von **Materialentnahmebelegen** (Skontration); hier wird für jeden Produktionsauftrag von der Arbeitsvorbereitung oder vom Produktionsplanungssystem für jede erforderliche Materialart ein Beleg erstellt, der die laut Stückliste oder Rezeptur benötigten Materialmengen zur Fertigung des Auftrages enthält. Dieser Beleg berechtigt die Fertigungsstelle, in der das Material erstmals benötigt wird, zur Entnahme der angegebenen Mengen vom Rohstofflager; Lagerentnahmen sind in dieser Organisation grundsätzlich nur mit Beleg möglich.

Treten Mehrverbräuche infolge von Ausschuss, außerplanmäßigem Abfall oder sonstigen Ursachen auf, so werden von der Arbeitsvorbereitung oder dem Kostenstellenleiter besonders gekennzeichnete Entnahmescheine ausgegeben, die dann zum Bezug der entsprechenden Mehrverbrauchsmengen berechtigen. Auf diesen Scheinen werden u.a. die Ursachen des außerplanmäßigen Verbrauches festgehalten, um die Abweichungsanalyse im Rahmen der Kontrolle der Materialkosten zu erleichtern.

Die Erfassung der Materialverbrauchsmengen mit Hilfe von Materialentnahmescheinen ermöglicht neben der richtigen Erfassung der Verbrauchsmengen eine ordnungsgemäße Lagerbestandsführung im Rohstofflager. Die Lagerbestände können bei Anwendung dieses Verfahrens monatlich rechnerisch nach folgender Gleichung bestimmt werden:

Rechnerischer Endbestand = Rechnerischer Anfangsbestand + Zugänge – Abgänge lt. Entnahmescheinen

Im Rahmen der jährlichen körperlichen Bestandsaufnahme werden dann eventuell auftretende Inventurdifferenzen zwischen den tatsächlichen und den rechnerischen Beständen ermittelt und ausgewertet.

Zur Kontrolle der Einzelmaterialkosten werden den erfassten Istverbrauchsmengen die Sollverbrauchsmengen gegenübergestellt; diese ergeben sich, wie im Zusammenhang mit dem Verfahren der Rückrechnung gesehen, aus den Planverbräuchen pro Einheit gemäß Stückliste oder Rezeptur und den Istproduktionsmengen der betrieblichen Erzeugnisse. Für die Sollverbrauchsmenge einer beliebigen Materialart v gilt die folgende Bestimmungsgleichung:

$$M_v^{(s)} = \sum_{j=1}^{n} m_{vj}^{(p)} \cdot x_j^{(i)}$$

Die verwendeten Kurzzeichen haben folgende Bedeutung:

$M_v^{(s)}$: Sollmaterialverbrauch der Materialart v

$m_{vj}^{(p)}$: Planmaterialbedarf der Materialart v zur Herstellung einer Einheit der Produktart j

$x_j^{(i)}$: Istproduktionsmenge der Produktart j

j: Artikelnummer

n: Anzahl Erzeugnisse

Die Verbrauchsabweichung der betreffenden Materialart erhält man, indem die Differenz zwischen dem Istverbrauch laut Materialentnahmescheinen und dem Sollverbrauch mit dem zugehörigen Planpreis multipliziert wird.

$$\text{Verbrauchsabweichung der Materialart v} = \left\{ \begin{array}{l} \text{Istverbrauchsmenge} \\ \text{- Sollverbrauchsmenge} \end{array} \right\} \cdot \text{Planpreis}$$

Die Verbrauchsabweichungen werden zunächst je Materialart erfasst und anschließend nach Materialgruppen und nach Verantwortungsbereichen verdichtet. Nach der Ermittlung der Verbrauchsabweichungen erfolgt dann die Abweichungsanalyse, in der die Verbrauchsabweichungen nach Abweichungsursachen aufgespalten werden. Man unterscheidet die folgenden grundsätzlichen Abweichungsursachen beim Materialverbrauch:[14]

1. **Auftragsbedingte Verbrauchsabweichung**
   Der Mehrverbrauch ist auf eine nachträgliche Änderung der Produktgestaltung zurückzuführen, deren Berechtigung dann zu prüfen ist.
2. **Materialbedingte Verbrauchsabweichung**
   Ursache der Abweichungen sind hier außerplanmäßige Materialeigenschaften, die zu ungeplanten Mehrverbräuchen führen.
3. **Mischungsbedingte Verbrauchsabweichung**
   Beim Einsatz von Rohstoffmischungen können häufig die Einsatzverhältnisse der einzelnen Bestandteile innerhalb bestimmter Grenzen verändert werden; dies führt dann zu Abweichungen in den Verbrauchsmengen der einzelnen Rohstoffe.
4. **Verbrauchsabweichungen aufgrund von Unwirtschaftlichkeiten**
   Hierunter fasst man die sonstigen Gründe für Mehrverbräuche zusammen.

Die Ermittlung der Verbrauchsabweichungen des Einzelmaterials wollen wir an einem Beispiel verdeutlichen und beziehen uns dabei auf das Beispiel zur Materialkostenplanung im voranstehenden Abschnitt. Von den drei Enderzeugnissen sollen im Abrechnungsmonat Juni die folgenden Istproduktionsmengen gefertigt worden sein:

Produktart	**I**	**II**	**III**
Istproduktionsmenge [Stck/Mon]	2.600	3.500	2.200

Tabelle 3.8: Beispiel zur Kontrolle der Materialkosten

Betrachten wir nun die Stahlsorte 42, die über das Eigenteil 1 in die drei Enderzeugnisse eingeht, so ergibt sich die in Tabelle 3.9 errechnete Sollverbrauchsmenge.

[14] Vgl. L. Hans u. V. Warschburger, (Controlling 1999), S. 314 f.

Produkt-art	Ist-Produk-tionsmenge	Eigenteil I	
		Einzelbedarf	**Gesamtbedarf**
I	2.600	2	5.200
II	3.500	3	10.500
III	2.200	1	2.200
Summe			17.900
Stückgewicht in kg			3,2
Gesamtbedarf Stahl 42 in kg			57.280

Tabelle 3.9: Beispiel zur Kontrolle der Materialkosten

Bezüglich der Behandlung des planmäßig zu erwartenden Ausschusses bestehen zwei Möglichkeiten:

1. der Sollverbrauch wird um den planmäßig vorgegebenen Ausschuss, im Beispiel 1,5%, erhöht,
2. für die Abweichungsursache Ausschuss wird ein gesonderter Soll-Ist-Vergleich durchgeführt, in dem die über die Planvorgabe gedeckten Ausschusskosten mit den tatsächlich angefallenen Beträgen verglichen werden.

Wir wollen im Beispiel die erste Variante anwenden und den Sollverbrauch um 1,5% planmäßige Ausschusskosten erhöhen.

$$\text{Sollverbrauch incl. Ausschuss} = 57.280 \cdot 1{,}015 = 58.139 \text{ kg/Mon}$$

Der tatsächliche Verbrauch der Stahlsorte 42 soll im Betrachtungsmonat 60.000 kg/Mon betragen; damit ergibt sich bei einem Planpreis von 0,90 €/kg die folgende Verbrauchsabweichung:

$$\text{Verbrauchsabweichung} = (60.000 - 58.139) \cdot 0{,}90 = 1.675 \text{ €/Mon}$$

Die Verbrauchsabweichung entspricht 3,2% der Sollkosten. Sie wird von der Materialabrechnung in die kurzfristige Erfolgsrechnung übernommen und korrigiert dort die kalkulatorisch gedeckten Einzelmaterialkosten dieser Materialart. In gleicher Weise werden für die übrigen Rohstoffe und von außen bezogenen Teile die Einzelmaterialverbrauchsabweichungen errechnet und anschließend ausgewertet.

3.3.3 Die Bewertung der Materialverbräuche und die Erfassung von Preisabweichungen

In unseren Ausführungen über die Entwicklungsformen der Kostenrechnung wurde erwähnt, dass die Bewertung der Materialverbrauchsmengen in einer Istkostenrechnung zu durchschnittlichen Ist-Einstandspreisen erfolgt. Die Art der Durchschnittsbildung kann dabei nach den folgenden Verfahren vorgenommen werden.[15]

[15] Zu den einzelnen Methoden der Istpreisbewertung vgl. ausführlich W. Kilger, (Einführung 1992), S. 84 ff.

1. Partieweise Istpreisbewertung
2. Bewertung zu Istpreisdurchschnitten
   2.1. Permanente Durchschnittspreisbildung
   2.2. Periodische Durchschnittspreisbildung
3. Selektive Istpreisbewertung
   3.1. Lifo-Verfahren
   3.2. Fifo-Verfahren
   3.3. Hifo-Verfahren

Die **partieweise Istpreisbewertung** bewertet die einzelnen Materialverbräuche mit den effektiven Einstandspreisen der Partien, aus denen das jeweilige Material entnommen wurde. Voraussetzung für die Anwendung des Verfahrens ist damit die getrennte Lagerung der einzelnen Materialzugänge und die Kenntnis darüber, aus welcher Partie die aktuelle Entnahme stammt.

Die einzelnen Verfahren der Materialbewertung wollen wir an einem Beispiel verdeutlichen. Für die Stahlsorte 42, die in das Eigenteil I (vgl. das Beispiel im voranstehenden Abschnitt) eingeht, gelten die nachstehend angegebenen Istdaten des Monats Juni.

Datum	Zugangsmenge	Einstandpreis	Einstandswert
AB	5.000	0,75	3.750
02. Jun	10.000	0,85	8.500
06. Jun	15.000	0,90	13.500
13. Jun	10.000	1,00	10.000
21. Jun	22.000	1,05	23.100
27. Jun	5.000	1,10	5.500
Summe	**67.000**		64.350

Tabelle 3.10: Beispiel zur Istpreisbewertung

Tabelle 3.11 zeigt die Zeitpunkte und die Mengen der Verbräuche des Betrachtungszeitraumes.

Datum	Verbrauchsmenge
10. Jun	22.000
16. Jun	15.000
25. Jun	23.000

Tabelle 3.11: Beispiel zur Istpreisbewertung

Unterstellt man bezüglich der Verbrauchsreihenfolge, dass die zuerst zugegangenen Mengen als Erste verbraucht werden, so ergeben sich nach dem Verfahren der partieweisen Istpreisbewertung die folgenden Materialkosten bzw. bewerteten Lagerendbestände.

Datum	Verbrauchsmenge	Einstandpreis	Verbrauchswert
10. Jun	5.000	0,75	3.750
	10.000	0,85	8.500
	7.000	0,90	6.300
16. Jun	8.000	0,90	7.200
	7.000	1,00	7.000
25. Jun	3.000	1,00	3.000
	20.000	1,05	21.000
Verbrauch	**60.000**		**56.750**
	2.000	1,05	2.100
	5.000	1,10	5.500
Endbestand	**7.000**		**7.600**

Tabelle 3.12: Beispiel zur Istpreisbewertung

Die Tabelle zeigt, dass der erste Verbrauch in Höhe von 22.000 kg durch den Lageranfangsbestand, den kompletten ersten Zugang sowie 7.000 kg des zweiten Zuganges gedeckt wird. In gleicher Weise ergeben sich die Werte für die beiden folgenden Verbräuche und für den Lagerendbestand. Die Materialkosten des Monats betragen 56.750 €/Mon, der Wert des Lagerendbestandes beläuft sich auf 7.600 €.

Zur Beurteilung der partieweisen Istpreisbewertung ist anzumerken, dass das Verfahren zum einen nur anwendbar ist, wenn eine konkrete Zuordnung der Zu- und Abgangsmengen erfolgen kann. Zum zweiten bereitet das Verfahren im Vergleich zu den folgenden Methoden einen erheblichen Mehraufwand, der darüber hinaus für die Belange der Kostenrechnung keinen Nutzen ergibt, da hier lediglich monatsbezogene Werte benötigt werden.

Bei der **permanenten Durchschnittspreisbildung** wird nach jedem Materialzugang ein neuer Durchschnittspreis gebildet, mit dem die Verbrauchsmengen bis zum nächsten Zugang bewertet werden. Im Beispiel ergibt sich für den ersten Verbrauch folgender Durchschnittspreis:

$$\text{Preis 1} = \frac{0{,}75 \cdot 5.000 + 0{,}85 \cdot 10.000 + 0{,}90 \cdot 15.000}{30.000} = 0{,}86\ \text{€/kg}$$

Mit diesem Preis wird der erste Verbrauch in Höhe von 22.000 kg bewertet. Bis zum zweiten Verbrauch erfolgt ein Zugang, so dass ein Durchschnittspreis aus den Lagermengen nach dem ersten Abgang und dem neuen Zugang gebildet wird.

$$\text{Preis 2} = \frac{0{,}86 \cdot 8.000 + 1{,}00 \cdot 10.000}{18.000} = 0{,}94\ \text{€/kg}$$

Vor dem dritten Verbrauch liegt wiederum ein weiterer Zugang über 22.000 kg, so dass sich folgender dritter Durchschnittspreis ergibt:

$$\text{Preis 3} = \frac{0{,}94 \cdot 3.000 + 1{,}05 \cdot 22.000}{25.000} = 1{,}04\ \text{€/kg}$$

Zur Bewertung des Lagerendbestandes muss dann ein weiterer Durchschnittspreis unter Berücksichtigung des letzten Zuganges gebildet werden.

$$\text{Preis } 4 = \frac{1{,}04 \cdot 2.000 + 1{,}10 \cdot 5.000}{7.000} = 1{,}08 \text{ €/kg}$$

Mit den errechneten Durchschnittspreisen ergeben sich die in Tabelle 3.13 angegebenen Werte der Verbräuche und des Endbestandes.

Datum	Verbrauchsmenge	Durchschnittspreis	Wert
10. Jun	22.000	0,86	18.883
16. Jun	15.000	0,94	14.056
25. Jun	23.000	1,04	23.838
Verbrauch	**60.000**		**56.777**
Endbestand	**7.000**	1,08	**7.573**

Tabelle 3.13: Beispiel zur Istpreisbewertung

Hinsichtlich der Beurteilung der permanenten Durchschnittspreisbildung ist festzuhalten, dass auch dieses Verfahren zu einem unnötigen Berechnungsaufwand führt; die ermittelten Zwischenwerte sind für die Belange der Kostenrechnung nicht erforderlich.

Die **periodische Durchschnittspreisbildung** errechnet lediglich einmal am Monatsende einen Durchschnittspreis, der sich als gewogenes Mittel aus den Werten des Anfangsbestandes und der Zugänge ergibt.

Im Beispiel erhält man den Durchschnittspreis als:

$$\text{Preis} = \frac{64.350}{67.000} = 0{,}96 \text{ €/kg}$$

Damit erhält man die folgenden Werte der Verbräuche und des Endbestandes:

	Menge	Durchschnittspreis	Wert
Verbrauch	60.000	0,96	57.627
Endbestand	7.000	0,96	6.723

Tabelle 3.14: Beispiel zur Istpreisbewertung

Von den beschriebenen Verfahren erscheint das Verfahren für die Zwecke der Istkostenrechnung das geeignete, da unnötiger Berechnungsaufwand vermieden wird.

Die **selektiven Verfahren** der Istpreisbewertung unterstellen eine fiktive Verbrauchsfolge. Beim Lifo-Verfahren sollen die zuletzt beschafften Mengen als Erste verbraucht werden, beim Fifo-Verfahren umgekehrt die ersten Zugangsmengen. Das Hifo-Verfahren löst sich völlig von physischen Verbrauchsfolgen und unterstellt, dass zunächst die teuersten Zugangsmengen als verbraucht gelten. Die Verfahren haben ihren Ursprung in der bilanziellen Bewertung von Vorratsbeständen für die Zwecke der Bilanzpolitik. Für die Aufgabenfelder der Kostenrechnung sind sie ohne Bedeutung, so dass wir auf eine nähere Erläuterung verzichten.

In der Normal- und der Plankostenrechnung erfolgt die Bewertung der Materialverbräuche zu jahresbezogen konstanten Festpreisen, die in der Normalkostenrechnung aus – eventuell aktualisierten – Istpreisen vergangener Perioden gebildet werden und in der Plankostenrechnung dem planmäßig erwarteten Preisniveau der Planungsperiode entsprechen.[16]

Da nun die laufenden Istpreise der Materialarten von den jahresbezogenen Fest- oder Planpreisen abweichen werden, müssen in der Normal- und der Plankostenrechnung zur Bestimmung eines richtigen Ergebnisausweises monatlich Preisabweichungen erfasst werden. Diese Preisabweichungen werden in der Materialabrechnung ermittelt und anschließend in die kurzfristige Erfolgsrechnung übernommen, wo sie die kalkulatorisch gedeckten Festwerte korrigieren.

Bezüglich des Zeitpunktes der Erfassung von Preisabweichungen bestehen die beiden folgenden Möglichkeiten:

1. **Erfassung beim Lagerzugang**
   Bei jedem Warenzugang wird die Differenz zwischen dem Rechnungswert und dem mit den Zugangsmengen korrespondierenden Festwert erfasst; am Monatsende wird dann die gesamte Preisabweichung auf die Materialbestände und den bewerteten Verbrauch aufgeteilt. In diesem Fall werden auch die Lagerbestände nach Festwerten und anteiligen Preisabweichungen getrennt bewertet.

2. **Erfassung beim Lagerabgang**
   Preisabweichungen werden hier nur für die Verbrauchsmengen erfasst, und zwar zu dem Zeitpunkt, an dem diese vom Rohstofflager in die Fertigung gebucht werden. Dies hat zur Konsequenz, dass die Lagerbestandsführung ausschließlich mit Istpreisdurchschnitten arbeitet.

Aus theoretischer Sicht erscheint die Erfassung von Preisabweichungen beim Zugang zweckmäßiger, da hier in allen betroffenen Abrechnungssystemen eine einheitliche Bewertung erfolgt; das Verfahren hat sich auch in der Praxis weitgehend durchgesetzt.

Die Erfassung der Preisabweichungen kann weiterhin in Kontenform und in Staffelform erfolgen, wobei die Kontenform, die in der Anfangsphase der Plankostenrechnung gebräuchlich war, den Vorteil der leichteren Abstimmung mit der Finanzbuchhaltung hat. Sie wird aber wegen in ihrer Schwerfälligkeit insbesondere in der dv-technischen Abwicklung heute kaum noch angewandt.[17]

Die Arbeitsweise der Staffelform wollen wir an unserem Zahlenbeispiel verdeutlichen. Für die betrachtete Stahlsorte 42 beträgt der Planpreis 0,90 €/kg (vgl. Tabelle 3.2 im voranstehenden Abschnitt). Die Preisabweichung des Anfangsbestandes im Monat Juni beträgt –750 €, d.h. bisher waren die durchschnittlichen Einstandspreise geringer als der Planpreis der Materialsorte. Tabelle 3.15 zeigt die Berechnungen zu Ermittlung und Verteilung der Preisabweichung.

[16] Vgl. hierzu unsere Ausführungen in Abschnitt 3.2.

[17] Die Erfassung von Preisabweichungen in Kontenform ist ausführlich dargestellt bei W. Kilger, (Plankostenrechnung 1992), S 219 ff.

Datum	Zugangsmenge	Einstandswert	Festwert	Preisdifferenz
AB	5.000	3.750	4.500	-750
2. Jun	10.000	8.500	9.000	-500
6. Jun	15.000	13.500	13.500	0
13. Jun	10.000	10.000	9.000	1.000
21. Jun	22.000	23.100	19.800	3.300
27. Jun	5.000	5.500	4.500	1.000
Summe	67.000	64.350	60.300	4.050
Verbrauch	**60.000**	**57.627**	**54.000**	**3.627**
Endbestand	**7.000**	**6.723**	**6.300**	**423**

Tabelle 3.15: Beispiel zur Erfassung von Preisabweichungen

Bei jedem Materialzugang wird zunächst die Differenz zwischen dem Rechnungs- bzw. Einstandswert und dem Festwert als Preisabweichung errechnet. Hierbei ergibt sich der Festwert als Produkt aus der Ist-Eingangsmenge und dem Planpreis.

Die Preisabweichungen des Anfangsbestandes und der Materialzugänge müssen nun auf den Verbrauch, d.h. die zugehörigen Materialkosten, und den Endbestand verteilt werden. Dies kann an sich mit Hilfe eines einfachen Dreisatzes geschehen, um die Preisabweichung in der späteren Erfolgsrechnung aber einzelnen Produkten oder Produktgruppen zuordnen zu können, empfiehlt sich die Ermittlung des folgenden Preisabweichungsprozentsatzes:

$$\text{Preisabweichungsprozentsatz} = \frac{\text{Anfangsbest. + Zugang Preisabweichung}}{\text{Anfangsbest. + Zugang Festwerte}} \cdot 100$$

Im Beispiel erhält man:

$$\text{Preisabweichungsprozentsatz} = \frac{4.050}{60.300} \cdot 100 = 6{,}72\%$$

Damit beträgt die in die kurzfristige Erfolgsrechnung zu verrechnende Preisabweichung des Materialverbrauches:

Preisabweichung des Verbrauches = 6,72% v. 54.000 = 3.627 €/Mon.

Diese Preisabweichung des Verbrauches wird in gleicher Weise wie die Einzelmaterialverbrauchsabweichungen von der Materialabrechnung in die kurzfristige Erfolgsrechnung übernommen und dort so weit wie möglich den einzelnen Erzeugnissen und Erzeugnisgruppen zugeordnet. Die verbleibende Preisabweichung in Höhe von 423 € wird als Preisabweichung des neuen Anfangsbestandes in den nächsten Monat vorgetragen.

3.4 Die Planung und Erfassung der Personalkosten

Unter dem Begriff Personalkosten werden sämtliche Kosten zusammengefasst, die mit dem Einsatz des Produktionsfaktors menschliche Arbeit im Zusammenhang stehen. Für die Zwecke der Kostenrechnung werden die Personalkosten eines Unternehmens in die folgenden drei Gruppen unterteilt:

- **Lohnkosten**
  Unter Lohnkosten versteht man die Bruttoarbeitsentgelte der gewerblichen Arbeitnehmer.
- **Gehaltskosten**
  Als Gehaltskosten bezeichnet man die Bruttoarbeitsentgelte der Angestellten, d.h. der Arbeitnehmer, die überwiegend geistige Aufgaben zu erfüllen haben.[18]
- **Personalnebenkosten**
  Hierunter versteht man die über die Bruttoarbeitsentgelte hinausgehenden Kosten des Mitarbeitereinsatzes.

Zunächst wollen wir die Planung und Erfassung der **Lohnkosten** behandeln. Diese sind abhängig von der Lohnform, also von der Art der verwendeten Lohnbemessungsgrundlage. In Übersicht 3.4 haben wir einen Überblick über die grundsätzlichen Lohnformen wiedergegeben.[19]

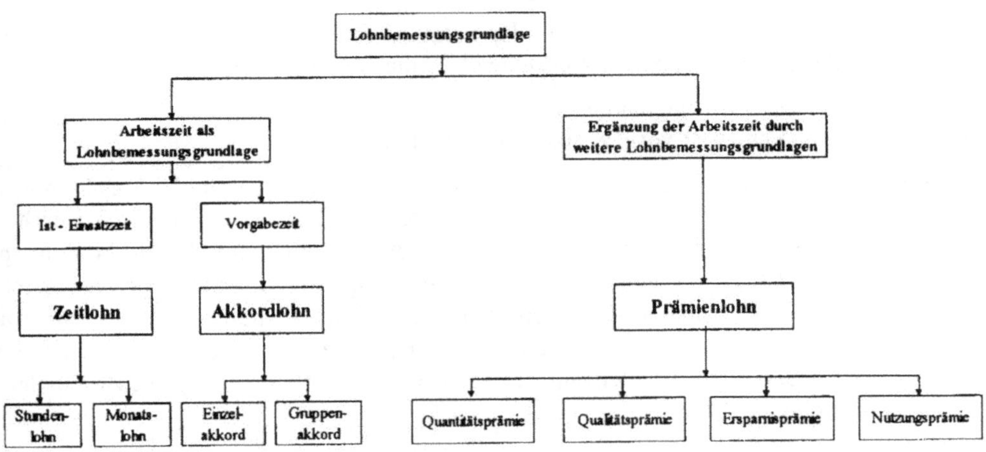

Übersicht 3.4: Zusammenfassung der grundsätzlichen Lohnformen

Die Übersicht zeigt, dass entweder die Arbeitszeit allein als Lohnbemessungsgrundlage verwendet oder dass sie durch zusätzliche Einflussgrößen ergänzt wird. Wird ausschließlich die Arbeitszeit als Basis der Lohnfindung benutzt, so ist wiederum zu unterscheiden, ob die tatsächliche Anwesenheitszeit vergütet wird oder ob Vorgabezeiten verwendet werden, die von einer standardisierten Durchführung der einzelnen Arbeitsprozesse ausgehen.

[18] Vgl. die in §133 SGB V angeführten Tätigkeitsgruppen der Angestellten.
[19] Vgl. die ähnliche Übersicht bei W. Kilger, (Plankostenrechnung 1992), S. 267.

Erfolgt die Lohnberechnung auf der Grundlage der Ist-Einsatzzeit, so spricht man vom *Zeitlohn*. Der Lohnbetrag pro Zeiteinheit setzt sich hier aus den folgenden Komponenten zusammen:

	Tariflohn
+	übertarifliche Zulage
+	Leistungszulage
=	Lohnbetrag pro Zeiteinheit

Der tarifvertraglich vereinbarte Lohn ist der Mindestbetrag; ob und inwieweit darüber hinausgehende übertarifliche Zulagen vom Unternehmen freiwillig geleistet werden, hängt im Allgemeinen von der konkreten Arbeitsmarktsituation ab. Mit Hilfe der Leistungszulage kann man auch bei Zeitlohn eine entsprechende Differenzierung der Arbeitskräfte vornehmen.

Der Lohnbetrag pro Zeiteinheit kann zum einen als fester Stundenlohn vereinbart werden; hier erhält der Mitarbeiter je geleisteter Arbeitsstunde ein konstantes Entgelt. Die Höhe des monatlichen Lohnbetrages richtet sich demzufolge nach der Zahl der geleisteten Arbeitsstunden und kann entsprechend im Jahresverlauf schwanken. Zum anderen besteht die Möglichkeit, einen konstanten Monatsbetrag festzulegen, der unabhängig von den tatsächlichen Anwesenheitsstunden in den einzelnen Monaten gezahlt wird.

Zunächst wollen wir uns der Planung der Lohnkosten bei Zeitlohn zuwenden. Für das Vorgehen der Lohnkostenplanung bestehen hier die beiden folgenden Möglichkeiten:

1. Orientierung an der geplanten Leistungserstellung,
2. Orientierung an einer vorgegebenen Mitarbeiterzahl.

Die Planung der Zeitlöhne anhand der geplanten Leistungserstellung lässt sich anwenden bei direkten Fertigungslöhnern, die unmittelbar mit der Herstellung oder Bearbeitung der betrieblichen Erzeugnisse betraut sind, und bei solchen indirekten Lohnempfängern, deren Tätigkeit einen quantifizierbaren Bezug zu den Leistungen der Kostenstelle hat; dies ist beispielsweise bei Hilfslöhnen für Transporttätigkeiten der Fall. Anhand der geplanten Produktionsmengen bzw. der Planbezugsgrößen der Kostenstellen lässt sich die benötigte Stundenzahl der Mitarbeiter zur Realisierung dieser Planleistung bestimmen.

Bei der Zahlung von Stundenlöhnen ergeben sich die Planlöhne unmittelbar durch Bewertung mit den Planlohnsätzen je Stunde, bei Monatslöhnen muss die Stundenzahl noch in eine planmäßig benötigte Mitarbeiterzahl umgerechnet werden, anhand derer man dann unter Berücksichtigung der geplanten Monatslöhne der einzelnen Mitarbeiter die monatliche Lohnsumme planen kann.

Orientiert sich die Lohnplanung an vorgegebenen Kopfzahlen, so lassen sich die Planbeträge unmittelbar aus den Mitarbeiterzahlen ableiten, wobei bei der Zahlung von Stundenlöhnen die durchschnittlichen monatlichen Anwesenheitsstunden der Lohnempfänger festzulegen sind, die dann mit den geplanten Lohnsätzen bewertet werden. Beim Monatslohn ergeben sich die Lohnsummen unmittelbar aus den geplanten Monatsentgelten.

Die Orientierung der Lohnplanung an den Mitarbeiterzahlen hat den Nachteil, dass hier strukturelle Unwirtschaftlichkeiten in der Lohnplanung fortgeschrieben werden, falls die angesetzten Mitarbeiterzahlen nicht mit den zur Erstellung des Produktions- und Absatzprogrammes erforderlichen Bedarfen abgestimmt sind. Geht man beispielsweise von den vorhandenen Ist-Mitarbeiterzahlen aus, so können bestehende oder zu erwartende Mitarbeiterüberhänge im Rahmen der Kostenplanung nicht erkannt werden.

Die Erfassung des Zeitlohnes erfolgt anhand von Stempelkarten bzw. Zeiterfassungsgeräten; hier müssen von den Anwesenheitszeiten der Mitarbeiter die Zeiten für unbezahlte Pausen subtrahiert werden. Weiterhin besteht die Möglichkeit der Erfassung anhand von Zeitlohnscheinen[20]. Aus dem verwendeten Erfassungssystem gehen ferner die zu bezahlenden Fehlzeiten für Urlaub, Krankheit, Feiertage u.ä. hervor.

Die Art der Weiterverrechnung des Zeitlohnes im System der Kostenrechnung hängt davon ab, ob die betreffenden Kosten als Einzellohnkosten unmittelbar den bearbeiteten Produkten zugerechnet oder als Gemeinkosten den Kostenstellen des Mitarbeitereinsatzes belastet werden. Für die kalkulatorische Verrechnung als Einzelkosten müssen für die einzelnen Arbeitsgänge Bearbeitungszeiten pro Erzeugniseinheit vorliegen. Die über Kostenstellen verrechneten Lohnkosten werden zusammen mit den sonstigen Kosten der Stellen mit Hilfe geeigneter Bezugsgrößen kalkulatorisch weiterverrechnet.

Bei *Akkordlohn* wird für jeden Arbeitsgang eines Erzeugnisses eine Vorgabezeit festgelegt; Akkordentlohnung kommt damit nur für den unmittelbaren Fertigungslohn in Betracht. Die Bestimmung dieser Vorgabezeiten erfolgt nach eigenen Methoden, wobei sich synthetische und analytische Verfahren unterscheiden lassen. Ein Beispiel für analytische Methoden ist das REFA-Verfahren, die wichtigsten synthetischen Methoden, die auch als Systeme vorbestimmter Zeiten bezeichnet werden, sind das MTM- und das Workfactor-Verfahren.[21]

Bei Akkord erhalten die Mitarbeiter für jedes bearbeitete Erzeugnis eine Zeitgutschrift in Höhe der Vorgabezeit; die erarbeiteten Zeiten eines Abrechnungsmonats werden dann mit dem Lohnsatz je Minute, dem sogenannten Minutenfaktor bewertet, um den produktiv erarbeiteten Lohn der Mitarbeiter zu erhalten.[22] Bei Akkordlohn setzt sich der Minutenfaktor zusammen aus dem auf die Minute umgerechneten Tariflohn zuzüglich eines Akkordzuschlages für die grundsätzliche Bereitschaft, im Akkord zu arbeiten. Tariflohn plus Akkordzuschlag werden auch als Akkordrichtsatz bezeichnet.

Zum Gesamtlohn des Monats gehören daneben noch die Löhne für unverschuldete Fehlzeiten wie Krankheits-, Urlaubs- und Feiertage sowie Löhne für vom Mitarbeiter nicht zu vertretende Arbeitsunterbrechungen, die sogenannten Zusatzlöhne.

Im Gegensatz zum Zeitlohn stellt der Akkordlohn eine leistungsabhängige Entlohnung dar, da die Mitarbeiter durch Mehrleistungen, die über die der Vorgabezeitermittlung zugrundeliegende Normalleistung hinausgehen, ihre Lohnhöhe beeinflussen können.

[20] Vgl. hierzu W. Kilger, (Einführung 1992), S. 97 f.

[21] Zu den Methoden im Einzelnen vgl. W. Kilger, (Industriebetriebslehre 1986), S. 229 ff. und die dort angegebene Literatur.

[22] Beim beschriebenen Vorgehen handelt es sich um den Zeitakkord; daneben existiert noch der Geldakkord, bei dem unmittelbar ein Geldbetrag je Arbeitsgang festgelegt wird; dieser gilt heute aber als veraltet. Vgl. hierzu W. Kilger, (Industriebetriebslehre 1986), S. 271 f.

Ein Maß für diese Mehrleistung stellt der Leistungsgrad dar, der wie folgt berechnet wird:

$$\text{Leistungsgrad} = \frac{\text{Erarbeitete Vorgabezeit pro Periode}}{\text{Produktive Ist-Arbeitszeit der Periode}} \cdot 100$$

Je nachdem ob die Vorgabezeiten für jeden Akkordlöhner individuell oder für eine Mitarbeitergruppe erfasst werden, unterscheidet man Einzel- oder Gruppenakkord. Bei Einzelakkord wird demzufolge die Leistung für jeden Mitarbeiter einzeln bestimmt, bei Gruppenakkord nur ein Leistungsgrad für die Gruppe als Ganzes festgelegt. Der produktive Lohn der Mitarbeiter ergibt sich bei Gruppenakkord, indem die produktiven Ist-Arbeitszeiten der einzelnen Lohnempfänger mit dem Leistungsgrad der Gruppe multipliziert und anschließend mit dem individuellen Lohnsatz der Mitarbeiter bewertet werden.

Aus Sicht des Unternehmens hat der Akkordlohn den Vorteil, dass im Gegensatz zum Zeitlohn die Risiken von Minderleistungen - zumindest bis zur Grenze einer vereinbarten Mindestlohngarantie - bei den einzelnen Mitarbeitern liegen. Die Lohnstückkosten sind demzufolge bei Akkord unabhängig von der individuellen Leistung der Arbeitnehmer konstant. Sie errechnen sich, indem die Vorgabezeiten der einzelnen Arbeitsgänge mit den Minutenfaktoren der Arbeitswertgruppe bewertet werden, in welche die betreffende Tätigkeit eingestuft ist;[23] anschließend werden die Lohnbeträge der einzelnen Arbeitsgänge addiert.

Die Planung der Lohnkosten bei Akkord erfolgt relativ einfach, indem die Lohnkosten pro Erzeugniseinheit mit den Planproduktionsmengen der einzelnen Produkte multipliziert werden. Daneben muss noch der Anteil von Zusatzlöhnen für von den Lohnempfängern nicht zu vertretende Arbeitsunterbrechungen geplant werden.

Die Erfassung des Akkordlohnes erfolgt mit Hilfe von Akkordlohnscheinen, die pro Fertigungsauftrag erstellt werden und aus denen die vom Mitarbeiter bzw. der Gruppe bearbeiteten Stückzahlen sowie die erarbeiteten Vorgabeminuten ersichtlich sind. Die im Ist angefallenen Zusatzlöhne werden auf speziellen Zusatzlohnscheinen erfasst, aus denen auch die Ursachen für die aufgetretenen Arbeitsunterbrechungen ersichtlich sein sollten.

Die kalkulatorische Weiterverrechnung der Akkordlöhne kann zum einen als Einzellohnkosten unmittelbar auf die Produkte erfolgen; wie gesehen, ist dies unproblematisch, da die Vorgabezeiten unmittelbar für die Erzeugnisse vorliegen. Dennoch findet man in der betrieblichen Praxis gerade in Unternehmen mit einer Plankostenrechnung die Weiterverrechnung über die Fertigungskostenstellen, in welchen die betreffenden Tätigkeiten ausgeführt werden. Dies hat den Vorteil, dass die Fertigungslöhne und die damit korrespondierenden Zusatzlöhne in den Soll-Ist-Vergleich der Kostenstellen einbezogen werden; im Allgemeinen sind die Kostenstellenleiter für den wirtschaftlichen Mitarbeitereinsatz verantwortlich, so dass ein gemeinsamer Ausweis der Lohnkosten mit den sonstigen Kosten der Stellen zweckmäßig erscheint.

[23] Zur Arbeitsbewertung im Einzelnen vgl. W. Kilger, (Industriebetriebslehre 1986), S. 255 ff.

Die Planung und Erfassung der Akkordlöhne wollen wir an einem Beispiel verdeutlichen. Die Montage eines Herstellers von Polstermöbeln, in der sechs Mitarbeiter arbeiten, wird im Gruppenakkord entlohnt, d.h. eine eventuelle Mehrleistung wird mit Hilfe eines einheitlichen Leistungsgrades auf alle Mitarbeiter gleichmäßig aufgeteilt. In einem Abrechnungsmonat wurden von den fünf gefertigten Polsterarten die in nachstehender Tabelle angegebenen Stückzahlen gefertigt. Die beiden letzten Spalten der Tabelle zeigen die Vorgabezeiten der einzelnen Produkte und den Arbeitswert, nach dem die Montagetätigkeit eingestuft ist.

Produkt-art	Stückzahl Stck/Mon	Vorgabezeit Min/Stck	Arbeitswert-gruppe
1	636	25,0	4
2	470	35,0	3
3	800	15,0	5
4	595	30,0	4
5	265	20,0	3

Tabelle 3.16: Beispiel zur Akkordlohnberechnung

Die einzelnen Mitarbeiter der Gruppe hatten im betreffenden Monat unterschiedliche Arbeitszeiten, wobei ein Teil der Anwesenheitszeit auf vom Mitarbeiter nicht zu vertretende Unterbrechungen zurückzuführen war (Zusatzlohnstunden). Weiterhin sind die einzelnen Mitarbeiter in verschiedene Lohngruppen mit unterschiedlichen Akkordrichtsätzen eingestuft; hierbei sind die Lohngruppen mit den oben angegebenen Arbeitswertgruppen identisch. Die folgende Tabelle enthält die relevanten mitarbeiterbezogenen Angaben.

Mitarbeiter	Produktive Stunden	Zusatzlohn-stunden	Lohn-gruppe
A	155	2	3
B	135	10	3
C	160	0	5
D	145	5	4
E	160	0	4
F	145	10	4

Tabelle 3.17: Beispiel zur Akkordlohnberechnung

Bei der Berechnung der Zusatzlöhne ist von einem Leistungsgrad von 125% auszugehen. Die Mitarbeiter dürfen bei unverschuldeten Ausfallzeiten nicht schlechter gestellt werden als bei Zeiten, in denen sie regulär arbeiten. In der Praxis werden Zusatzlohnstunden im Allgemeinen mit dem durchschnittlichen Leistungsgrad der letzten drei Monate gewichtet.

Für die einzelnen Lohngruppen gelten die folgenden Akkordrichtsätze:

Lohngruppe	3	4	5
Akkordrichtsatz [€/Std]	9,60	10,20	10,50

Tabelle 3.18: Beispiel zur Akkordlohnberechnung

Im ersten Schritt werden die von der Gruppe erarbeiteten Vorgabeminuten errechnet. Tabelle 3.19 zeigt die Ergebnisse.

Produkt-art	Stückzahl Stck/Mon	Vorgabezeit Min/Stck	Vorgabezeiten [Min/Mon]
1	636	25,0	15.900
2	470	35,0	16.450
3	800	15,0	12.000
4	595	30,0	17.850
5	265	20,0	5.300
Summe			**67.500**

Tabelle 3.19: Beispiel zur Akkordlohnberechnung

Addiert man die produktiven Arbeitsstunden der einzelnen Mitarbeiter, so erhält man 900 produktive Stunden im Abrechnungsmonat; damit lässt sich folgender Leistungsgrad der Gruppe errechnen:

$$\text{Leistungsgrad} = \frac{67.500}{900 \cdot 60} \cdot 100 = \frac{67.500}{54.000} \cdot 100 = 125\%$$

Der Leistungsgrad im Abrechnungsmonat entspricht im Beispiel zufällig dem Durchschnitt der letzten drei Monate. Damit lassen sich für die Mitarbeiter die folgenden Bruttolöhne errechnen:

Mitarbeiter	Produktive Stunden	Zusatzlohn-stunden	Vorgabe-stunden	Lohn-gruppe	Stunden-lohn	Bruttolohn pro Monat
A	155	2	196,25	3	9,60	1.884,00
B	135	10	181,25	3	9,60	1.740,00
C	160	0	200,00	5	10,50	2.100,00
D	145	5	187,50	4	10,20	1.912,50
E	160	0	200,00	4	10,20	2.040,00
F	145	10	193,75	4	10,20	1.976,25
Summe	**900**	**27**	**1.158,75**			**11.652,75**

Tabelle 3.20: Beispiel zur Akkordlohnberechnung

In Tabelle 3.20 wurden die produktiven und die Zusatzlohnstunden mit dem (im Beispiel identischen) Leistungsgrad multipliziert und die sich ergebenden Vorgabestunden mit dem individuellen Stundenlohn des jeweiligen Mitarbeiters multipliziert. Die gesamten Lohnkosten in der Montage belaufen sich auf 11.652,75 €/Mon.

Zur Ermittlung der Lohnstückkosten der Montagetätigkeiten werden die Vorgabezeiten mit dem Minutenfaktor der jeweiligen Arbeitswert- bzw. Lohngruppe multipliziert. Tabelle 3.21 zeigt die Ergebnisse.

Produkt-art	Vorgabezeit Min/Stck	Arbeitswert-gruppe	Stunden-lohn	Minuten-faktor	Lohnstück-kosten
1	25,0	4	10,20	0,17	4,25
2	35,0	3	9,60	0,16	5,60
3	15,0	5	10,50	0,175	2,63
4	30,0	4	10,20	0,17	5,10
5	20,0	3	9,60	0,16	3,20

Tabelle 3.21: Beispiel zur Akkordlohnberechnung

Neben Zeit- und Akkordlohn stellt der *Prämienlohn* die dritte grundsätzliche Lohnform dar. Hier wird zunächst wie beim Zeitlohn die Anwesenheitszeit der Lohnberechnung zugrunde gelegt; darüber hinaus erhalten die Mitarbeiter eine Prämie, die auf geeigneten Bemessungsgrundlagen basiert. Je nach Bemessungsgrundlage lassen sich die folgenden Prämienarten unterscheiden:

1. **Quantitätsprämie**
   Ähnlich wie beim Akkord wird hier aufgrund der mengenmäßigen Ausbringung ein zusätzliches Entgelt gezahlt. Sie kommt dann zur Anwendung, wenn das Arbeitssystem etwa aufgrund seiner Störanfälligkeit für eine Akkordentlohnung nicht geeignet ist.
2. **Qualitätsprämie**
   Bemessungsgrundlage ist bei dieser Prämienform die Qualität des Arbeitsergebnisses, z.B. gemessen an den verwertbaren Stückzahlen.
3. **Ersparnisprämie**
   Hier wird der schonende Umgang mit wertvollen Ressourcen wie Rohstoffe oder Energie prämiert.
4. **Nutzungsprämie**
   Bemessungsgrundlage dieser Prämienart ist der Auslastungsgrad wichtiger Maschinen und Einrichtungen.

Bei der Planung des Prämienlohnes sind die folgenden Größen festzulegen:

- Bemessungsgrundlage der Prämie,
- Grundlohn,
- prämienpflichtiger Bereich,
- Prämienverlauf.

Abbildung 3.1. zeigt alternative Prämienverläufe. Bei linearem Verlauf ergibt sich ähnlich wie beim Akkord eine gleich große Lohnsteigerung pro Einheit der Bemessungsgrundlage. Der degressive Verlauf wird dann gewählt, wenn eine zu hohe Ausprägung der Bemessungsgrundlage nicht gewünscht ist; umgekehrt wird mit dem progressiven Prämienverlauf ein Anreiz in Richtung Maximalleistung geschaffen.

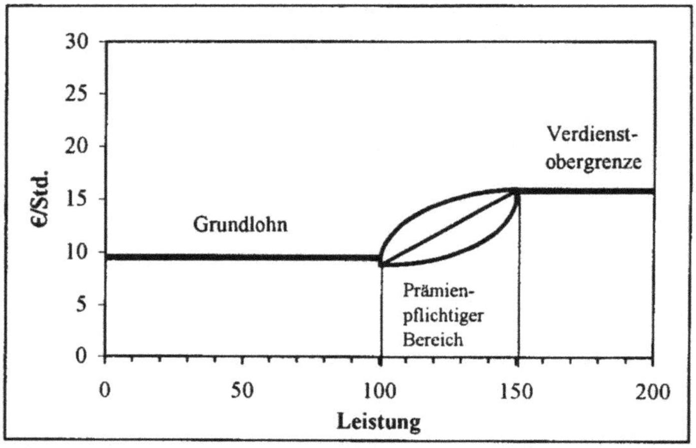

Abbildung 3.1: Alternative Prämienverläufe

Die Erfassung des Prämienlohnes erfolgt in ähnlicher Weise wie beim Akkord durch entsprechende Prämienlohnbelege. Die kalkulatorische Weiterverrechnung des Prämienlohnes hängt wiederum davon ab, ob der Lohn als Einzelkosten pro Produkteinheit oder über Kostenstellen verrechnet wird. Bei Verrechnung als Einzelkosten ist eine Normalausprägung der Prämienbemessungsgrundlage festzulegen, bei der Verrechnung über Kostenstellen empfiehlt es sich, die Prämie als eigenständige Kostenart auszuweisen.

Zweiter Bestandteil der Personalkosten eines Unternehmens sind die **Gehälter** für den Einsatz der Angestellten. Die Vergütung der Angestellten erfolgt monatsbezogen; die Planung und Erfassung geht daher in gleicher Weise vor wie für die Monatslöhne der Lohnempfänger beschrieben.

Bei Anwendung einer Plankostenrechnung tritt neben die eigentliche Erfassung der Lohn- und Gehaltskosten noch die gesonderte Erfassung der Tarifabweichungen. Wie in Abschnitt 3.2 dargelegt, werden beim Aufbau der Kostenplanung jahresbezogen konstante Plantarife zur Bewertung der Mitarbeiterleistung festgelegt. Abweichungen von diesen Plantarifen treten immer dann auf, wenn die Tariferhöhung nicht richtig prognostiziert wurde oder wenn die Erhöhung während des laufenden Jahres erfolgt, weil dann die einzelnen Monatsbeträge immer vom Jahresdurchschnitt abweichen.

Zur Errechnung der Tarifabweichung werden die Istentgelte auf das Plantarifniveau umgerechnet und der sich ergebende Betrag von den Istentgelten subtrahiert. Man erhält:

$$\text{Tarifabweichung} = \text{Istentgelt} - \text{Istentgelt} \cdot \frac{\text{Plantarif}}{\text{Isttarif}}$$

Die obige Gleichung lässt sich wie folgt umformen:

$$\text{Tarifabweichung} = \text{Istentgelt} \cdot \frac{\text{Isttarif - Plantarif}}{\text{Isttarif}}$$

Betrachten wir hierzu das folgende Beispiel. Beim Aufbau der Kostenplanung wurde davon ausgegangen, dass sich die Tarife zum 1. April um 4% erhöhen; die planmäßige Erhöhung im Jahresdurchschnitt betrug demzufolge 3%. Im Ist wurden die Tarife zum 1. April um 4,5% erhöht, im Jahresdurchschnitt bedeutet dies eine Erhöhung um 3,375%. Betrachtet werden soll ein Mitarbeiter, dessen tatsächlicher Monatslohn vor der Tariferhöhung 2.000 €/Mon und nach der Erhöhung 2.090 €/Mon beträgt. In die Kostenplanung geht dieser Mitarbeiter mit geplanten Lohnkosten in Höhe von 2.060 €/Mon ein. Damit ergeben sich für die beispielhaft ausgewählten Monate Januar und Mai die folgenden Tarifabweichungen:

$$\text{Tarifabweichung Januar} = 2.000 \cdot \frac{100{,}0 - 103{,}0}{100{,}0} = -60{,}00\ \text{€/Mon}$$

$$\text{Tarifabweichung Mai} = 2.090 \cdot \frac{104{,}5 - 103{,}0}{104{,}5} = +30{,}00\ \text{€/Mon}$$

Auf das Jahr bezogen ergibt sich für diesen Mitarbeiter eine Tarifabweichung in Höhe von 90,00 €/Jahr; diese erhält man auch, indem die Differenz zwischen tatsächlicher und geplanter durchschnittlicher Tariferhöhung mit dem Ausgangslohnbetrag pro Jahr multipliziert wird.

$$\text{Tarifabweichung pro Jahr} = 2.000 \cdot 12 \cdot (3{,}375\% - 3{,}0\%) = 90{,}00\ \text{€/Jahr}$$

Die angefallenen Tarifabweichungen werden in gleicher Weise wie Preisabweichungen in die kurzfristige Erfolgsrechnung weiterverrechnet, wo sie die kalkulatorisch gedeckten Kosten entsprechend korrigieren.

Neben den eigentlichen Löhnen und Gehältern fallen für den Mitarbeitereinsatz noch die **Personalnebenkosten** an. Diese lassen sich wie folgt unterteilen:

1. **Gesetzliche Personalnebenkosten**
   Hierzu gehören u.a. die Arbeitgeberanteile zur Sozialversicherung sowie die Beiträge zur Unfallversicherung.
2. **Tarifliche Personalnebenkosten**
   Sie werden zwischen den Tarifvertragspartnern vereinbart. Beispiele sind das Weihnachts- und das Urlaubsgeld sowie zu vergütende Sonderurlaubstage.
3. **Freiwillige Personalnebenkosten**
   Diese werden vom Unternehmen ohne gesetzliche oder tarifvertragliche Veranlassung geleistet. Als Beispiele sind die Fahrgelderstattung, Essenzuschüsse, Betriebsrenten u.ä. zu nennen.

I. Stundenbezogene Personalnebenkosten				
Basis: Geplante Bruttolohnsumme auf Stundenbasis:		**2.412.000 €**		
(ohne Soziallöhne)				
1. Soziallöhne				
a) Feiertagslöhne		**98.892 €**	=	**4,10 %**
b) Urlaubslöhne		**308.736 €**	=	**12,80 %**
c) Urlaubsgeld		**154.368 €**	=	**6,40 %**
d) Weihnachtsgeld		**100.580 €**	=	**4,17 %**
e) Sonderurlaubsgeld		**33.286 €**	=	**1,38 %**
f) Summe (a bis e)		**695.862 €**	=	**28,85 %**
2. Gesetzliche Sozialkosten				
a) Rentenversicherung		**244.818 €**	=	**10,15 %**
b) Arbeitslosenversicherung		**78.390 €**	=	**3,25 %**
c) Krankenversicherung		**167.634 €**	=	**6,95 %**
d) Pflegeversicherung		**20.502 €**	=	**0,85 %**
e) Summe (a bis d)		**511.344 €**	=	**21,20 %**
f) Zuschlag auf Soziallöhne (laut 2 e)		**147.523 €**	=	**6,12 %**
g) Unfallversicherung		**28.944 €**	=	**1,20 %**
h) Lohnfortzahlung im Krankheitsfall		**115.776 €**	=	**4,80 %**
Bruttolohnfortzahlung	83.957 €			
21,20 % Zuschlag (lt. 2 e)	17.799 €			
Nettolohnausgleich	14.020 €			
i) Sonstige Personalzusatzkosten		**9.648 €**	=	**0,40 %**
j) Summe (e bis i)		**803.587 €**	=	**33,72 %**
3. Sonstige Sozialkosten				
a) Tarifliche u. freiwillige Gratifikationen		**71.154 €**	=	**2,95 %**
Gratifikationen	58.708 €			
21,20 % Zuschlag (lt. 2e)	12.446 €			
b) Tarifliche Vermögensbildg.		**28.944 €**	=	**1,20 %**
Vermögensbildung	23.881 €			
21,20 % Zuschlag (lt. 2e)	5.063 €			
c) Fahrgelderstattung		**43.416 €**	=	**1,80 %**
d) Pensionen und Renten		**188.136 €**		**7,80 %**
e) Zuschüsse zum Kantinenessen		**28.462 €**	=	**1,18 %**
f) Sonstige Personalzusatzkosten		**190.548 €**	=	**7,90 %**
g) Summe (a bis f)		**550.660 €**	=	**22,83 %**
4. Summe (1 + 2 + 3)		**2.050.108 €**	=	**85,00 %**

Übersicht 3.5: Planung der Personalnebenkosten (stundenbezogen)

Ein besonderes Problem bei der Verrechnung der Personalnebenkosten besteht darin, dass ein Teil der Beträge im Jahresverlauf starken Schwankungen unterliegt. Dies gilt insbesondere für die Urlaubs- und Feiertagslöhne sowie für einmalige Gratifikationen wie Weihnachts- und Urlaubsgeld. Die Verrechnung dieser Beträge in den jeweiligen Monaten des Anfalls würde dem Verursachungsprinzip widersprechen, da diese Kosten auf den ganzjährigen Mitarbeitereinsatz zurückzuführen sind. Weiterhin würde dies zu unplausiblen Schwankungen der monatlichen Betriebserfolge und bei Nachkalkulationen der Kalkulationsergebnisse führen.

Aus diesen Gründen ist es schon in der Istkostenrechnung üblich, die Personalnebenkosten in einer jahresbezogenen Betrachtung prozentual auf die Löhne und Gehälter zu beziehen und gemäß des Anfalls dieser Kosten anteilig zu verrechnen. In der Plankostenrechnung erfolgt die Planung der prozentualen Anteile der Personalnebenkosten in Abstimmung mit den sonstigen Planungsparametern der kurzfristig operativen Planung.[24]

Bei der Berechnung der prozentualen Anteile der Personalnebenkosten muss unterschieden werden, ob als Bezugsbasis die Lohnkosten pro Anwesenheits- oder Vorgabestunde dienen oder ob die Personalnebenkosten in Prozent der monatlichen Löhne oder Gehälter verrechnet werden sollen. Im ersten Fall ist der prozentuale Anteil deutlich höher, da hier die Soziallöhne für Urlaub, Feiertage u.ä. mit als Personalnebenkosten auf die produktiven Stunden bezogen werden müssen, bei der Verrechnung in Prozent der monatsbezogen konstanten Löhne und Gehälter sind diese Bestandteil der Bezugsbasis.

In Übersicht 3.5 haben wir ein Beispiel zur Planung des kalkulatorischen Verrechnungssatzes für Personalnebenkosten auf der Basis der Mitarbeiterstunden wiedergegeben. Ausgangspunkt der Planung ist als Bezugsbasis die geplante Bruttolohnsumme, auf welche die stundenbezogene Verrechnung angewandt werden soll. Im nächsten Schritt werden die Soziallöhne im Planungsjahr festgelegt, d.h. die Löhne für arbeitsfreie Tage und die Einmalzahlungen wie Urlaubs- und Weihnachtsgeld.

Anschließend werden die gesetzlichen Sozialkosten geplant, die im wesentlichen aus den Arbeitgeberbeiträgen zur Sozialversicherung, den Beiträgen zur Unfallversicherung, die das Unternehmen allein entrichten muss, sowie der Lohnfortzahlung bei Krankheit bestehen. Zu beachten ist hier, dass auch für die zunächst geplanten Soziallöhne die Arbeitgeberbeiträge zur Sozialversicherung anfallen.

Letzter Gegenstand der Planung sind die sonstigen tariflichen und freiwilligen Sozialkosten; hier sind unter den sonstigen Personalzusatzkosten die Kosten für Mitarbeiterjubiläen, für Belegschafts- und Rentnerfeiern, Betriebsversammlungen u.ä. zusammengefasst. In der Summe betragen die stundenbezogenen Personalnebenkosten im Beispiel 85% der zugrunde gelegten Lohnsumme.

Übersicht 3.6 zeigt die Planung der monatsbezogenen Verrechnungssätze für Personalnebenkosten, wie sie für Monatslöhne und Gehälter zur Anwendung kommen. Der wesentliche Unterschied zur Planung der stundenbezogenen Verrechnungssätze besteht darin, dass hier keine Löhne und Gehälter für Urlaub, Feiertage und Krankheit in

[24] Zur Planung der Verrechnungssätze für Personalnebenkosten vgl. W. Kilger, (Plankostenrechnung 1992), S. 436 ff.

den Verrechnungssätzen enthalten sind; bei einer monatsbezogenen Betrachtung werden diese Positionen mit den normalen Löhnen und Gehältern zusammengefasst.

II. Monatsbezogene Personalnebenkosten				
Basis: Geplante Monatslöhne und Bruttogehälter:		**1.940.000 €**		
1.Gesetzliche Sozialkosten				
a) Rentenversicherung				
(1.750.200 * 10,15 %)		**177.645 €**	=	**9,16 %**
b) Arbeitslosenversicherung				
(1.750.200 * 3,25 %)		**56.882 €**	=	**2,93 %**
c) Krankenversicherung				
(1.589.400 * 6,95 %)		**110.463 €**	=	**5,69 %**
d) Pflegeversicherung				
(1.589.400 * 0,85 %)		**13.510 €**	=	**0,70 %**
e) Summe (a bis d)		**358.500 €**	=	**18,48 %**
f) Unfallversicherung		**23.280 €**	=	**1,20 %**
g) Summe (e + f)		**381.780 €**	=	**19,68 %**
2. Sonstige Sozialkosten				
a) Tarifliche u. freiwillige Gratifikationen		**164.900 €**	=	**8,50 %**
u.a. Gratifikationen	80.000 €			
18,48 % Zuschlag (lt. 1e)	14.784 €			
b) Tarifliche Vermögensbildung		**60.424 €**	=	**3,11 %**
Vermögensbildung	51.000 €			
18,48 % Zuschlag (lt. 1e)	9.424 €			
c) Fahrgelderstattung		**34.920 €**	=	**1,80 %**
d) Urlaubsgeld		**133.860 €**	=	**6,90 %**
e) Weihnachtsgeld		**80.898 €**	=	**4,17 %**
f) Sonderurlaub		**26.772 €**	=	**1,38 %**
g) Zuschüsse zum Kantinenessen		**22.504 €**	=	**1,16 %**
h) Pensionen und Renten		**161.020 €**	=	**8,30 %**
i) Summe (a bis h)		**685.298 €**	=	**35,32 %**
3. Summe (1. + 2.)		**1.067.078 €**	=	**55,00 %**

Übersicht 3.6: Planung der Personalnebenkosten (monatsbezogen)

Die Beträge für Urlaubs- und Weihnachtsgeld sind im Beispiel vereinfachend den sonstigen Sozialkosten zugerechnet worden. In der monatsbezogenen Betrachtung ergibt sich ein Verrechnungssatz in Höhe von 55% der zugrundeliegenden Lohn- und Gehaltsbasis.

Eine weitergehende Differenzierung der monatsbezogenen Verrechnungssätze wird dann notwendig sein, wenn der Anteil der Angestellten, deren Gehalt über den Beitragsbemessungsobergrenzen der Sozialversicherung liegt, sehr groß ist; hier sinkt der prozentuale Anteil der Arbeitgeberbeiträge zur Sozialversicherung. Auch kann es vorkommen, dass für bestimmte Mitarbeitergruppen gesonderte Sozialleistungen freiwillig übernommen werden, die dann zu einem entsprechend höheren Prozentsatz führen.

Mit Hilfe dieser Verrechnungssätze können die monatlichen Schwankungen der Personalnebenkosten ausgeglichen werden. Wie in Abschnitt 3.1 angedeutet, werden die monatlich effektiv anfallenden Beträge für Sozialleistungen auf speziellen Abgrenzungskonten gesammelt. In einer Deckungsrechnung werden diese Beträge den über die Verrechnungssätze in die Kostenartenrechnung übernommenen Personalnebenkosten gegenübergestellt; Unterschiede werden am Jahresende in das Betriebsergebnis übernommen. Sollte sich im Jahresverlauf erweisen, dass die festgelegten Verrechnungssätze zu hoch oder zu niedrig sind, so sind schon unterjährig entsprechende Korrekturen vorzunehmen.

3.5 Die Planung und Erfassung kalkulatorischer Abschreibungen

Unter Abschreibungen versteht man im Rechnungswesen die Kosten bzw. den Aufwand für den Einsatz überjährig nutzbarer Potentiale wie Gebäude, Maschinen und Einrichtungen sowie langlebige immaterielle Wirtschaftsgüter. Diese Potentiale werden zum Zeitpunkt ihrer Inbetriebnahme im Vermögen aktiviert; die mit ihrem Einsatz im betrieblichen Produktionsprozess einhergehende Wertminderung wird dann als Abschreibung kosten- bzw. aufwandsmäßig verrechnet.

Die Wertminderung derartiger Potentiale ist auf folgende Ursachen zurückzuführen:

1. Gebrauchsverschleiß
2. Zeitverschleiß
    2.1. Korrosion, Witterungseinflüsse, Materialermüdung
    2.2. Technisch-wirtschaftliches Veralten
    2.3. Wegfall der Produktionsmöglichkeiten

Eine wichtige Ursache für die Wertminderung von Betriebsmitteln ist ihre Abnutzung infolge des Einsatzes im Produktionsprozess. Der Grad dieser Art der Wertminderung ist abhängig von den geleisteten Nutzungseinheiten wie etwa Maschinenlaufzeiten, gefahrene Kilometer etc.

Unter Zeitverschleiß versteht man den Verschleiß, der unabhängig von der Nutzung des Betriebsmittels auftritt. Insbesondere bei Anlagen, die im Freien zum Einsatz kommen, führen Korrosion und sonstige Witterungseinflüsse zu einer Wertminderung unabhängig von der Nutzung. Oftmals bringt der technische Fortschritt neue, rationeller arbeitende Betriebsmittel hervor, wodurch die wirtschaftliche Nutzungszeit der im Einsatz befindlichen begrenzt wird, obwohl diese technisch noch voll einsatzfähig sind. Eine weitere Komponente des Zeitverschleißes ist der Wegfall der Produktionsmöglichkeiten; dieser Fall tritt dann auf, wenn die Lebensdauer der Erzeugnisse, die auf dem betreffenden Betriebsmittel bearbeitet werden, kürzer ist als die Lebensdauer dieses Betriebsmittels.

Die Höhe der jährlichen Abschreibungen eines Betriebsmittels wird von drei Faktoren bestimmt:

1. Bemessungsgrundlage der Abschreibungsberechnung,
2. Nutzungsdauer des Betriebsmittels,
3. Abschreibungsverfahren.

In der Literatur zur Kostenrechnung werden als **Bemessungsgrundlagen** für die Abschreibungsberechnung die folgenden Wertansätze angeführt:[25]

- Anschaffungswert bzw. aktivierungsfähige Herstellungskosten,
- effektiver Wiederbeschaffungswert,
- Zeitwert.

Unter dem *Anschaffungswert* versteht man den Betrag, der geleistet werden muss, um einen Vermögensgegenstand zu erwerben und in einen betriebsbereiten Zustand zu versetzen.[26] Nach § 255 Abs. 2 Satz 1 HGB gehören zu den *Herstellungskosten* selbsterstellter Betriebsmittel die Beträge, die durch den Verbrauch von Gütern und die Inanspruchnahme von Dienstleistungen für die Herstellung, Erweiterung und wesentliche Verbesserung eines Vermögensgegenstandes entstehen.[27]

Der Anschaffungswert bzw. die Herstellungskosten selbsterstellter Potentiale sind im externen Rechnungswesen als Wertansätze handels- und steuerrechtlich vorgeschrieben. Ob und inwieweit sie für die Aufgaben der Kostenrechnung geeignete Wertansätze darstellen, wollen wir im folgenden untersuchen.

In der Theorie zur Kostenrechnung wird die Abschreibungsermittlung unter der Zielsetzung der Substanzerhaltung diskutiert. Hierunter ist zu verstehen, dass die Summe der Abschreibungen eine Reinvestition in ein gleiches Betriebsmittel gewährleisten soll.[28] In Zeiten steigender Preise reicht bei Ansatz der Anschaffungswerte die nominelle Summe der Abschreibungsbeträge nicht aus, um ein identisches Betriebsmittel wiederzubeschaffen.

Eine Alternative zum Anschaffungswert ist der effektive *Wiederbeschaffungswert* im Ersatzzeitpunkt. Dieser erscheint aber aus folgenden Gründen für die laufende Kostenrechnung als Wertansatz ungeeignet:

1. Gerade bei langlebigen Wirtschaftsgütern treten bei der Ermittlung gravierende Prognoseprobleme auf, welche die Gefahr einer willkürlichen Festlegung in sich bergen.

2. Die Berücksichtigung eines weit in der Zukunft liegenden Preisniveaus in der laufenden Kostenbewertung beeinträchtigt die Aussagefähigkeit der Kalkulationsergebnisse.

3. Der Wiederbeschaffungswert ist als Wertansatz zur reproduktiven Substanzerhaltung nur unter der Annahme richtig, dass die über die Erlöse verdienten Abschreibungsgegenwerte in der Zeit bis zum Ersatzzeitpunkt im Unternehmen keine Rendi-

[25] Vgl. W. Kilger, (Einführung 1992), S. 88 f. und S. 114 ff. sowie die dort angegebene Literatur.

[26] Siehe § 255 Abs. 1 Satz 1 HGB.

[27] Zu den Bewertungsspielräumen bei der Bestimmung der Herstellungskosten vgl. K. Küting, (Bilanzpolitik 1998), S. 542 ff.

[28] Die beschriebene Form der Substanzerhaltung wird als reproduktive Substanzerhaltung bezeichnet. Zu dieser und den sonstigen Substanzerhaltungskonzeptionen vgl. V. Warschburger, (Gestaltungsmaßnahmen 1989), S. 117 ff. und die dort angegebene Literatur.

te erwirtschaften, also als unverzinste Kassenbestände gehalten werden. Da diese Annahme unter wirtschaftlichen Gesichtspunkten unrealistisch ist, führt dieser Wertansatz zu überhöhten Abschreibungsbeträgen.[29]

Aus den genannten Gründen ist die Verwendung effektiver Wiederbeschaffungswerte für die Abschreibungsberechnung in der Kostenrechnung abzulehnen.

Der dritte Wertansatz für die Abschreibungsberechnung ist der *Zeitwert*, d.h. der Anschaffungswert des Vermögensgegenstandes im jeweiligen Betrachtungsjahr. Dieser kann zum einen individuell über aktuelle Preislisten, Angebote u.ä. ermittelt werden, was nur bei wenigen, wichtigen Anlagegütern wirtschaftlich ist. Zum anderen kann der Zeitwert mit Hilfe von Preisindizes der amtlichen Statistik errechnet werden.[30] In den statistischen Jahrbüchern wird für die wichtigen Arten von Maschinen und Einrichtungen die Preisentwicklung über einen mehrjährigen Zeitraum anhand von Indexzahlen dargestellt. Die Berechnung der Zeitwerte erfolgt dann, indem die Anschaffungswerte mit den Zeitwertfaktoren der betreffenden Maschinengruppen multipliziert werden; die Zeitwertfaktoren errechnen sich nach folgender Formel:

$$\text{Zeitwertfaktor} = \frac{\text{Preisindex im Betrachtungsjahr}}{\text{Preisindex im Anschaffungsjahr}}$$

Betrachten wir eine Anlage, die vor vier Jahren beschafft wurde und deren Anschaffungswert zu diesem Zeitpunkt 600.000 € betrug. Der Preisindex des Anschaffungsjahres ist 107,5, der Preisindex im Betrachtungsjahr 115,7. Damit erhält man den folgenden Zeitwertfaktor der betreffenden Maschinengruppe:

$$\text{Zeitwertfaktor} = \frac{115{,}7}{107{,}5} = 1{,}0763$$

Der Zeitwert der Anlage im Betrachtungsjahr beträgt damit:

$$\text{Zeitwert} = 600.000 \cdot 1{,}0763 = 645.767 \text{ €}$$

Betrachtet man lediglich die nominellen Abschreibungsgegenwerte, so stellt die Zeitwertabschreibung die reproduktive Substanzerhaltung nicht in vollem Umfange sicher. Beachtet man allerdings, dass die Abschreibungsgegenwerte bis zum tatsächlichen Ersatzzeitpunkt in andere Vermögensgegenstände investiert werden und dort Renditen erwirtschaften, so relativiert sich die entstehende Lücke.[31]

Die Frage, ob die Abschreibungsberechnung auf der Grundlage von Anschaffungs- oder von Zeitwerten erfolgen sollte, muss sich an den Aufgaben der Kostenrechnung orientieren. In Abschnitt 1.1 haben wir die folgenden Aufgaben der Kostenrechnung unterschieden:

---

[29] Zum formalen Nachweis dieses Zusammenhanges vgl. L. Hans, (Planung 1984), S. 114 ff.

[30] Vgl. W. Kilger, (Einführung 1992), S. 115

[31] Für den Fall jährlich konstanter und gleich großer Preissteigerungsraten und Renditesätze reichen die Abschreibungsgegenwerte zur Beschaffung einer identischen Maschine aus. Vgl.. L. Hans, (Planung 1984), S. 114 ff.

1. Erfolgsermittlung und -kontrolle,
2. Ermittlung der Kosten pro Produkteinheit,
3. Dispositive Aufgaben,
4. Kostenkontrolle.

Die Kostenrechnung soll den betriebswirtschaftlich richtigen Gewinn aus der eigentlichen Geschäftstätigkeit des Unternehmens ausweisen. Es ist somit zu fragen, ob die Zielsetzung der Substanzerhaltung auf die Gewinnermittlung zu beziehen ist, d.h. ob die Kostenrechnung den Gewinn ermitteln soll, der ohne Substanzverluste verwendet werden kann.

Nun ist die Frage der Gewinnverwendung eine typische Aufgabe des externen Rechnungswesens, in welchem aber die Anschaffungswerte bzw. Herstellungskosten als Wertobergrenzen gesetzlich festgeschrieben sind. Der Gewinn der Kostenrechnung, in der die Wertansätze im Lichte der Zielsetzung der Substanzerhaltung frei gewählt werden können, könnte nun Anhaltspunkte für die Höhe des frei zu verwendenden Gewinnes geben. Andererseits unterscheiden sich die Gewinne beider Rechnungssysteme noch aufgrund anderer Gegebenheiten, wie z.B. neutrale Gewinnbestandteile, Eigenkapitalzinsen, unterschiedliche Nutzungsdauern und Abschreibungsverfahren, so dass der auf die Substanzerhaltung entfallende Teil kaum zu isolieren ist. Demzufolge erscheint es zweckmäßiger, im externen Rechnungswesen selbst in einer Sonderrechnung den für die Zwecke der Substanzerhaltung zurückzuhaltenden Gewinnbestandteil zu ermitteln.[32] Die Substanzerhaltung ist damit eher eine Aufgabe der Gewinnverwendung als der Gewinnermittlung.

Die Selbstkosten der Produkte werden neben ihrer Bedeutung für die Gewinnermittlung bei Anwendung des Umsatzkostenverfahrens zur Plausibilisierung der Verkaufspreise benötigt. Orientiert sich die Verkaufspreisbildung an den Selbstkosten der Produkte, so werden durch eine Bewertung zu Tageswerten die Preissteigerungen der Beschaffungsmärkte an die Absatzmärkte weitergegeben. Ob und inwieweit diese Preiserhöhungen durchgesetzt werden können, hängt von den konkreten Marktsituationen ab. Bei der Ermittlung von Selbstkostenpreisen für öffentliche Aufträge war bis 1989 der Ansatz von Tageswerten zulässig, ab diesem Zeitpunkt ist hier der Ansatz von Anschaffungswerten für die Abschreibungsberechnung vorgeschrieben.[33] In der überwiegenden Zahl der Fälle erfolgt in marktwirtschaftlichen Systemen die Preisbildung aufgrund von Angebot und Nachfrage; hier spielen Kostengesichtspunkte eine untergeordnete Rolle.

Für die dispositiven Aufgaben der Kostenrechnung sind die variablen Kosten relevant. Abschreibungen stellen dann variable Kosten dar, wenn als Verschleißursache der Gebrauchsverschleiß wirkt und durch die Nutzung der Ersatzzeitpunkt der Aggregate vorverlegt wird. In der Praxis wird aus Vereinfachungsgründen auf den Ansatz variabler Abschreibungen meistens verzichtet.[34] Werden dennoch variable Abschreibungen verrechnet, so ist aus entscheidungsorientierter Sicht der Ansatz von Tageswerten plausibel.

---

[32] Gleicher Ansicht ist D. Adam, (Bewertung 1998), S. 47.
[33] Vgl. K. Birgel, (Ermittlung 1998), S. 104.
[34] Dies empfiehlt beispielsweise G. Francke, (Kalkulatorische Kosten 1976), S. 188 f.

Für die Aufgaben der Kostenkontrolle ist der Wertansatz der Abschreibungen unerheblich, da für diese Kostenart keine Istbeträge anfallen und eine laufende Kostenkontrolle somit nicht möglich ist.

Zweiter Bestimmungsfaktor der Abschreibungsberechnung ist die **Nutzungsdauer** der Betriebsmittel. Bezüglich des Ansatzes der Nutzungsdauer ist die Kostenrechnung wiederum an keine Vorschriften gebunden, so dass die erwartete Einsatzzeit der Betriebsmittel anhand von Erfahrungswerten qualifiziert geschätzt werden muss. Anhaltspunkte hierfür können die von den Finanzbehörden veröffentlichten Afa-Tabellen geben, die für die Abschreibungsberechnung im externen Rechnungswesen in der überwiegenden Zahl der Fälle verwendet werden.[35]

Oftmals wird es Abweichungen zwischen der geplanten und der effektiven Nutzungsdauer eines Vermögensgegenstandes geben. Ist die effektive Nutzungsdauer kürzer als die geplante, so wird in der Kostenrechnung die Abschreibungsverrechnung beendet; ein eventuell noch vorhandener Restwert wird im externen Rechnungswesen als außerordentlicher Aufwand verbucht.

Ist die effektive Nutzungsdauer länger als die geplante, so verrechnet man in der Kostenrechnung die sogenannte „Über-Null-Abschreibung", d.h. man schätzt die neue Nutzungsdauer und verrechnet bis zum Ausscheiden der Maschine weitere Abschreibungsbeträge auf Basis dieser neuen Nutzungsdauer. Hierdurch werden starke Schwankungen der Kalkulationssätze und eine zu günstige Darstellung des Betriebsergebnisses verhindert, welche die Gefahr der Vermeidung von Reinvestitionen in sich birgt. Durch den Verzicht auf Reinvestitionen setzt sich das Unternehmen dem Risiko aus, den Anschluss an den technischen Fortschritt zu verpassen und langfristig seine Wettbewerbsfähigkeit zu verlieren.

Als dritten Bestimmungsfaktor der Abschreibungsberechnung wollen wir die **Abschreibungsverfahren** der Kostenrechnung behandeln. In der Kostenrechnung hängt das angewandte Verfahren von den Ursachen des Werteverzehrs ab. In Abhängigkeit von den Verschleißursachen werden die folgenden Verfahren verwendet:

1. **Lineare Abschreibung**
   Dieses Verfahren kommt in Betracht, wenn als Verschleißursache der Zeitverschleiß dominiert.
2. **Beschäftigungsabhängige Abschreibung**
   Sie findet dann Anwendung, wenn der Werteverzehr allein auf Gebrauchsverschleiß zurückzuführen ist.
3. **Gebrochene Abschreibung**
   In der Literatur zur Kostenrechnung wird dieses Verfahren für den Fall diskutiert, dass Gebrauchs- und Zeitverschleiß gleichzeitig von Bedeutung sind.

In der Finanzbuchhaltung werden darüber hinaus die Verfahren der degressiven Abschreibung verwendet. Diese sind für die Aufgaben der Kostenrechnung nicht geeignet, da sie keinen Zusammenhang zum betriebsbedingten Werteverzehr der Anlagegü-

[35] In der Theorie zur Kostenrechnung werden investitionstheoretische Ansätze zur Bestimmung einer optimalen wirtschaftlichen Nutzungsdauer diskutiert, die wegen ihrer Voraussetzungen bezüglich der Datenermittlung wenig praktikabel sind. Vgl. hierzu L. Hans, (Planung 1984), S. 115 f. und die dort angegebene Literatur.

ter aufweisen. Sie führen weiterhin zu starken Schwankungen der Kalkulationssätze und der Betriebsergebnisse, die ursächlich nicht begründet werden können. Die in der Praxis diskutierte Vereinheitlichung von externem und internem Rechnungswesen,[36] dergestalt dass die degressiven Abschreibungen der Finanzbuchhaltung in die Kostenrechnung übernommen werden, halten wir aus diesen Gründen nicht für zweckmäßig.

Im folgenden wollen wir die drei genannten Verfahren darstellen und beurteilen. Bei *linearer Abschreibung* wird die Bemessungsgrundlage durch die geschätzte Nutzungsdauer des Vermögensgegenstandes dividiert. Verwendet man die Anschaffungswerte als Bemessungsgrundlage und unterstellt, dass nach Ablauf der Nutzungsdauer ein Liquidationserlös realisiert wird, so gilt für die Abschreibungsbeträge folgende Bestimmungsgleichung:

$$K_A = \frac{A - L}{t_N}$$

K_A: kalkulatorischer Abschreibungsbetrag
A: Anschaffungswert des Vermögensgegenstandes
L: erwarteter Liquidationserlös nach Ablauf der Nutzungsdauer
t_N: erwartete Nutzungsdauer

Bei Abschreibung vom Anschaffungswert ergeben sich somit für alle Perioden der Nutzung konstante Abschreibungsbeträge. Wird statt des Anschaffungswertes der Zeitwert als Bemessungsgrundlage verwendet, so ist jener in der obigen Gleichung entsprechend zu ersetzen, die Abschreibungsbeträge verändern sich dann im Zeitablauf.

Betrachten wir einen Vermögensgegenstand, der für 465.000 € angeschafft wurde, dessen Nutzungsdauer auf sechs Jahre veranschlagt wird, wobei nach Ablauf dieser Zeit ein Verkaufserlös von 15.000 € erwartet wird, so ergibt sich der folgende jährliche Abschreibungsbetrag:

$$\text{Abschreibung} = \frac{465.000 - 15.000}{6} = 75.000 \text{ €/Jahr}$$

Die Restwerte der einzelnen Perioden sind in der nachstehenden Tabelle angegeben.

Jahr	1	2	3	4	5	6
Abschreibungsbetrag	75.000	75.000	75.000	75.000	75.000	75.000
Restwert	390.000	315.000	240.000	165.000	90.000	15.000

Tabelle 3.22: Beispiel zur linearen Abschreibung

Die Vorteile der linearen Abschreibung liegen zum einen in der einfachen und leicht nachvollziehbaren Handhabung, wobei insbesondere die geringen Anforderungen an die Datenerfassung hervorzuheben sind. Zum zweiten führt das Verfahren nicht zu abschreibungsbedingten Schwankungen von Kalkulationssätzen und Betriebsergebnis-

[36] Vgl. hierzu H. Ziegler, (Neuorientierung 1994), S. 180; J. Ueberbach, (Kalkulatorische Kosten 1993), S. 447 ff.

sen. Bei überwiegender Wirkung von Zeitverschleiß gibt das Verfahren den Werteverzehr richtig wieder.

Bei der *beschäftigungsabhängigen Abschreibung* wird der gesamte Nutzungsvorrat eines Betriebsmittels, gemessen in einer geeigneten Bezugsgröße wie Maschinenstunden, gefahrene Kilometer u.ä., ermittelt. Dividiert man die Abschreibungsbemessungsgrundlage durch diesen Nutzungsvorrat, so erhält man den Abschreibungsbetrag je Beschäftigungseinheit. Die Abschreibungen der Periode ergeben sich dann durch Multiplikation des Betrages pro Bezugsgrößeneinheit mit der Plan- oder Istbeschäftigung des jeweiligen Betrachtungszeitraumes. Verwendet man die Anschaffungsauszahlung als Bemessungsgrundlage, so ergibt sich der Abschreibungsbetrag der Leistungsabschreibung nach folgender Bestimmungsgleichung:

$$K_{At} = \frac{A - L}{B_{Max}} \cdot B_t$$

Die zusätzlichen Kurzzeichen haben folgende Bedeutung:

B_{Max}: Gesamter Nutzungsvorrat eines Betriebsmittels
B_t: Ist- oder Planbezugsgröße der Periode t

Soll in obigem Beispiel statt der linearen die beschäftigungsabhängige Abschreibung angewandt werden, so ist zunächst der gesamte Nutzungsvorrat der Maschine zu schätzen. Dieser wird von technischer Seite auf maximal 24.000 Betriebsstunden veranschlagt. Dividiert man die Differenz von Anschaffungsauszahlung und Liquidationserlös durch diesen Nutzungsvorrat, so ergibt sich ein Abschreibungsbetrag pro Betriebsstunde von 18,75 €/Std. Zur Bestimmung der Abschreibungsbeträge der einzelnen Jahre ist dieser Stundensatz mit den jeweiligen Beschäftigungen zu multiplizieren. Tabelle 3.23 zeigt die jährlichen Abschreibungsbeträge und Restwerte für die einzelnen Jahre des Betrachtungszeitraumes.

Jahr	Beschäftigung	Abschreibung	Restwert
1	3.200	60.000	405.000
2	3.800	71.250	333.750
3	4.200	78.750	255.000
4	4.400	82.500	172.500
5	4.200	78.750	93.750
6	4.200	78.750	15.000

Tabelle 3.23: Beispiel zur beschäftigungsabhängigen Abschreibung

Die beschäftigungsabhängige Abschreibung führt bei ausschließlicher Wirkung von Gebrauchsverschleiß zu einer den tatsächlichen Werteverzehr richtig wiedergebenden Abschreibungsverrechnung. Der Erfassungsaufwand ist hier allerdings größer als bei der linearen Abschreibung, da neben der gesamten Leistungsabgabe noch die jährliche bzw. monatliche Beschäftigung der einzelnen Maschinen erfasst werden muss. Das Verfahren führt zu konstanten Abschreibungsbeträgen pro Beschäftigungseinheit und damit zu einer hohen Stetigkeit der Kalkulationssätze. Umgekehrt variieren die periodenbezogenen Abschreibungsbeträge und damit auch die Restwertentwicklung in Abhängigkeit vom Beschäftigungsverlauf.

Bei Anwendung der beschäftigungsabhängigen Abschreibung werden die Abschreibungsbeträge den variablen Kosten zugeordnet. Bei der rein zeitbezogenen linearen Abschreibung, bei der die gebrauchsabhängige Entwertung keine Rolle spielt, zählen die Abschreibungen zu den fixen Kosten.

Die Anwendungsbedingungen der beiden behandelten Abschreibungsmethoden liegen somit in der ausschließlichen Wirkung von Zeit- bzw. Gebrauchsverschleiß. In der Realität werden in vielen Fällen beide Verschleißursachen gleichzeitig wirken. Soll dies in der Abschreibungsverrechnung Berücksichtigung finden, kann das Näherungsverfahren der *gebrochenen Abschreibung* angewandt werden, mit dem sich die Abschreibungen in fixe und variable Bestandteile aufteilen lassen.[37]

Bei diesem Verfahren werden zunächst zwei Nutzungsdauern getrennt voneinander geschätzt, die Nutzungsdauer bei erwartetem Gebrauch und eine Nutzungsdauer, die gelten würde, wenn das Betriebsmittel ausschließlich dem Zeitverschleiß unterliegen würde. Die Notwendigkeit der Aufteilung der Abschreibung in fixe und variable Teile stellt sich allenfalls dann, wenn die Nutzungsdauer bei Gebrauch signifikant kürzer ist als die Nutzungsdauer bei reinem Zeitverschleiß; ansonsten werden lineare Abschreibungen als fixe Kosten verrechnet.

Bezeichnen wir die Nutzungsdauer bei normalem Gebrauch mit t_N und die Nutzungsdauer bei ausschließlicher Wirkung von Zeitverschleiß mit t_{NZ}, so lassen sich die beiden folgenden Abschreibungskomponenten ermitteln:

- Abschreibung bei normalem Gebrauch:

$$K_{AG} = \frac{A - L}{t_N}$$

- Abschreibung bei reinem Zeitverschleiß:

$$K_{AZ} = \frac{A - L}{t_{NZ}}$$

Unter der Annahme einer längeren Nutzungsdauer bei Zeitverschleiß ist der zweite Abschreibungsbetrag kleiner als der erste. Die Abschreibungen bei Zeitverschleiß werden als fixer Anteil der Gesamtabschreibung konstant gesetzt. Der Differenzbetrag zur Abschreibung bei normaler Nutzung wird als variabler Bestandteil der Gesamtabschreibung verrechnet. Im System der Plankostenrechnung wird dieser variable Abschreibungsbetrag im Rahmen des Soll-Ist-Vergleiches an die monatliche Istbeschäftigung angepasst.[38]

[37] Zu diesem Verfahren vgl. W. Kilger, (Plankostenrechnung 1992), S. 401 ff.
[38] Hierauf werden wir in Abschnitt 4.4.4 näher eingehen.

In obigem Beispiel war die Nutzungsdauer bei normalem Gebrauch auf sechs Jahre angesetzt. Wird nun die Nutzungsdauer bei ausschließlicher Wirkung von Zeitverschleiß auf zehn Jahre angesetzt, so erhält man die folgenden Abschreibungsbeträge:

- Abschreibung bei normalem Gebrauch:

$$K_{AG} = (465.000 - 15.000) : 6 = 75.000 \text{ €/Jahr}$$

- Abschreibung bei reinem Zeitverschleiß:

$$K_{AZ} = (465.000 - 15.000) : 10 = 45.000 \text{ €/Jahr}$$

Der Differenzbetrag in Höhe von 30.000 €/Jahr stellt in diesem Beispiel den proportionalen Anteil der Abschreibungen dar.

Das Verfahren der gebrochenen Abschreibung wird im System der Plankostenrechnung als Näherungsverfahren zur Aufteilung der Abschreibungen in fixe und variable Bestandteile eingesetzt, falls die gleichzeitige Wirkung von Zeit- und Gebrauchsverschleiß Berücksichtigung finden soll.

3.6 Die Planung und Erfassung kalkulatorischer Zinsen

Die kalkulatorischen Zinsen sind die Kosten für die Kapitalbereitstellung in einem Unternehmen. In Theorie und Praxis der Kostenrechnung ist die Frage, ob und inwieweit Zinsen als Kosten zu verrechnen sind, umstritten. Es lassen sich die folgenden Ansichten unterscheiden:[39]

1. Weder Eigen- noch Fremdkapitalzinsen werden in die Kostenrechnung übernommen.
2. Ausschließlich die effektiv gezahlten Fremdkapitalzinsen besitzen Kostencharakter.
3. In der Kostenrechnung werden Zinsen für das gesamte betriebsnotwendige Kapital verrechnet.

Die erste Ansicht lehnt sich an die Gliederung der handelsrechtlichen Gewinn- und Verlustrechnung an, in welcher der Finanzerfolg mit den Fremdkapitalzinsen als Aufwandsbestandteil nach dem eigentlichen Betriebserfolg ausgewiesen wird.[40] Dieser Auffassung ist entgegenzuhalten, dass die Bereitstellung von Kapital eine betriebsnotwendige Leistung ist, so dass die hieraus resultierenden Faktorverbräuche in der Kostenrechnung abzubilden sind.

Auch die zweite Meinung lehnt sich an das externe Rechnungswesen an, hier wird allerdings dem tatsächlichen Zinsaufwand für Fremdkapital Kostencharakter zugesprochen. Die Verzinsung des eingesetzten Eigenkapitals wird demgegenüber nicht als Kosten, sondern als Gewinnbestandteil angesehen.[41]

---

[39] W. Kilger, (Einführung 1992), S. 134.
[40] Vgl. hierzu u.a. das Gliederungsschema bei H. Bieg u. H. Kußmaul, (Rechnungswesen 1996), S. 143 f.
[41] Vgl. W. Männel, (Zinsen 1998), S. 84.

Nach der dritten Auffassung werden Zinsen auf das gesamte betriebsnotwendige Kapital unabhängig von der Art der Finanzierung als kalkulatorische Kosten verrechnet. Wie in Abschnitt 1.2.2 dargelegt wird nach dieser Auffassung die Bereitstellung von Kapital als Dienstleistung an das Unternehmen interpretiert, die als betriebsnotwendiger Verbrauch von Produktionsfaktoren anzusehen und daher kostenrechnerisch abzubilden ist. Nach dieser Auffassung ist die Höhe der Kosten unabhängig von der Art der Finanzierung des Unternehmens, wodurch auch eine bessere Vergleichbarkeit der Betriebsergebnisse gewährleistet wird.

Die Erfassung und Verrechnung der kalkulatorischen Zinsen kann mittels zweier Methoden erfolgen:

1. Globalverfahren,
2. Positionsbezogene Methode.

Das *Globalverfahren* orientiert sich an den Angaben der Bilanz. Hier werden vom Gesamtvermögen des Unternehmens zunächst die nicht betriebsnotwendigen Vermögensbestandteile subtrahiert; man erhält das betriebsnotwendige Vermögen. In der Literatur zur Kostenrechnung wird diskutiert, ob darüber hinaus das sogenannte Abzugskapital, d.h. das dem Unternehmen zinslos zur Verfügung gestellte Kapital, subtrahiert werden soll. Dies ist nur gerechtfertigt, wenn die Gefahr besteht, dass Zinsbestandteile in der eigentlichen Vermögensposition enthalten sind, es somit zu einer Doppelverrechnung der Zinskosten kommen würde.[42]

Das so ermittelte betriebsnotwendige Kapital wird mit dem kalkulatorischen Zinssatz multipliziert und die sich ergebende Zinssumme mit Hilfe von Kapitalverteilungsschlüsseln auf die einzelnen Kostenstellen aufgeteilt. Hierin ist die Problematik dieses Verfahrens zu sehen; entweder sind die Kapitalverteilungsschlüssel grob geschätzt, dann ist die Methode sehr ungenau, oder sie folgen richtigerweise den in den Kostenstellen vorhandenen Vermögenswerten, dann ist aber die Anwendung der positionsweisen Methode einfacher und folgerichtiger.

Die *positionsweise Methode* errechnet die kalkulatorischen Zinsen für die einzelnen Vermögenspositionen getrennt. Beim Anlagevermögen erfolgt die Zinsberechnung mit Hilfe der Anlagenbuchhaltung gesondert für jede Inventarposition. Die Zinsen der einzelnen (betriebsnotwendigen) Vermögenspositionen werden dann kostenstellenweise zusammengefasst und in die Kostenstellenrechnung übernommen. Für die einzelnen Positionen des Umlaufvermögens, Rohstoffe, Halb- und Fertigfabrikate sowie Debitorenbestände und liquide Mittel, errechnen sich die Zinsen aus den jeweiligen Durchschnittsbeständen. Sie werden auf geeignete Kostenstellen, z.B. Lager- oder Vertriebskostenstellen gebucht. Im Gegensatz zu den kalkulatorischen Zinsen auf Anlagevermögen, die in voller Höhe den fixen Kosten zuzuordnen sind, enthalten die Zinsen auf Umlaufvermögen variable Kostenbestandteile, da bei wirtschaftlicher Betriebsführung die Bestandshöhen an Beschäftigungsschwankungen angepasst werden müssen.

Für die Höhe der Zinskosten sind die folgenden drei Bestimmungsfaktoren maßgebend:

[42] Vgl. L Haberstock, (Kostenrechnung I 1998), S. 99.

1. Bemessungsgrundlage,
2. Zinssatz,
3. Verfahren der Zinsberechnung.

Als **Bemessungsgrundlage** kommen beim Anlagevermögen die Anschaffungswerte und beim Umlaufvermögen die Werte der Durchschnittsbestände in Betracht. Der Ansatz von Tages- oder Wiederbeschaffungswerten ist nicht richtig, da nur die nominellen Kapitalbeträge von den Kapitalgebern bereitgestellt werden und somit nur für diese Zinsen anfallen.

Der kalkulatorische **Zinssatz** kann vom Unternehmen frei festgelegt werden. Als Anhaltspunkte können die Zinssätze für festverzinsliche Wertpapiere verwendet werden, wobei oftmals ein Risikozuschlag für das höhere Risiko der unternehmerischen Tätigkeit berücksichtigt wird. Eine Alternative ist der Ansatz eines Mischzinssatzes, der sich als gewogenes Mittel aus den durchschnittlichen Fremdkapitalzinsen und einer gewünschten Verzinsung des eingesetzten Eigenkapitals ergibt.

Die Berechnung der kalkulatorischen Zinsen kann nach einem der beiden folgenden **Verfahren** erfolgen:

- Restwertverzinsung,
- Durchschnittsverzinsung.

Beim *Restwertverfahren* wird der durchschnittliche Restwert der Vermögensgegenstände angesetzt, der sich als Mittel aus den Restwerten am Jahresanfang und am Jahresende errechnet. Für die kalkulatorischen Zinsen gilt dann folgende Bestimmungsgleichung:

$$K_{Zt} = 0{,}5 \cdot (R_{t-1} + R_t) \cdot i$$

Die Kurzzeichen haben folgende Bedeutung:

K_{Zt}: kalkulatorische Zinsen eines Vermögensgegenstandes im Jahr t
R: Restwert des Vermögensgegenstandes
i: kalkulatorischer Zinssatz

Tabelle 3.24 zeigt die Restwerte und die sich ergebenden kalkulatorischen Zinsen in den einzelnen Jahren der Nutzungsdauer für das im voranstehenden Abschnitt verwendete Zahlenbeispiel, wobei ein kalkulatorischer Zinssatz von 10% angenommen wurde. Hierbei wurde von linearer Abschreibung vom Anschaffungswert ausgegangen.

Jahr	Abschreibungs-betrag	Restwert	Durchschnitt-licher Rest	Zinsen
0		465000		
1	75.000	390.000	427.500	42.750
2	75.000	315.000	352.500	35.250
3	75.000	240.000	277.500	27.750
4	75.000	165.000	202.500	20.250
5	75.000	90.000	127.500	12.750
6	75.000	15.000	52.500	5.250
Summe				**144.000**

Tabelle 3.24: Beispiel zur Restwertverzinsung

Abbildung 3.2. zeigt die Verläufe der Restwerte und der kalkulatorischen Zinsen während der einzelnen Jahre der Nutzungsdauer.

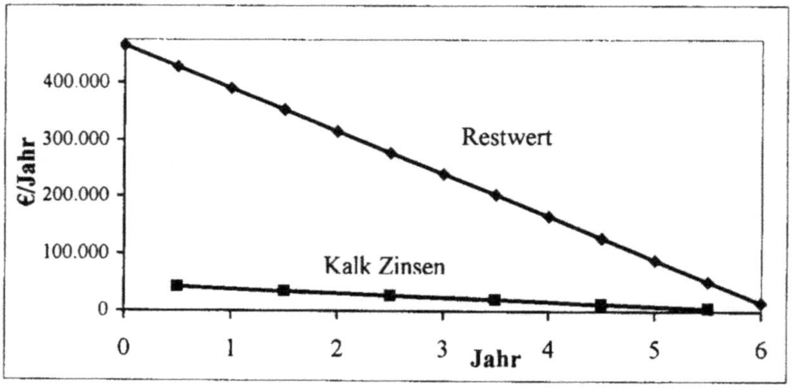

Abbildung 3.2: Kalkulatorische Zinsen bei Restwertverzinsung

Beim *Durchschnittsverfahren* wird das während der gesamten Nutzungsdauer im Durchschnitt gebundene Kapital verzinst. Unterstellen wir wiederum lineare Abschreibung vom Anschaffungswert, so setzt sich das im Durchschnitt gebundene Kapital aus den folgenden Komponenten zusammen:

- Der Ausgangsbetrag der Abschreibungsberechnung, also die Differenz zwischen Anschaffungswert und einem eventuellen Liquidationserlös ist während der Nutzungsdauer im Durchschnitt zur Hälfte gebunden.
- Der Liquidationserlös ist während der gesamten Nutzungsdauer in voller Höhe gebunden.

Für das gebundene Kapital ergibt sich damit die folgende Bestimmungsgleichung:

$$\varnothing \text{Kapital} = \frac{A - L}{2} + L = \frac{A + L}{2}$$

Abbildung 3.3 zeigt die graphische Bestimmung des durchschnittlich gebundenen Kapitals.

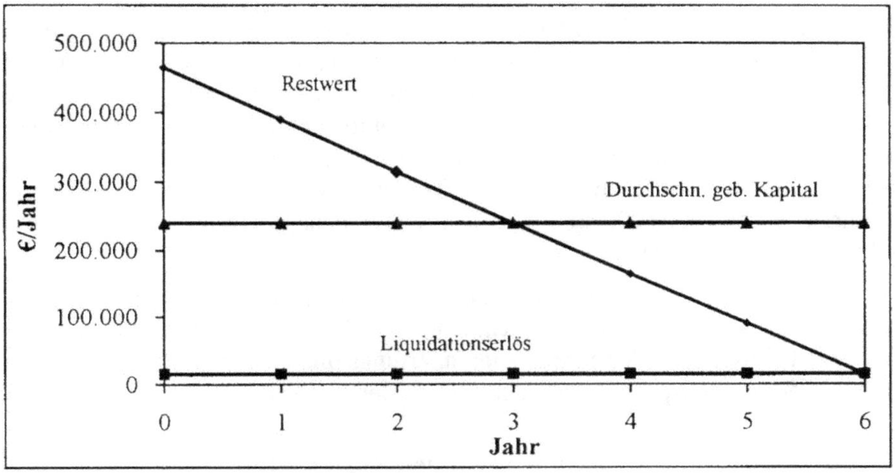

Abbildung 3.3: Bestimmung der durchschnittlichen Kapitalbindung

Für die im Zeitablauf konstanten kalkulatorischen Zinsen ergibt sich nach dem Verfahren der Durchschnittsverzinsung die folgende Bestimmungsgleichung:

$$K_{Z\varnothing} = \left[\frac{A+L}{2}\right] \cdot i$$

In Tabelle 3.25 sind für unser Zahlenbeispiel die jährlich konstanten kalkulatorischen Zinsen nach dem Verfahren der Durchschnittsverzinsung errechnet.

Jahr	Restwert	Liquidationserlös	ØKapital	Zinsen
0	465.000	15.000	240.000	
1	390.000	15.000	240.000	24.000
2	315.000	15.000	240.000	24.000
3	240.000	15.000	240.000	24.000
4	165.000	15.000	240.000	24.000
5	90.000	15.000	240.000	24.000
6	15.000	15.000	240.000	24.000
Summe				**144.000**

Tabelle 3.25: Beispiel zur Durchschnittsverzinsung

Ein Vergleich der Zinsberechnung nach den Verfahren der Restwert- und der Durchschnittsverzinsung zeigt, dass unter der Voraussetzung linearer Abschreibungen vom Anschaffungswert die Summe der während der Nutzungsdauer des Betriebsmittels verrechneten Zinsen bei beiden Verfahren gleich groß ist. Allerdings unterscheidet sich die Höhe der kalkulatorischen Zinsen in den einzelnen Jahren der Nutzungsdauer z.T. beträchtlich. Während bei der Restwertverzinsung die Zinskosten im Zeitablauf stark abnehmen, wird bei der Durchschnittsverzinsung in jedem Jahr der gleiche Betrag verrechnet, d.h. bei neuen Betriebsmitteln fallen bei der Restwertverzinsung höhere Zinskosten an und bei älteren geringere.

Im Vergleich beider Methoden weist das Restwertverfahren den Vorteil auf, dass es die effektive Kapitalbindung in den einzelnen Jahren der Nutzungsdauer richtiger abbildet. Es weist somit einen direkteren Bezug zum tatsächlich vorhandenen betriebsnotwendigen Vermögen auf als das Durchschnittsverfahren. Als Nachteil des Restwertverfahrens kann angeführt werden, dass es in Kostenstellen mit einer homogenen Altersstruktur der Betriebsmittel zu im Zeitablauf sinkenden Vollkostensätzen führt; hierdurch können an sich sinnvolle Reinvestitionen, durch welche sich die vollen Selbstkosten erhöhen würden, behindert werden.

Der Vorteil des Durchschnittsverfahrens besteht demgegenüber in der einfachen Berechnung und der im Zeitablauf gleichmäßigen Belastung der Betriebsmittel mit kalkulatorischen Zinsen. Das Verfahren kann allerdings die tatsächliche Kapitalbindung der einzelnen Vermögenspositionen nicht richtig wiedergeben.

3.7 Die Planung und Erfassung sonstiger Kostenarten

Neben den bisher behandelten Kostenarten, die den Großteil des Kostenvolumens eines Unternehmens ausmachen, fallen noch eine Vielzahl weiterer bewerteter Produktionsfaktorverbräuche mit geringerer Bedeutung an. In diesem Abschnitt wollen wir die wichtigsten dieser Kostenarten kurz charakterisieren, die zunächst in einem Überblick aufgelistet werden:

1. Reparatur- und Instandhaltungskosten,
2. Werkzeugkosten,
3. Ausschuss- und Nacharbeitskosten,
4. Energiekosten,
5. Kostensteuern,
6. Gebühren, Beiträge, Versicherungen,
7. Mieten, Leasinggebühren,
8. Kommunikationskosten,
9. Büromaterial,
10. Reise-, Bewirtungs- und Repräsentationskosten,
11. Beratungshonorare,
12. Werbemittel, Verkaufsprovisionen,
13. Verpackungskosten,
14. Kalkulatorische Wagnisse,
15. Kalkulatorischer Unternehmerlohn.

Die *Reparatur- und Instandhaltungskosten* umfassen die Kosten, die im Zusammenhang mit der Wartung, Überholung und Wiederinstandsetzung von Maschinen und Einrichtungen anfallen. Bezüglich der Reparatur- und Instandhaltungskosten lassen sich die folgenden Kostenkategorien unterscheiden:

- Kosten für Reparaturmaterial,
- Kosten für Fremdarbeiten,
- Kosten der eigenen Betriebshandwerker.

Fallen ausschließlich Kosten für von außen bezogenes Material und für Fremdarbeiten an, so können diese Kosten unmittelbar den Kostenstellen belastet werden, in denen die betreffenden Betriebsmittel eingesetzt werden. Dies hat allerdings bei länger andauernden Reparaturarbeiten den Nachteil, dass die Beträge über mehrere Monate verteilt werden, so dass das Gesamtvolumen nicht mehr erkennbar ist. Dies erschwert die Kontrolle der Auftragskosten.

Daher wird auch in diesen Fällen häufig – wie in Abschnitt 3.1 erläutert - der Kostenstellenrechnung eine eigene Werkauftragsabrechnung vorgeschaltet. In der Werkauftragsabrechnung werden diese Kosten und auch die Kosten der eigenen Betriebshandwerker über die Gesamtlaufzeit des Reparaturauftrages erfasst. Nach Abschluss der Reparaturarbeiten werden die angefallenen Beträge in die Kostenstellenrechnung übernommen und den entsprechenden Stellen belastet. Eine Besonderheit tritt bei werterhöhenden Reparaturen auf; deren Kosten werden aktiviert und über die Restlaufzeit der betreffenden Betriebsmittel abgeschrieben.

Die Verrechnungssätze für die Leistungen der Betriebshandwerker werden in der innerbetrieblichen Leistungsverrechnung ermittelt, in welcher der Leistungsaustausch zwischen der oder den Kostenstellen der Betriebshandwerker und den übrigen Hilfskostenstellen berücksichtigt wird; hierauf werden wir in Abschnitt 4.3.2 näher eingehen.

In Industriebetrieben stellen die *Werkzeugkosten* eine bedeutsame Kostenart dar. Hierzu gehören u.a. die Kosten für Verschleißwerkzeuge wie Fräser, Bohrer, Honahle sowie Spannvorrichtungen, Messwerkzeuge und Handwerkzeuge. Ein Großteil dieser Werkzeuge wird vor dem Einsatz im Produktionsprozess in speziellen Werkzeuglägern vorgehalten. Die Entnahme von diesen Lägern erfolgt mit speziellen Entnahmescheinen, die u.a. die Kostenstelle als Kontierungsangabe enthalten. Mit der Entnahme werden dann die Kosten der Stelle des Einsatzes belastet.

Für Werkzeuge, die nicht dauerhaft in einer Stelle benötigt und somit nach Gebrauch wieder zurückgegeben werden, kann man eine eigene Hilfskostenstelle Werkzeugausgabe einrichten. Dieser werden neben den eigentlichen Werkzeugkosten die mit der Werkzeugausgabe im Zusammenhang stehenden Kosten belastet. Die Kosten der Stelle werden im Rahmen der innerbetrieblichen Leistungsverrechnung auf die Kostenstellen anteilig verrechnet, für die Werkzeuge ausgegeben wurden.

In vielen Produktionsprozessen treten mehr oder weniger vermeidbare Fehler auf; die in diesem Zusammenhang anfallenden Kosten werden unter den Kostenarten *Ausschuss und Nacharbeit* erfasst und verrechnet. Als Ausschuss bezeichnet man dabei die Kosten für nicht mehr verwertbare Vorprodukte und Enderzeugnisse, unter Nacharbeit versteht man demgegenüber die Kosten für die mit der Fehlerbeseitigung verbundenen Arbeitsgänge, mit deren Hilfe die Erzeugnisse in einen ordnungsgemäßen Zustand versetzt werden.

Zum Ausschuss zählen die Materialkosten der nicht mehr funktionsfähigen Vorprodukte und Erzeugnisse sowie die bis zum Ausfall angefallenen Fertigungslöhne und Fertigungsgemeinkosten. Die Nacharbeitskosten umfassen die zur Fehlerbeseitigung erforderlichen Material-, Lohn- und Gemeinkosten.

Die Erfassung der Kosten für Ausschuss und Nacharbeit erfolgt auf speziell gekennzeichneten Erfassungsbelegen. Die Weiterverrechnung kann entweder unmittelbar auf die Kostenstellen des Anfalls erfolgen; dies hat aber den Nachteil, dass diese Stellen in vielen Fällen nicht für die aufgetretenen Fehler verantwortlich sind. Es empfiehlt sich daher, die Ausschuss- und Nacharbeitskosten in einer gesonderten Ausschuss- und Nacharbeitsabrechnung zu erfassen und anschließend auf die für die Fehler verantwortlichen Stellen zu verrechnen. (Vgl. hierzu das Verrechnungsschema in Übersicht 3.2).

In einer Plankostenrechnung werden beim Aufbau der Kostenplanung für die Kostenstellen Vorgaben für die Höhe der Ausschuss- und Nacharbeitskosten erarbeitet, denen dann im Rahmen des Soll-Ist-Vergleiches die der Stelle tatsächlich belasteten Kosten gegenübergestellt werden.

Bei der Bestimmung der Selbstkosten in Normal- oder Plankalkulationen werden für die erwarteten Fehlerkosten standardisierte Zuschläge in Prozent der zugehörigen Herstellkostenpositionen vorgegeben. Im Ist werden dann in einer Deckungsrechnung den kalkulatorisch gedeckten Fehlerkosten, d.h. dem Produkt aus Fehlerkosten pro Stück und Istproduktionsmenge, die tatsächlich angefallenen Beträge gegenübergestellt; die Differenzen werden in die kurzfristige Erfolgsrechnung übernommen.

Zu den *Energiekosten* zählen die Kosten für Strom, Brennstoffe, Wasser u.ä. Im Normalfall werden die Fremdrechnungen für diese Kostenarten auf eigenen Hilfskostenstellen erfasst und in der innerbetrieblichen Leistungsverrechnung gemeinsam mit den übrigen auf diesen Stellen anfallenden Kostenarten auf die leistungsempfangenden Stellen weiterverrechnet.

Als *Kostensteuern* bezeichnet man die Steuern, die im Zusammenhang mit dem betrieblichen Einsatz von Produktionsfaktoren stehen. Hierzu zählen auf der einen Seite die Grundsteuer und die Kraftfahrzeugsteuer, auf der anderen Seite wird die Gewerbeertragsteuer nach herrschender Auffassung zu den Kostensteuern gezählt, obwohl ihre Bemessungsgrundlage sich nicht auf einen Faktoreinsatz bezieht; vielmehr wird bei dieser Steuerart der Gewerbeertrag besteuert, der sich aus dem Periodenergebnis unter Berücksichtigung von Hinzurechnungen und Abzügen ergibt.[43]

Die Erfassung der Grundsteuer erfolgt auf den Raumkostenstellen, auf die sämtliche mit der Gebäudenutzung im Zusammenhang stehenden Kosten gebucht werden. Die Kraftfahrzeugsteuer wird den Kostenstellen belastet, auf denen die zugehörigen Fahrzeuge geführt werden. Die Verrechnung der Gewerbesteuer erfolgt zweckmäßigerweise auf einer Kostenstelle der allgemeinen Verwaltung.

Auch die Kosten für *Gebühren, Beiträge und Versicherungen* werden soweit wie möglich den Kostenstellen belastet, denen sich die entsprechenden Bemessungsgrundlagen zuordnen lassen. So lassen sich z.B. die Abwassergebühren einer Energie- oder einer

[43] Zur Begründung des Kostencharakters der Gewerbeertragsteuer vgl. G. Wöhe, (Steuerlehre II 1992), S. 33 f.

Raumkostenstelle zuordnen; auf letztgenannten werden auch die Beiträge für Prämien der Gebäudeversicherung verrechnet. Die Feuerversicherung wird anteilig auf die Raumkostenstelle und die Lagerkostenstellen für Rohstoffe, Halb- und Fertigfabrikate verrechnet. Die Kraftfahrzeugversicherungen werden analog zur Kfz-Steuer den Fahrzeugkostenstellen zugeordnet.

Gebühren, Beiträge und Versicherungen, die das Unternehmen als Ganzes betreffen, werden wiederum einer Kostenstelle der allgemeinen Verwaltung, z.B. der kaufmännischen Leitung, belastet. Beispiele hierfür sind die Beiträge zu Verbänden, die Gebühren für Betriebsprüfungen und die Betriebsunterbrechungsversicherung.

Mieten und Leasinggebühren für Gebäude, Räume, Maschinen und Einrichtungen werden den Raum- oder sonstigen Kostenstellen zugeordnet, auf denen die betreffenden Vermögensgegenstände zum Einsatz kommen.

Zu den *Kommunikationskosten* zählen die Kosten für Telefongespräche, Telegramme, Telefaxe, Internetkommunikation und für Briefe. Diese sollten soweit wie möglich auf die verantwortlichen Stellen verrechnet werden. Die hierfür erforderliche Einzelerfassung ist in den meisten Kommunikationssystemen installiert.

Büromaterial wird entweder in eigenen Lägern geführt und über eigene Materialentnahmescheine an die einzelnen Stellen ausgegeben oder über entsprechende Anforderungsbelege für die Stellen beschafft. In beiden Fällen ist die Zuordnung auf die verbrauchenden Kostenstellen über eine Kennzeichnung in den Buchungsbelegen zu gewährleisten.

Auch die *Reise-, Bewirtungs- und Repräsentationskosten* lassen sich über gesonderte Belege ohne Probleme auf die verursachenden Kostenstellen kontieren. *Beratungshonorare* fallen entweder für das Unternehmen als Ganzes an oder für einzelne Funktionsbereiche. Im ersten Fall erfolgt die Zuordnung auf einer Kostenstelle der allgemeinen Verwaltung, im zweiten werden die Leitungsstellen der betreffenden Funktionsbereiche belastet.

Die Kosten für *Werbemittel* und die *Verkaufsprovisionen* zählen zu den Vertriebskosten. Werden die Werbemittel für einzelne Produkte eingesetzt, so lassen sie sich theoretisch diesen als Sondereinzelkosten des Vertriebs zuordnen, indem die Werbekosten durch eine tatsächliche oder geplante Stückzahl dividiert werden. Hierbei ist allerdings zu bedenken, dass die betreffenden Kosten sich nicht mit den entsprechenden Absatzmengen erhöhen oder vermindern, somit also fixe Kosten darstellen. Ein Ansatz von Fixkosten als Einzelkosten kann bei der Nutzung der Stückkosteninformationen zu Missverständnissen, etwa über die kurzfristige Preisuntergrenze, führen.

Verkaufsprovisionen werden im Allgemeinen in Abhängigkeit vom Umsatz oder vom Deckungsbeitrag vergütet und stellen damit variable Kosten dar. Somit ist hier die Verrechnung als Sondereinzelkosten des Vertriebs zweckmäßig.

Die *Verpackungskosten* setzen sich aus dem Verpackungsmaterial und den Einzellöhnen zur Verpackung zusammen. Auch sie lassen sich als Sondereinzelkosten des Vertriebs unmittelbar auf die Erzeugnisse verrechnen. Verzichtet man in der Kalkulation auf den Ausweis von Fertigungslöhnen als Einzelkosten, so sollten auch die Packlöhne auf eine entsprechende Vertriebskostenstelle Verpackung kontiert und über deren Kalkulationssatz als Gemeinkosten kalkulatorisch verrechnet werden.

Auf Inhalt und Verrechnung der Kostenarten *kalkulatorische Wagnisse* und *kalkulatorischer Unternehmerlohn* sind wir bereits in Abschnitt 1.2.2 über die Grundbegriffe des internen Rechnungswesens ausführlich eingegangen.

4 Die Kostenstellenrechnung

4.1 Grundsätze für die Kostenstellenbildung

Im System der Kostenrechnung folgt der Kostenartenrechnung die Kostenstellenrechnung, deren grundsätzlichen Aufgaben in der Weiterverrechnung und kalkulatorischen Aufbereitung, aber auch in der Planung und Kontrolle der Gemeinkosten besteht, d.h. der Kosten, die sich nicht unmittelbar den betrieblichen Erzeugnissen zurechnen lassen.

Wie in Abschnitt 1.1 dargelegt, versteht man unter einer Kostenstelle einen organisatorischen Teilbereich eines Unternehmens, der in der Kostenrechnung als selbständige Kontierungseinheit dient. Die Kostenstellen werden nach der Art der Weiterverrechnung der Gemeinkosten systematisiert in Hauptkostenstellen, deren Leistungen direkt der Herstellung und dem Vertrieb der Erzeugnisse dienen, und in Hilfskostenstellen, d.h. solche Kostenstellen, die Leistungen für andere Teilbereiche erbringen und deren Kosten im Rahmen der innerbetrieblichen Leistungsverrechnung den leistungsempfangenden Stellen belastet werden.

Die Aussagefähigkeit der Ergebnisse der Kostenstellenrechnung einerseits und der Arbeitsaufwand ihrer praktischen Durchführung andererseits hängen nun in hohem Maße von der Art und dem Detaillierungsgrad der Einteilung eines Unternehmens in Kostenstellen ab. Für die zweckmäßige Gestaltung der Kostenstelleneinteilung sollten die folgenden Grundsätze beachtet werden:[1]

1. Die Kostenstellen sind so zu bilden, dass sie eindeutige Verantwortungsbereiche darstellen. Insbesondere für die Aufgaben der Kostenkontrolle im Rahmen des Controllingprozesses ist es unerlässlich, dass der verantwortliche Kostenstellenleiter bestimmt ist. Dabei kann es durchaus vorkommen, dass eine Person für mehrere Stellen verantwortlich ist, der umgekehrte Fall sollte allerdings ausgeschlossen sein. Wenn mehrere Personen für die Wirtschaftlichkeit der Betriebsführung gemeinsam zuständig sind, besteht die Gefahr, dass keiner die Verantwortung ordnungsgemäß wahrnimmt und bei Budgetüberschreitungen Schuldzuweisungen erfolgen. Im Fertigungsbereich wird im Allgemeinen der Meister oder der Gruppenleiter für die Kostenhöhe verantwortlich sein, in den administrativen Bereichen der jeweilige Abteilungsleiter.

2. Die Kostenstelleneinteilung sollte so erfolgen, dass nur solche Arbeitsplätze und Betriebsmittel zu einer Kostenstelle zusammengefasst werden, die über annähernd gleiche Kosten- und Leistungsdaten verfügen. Ansonsten treten Fehler in der Kalkulation und bei der Bestimmung der Sollkosten der Stelle auf.

   Die Problematik wollen wir an einem einfachen Beispiel aus dem Fertigungsbereich erläutern. Eine Werkstatt im Fertigungsbereich besteht aus mehreren Automaten und einem Handarbeitsplatz. Für diese gelten die in Tabelle 4.1 angegebenen Kosten und Leistungsdaten.

[1] Vgl. hierzu u.a. W. Kilger, (Einführung 1992), S. 154 f. sowie L. Hans u. V. Warschburger, (Controlling 1999), S. 290 ff.

	Automaten	Handarbeitsplatz	Summe
Kosten [€/Mon]	144.000	9.600	153.600
Beschäftigung [Std/Mon]	1.600	320	1.920
Kostensatz [€/Std]	90,00	30,00	80,00

Tabelle 4.1: Beispiel zur Kostenstelleneinteilung

Betrachten wir nun zwei Erzeugnisse, von denen das erste eine Stunde auf den Automaten und das zweite eine Stunde auf dem Handarbeitsplatz bearbeitet wird, so entsteht bei Zusammenfassung der beiden Bereiche zu einer Kostenstelle der folgende Kalkulationsfehler:

	Exakte Kalkulation	Mischkalkulation	Kalkulationsfehler
Produkt 1	90,00	80,00	+10,00
Produkt 2	30,00	80,00	-50,00

Tabelle 4.2: Beispiel zur Kostenstelleneinteilung

Das Beispiel zeigt die mangelhafte Aussagefähigkeit der Kalkulation infolge einer unsachgemäßen Kostenstelleneinteilung.

3. Bei der Einteilung in Kostenstellen sollte darauf geachtet werden, dass sich die angefallenen Ist-Gemeinkosten ohne Schwierigkeiten und ohne willkürliche Schlüsselungen den Stellen zuordnen lassen, in denen der zugehörige Produktionsfaktorverbrauch stattgefunden hat. Betrachten wir die Werkstatt in obigem Beispiel, so lassen sich bei Zusammenfassung der Automaten und der Handarbeitsplätze zu einer Kostenstelle solche Kostenarten wie das Meistergehalt, die Löhne der Werkstatthelfer, Schreib- und Reinigungsmaterial ohne Schwierigkeiten der Stelle zuordnen, bei einer Trennung der beiden Stellen treten hier Kontierungsschwierigkeiten auf.

Während dem ersten Grundsatz durch entsprechende personelle Maßnahmen ohne Probleme gefolgt werden kann, tritt bei der Verfolgung der beiden anderen Grundsätze ein Zielkonflikt auf. Das Beispiel zeigt, dass der zweite Grundsatz um so leichter erfüllt werden kann, je differenzierter die Kostenstelleneinteilung gewählt wird; im Idealfall werden nur homogene Maschinen mit identischen Kosten- und Leistungsdaten zu einer Stelle zusammengefasst. In diesem Fall nimmt aber die Zahl der Kostenarten, bei denen die eindeutige Zuordnung auf die einzelnen Stellen Schwierigkeiten bereitet, stark zu.

Mit Hilfe der im folgenden beschriebenen Maßnahmen soll ein Ausgleich zwischen den unterschiedlichen Anforderungen der Richtigkeit von Kalkulation und Sollkostenermittlung auf der einen und exakter Kontierung der Istkosten auf der anderer Seite erzielt werden.

Die erste Maßnahme besteht in einer Abschätzung des Kalkulationsfehlers, der bei der Zusammenfassung von heterogenen Maschinengruppen zu einer Kostenstelle entsteht. Hierzu sind in einer Sonderrechnung Beschäftigung und Kosten der einzelnen in Frage stehenden Maschinen zu planen, aus denen sich dann – für den Fall zweier betrachteter Maschinen – die folgenden Kalkulationssätze errechnen lassen:

$$d_1 = \frac{K_1}{B_1}; \quad d_2 = \frac{K_2}{B_2}; \quad d\varnothing = \frac{K_1 + K_2}{B_1 + B_2}$$

d: Kalkulationssatz
K: geplante Kosten der jeweiligen Maschine
B: geplante Beschäftigung der jeweiligen Maschine.

Für eine beliebige Produktart j, deren Bearbeitungszeiten pro Erzeugniseinheit in den beiden Kostenstellen b_{1j} und b_{2j} betragen, entsteht dann folgender Kalkulationsfehler Δk_j:

$$\Delta k_j = (b_{1j} + b_{2j}) \cdot d_\varnothing - b_{1j} \cdot d_1 - b_{2j} \cdot d_2$$

Dieser Kalkulationsfehler ist unter zwei Bedingungen gleich Null:

1. Wenn sich die beiden Kalkulationssätze entsprechen.
2. Wenn zwischen den Stückbezugsgrößen des Erzeugnisses und den Planbezugsgrößen pro Monat folgender Zusammenhang besteht:[2]

$$\frac{b_{1j}}{b_{2j}} = \frac{B_1}{B_2} \text{ bzw. } \frac{b_{1j}}{B_1} = \frac{b_{2j}}{B_2}$$

Dies bedeutet, dass immer dann kein Kalkulationsfehler auftritt, wenn das Verhältnis von Stück- zu Gesamtbezugsgröße beider Stellen identisch ist. Diese Voraussetzung ist u.a. bei vertakteter Fließfertigung erfüllt, hier sind die Bezugsgrößenrelationen aller Maschinen der Fließstrecke gleich groß. Damit können in derart organisierten Arbeitssystemen die unterschiedlichsten Maschinengruppen zu einer Kostenstelle zusammengefasst werden, ohne dass die Richtigkeit von Kalkulation und Kostenkontrolle beeinträchtigt wird.

Da immer ein Kostensatz größer und der andere kleiner als der Durchschnitt sein muss, ist der Kalkulationsfehler am größten, wenn das Produkt nur auf einer der beiden Maschinen bearbeitet wird.

Im Allgemeinen wird für die Kalkulationsfehler eine Toleranzgrenze vorgegeben. Übersteigt der Fehler diese Toleranzgrenze, so werden für die Maschinen zwei Kostenstellen gebildet, liegt er unterhalb dieser Toleranzgrenze, können sie zu einer Kostenstelle zusammengefasst werden.

Die Bestimmung des Kalkulationsfehlers wollen wir an einem einfachen Beispiel erläutern. Es soll überprüft werden, ob die beiden Maschinengruppen A und B zu einer Kostenstelle zusammengefasst werden dürfen, wenn der Kalkulationsfehler für keines der auf den Maschinen bearbeiteten Erzeugnisse größer als 5% sein darf. Für die beiden Maschinengruppen werden die folgenden Daten geplant:

[2] Der exakte Beweis dieser Bedingung findet sich bei W. Kilger, (Einführung 1992), S. 156 f.

Maschinengruppe	Kosten [€/Mon]	Bezugsgröße [Std/Mon]
A	252.000	3.000
B	300.000	5.000

Tabelle 4.3: Beispiel zur Bestimmung des Kalkulationsfehlers

Für die vier auf den Maschinen bearbeiteten Erzeugnisse gelten die nachstehend angegebenen Bezugsgrößen pro Erzeugniseinheit.

Produkt-art	Bezugsgrößen [Min/Stck]	
	Maschine A	Maschine B
1	2	8
2	8	6
3	12	0
4	6	10

Tabelle 4.4: Beispiel zur Bestimmung des Kalkulationsfehlers

Im ersten Schritt werden nun die Kalkulationssätze der beiden Maschinengruppen errechnet sowie der durchschnittliche Kalkulationssatz, den man bei Zusammenfassung zu einer Kostenstelle erhalten würde. Tabelle 4.5 zeigt die Ergebnisse.

Maschine	Kalkulationssätze	
	[€/Std]	[€/Min]
A	84,00	1,40
B	60,00	1,00
Durchschnitt	69,00	1,15

Tabelle 4.5: Beispiel zur Bestimmung des Kalkulationsfehlers

Multipliziert man die angegebenen Bezugsgrößeneinheiten pro Stück mit den entsprechenden Kalkulationssätzen pro Minute, erhält man die Fertigungskosten pro Stück für die beiden Alternativen Zusammenfassung oder Trennung der Maschinengruppen. Für die erste Alternative wird die Summe der Bezugsgrößeneinheiten mit dem Durchschnittssatz bewertet, für den Fall der Trennung werden die Fertigungskosten je Maschinen einzeln bestimmt und dann addiert. Tabelle 4.6 zeigt einmal die Ergebnisse der Berechnung, in den letzten beiden Spalten sind dann noch der absolute und prozentuale Kalkulationsfehler angegeben.

Produkt-art	Fertigungskosten pro Stück bei		Kalkulationsfehler	
	Zusammenfassung	Trennung	Absolut	in Prozent
1	11,50	10,80	0,70	6,5%
2	16,10	17,20	-1,10	-6,4%
3	13,80	16,80	-3,00	-17,9%
4	18,40	18,40	0,00	0,0%

Tabelle 4.6: Beispiel zur Bestimmung des Kalkulationsfehlers

Im Beispiel wird die Fehlertoleranz bei den Produkten 1 und 2 knapp und bei Produkt 3 deutlich überschritten; eine Zusammenfassung der beiden Maschinengruppen käme damit nicht in Frage. Bei Produkt 4 tritt kein Kalkulationsfehler auf, da hier das Verhältnis der beiden Stückbezugsgrößen dem der Gesamtbezugsgrößen entspricht. Produkt 3 weist den größten Kalkulationsfehler auf, da es als einziges nur auf einer der beiden Maschinengruppen bearbeitet wird.

Erfordern die Genauigkeit von Kalkulation und Sollkostenermittlung eine differenzierte Kostenstelleneinteilung, so lassen sich die auftretenden Schwierigkeiten bei der Kontierung der Ist-Gemeinkosten mit Hilfe folgender Maßnahmen mindern bzw. vermeiden:[3]

1. Einrichtung zusätzlicher Bereichskostenstellen,
2. Durchführung einer Kostenplatzrechnung.

Beim **Bereichsstellenprinzip** richtet sich zunächst die Detaillierung der Kostenstelleneinteilung nach den Anforderungen an die Genauigkeit von Kalkulation und Soll-Ist-Vergleich. Neben den eigentlichen Kostenstellen eines größeren Fertigungsbereiches, z.B. einer Werkstatt, wird dann noch eine zusätzliche Bereichsstelle eingerichtet, auf der die Kosten geplant und im Ist erfasst werden, die sich nicht oder nur mit unvertretbar hohem Aufwand für die einzelnen Stellen erfassen lassen. In Übersicht 4.1 ist das Bereichsstellenprinzip für eine Werkstatt schematisch dargestellt.

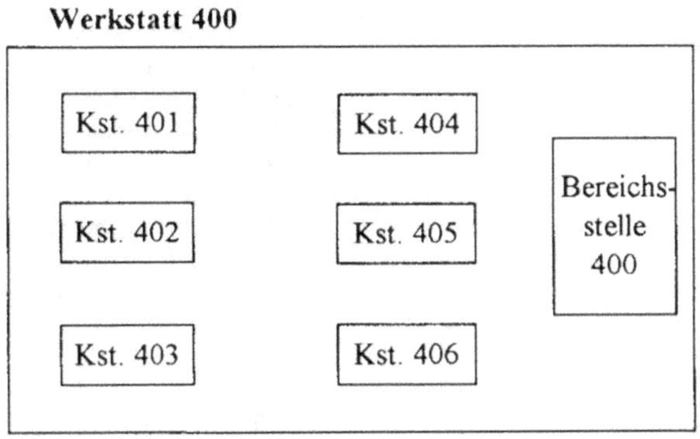

Übersicht 4.1: Beispiel für die Bildung einer Bereichsstelle

Die Bereichskostenstelle wird als Hilfskostenstelle eingerichtet, deren Kosten in der innerbetrieblichen Leistungsverrechnung auf die betreuten Hauptkostenstellen des jeweiligen Bereiches verteilt werden, wobei im Allgemeinen eine Verteilung nach dem Betreuungsaufwand erfolgt.

Die Methode der **Kostenplatzrechnung**, die nur in einer Plankostenrechnung angewandt werden kann, kommt ohne die Einrichtung zusätzlicher Bereichsstellen aus. Hier erfolgt die Kostenstelleneinteilung zunächst ebenfalls nach den Erfordernissen von Kalkulation und Kostenkontrolle. Für die so gebildeten Kostenstellen werden dann die Kosten geplant und Plankalkulationssätze ermittelt. In der laufenden monatlichen Abrechnung erfolgt die Kontierung der Istkosten aber nicht mehr auf die einzelnen Stellen, sondern nur noch auf den gesamten Bereich, im Beispiel auf die Werkstatt 400.

[3] Vgl. hierzu W. Kilger, (Einführung 1992), S. 160 ff. sowie W. Kilger, (Plankostenrechnung 1992), S. 321 f. und die dort angegebene Literatur.

Für die Kostenkontrolle werden die Sollkosten der einzelnen Stellen addiert und als Sollkosten des Bereiches den kontierten Istkosten kostenartenweise gegenübergestellt. Diese Methode hat den Nachteil, dass die Kostenabweichungen aller Kostenarten nur noch für den gesamten Bereich ausgewiesen werden können und somit die für die Abweichung verantwortliche Kostenstelle nicht mehr erkennbar ist. Dies kann die Abweichungsanalyse im Rahmen des Controllingprozesses erheblich erschweren.

Dieser Nachteil besteht beim Bereichsstellenprinzip nicht, da hier nur ein kleiner Teil der Kostenarten nicht auf die Stellen des Faktorverbrauches kontiert wird; für diese Kostenarten erfolgt die Kostenkontrolle dann auf der zusätzlich eingerichteten Bereichsstelle. Diese Vorzüge bei der Kostenkontrolle wiegen den Nachteil des Bereichsstellenprinzips, der in der Verwaltung und Abrechnung zusätzlicher Hilfskostenstellen besteht, auf. Dies gilt insbesondere bei der heute üblichen dv-gestützten Abwicklung der Kostenstellenrechnung.

Neben dem gewählten Detaillierungsgrad sind für Art und Umfang der Kostenstelleneinteilung die Größe des Unternehmens und auch Brancheneinflüsse von Bedeutung. In Übersicht 4.2 ist als Beispiel die Kostenstellengliederung eines kleineren Unternehmens der spanenden Fertigung wiedergegeben.

Technische Leitungsstellen		***Hilfs- und Nebenkostenstellen***		
100*	Technische Leitung	**200***	Grundstücke und Gebäude	
101	Konstruktion und Entwicklung	**202***	Sozialdienst und Betriebsvertretung	
102*	Arbeitsvorbereitung	**203***	Kantine	
		204*	Stromversorgung	
		205*	Reparaturabteilung	
Materialstellen		**208***	Innerbetrieblicher Transport	
300	Einkauf	**209***	PKW - Dienst	
301	Warenannahme	**210***	Elektronische Datenverarbeitung	
302	Eingangsprüfung			
311	Material- und Zukauf - Teilelager			
312	Hilfs-, Betriebsstoff- und Ersatzteillager	***Fertigungsstellen***		
303*	Werkzeugausgabe	**400***	**Meisterbereich I**	
		401	Spitzendrehmaschine	
		402	NC - Drehmaschine	
Verwaltungs- und Vertriebsstellen		**403**	Karusselldrehmaschine	
800	Kfm. Leitung	**404**	Automaten	
811	Finanzbuchhaltung			
812	Controlling	**500***	**Meisterbereich II**	
839	Personalabteilung	**501**	Senkrechtbohrmaschinen	
900	Vertriebsleitung und Verkauf	**502**	Bohrwerke	
911	Werbung und Marktforschung	**503**	Kleine Fräsmaschinen	
912	Fakturierung	**504**	Große Fräsmaschinen	
921	Fertigwarenlager und Versand	**505**	Schleifmaschinen	
		600	Schweißerei	(eig. Meister)
		610	Härterei	(eig. Meister)
		700	Montage	(eig. Meister)

Anmerkung: Die mit * gekennzeichneten Kostenstellen werden als Sekundärkostenstellen abgerechnet.

Übersicht 4.2: Beispiel einer Kostenstelleneinteilung

Jede Kostenstelle erhält eine eindeutige Kostenstellenbezeichnung und eine Nummer, die in der Betriebsabrechnung als Kontierungseinheit für die der Stelle zu belastenden Gemeinkosten dient. Weiterhin empfiehlt sich eine Zusammenfassung der einzelnen Stellen zu übergeordneten Funktionsbereichen.

Im Beispiel werden die Leitungsbereiche getrennt ausgewiesen; die technischen Leitungsstellen werden mit Ausnahme der Konstruktions- und Entwicklungsabteilung als Hilfskostenstellen geführt, da sie ihre Leistungen für die Fertigungsbereiche erbringen und somit ihre Kosten leistungsentsprechend auf diese verrechnet werden können. Die kaufmännischen Leitungsstellen werden dagegen als Hauptkostenstellen dem Bereich der allgemeinen Verwaltung zugeordnet.

Die übrigen Hilfs- und Nebenkostenstellen, die ihre Leistungen an andere Bereiche abgegeben und deren Kosten in der innerbetrieblichen Leistungsverrechnung diesen belastet werden, sind zu einer eigenen Gruppe zusammengefasst. Im Beispiel wird die Datenverarbeitung als Hilfskostenstelle geführt; dies erscheint richtiger als eine Zuordnung zum Bereich der allgemeinen Verwaltung, da sie als Serviceeinheit überwiegend Leistungen für andere Kostenstellen erbringt und sich die Leistungsinanspruchnahme hier im Allgemeinen gut erfassen lässt.

Der Materialbereich setzt sich neben dem Einkauf, der Warenannahme und der Wareneingangsprüfung aus den Lagerkostenstellen für Roh-, Hilfs- und Betriebsstoffe sowie aus der Werkzeugausgabe zusammen, die im Beispiel als Hilfskostenstelle abgerechnet wird, da ihre Leistungen sich dem Fertigungsbereich zuordnen lassen.

Der Fertigungsbereich besteht im Beispiel aus zwei Meisterbereichen und drei weiteren Kostenstellen mit eigenständiger Leitung. Den beiden Meisterbereichen ist jeweils eine Bereichsstelle als Hilfskostenstelle zugeordnet, auf denen die den einzelnen Stellen nicht oder nur schwer zuordenbaren Kosten geplant und erfasst werden. Die Kosten dieser Stellen werden ebenfalls im Rahmen der innerbetrieblichen Leistungsverrechnung weiterverrechnet.

Die letzte Gruppe stellen die Kostenstellen der allgemeinen Verwaltung und des Vertriebsbereiches dar. Der Verwaltungsbereich umfasst neben der kaufmännischen Leitung die Finanzbuchhaltung und das Controlling, dem im Beispielunternehmen die Kostenrechnung zugeordnet ist, sowie die Personalabteilung. Zum Vertriebsbereich zählen neben dem Verkauf und der Werbung/Marktforschung noch die Fakturierung sowie der Bereich Fertigwarenlager und Versand.

4.2 Die Bezugsgrößenwahl

Nach der Kostenstelleneinteilung ist als zweite organisatorische Maßnahme der Kostenstellenrechnung die Wahl geeigneter Bezugsgrößen für jede Stelle vorzunehmen. Unter Bezugsgrößen versteht man Maßgrößen für die Kostenverursachung einer Kostenstelle; gleichzeitig dienen sie als Maßstab für deren Leistungserstellung bzw. Beschäftigung. Die Auswahl geeigneter Bezugsgrößen ist für eine richtige Kalkulation und für die richtige Ermittlung der Sollkosten im Rahmen der Kostenkontrolle von großer Bedeutung.

Damit kommen den Bezugsgrößen in der Kostenstellenrechnung folgende Aufgaben zu:[4]

1. Sie sollen in einem funktionalen Verhältnis zu den Leistungen der Kostenstellen stehen und somit einen geeigneten Maßstab für deren Beschäftigung darstellen.
2. Sie sollen in einem funktionalen Verhältnis zu den variablen Kosten der Stellen stehen, wobei wegen der im Fertigungsbereich überwiegend zu findenden linearen Kostenverläufe ein proportionaler Zusammenhang bestehen soll.[5]

Bei der Bezugsgrößenwahl ist weiterhin darauf zu achten, dass sich für die gewählten Bezugsgrößen die Istbezugsgrößenmengen ohne Schwierigkeiten bzw. mit vertretbarem Aufwand erfassen lassen. Kommt man beispielsweise bei der Analyse geeigneter Bezugsgrößen zu dem Ergebnis, dass das Volumen der Erzeugnisse die richtige Maßgröße der Kostenverursachung wäre, ist dieses aber in keinem Datenbestand für die Produkte hinterlegt, so sollte man sich mit einer weniger genauen, dafür aber leichter erfassbaren Bezugsgröße begnügen, z.B. der Bearbeitungszeit.

In Übersicht 4.3 ist eine Systematisierung der Bezugsgrößen wiedergegeben.[6] Dieses Bezugsgrößensystem findet zwar in erster Linie in Unternehmen mit einer Plankostenrechnung Anwendung, es lässt sich aber auch auf die anderen Kostenrechnungssysteme übertragen, wobei es dort insbesondere für die Aufgabe einer exakten Kalkulation erforderlich sein wird.

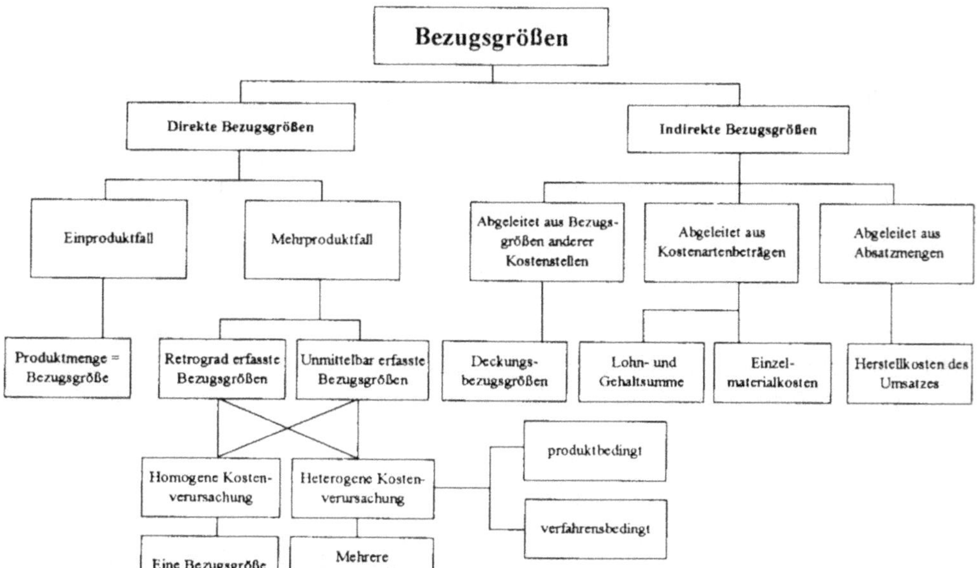

Übersicht 4.3: Einteilung der Bezugsgrößen

In Übersicht 4.3 werden die Bezugsgrößen zunächst in direkte und indirekte Bezugsgrößen unterteilt. Unter direkten Bezugsgrößen versteht man solche Maßgrößen der

[4] Vgl. L. Hans u. V. Warschburger, (Controlling 1999), S. 294.
[5] Zur Bedeutung der linearen Kostenverläufe vgl. unsere Ausführungen in Abschnitt 1.3.2.
[6] Vgl. W. Kilger, (Einführung 1992), S. 165.

Kostenverursachung, die sich entweder unmittelbar aus den bearbeiteten Produktmengen einer Kostenstelle ableiten lassen oder während des Produktionsprozesses durch Aufschreibungen und Messungen direkt erfasst werden können.

Am einfachsten lassen sich direkte Bezugsgrößen in Kostenstellen finden, in denen nur *ein Erzeugnis* hergestellt oder bearbeitet wird; hier kann die Produktmenge unmittelbar als Bezugsgröße verwendet werden.

Im *Mehrproduktfall* lassen sich die Produktmengen nicht mehr addieren, da die einzelnen Erzeugnisarten in ihrer Kostenverursachung unterschiedlich sind. Sie müssen daher mit Faktoren gewichtet werden, welche die Unterschiede in der Kostenverursachung zum Ausdruck bringen; solche Faktoren können sein:

- Fertigungszeiten,
- Maschinenzeiten,
- Durchsatzgewichte,
- Längen-, Raum- oder Hohlmaße.

Bezeichnen wir die Bezugsgrößeneinheiten pro Stück einer Produktart j mit b_j, deren Stückzahl mit x_j, so gilt bei n verschiedenen Erzeugnissen für die Bezugsgröße pro Monat folgende Bestimmungsgleichung:

$$B = \sum_{j=1}^{n} b_j \cdot x_j$$

Im Falle *homogener Kostenverursachung* gelingt es, in der betrachteten Kostenstelle eine Bezugsgröße zu finden, zu der sich sämtliche beschäftigungsabhängigen Kosten proportional verhalten. Homogene Kostenverursachung liegt auch dann vor, wenn sich zwar die beschäftigungsabhängigen Kosten proportional zu verschiedenen Bezugsgrößen verhalten, die jeweiligen Stückbezugsgrößen bei allen Erzeugnissen in einem konstanten Verhältnis zueinander stehen. Betrachten wir hierzu das folgende Beispiel.

In einer Walzstraße verhält sich ein Teil der variablen Kosten proportional zur Maschinenzeit, ein anderer Teil proportional zum Durchsatzgewicht. Für die beiden Bezugsgrößen werden folgende Kosten geplant:

Maschinenzeit:	354.000 €/Mon
Durchsatzgewicht:	283.200 €/Mon

Für die drei Erzeugnisse der Walzstraße gelten folgende Produktionsmengen und Stückbezugsgrößen:

Produkt art	**Menge [Stck/Mon]**	**Maschinenzeit [Min/Stck]**	**Gewicht [kg/Stck]**
1	2.500	20,0	12,0
2	3.000	40,0	24,0
3	2.200	30,0	18,0

Tabelle 4.7: Beispiel zur heterogenen Kostenverursachung

Es soll entschieden werden, ob die beiden Bezugsgrößen nebeneinander verwendet werden sollen, oder ob die Maschinenzeit als alleinige Bezugsgröße für die Zwecke der Kalkulationsgenauigkeit ausreicht. Hierzu wird wiederum der Kalkulationsfehler ermittelt, der sich ergibt, wenn auf eine Bezugsgrößendifferenzierung verzichtet wird.

Tabelle 4.8 zeigt die Berechnung der Kalkulationssätze für die beiden Alternativen Verwendung von zwei oder Verwendung nur einer Bezugsgröße.

	Zwei Bezugsgrößen		**Eine Bezugsgröße**
	Maschinenzeit	**Gewicht**	**Maschinenzeit**
Prop. Kosten	354.000	283.200	637.200
Bezugsgröße	236.000	141.600	236.000
Kalkulationssatz	1,50	2,00	2,70

Tabelle 4.8: Beispiel zur heterogenen Kostenverursachung

Mit Hilfe der Kalkulationssätze und der Stückbezugsgrößen lassen sich nun die Fertigungskosten pro Produkteinheit der drei Erzeugnisse bestimmen, wobei für die erste Alternative die jeweilige Stückbezugsgröße mit dem zugehörigen Kostensatz multipliziert wird und für die zweite die Maschinenzeit pro Einheit mit dem dann allein gültigen Kostensatz von 2,70 €/Maschinenminute. Tabelle 4.9 zeigt die Ergebnisse der Kalkulation.

Produkt art	**Fertigungskosten pro Stück**	
	Zwei Bezugsgrößen	**Eine Bezugsgröße**
1	54,00	54,00
2	108,00	108,00
3	81,00	81,00

Tabelle 4.9: Beispiel zur heterogenen Kostenverursachung

Die Kalkulationsergebnisse zeigen, dass in diesem Fall auf eine Bezugsgrößendifferenzierung verzichtet werden kann. Dies ist nur deshalb der Fall, weil für die beiden Bezugsgrößenarten Maschinenzeit und Durchsatzgewicht die Relationen der Stückbezugsgrößen für alle Erzeugnisse gleich sind. Wäre dies nicht Fall, so müssten aus Gründen der Kalkulationsgenauigkeit beide Bezugsgrößen verwendet werden, es sei denn, der Kalkulationsfehler läge innerhalb einer festgelegten Toleranzgrenze.

Bei *heterogener Kostenverursachung* sind in der Kostenstelle mehrere Bezugsgrößen erforderlich, da sich nur ein Teil der variablen Kosten proportional zu einer Bezugsgröße verhält und die Bezugsgrößen der Erzeugnisse nicht in konstantem Verhältnis zueinander stehen. Man unterscheidet hierbei zwischen produkt- und verfahrensbedingter Heterogenität.

Produktbedingte Heterogenität liegt vor, wenn die Kostenverursachung je Bezugsgrößeneinheit bei den einzelnen Erzeugnissen unterschiedlich ist; ein Beispiel hierfür ist der Fall, dass sich ein Teil der variablen Kosten proportional zur Fertigungszeit verhält (z.B. Fertigungslohn) und ein anderer Teil proportional zum Durchsatzgewicht (z.B. Energieverbrauch) und die Zeit-Gewichts-Relationen bei den einzelnen Erzeugnissen unterschiedlich sind. Produktbedingte Heterogenität tritt auch dann auf, wenn sich für verschiedene Produkte die Kosten pro Einheit der Bezugsgröße unterscheiden. So kann es beispielsweise in einer Bohrwerkstatt vorkommen, dass für eine Produktart ein Spezialbohrer verwendet werden muss, dessen Kosten weit über denen der normalen

Bohrwerkzeuge liegen. Hier muss dann die Bezugsgröße Bohrzeit nach der Bohrzeit für dieses Erzeugnis und der Bohrzeit für die übrigen Produkte differenziert werden.

Verfahrensbedingte Heterogenität ist dann gegeben, wenn unterschiedliche Maßnahmen des Produktionsvollzuges die Verwendung mehrerer Bezugsgrößen erforderlich machen. In Kostenstellen mit Serienproduktion entfällt ein Teil der Fertigungszeiten auf Rüstprozesse, in denen die Maschinen von einer Produktart auf die nächste umgestellt werden. Da während des Rüstens pro Zeiteinheit andere Kosten anfallen als während des Fertigens, müssen hier die Bezugsgrößen Rüst- und Ausführungsstunden nebeneinander verwendet werden. Verändert sich in Kostenstellen mit Mehrstellenarbeit die Bedienungsrelation in Abhängigkeit von den Erzeugnisarten, so sind hier zur Kostenplanung die Bezugsgrößen Fertigungsstunden und Maschinenstunden zu verwenden.

Indirekte Bezugsgrößen weisen keinen unmittelbaren Zusammenhang zum Leistungsvolumen einer Kostenstelle auf; sie kommen dann zur Anwendung, wenn sich die Leistung einer Stelle nicht messen lässt oder die in Frage kommenden Leistungsmaßstäbe keinen Bezug zu den Erzeugnissen aufweisen, sie somit nicht als Kalkulationsgrundlage verwendet werden können. Übersicht 4.3 unterscheidet vier Arten indirekter Bezugsgrößen.

Deckungsbezugsgrößen kommen vor allem für Leitungskostenstellen (Technische Leitung, Fertigungsvorbereitung, Meisterbereichsstellen) und für Transportkostenstellen zur Anwendung. Zum Zeitpunkt der Kostenplanung werden die proportionalen Kosten dieser Hilfskostenstellen im Verhältnis des Betreuungsaufwandes den betreuten Kostenstellen zugeordnet. Die Planbezugsgröße entspricht den proportionalen Kosten der jeweiligen Hilfskostenstelle. Auf den betreuten Kostenstellen werden diese proportionalen Kosten im Rahmen des Soll-Ist-Vergleiches an deren Istbeschäftigung angepasst. Die Summe der Sollkosten dieser sekundären Kostenart ergibt dann die Istbezugsgröße der betreffenden Hilfskostenstelle.

Im folgenden wollen wir ein Beispiel zur Technik der Deckungsbezugsgrößen betrachten. Die Fertigungsvorbereitung eines Unternehmens, deren variable Plankosten 48.000 €/Mon betragen, betreut insgesamt sechs Kostenstellen des Fertigungsbereiches. Tabelle 4.10 zeigt in der 3. Spalte die Verteilung dieser Plankosten auf die betreuten Kostenstellen nach einer von der Leitung der Fertigungsvorbereitung festgelegten Aufteilung des Betreuungsaufwandes. Diese werden dort im Kostenplan unter der Kostenart sekundäre Leitungskosten ausgewiesen.

Betreute Stelle	**Betreuungsaufwand in Prozent**	**Sek. Leitungskosten [€/Mon]**	**Bezugsgröße**		**Sollkosten [€/Mon]**
			Plan	**Ist**	
1	20%	9.600	2.000	2.200	10.560
2	10%	4.800	3.200	2.900	4.350
3	25%	12.000	1.600	1.680	12.600
4	20%	9.600	2.200	2.240	9.775
5	10%	4.800	1.800	1.710	4.560
6	15%	7.200	2.500	2.625	7.560
Summe	100%	48.000			49.405

Tabelle 4.10: Beispiel zu Deckungsbezugsgrößen

Im Soll-Ist-Vergleich der Fertigungskostenstellen werden die sekundären Leitungskosten an die Istbeschäftigung dieser Stellen angepasst; in der Summe ergeben sich die Sollkosten der Fertigungsvorbereitung. Diese Sollkosten werden nun der Hilfskostenstelle Fertigungsvorbereitung als Istbezugsgröße vorgegeben. Im Beispiel erhält man für die Fertigungsvorbereitung den folgenden Beschäftigungsgrad:

$$\text{Beschäftigungsgrad Fertigungsvorbereitung} = \frac{49.405}{48.000} \cdot 100 = 102{,}9\%$$

Anhand dieses Beschäftigungsgrades werden dann die Sollkosten der einzelnen Kostenarten der Fertigungsvorbereitung ermittelt.[7]

In Sozialkostenstellen (Kantine, Waschräume, Betriebsrat) verwendet man als Bezugsgröße die geplante *Lohn- und Gehaltssumme*. Damit besteht die Möglichkeit, die Kosten dieser Hilfskostenstellen aus der innerbetrieblichen Leistungsverrechnung herauszuhalten und zusammen mit den primären Personalnebenkosten in einem Prozentsatz der Löhne und Gehälter zu verrechnen.[8] Eine Weiterverrechnung im Rahmen der innerbetrieblichen Leistungsverrechnung ist aber auch möglich.

In den Kostenstellen des Materialbereiches kommen als indirekte Bezugsgrößen die *Einzelmaterialkosten* zur Anwendung. Für die Mehrzahl der Kostenstellen dieses Bereiches ließen sich zwar direkte Bezugsgrößen angeben, z.B. Anzahl Warenzugänge, Anzahl Materialprüfung, Anzahl Ein- und Auslagerungsvorgänge, diese stehen aber in keinem direkten Bezug zu den betrieblichen Erzeugnissen und können daher nicht unmittelbar für die Produktkalkulation verwendet werden. Unterscheidet sich in einzelnen Kostenstellen die Kostenverursachung der Materialarten in erheblichem Umfang, so wird in der Plankostenrechnung eine Differenzierung der Bezugsgröße Einzelmaterialkosten nach verschiedenen Materialarten vorgenommen.[9]

Im Bereich der allgemeinen Verwaltung und im Vertrieb wird die indirekte Bezugsgröße *Herstellkosten des Umsatzes* verwendet. Auch hier wäre es in einigen Kostenstellen möglich, direkte Bezugsgrößen zu finden, wie z.B. Anzahl Buchungen, Anzahl Kalkulationen, Anzahl Ein- und Auslagerungen im Fertigwarenlager, es besteht aber die gleiche Problematik wie im Materialbereich, diese direkten Bezugsgrößen weisen keinen Produktbezug auf. In der Plankostenrechnung erfolgt im Vertriebsbereich bei wesentlichen Unterschieden in der Kostenverursachung eine Differenzierung der Bezugsgrößen nach Erzeugnisgruppen.[10]

---

[7] Auf die Bestimmung von Sollkosten werden wir in Abschnitt 4.4.4 ausführlich eingehen.
[8] Vgl. hierzu unsere Ausführungen in Abschnitt 3.4.
[9] Vgl. W. Kilger, (Plankostenrechnung 1992), S. 493 ff.
[10] Vgl. W. Kilger, (Plankostenrechnung 1992), S. 516 ff.

Kostenstelle		Bezugsgröße
Technische Leitungsstellen		
100*	Technische Leitung	Deckung prop. Kosten
101	Konstruktion und Entwicklung	Deckung prop. Kosten
102*	Arbeitsvorbereitung	Deckung prop. Kosten
Hilfs- und Nebenkostenstellen		
200*	Grundstücke und Gebäude	Quadratmeter
202*	Sozialdienst und Betriebsvertretung	Lohn- und Gehaltssumme
203*	Kantine	Lohn- und Gehaltssumme
204*	Stromversorgung	Kilowattstunden
205*	Reparaturabteilung	Reparaturstunden
208*	Innerbetrieblicher Transport	Deckung prop. Kosten
209*	PKW - Dienst	Kilometer
210*	Elektronische Datenverarbeitung	CPU - Zugriffszeit in Minuten
Materialstellen		
300	Einkauf	Einzelmaterialkosten
301	Warenannahme	Einzelmaterialkosten
302	Eingangsprüfung	Einzelmaterialkosten
311	Material- und Zukauf - Teilelager	Einzelmaterialkosten
312	Hilfs-, Betriebsstoff- und Ersatzteillager	Einzelmaterialkosten
303*	Werkzeugausgabe	Deckung prop. Kosten
Fertigungsstellen		
400*	**Meisterbereich I**	Deckung prop. Kosten
401	Spitzendrehmaschine	Fertigungsstunden
402	NC - Drehmaschine	Maschinenstunden
403	Karusselldrehmaschine	Fertigungsstunden
404/1	Automaten	Vorgabestunden Rüsten
404/2	Automaten	Vorgabestunden Fertigen
404/3	Automaten	Maschinenstunden
500*	**Meisterbereich II**	Deckung prop. Kosten
501	Senkrechtbohrmaschinen	Fertigungsstunden
502	Bohrwerke	Fertigungsstunden
503	Kleine Fräsmaschinen	Fertigungsstunden
504	Große Fräsmaschinen	Fertigungsstunden
505	Schleifmaschinen	Fertigungsstunden
600	Schweißerei (eig. Meister)	Fertigungsstunden
610	Härterei (eig. Meister)	Anlagenstunden
700	Montage (eig. Meister)	Fertigungsstunden
Verwaltungs- und Vertriebsstellen		
800	Kfm. Leitung	Planherstellkosten d. Umsatzes
811	Finanzbuchhaltung	Planherstellkosten d. Umsatzes
812	Controlling	Planherstellkosten d. Umsatzes
839	Personalabteilung	Planherstellkosten d. Umsatzes
900	Vertriebsleitung und Verkauf	Planherstellkosten d. Umsatzes
911	Werbung und Marktforschung	Planherstellkosten d. Umsatzes
912	Fakturierung	Planherstellkosten d. Umsatzes
921	Fertigwarenlager und Versand	Planherstellkosten d. Umsatzes

Übersicht 4.4: Beispiel zur Bezugsgrößenwahl

Die indirekten Bezugsgrößen erfüllen die Anforderungen an die Genauigkeit von Kalkulation und Kostenkontrolle nicht in vollem Umfang. Im Rahmen der Prozesskostenrechnung wird nun versucht, für diese Bereiche die Kostenplanung und die Kalkulation mit direkten Bezugsgrößen durchzuführen, wobei mit Hilfe von Tätigkeits- und Prozessanalysen ein umfangreiches System von Prozessen und kostenstellenübergreifenden Hauptprozessen mit dazugehörenden Kostentreibern bestimmt wird. Zur Kalkulation werden dann Annahmen über die Prozessmengen zur Herstellung einer Erzeugniseinheit getroffen. Für die laufende Kostenrechnung bedeutet die Anwendung dieses Systems, wie wir später noch zeigen werden, einen immensen Erfassungsaufwand, der den Nutzen im Vergleich zum Aufwand fraglich erscheinen lässt.[11] Im übrigen dürfte durch die Differenzierung der Verrechnungssätze nach Material- bzw. Erzeugnisgruppen in den meisten Fällen eine hinreichende Kalkulationsgenauigkeit gewährleistet sein.

In Übersicht 4.4 haben wir für die im voranstehenden Abschnitt wiedergegebene Kostenstelleneinteilung die festgelegten Bezugsgrößen der einzelnen Stellen angegeben. Eine Besonderheit stellt hier die Kostenstelle 404 dar, in der heterogene Kostenverursachung vorliegt. Zur richtigen Wiedergabe der Zusammenhänge zwischen Leistungen und Kosten müssen hier drei Bezugsgrößen gewählt werden. Da relevante Rüstprozesse vorliegen, sind die für die Rüstzeiten anfallenden Kosten von denen der Fertigung zu differenzieren, und aufgrund wechselnder Bedienungsverhältnisse sind die maschinenabhängigen Kosten von den durch die Fertigungsarbeiter verursachten zu trennen. In den übrigen Kostenstellen liegt homogene Kostenverursachung vor, so dass hier die Verwendung einer direkten oder indirekten Bezugsgröße ausreicht.

4.3 Die Kostenstellenrechnung in einer Istkostenrechnung

4.3.1 Der Aufbau des Betriebsabrechnungsbogens

Da sich die praktische Durchführung der Kostenstellenrechnung in den einzelnen Kostenrechnungssystemen in wesentlichen Punkten unterscheidet, werden im Folgenden die Sachverhalte nach den beiden grundsätzlichen Entwicklungsformen Ist- und Plankostenrechnung getrennt. Soweit Besonderheiten bezüglich der Normalkostenrechnung relevant sind, wird auf diese gesondert hingewiesen.

Wie in Abschnitt 2.1 gesehen, besteht die Hauptaufgabe der Istkostenrechnung in der nachträglichen Kalkulation der betrieblichen Erzeugnisse, d.h. nach dem Kostenüberwälzungsprinzip werden sämtliche Kosten von der Kostenartenrechnung in die Kostenträgerrechnung übernommen und dort auf die Produkte verteilt. Während dies bei den Einzelkosten unmittelbar erfolgen kann, müssen die nicht direkt zurechenbaren Gemeinkosten vor ihrer kalkulatorischen Verrechnung in die Kostenstellenrechnung gebucht und dort entsprechend aufbereitet werden. Im Einzelnen hat die Kostenstellenrechnung in der Istkostenrechnung die folgenden Aufgaben zu erfüllen:

1. Verteilung der Istgemeinkosten auf die Kostenstellen, in denen der entsprechende Produktionsfaktorverbrauch stattgefunden hat.

[11] Auf die Vorteile und Probleme der Prozesskostenrechnung werden wir in Abschnitt 7.1 ausführlich eingehen.

2. Durchführung der innerbetrieblichen Leistungsverrechnung, in welcher die Kosten der Hilfskostenstellen auf die Hauptkostenstellen umgelegt werden.
3. Bildung von Kalkulationssätzen für die Hauptkostenstellen zur Weiterverrechnung aller Gemeinkosten auf die Produkte.

Ein organisatorisches Hilfsmittel zur Erfüllung dieser Aufgaben ist der Betriebsabrechnungsbogen. Er enthält in den einzelnen Spalten sämtliche Kostenstellen des Unternehmens, wobei üblicherweise mit den Hilfskostenstellen begonnen wird. In den Zeilen befinden sich dann die Gemeinkostenarten in der Reihenfolge des Kostenartenplans; hier werden üblicherweise als Erstes die primären Kostenarten angeführt, die unmittelbar der jeweiligen Stelle belastet wurden, es folgen die in der innerbetrieblichen Leistungsverrechnung gebildeten sekundären Kostenarten. Den Abschluss der Vorspalte des Betriebsabrechnungsbogens bilden die Istbezugsgrößen und die mit deren Hilfe ermittelten Kalkulationssätze zur kalkulatorischen Weiterverrechnung der Gemeinkosten. In Übersicht 4.5 ist anhand eines einfachen Beispiels die Grundstruktur des Betriebsabrechnungsbogens dargestellt.

Kostenstellen / Kostenarten		Hilfs- und Nebenkosten -stellen			Hauptkostenstellen des Material- u. Fertigungsber.			V. u. V.
		Kantine	Strom	Instandh.	Material	Fertig. 1	Fertig. 2	V. u. V.
Primäre Gemeinkosten aus Kostenarten - rechnung	**Kostenart1**	3.000	6.000	4.000	1.550	19.000	17.000	10.230
	Kostenart2	4.000	2.000	9.000	7.000	45.000	40.000	25.000
	Kostenart3	3.000	3.000	7.000	10.000	21.000	55.000	22.000
1 Summe Primärkosten		**10.000**	**11.000**	**20.000**	**18.550**	**85.000**	**112.000**	**57.230**
2 Umlage der Sekundärkosten								
3 Umlage der Hilfskostenstelle Kantine		→	200	300	1.500	3.500	4.000	500
4 Umlage der Hilfskostenstelle Stromerzeugung			→	950	1.500	3.000	5.000	750
5 Umlage der Hilfskostenstelle Instandhaltung				→	3.450	7.000	9.000	1.800
6 Summe Sekundärkosten					6.450	13.500	18.000	3.050
7 Endsumme Gemeinkosten (1 + 6)					**25.000**	**98.500**	**130.000**	**60.280**
8 Kalkulationsbasis					500.000 €	1.970 Std.	2.000 Std.	753.500 €
9 Kalkulationssatz					**5%**	**50,00**	**65,00**	**8%**

Übersicht 4.5: Grundaufbau des Betriebsabrechnungsbogens

Im Beispiel besteht das Unternehmen lediglich aus den drei Hilfskostenstellen Kantine, Stromerzeugung und Instandhaltung sowie aus vier Hauptkostenstellen, wobei neben einer Materialstelle und einer Stelle für Verwaltung und Vertrieb zwei Fertigungsstellen eingerichtet sind.

Im ersten Schritt werden die primären Gemeinkosten, die der Einfachheit halber nach nur drei Kostenarten differenziert sind, auf die Kostenstellen des Faktorverbrauchs verteilt. Es folgt die innerbetriebliche Leistungsverrechnung, in welcher die Gemeinkosten der Hilfskostenstellen sukzessive auf die Hauptkostenstellen verrechnet werden. Auf das hier angewandte Stufenleiterverfahren werden wir im nächsten Abschnitt näher eingehen. Nach Durchführung der innerbetrieblichen Leistungsverrechnung sind die Gemeinkosten der Hilfskostenstellen in Höhe von 41.000 €/Mon vollständig auf die Hauptkostenstellen verrechnet.

Als Letztes werden dann die Kalkulationssätze der Hauptkostenstellen errechnet, wobei eine geeignete Bezugsgröße als Verrechnungsgrundlage auszuwählen ist. In Beispiel werden die Kosten der Material- und V.u.V.-Stelle mit den indirekten Bezugsgrößen Einzelmaterialkosten bzw. Herstellkosten des Umsatzes verrechnet, für die Fertigungsstellen wird die direkte Bezugsgröße Fertigungsstunden verwendet. Mit Hilfe der angegebenen Kalkulationssätze werden dann die Gemeinkosten kalkulatorisch weiterverrechnet.

4.3.2 Die innerbetriebliche Leistungsverrechnung

Wie gesehen, besteht die Aufgabe der innerbetrieblichen Leistungsverrechnung darin, die Gemeinkosten der Hilfskostenstellen auf die Hauptkostenstellen zu verrechnen. Dabei soll die Art der Verrechnung dem Leistungsentsprechungsprinzip folgen, d.h. eine Kostenstelle, die von der betrachteten Hilfskostenstelle in großem Umfang Leistungen bezieht, soll mit einem entsprechend hohen Anteil der Kosten belastet werden.[12]

Dem Leistungsentsprechungsprinzip wird am besten durch die Bildung von Verrechnungssätzen für die innerbetrieblich beanspruchten Leistungen der Hilfskostenstellen entsprochen. Die Ermittlung derartiger Verrechnungssätze wäre an sich einfach, man bräuchte lediglich die Kosten der Hilfskostenstellen durch geeignete Bezugsgrößen der Leistungsmessung zu dividieren. Für eine beliebige Hilfskostenstelle v würde sich dann folgender Verrechnungssatz h ergeben:

$$h_v = \frac{K_v}{B_v}$$

Das Problem der innerbetrieblichen Leistungsverrechnung besteht nun aber darin, dass die Hilfskostenstellen ihre Leistungen nicht nur an die Hauptkostenstellen abgeben, sondern auch an andere Hilfskostenstellen, von denen sie eventuell auch Leistungen empfangen. Es besteht somit eine Interdependenz des Leistungsaustausches zwischen den Hilfskostenstellen. Die Kosten der Hilfskostenstelle v setzen sich damit zusammen aus ihren primären Kosten und den Kosten, die ihr für empfangene Leistungen von anderen Hilfskostenstellen zu belasten sind. Bezeichnen wir die Hilfskostenstellen mit $w = 1,...,s$, die Leistungen, welche die Stelle v von einer anderen Hilfskostenstelle w erhält, mit b_{wv}, die primären Kosten der Stelle v mit K_{vPr}, so gilt für die gesamten Gemeinkosten der Hilfskostenstelle v:

[12] Zu den Grundprinzipien der Kostenzuordnung vgl. unsere Ausführungen in Abschnitt 1.3.4.

$$K_v = K_{v\,Pr} + \sum_{w=1}^{s} b_{wv} \cdot h_w$$

Damit wird deutlich, dass die Höhe der Kosten der Stelle v und damit die Höhe des Verrechnungssatzes dieser Stelle von den Verrechnungssätzen der anderen Hilfskostenstellen abhängen, von denen die Stelle v Leistungen bezieht; umgekehrt hängen deren Verrechnungssätze wiederum von demjenigen der Stelle v ab, sofern sie Leistungen von dieser Stelle beziehen.

Aufgrund des gegenseitigen Leistungsaustausches der Hilfskostenstellen kann daher eine exakte Bestimmung der Verrechnungssätze simultan nur mit Hilfe eines linearen Gleichungssystems erfolgen. Diese Art der Ermittlung der Verrechnungssätze bezeichnet man demzufolge auch als das **Gleichungsverfahren**.[13] Für jede im gegenseitigen Leistungsaustausch stehende Hilfskostenstelle wird dabei folgende Gleichung aufgestellt:

$$h_v \cdot B_v = K_{v\,Pr} + \sum_{w=1}^{s} b_{wv} \cdot h_w \quad (v = 1, \ldots, s)$$

Zu beachten ist, dass nur solche Hilfskostenstellen in das Gleichungssystem einzubeziehen sind, die sowohl Leistungen von anderen Stellen empfangen als auch Leistungen an andere Hilfskostenstellen abgeben. Bei Stellen, die keine Leistungen von anderen empfangen, entsprechen die primären Gemeinkosten den gesamten, so dass der Verrechnungssatz ohne Kenntnis der übrigen Verrechnungssätze bestimmt werden kann. Die Verrechnungssätze von Stellen, die keine Leistungen an andere Hilfskostenstellen abgeben, werden für die Bestimmung der übrigen nicht benötigt und können im Anschluss an die Lösung des Gleichungssystems errechnet werden.

Die Anwendung des Gleichungsverfahrens wollen wir an einem Zahlenbeispiel verdeutlichen. Betrachtet werden insgesamt neun Hilfskostenstellen, von denen aber nur vier im gegenseitigen Leistungsaustausch stehen. Tabelle 4.11 zeigt die primären Kosten der Stellen sowie die Leistungen, welche die Hilfskostenstellen von den jeweils anderen Stellen empfangen. Die sonstigen Leistungen dieser Stellen gehen an die Hauptkostenstellen.

[13] Zum Gleichungsverfahren und den übrigen Verfahren der innerbetrieblichen Leistungsverrechnung siehe W. Kilger, (Einführung 1992), S. 179 ff. und die dort angegebene Literatur.

Kostenstelle		Prim. Kosten	Empfangene Leistungen von Hilfskostenstelle:								
Nr.	Bezeichnung	[€/Mon]	100	102	200	202	204	205	208	400	500
100	Technische Leitung	38.757			100	8.000		35			
102	Arbeitsvorbereit.	26.814			200	7.000	400	10			
200	Grundstücke	55.688				3.000	3.100	85			
202	Sozialdienst	10.242			400	1.500	600	20			
204	Stromversorgung	22.782			40			10			
205	Reparatur	31.820			140	5.500	1.500	10			
208	Transport	4.022			50	2.500	3.200	15			
400	Meisterbereich 1	15.861			40	3.500		30			
500	Meisterbereich 2	10.253			30	2.500		25			
Summe Hilfskostenstellen					1.000	33.500	8.800	240			
Summe Hauptkostenstellen			320	960	5.000	131.500	111.200	1.260	9.500	650	440
Summe insgesamt		**216.239**	320	960	6.000	165.000	120.000	1.500	9.500	650	440
Dimensionen			Std.	Std.	qm	€	kWh	Std.	km	Std.	Std.

Tabelle 4.11: Beispiel zur innerbetrieblichen Leistungsverrechnung

Für die vier interdependenten Kostenstellen 200, 202, 204 und 205 müssen nun die exakten Verrechnungssätze mit Hilfe eines linearen Gleichungssystems bestimmt werden. Bezeichnen wir die gesuchten Verrechnungssätze wiederum mit h, so ergibt sich folgendes Gleichungssystem:

$$
\begin{aligned}
6.000 \cdot h_{200} &= 55.688 + \quad\quad\quad\quad + 3.000 \cdot h_{202} + 3.100 \cdot h_{204} + 85 \cdot h_{205} \\
165.000 \cdot h_{202} &= 10.242 + 400 \cdot h_{200} + 1.500 \cdot h_{202} + 600 \cdot h_{204} + 20 \cdot h_{205} \\
120.000 \cdot h_{204} &= 22.782 + 40 \cdot h_{200} + \quad\quad\quad\quad\quad\quad\quad\quad + 10 \cdot h_{205} \\
1.500 \cdot h_{205} &= 31.820 + 140 \cdot h_{200} + 5.500 \cdot h_{202} + 1.500 \cdot h_{204} + 15 \cdot h_{205}
\end{aligned}
$$

Die Lösung dieses Gleichungssystems führt zu den folgenden Verrechnungssätzen:

Stelle	**Verrechnungssatz**
200	9,750 €/qm
202	0,090 €/€
204	0,195 €/kWh
205	22,800 €/Std

Tabelle 4.12: Beispiel zur innerbetrieblichen Leistungsverrechnung

Mit Hilfe dieser Kostensätze lassen sich nun die Verrechnungssätze der anderen, nicht interdependenten Stellen isoliert errechnen, indem man die von den interdependenten Stellen bezogenen Leistungen mit den gefundenen Verrechnungssätzen bewertet. Für die anderen Hilfskostenstellen ergeben sich die in Tabelle 4.13 wiedergegebenen Verrechnungssätze:

Stelle	Primäre Kosten	Sekundäre Kosten von 200	202	204	205	Summe	Leistung	Kostensätze
100	38.757	975	720		798	41.250	320	128,91
102	26.814	1.950	630	78	228	29.700	960	30,94
208	4.022	488	225	624	342	5.701	9.500	0,60
400	15.861	390	315		684	17.250	650	26,54
500	10.253	293	225		570	11.341	440	25,77

Tabelle 4.13: Beispiel zur innerbetrieblichen Leistungsverrechnung

Mit diesen Verrechnungssätzen werden dann die Leistungen der einzelnen Hilfskostenstellen an die Hauptkostenstellen bewertet und auf den einzelnen Hauptkostenstellen unter der betreffenden sekundären Kostenart ausgewiesen. Tabelle 4.14 zeigt die Bewertung der Leistungen, welche die einzelnen Hilfskostenstellen an die Hauptkostenstellen abgeben.

Kostenstelle Nr.	Bezeichnung	Leistungen an Hauptkostenstellen	Verrechnungs-Satz	Sekundäre Kosten
100	Technische Leitung	320	128,91	41.250
102	Arbeitsvorbereitung	960	30,94	29.700
200	Grundstücke	5.000	9,75	48.750
202	Sozialdienst	131.500	0,09	11.835
204	Stromversorgung	111.200	0,20	21.684
205	Reparatur	1.260	22,80	28.728
208	Transport	9.500	0,60	5.701
400	Meisterbereich 1	650	26,54	17.250
500	Meisterbereich 2	440	25,77	11.341
Summe				216.239

Tabelle 4.14: Beispiel zur innerbetrieblichen Leistungsverrechnung

Die Berechnung zeigt, dass die ursprüngliche Gemeinkostensumme der Hilfskostenstellen in Höhe von 216.239 €/Mon nach Durchführung der innerbetrieblichen Leistungsverrechnung vollständig auf die Hauptkostenstellen verrechnet ist, d.h. die Gemeinkosten der Hilfskostenstellen sind in vollem Umfang auf die Hauptkostenstellen überwälzt.

Die Lösung linearer Gleichungssysteme bereitet mit dem Einsatz von Tabellenkalkulationsprogrammen – bei entsprechendem Sachverstand – keine Schwierigkeiten. Da in früheren Zeiten der Einsatz derartiger Hilfsmittel noch nicht verbreitet war, haben sich Näherungsverfahren entwickelt, mit denen die Verrechnungssätze interdependenter Hilfskostenstellen vereinfacht errechnet werden konnten. Da diese Verfahren in manchen Unternehmen auch heute noch verwendet werden, wollen wir sie kurz behandeln. Die bekanntesten Verfahren sind:

1. Das Anbauverfahren.

2. Das Stufenleiterverfahren.

Das **Anbauverfahren** vernachlässigt den Leistungsaustausch zwischen den Hilfskostenstellen vollständig und berücksichtigt bei der Ermittlung der Verrechnungssätze nur die Leistungen, welche die Hilfskostenstellen an die Hauptkostenstellen abgeben. Damit ergibt sich für die Verrechnungssätze folgende Bestimmungsgleichung:

$$\text{Verrechnungssatz} = \frac{\text{Primäre Kosten der Hilfskostenstelle}}{\text{Leistungen an die Hauptkostenstellen}}$$

Tabelle 4.15 zeigt für unser Zahlenbeispiel die Verrechnungssätze der Hilfskostenstellen nach dem Anbauverfahren.

Stelle	Primäre Kosten	Leistungen an Hauptkostenstellen	Verrechnungs-satz	Exakter Ver-rechungssatz	Prozentualer Fehler
100	38.757	320	121,116	128,906	-6,0%
102	26.814	960	27,931	30,938	-9,7%
200	55.688	5.000	11,138	9,750	14,2%
202	10.242	131.500	0,078	0,090	-13,5%
204	22.782	111.200	0,205	0,195	5,1%
205	31.820	1.260	25,254	22,800	10,8%
208	4.022	9.500	0,423	0,600	-29,4%
400	15.861	650	24,402	26,538	-8,1%
500	10.253	440	23,302	25,774	-9,6%

Tabelle 4.15: Beispiel zur innerbetrieblichen Leistungsverrechnung (Anbauverfahren)

Die letzte Spalte der Tabelle 4.15 zeigt, dass es bei Anwendung des Anbauverfahrens zu z.T. doch recht erheblichen Abweichungen von den exakten Verrechnungssätzen kommt, welche die Richtigkeit der innerbetrieblichen Leistungsverrechnung in Frage stellen. Das Verfahren sollte daher nur dann angewandt werden, wenn der Leistungsaustausch zwischen den Hilfskostenstellen bezogen auf die gesamte Leistungserstellung der Hilfskostenstellen vernachlässigbar ist. Im übrigen entfallen die Gründe für seine Anwendung bei einer dv-gestützten Durchführung der Kostenstellenrechnung.

Das Anbauverfahren kann dadurch etwas exakter gestaltet werden, dass man seine Anwendung auf die interdependenten Hilfskostenstellen beschränkt und bei der Ermittlung der Verrechnungssätze der übrigen Stellen die empfangenen Leistungen von den interdependenten Stellen mit berücksichtigt. Bei der Berechnung der Kostensätze der interdependenten Stellen werden dann nicht nur die Leistungen an die Hauptkostenstellen angesetzt, sondern auch die Leistungen an die nicht interdependenten Hilfskostenstellen; mit Hilfe der errechneten Kostensätze können im zweiten Schritt die sekundären Kosten der übrigen Hilfskostenstellen errechnet werden können. Man erhält die folgenden Verrechnungssätze:

Stelle	Primäre Kosten	Leistungen an nicht interdependente Stellen	Verrechnungs-satz	Exakter Ver-rechnungssatz	Prozentualer Fehler
200	55.688	5.420	10,275	9,750	5,4%
202	10.242	155.000	0,066	0,090	-26,6%
204	22.782	114.800	0,198	0,195	1,8%
205	31.820	1.375	23,142	22,800	1,5%

Tabelle 4.16: Beispiel zur innerbetrieblichen Leistungsverrechnung (Anbauverfahren)

Für die Stellen 100, 102, 208, 400 und 500 erhält man dann die in Tabelle 4.17 angegebenen Verrechnungssätze:

Stelle	Primäre Kosten	Sekundäre Kosten von				Summe	Leistung	Kostensätze	Exakte Werte	Proz. Fehler
		200	202	204	205					
100	38.757	1.027	529		810	41.123	320	128,509	128,906	-0,3%
102	26.814	2.055	463	79	231	29.642	960	30,877	30,938	-0,2%
208	4.022	514	165	635	347	5.683	9.500	0,598	0,600	-0,3%
400	15.861	411	231		694	17.198	650	26,458	26,538	-0,3%
500	10.253	308	165		579	11.305	440	25,693	25,774	-0,3%

Tabelle 4.17: Beispiel zur innerbetrieblichen Leistungsverrechnung (Anbauverfahren)

Diese Form der Ermittlung der Verrechnungssätze wird in der Literatur auch als das *zweistufige Anbauverfahren* bezeichnet.[14] Die Berechnung zeigt, dass bei diesem Vorgehen der Fehler bei den nicht interdependenten Hilfskostenstellen im Vergleich zur einstufigen Methode deutlich geringer ist. Auch die Abweichungen bei den interdependenten Stellen, abgesehen von der Stelle 202 Sozialdienst, sind weniger gravierend.

Als zweites Näherungsverfahren wollen wir das **Stufenleiterverfahren** behandeln. Hier werden die interdependenten Hilfskostenstellen in einer bestimmten Reihenfolge nacheinander abgerechnet, wobei in den nachfolgenden Berechnungen die vorher erzielten Ergebnisse berücksichtigt werden.

Die Reihenfolge der Hilfskostenstellen wird dabei nach der Maßgabe bestimmt, dass mit den Stellen begonnen wird, die von möglichst wenigen Stellen möglichst wenig Leistungen beziehen. Als Erstes wird damit eine Stelle gewählt, die keine oder nur wenige Leistungen von anderen Hilfskostenstellen erhält. Deren Verrechnungssatz errechnet man nun durch Division der primären Kosten durch die Gesamtleistungen abzüglich eines eventuell vorliegenden Eigenverbrauchs. Mit den oben definierten Kurzzeichen lässt sich der Verrechnungssatz der ersten Stelle wie folgt darstellen:

$$h_1 = \frac{K_{Pr1}}{B_1 - b_{11}}$$

Bei der Berechnung des Kostensatzes der zweiten Stelle werden nun die Leistungen, welche diese von der zuerst abgerechneten erhält, mit dem Verrechnungssatz h_1 bewertet und zu den primären Kosten der Stelle 2 addiert. Da die Leistungen, die Stelle 2 an Stelle 1 liefert, bei diesem Verfahren keine Berücksichtigung finden, dürfen sie in die Errechnung des Kostensatzes der Stelle 2 nicht eingehen; sie sind daher zusammen mit dem Eigenverbrauch von der Gesamtleistung der Stelle zu subtrahieren. Für den Verrechnungssatz der Stelle 2 gilt somit:

$$h_2 = \frac{K_{Pr2} + h_1 \cdot b_{12}}{B_2 - b_{21} - b_{22}}$$

[14] Vgl. hierzu W. Kilger, (Einführung 1992), S. 183 und die dort angegebene Literatur.

Für die in der festgelegten Reihenfolge drittplazierte Hilfskostenstelle errechnet sich der Kostensatz wie folgt:

$$h_3 = \frac{K_{Pr3} + h_1 \cdot b_{13} + h_2 \cdot b_{23}}{B_3 - b_{31} - b_{32} - b_{33}}$$

In analoger Weise werden die Verrechnungssätze der übrigen Hilfskostenstellen errechnet.

Das Stufenleiterverfahren führt zu den gleichen Verrechnungssätzen wie das Gleichungsverfahren, wenn die Reihenfolge so bestimmt werden kann, dass keine Hilfskostenstelle Leistungen von einer erst später abzurechnenden erhält und keine Leistungen an eine vor ihr liegende Stelle liefert. Je weniger dies gelingt, um so größer werden die Abweichungen gegenüber den exakten Verrechnungssätzen sein.

In obigem Beispiel empfängt die Hilfskostenstelle 204 Stromversorgung von zwei Stellen Leistungen, die Stelle 200 Grundstücke und Gebäude von drei und die beiden übrigen interdependenten Stellen 202 Sozialdienst und 205 Reparaturstelle von allen vier Stellen (vgl. Tabelle 4.11). Die Ermittlung der Verrechnungssätze soll daher in der Reihenfolge 204, 200, 205, 202 erfolgen, wobei die Reihenfolge der beiden letzten Stellen auch umgekehrt sein könnte, da keine der beiden Stellen eindeutig weniger Leistungen bezieht als die andere.

Für die Stromkostenstelle erhält man den Verrechnungssatz, indem die primären Kosten durch die Gesamtleistung dividiert werden; ein Eigenverbrauch liegt bei dieser Stelle nicht vor.

$$h_{204} = \frac{22.782}{120.000} = 0{,}1899$$

Als Nächstes wird die Raumkostenstelle 200 abgerechnet. Hier lassen sich die 3.100 Kilowattstunden, welche diese Stelle verbraucht, mit dem gerade ermittelten Verrechnungssatz bewerten. Auf der anderen Seite dürfen die 40 qm Fläche der Stromkostenstelle bei der Berechnung nicht mit berücksichtigt werden.

$$h_{200} = \frac{55.688 + 0{,}1899 \cdot 3.100}{6.000 - 40} = \frac{56.276}{5.960} = 9{,}4424$$

Als Nächstes soll der Kostensatz der Reparaturstelle berechnet werden, wobei hier im Nenner neben den Reparaturstunden für die beiden bereits abgerechneten Stellen der Eigenverbrauch in Höhe von 10 Stunden zu berücksichtigen ist. Man erhält:

$$h_{205} = \frac{31.820 + 0{,}1899 \cdot 1.500 + 9{,}4424 \cdot 140}{1.500 - 10 - 85 - 10} = \frac{33.427}{1.395} = 23{,}9618$$

Als letzte der interdependenten Hilfskostenstellen wird dann die Stelle 202 Sozialdienst berücksichtigt.

$$h_{202} = \frac{10.242 + 0{,}1899 \cdot 600 + 9{,}4424 \cdot 400 + 23{,}9618 \cdot 20}{165.000 - 3.000 - 5.500 - 1.500} = \frac{14.612}{155.000} = 0{,}0943$$

Für die anderen Hilfskostenstellen ergeben sich mit diesen Verrechnungssätzen des Stufenleiterverfahrens die in Tabelle 4.18 berechneten Kostensätze:

Stelle	Primäre Kosten	Sekundäre Kosten von				Summe	Leistung	Verrechnungssatz
		200	202	204	205			
100	38.757	944	754		839	41.294	320	129,044
102	26.814	1.888	660	76	240	29.678	960	30,915
208	4.022	472	236	608	359	5.697	9.500	0,600
400	15.861	378	330		719	17.287	650	26,596
500	10.253	283	236		599	11.371	440	25,843

Tabelle 4.18: Beispiel zur innerbetrieblichen Leistungsverrechnung (Stufenleiterverfahren)

In Tabelle 4.19 erfolgt ein Vergleich der Verrechnungssätze des Stufenleiterverfahrens mit den exakten Kostensätzen des Gleichungsverfahrens, wobei die letzte Spalte wiederum die prozentualen Fehler ausweist.

Stelle	Verrechnungssatz	Exakter Verrechungssatz	Prozentualer Fehler
100	129,0440	128,9063	0,1%
102	30,9145	30,9375	-0,1%
200	9,4424	9,7501	-3,2%
202	0,0943	0,0900	4,7%
204	0,1899	0,1950	-2,6%
205	23,9618	22,8003	5,1%
208	0,5997	0,6001	-0,1%
400	26,5962	26,5385	0,2%
500	25,8432	25,7739	0,3%

Tabelle 4.19: Beispiel zur innerbetrieblichen Leistungsverrechnung (Stufenleiterverfahren)

Ein Vergleich mit den Ergebnissen des Anbauverfahrens zeigt, dass beim Stufenleiterverfahren die prozentuale Abweichung von den exakten Verrechnungssätze deutlich geringer ausfällt.

Abschließend wollen wir die Auswirkungen der Anwendung dieser Näherungsverfahren auf die einzelnen sekundären Kostenarten betrachten. In Tabelle 4.20 sind die Verrechnungssätze der Näherungsverfahren und die jeweils auf die Hauptkostenstellen verrechneten sekundären Kosten der einzelnen Hilfskostenstellen gegenübergestellt.

Kostenstelle		Leistungen an	Anbauverf. einstufig		Anbauverf. zweistufig		Stufenleiterverf.	
Nr.	Bezeichnung	Hauptkostenstellen	Kostensatz	Sek. Kosten	Kostensatz	Sek. Kosten	Kostensatz	Sek. Kosten
100	Technische Leitung	320	121,12	38.757	128,51	41.123	129,04	41.294
102	Arbeitsvorbereitung	960	27,93	26.814	30,88	29.642	30,91	29.678
200	Grundstücke	5.000	11,14	55.688	10,27	51.373	9,44	47.212
202	Sozialdienst	131.500	0,08	10.242	0,07	8.689	0,09	12.397
204	Stromversorgung	111.200	0,20	22.782	0,20	22.068	0,19	21.111
205	Reparatur	1.260	25,25	31.820	23,14	29.159	23,96	30.192
208	Transport	9.500	0,42	4.022	0,60	5.683	0,60	5.697
400	Meisterbereich 1	650	24,40	15.861	26,46	17.198	26,60	17.287
500	Meisterbereich 2	440	23,30	10.253	25,69	11.305	25,84	11.371
Summe				**216.239**		**216.239**		**216.239**

Tabelle 4.20: Beispiel zur innerbetrieblichen Leistungsverrechnung

Tabelle 4.20 zeigt, dass auch bei Anwendung der Näherungsverfahren sämtliche primären Kosten der Hilfskostenstellen nach Durchführung der innerbetrieblichen Leistungsverrechnung auf die Hauptkostenstellen weiterverrechnet sind, wobei sich allerdings die Höhe der einzelnen sekundären Kostenarten – auch im Vergleich zu den exakten Ergebnisse des Gleichungsverfahrens (siehe Tabelle 4.14) – z.T. erheblich unterscheiden. Im Übrigen sei nochmals darauf hingewiesen, dass mit einer dv-unterstützten Abwicklung der innerbetrieblichen Leistungsverrechnung für die Anwendung der Näherungsverfahren eigentlich kein Grund mehr besteht.

4.3.3 Die Bildung von Kalkulationssätzen

Nach der Durchführung der innerbetrieblichen Leistungsverrechnung sind, unabhängig vom angewendeten Verfahren, die Kosten der Hilfskostenstellen auf die Hauptkostenstellen umgelegt. Damit sind die Voraussetzungen zur Durchführung der dritten Aufgabe der Kostenstellenrechnung in der Istkostenrechnung geschaffen, der Ermittlung von Kalkulationssätzen zur Weiterverrechnung der Istgemeinkosten auf die betrieblichen Erzeugnisse.

Die Bildung von Kalkulationssätzen erfolgt in einer Istkostenrechnung monatlich, indem die Istkosten der Hauptkostenstellen durch deren Istbezugsgröße dividiert werden. Die Höhe der Kalkulationssätze ist dabei im Jahresverlauf regelmäßigen und unregelmäßigen Schwankungen ausgesetzt, die u.a. auf folgende Ursachen zurückzuführen sind:

- Schwankungen der Einstandspreise bei Werkzeugen, Hilfs- und Betriebsstoffen,
- Schwankungen der Löhne, Gehälter und Personalnebenkosten,
- innerbetriebliche Unwirtschaftlichkeiten,
- Beschäftigungsschwankungen aufgrund unterschiedlicher Anzahl Arbeitstage sowie von Saison- und Konjunkturschwankungen.

Bei einem Zeitvergleich der Kalkulationssätze einer Kostenstelle können die auftretenden Unterschiede anhand dieser Ursachen plausibilisiert werden.

Die Dimensionen der jeweiligen Kalkulationssätze hängen nun von der Art der gewählten Bezugsgröße ab. Wie unsere Ausführungen in Abschnitt 4.2 gezeigt haben, ist die Art der Bezugsgröße vom jeweiligen Kalkulationsbereich abhängig. Im Materialbereich sowie in der Verwaltung und im Vertrieb können aufgrund der fehlenden Erzeugnisnähe der erstellten Leistungen nur indirekte Bezugsgrößen verwendet werden, wohingegen es für die Hauptkostenstellen des Fertigungsbereiches gelingt, direkte Bezugsgrößen zu bestimmen.

Die auf den Materialkostenstellen angefallenen Kosten werden in der Istkostenrechnung mit einem Zuschlagssatz in Prozent der Einzelmaterialkosten verrechnet; es gilt somit:

$$\text{Materialgemeinkostenverrechnungssatz} = \frac{\text{Istkosten der Materialstellen}}{\text{Ist-Einzelmaterialkosten}} \cdot 100$$

Eine Differenzierung der Verrechnungssätze nach Materialgruppen, wie sie in der Plankostenrechnung bei diesbezüglichen Unterschieden in der Kostenverursachung vorgenommen wird, erfolgt in der Istkostenrechnung im Allgemeinen nicht.

Im Fertigungsbereich hängt die Art der Kalkulationssätze vom angewendeten Kalkulationsverfahren ab. Hierbei lassen sich allgemein die Kalkulation mit Hilfe von Lohnzuschlagssätzen und die Kalkulation mit Hilfe von Bezugsgrößen unterscheiden.[15] Bei Anwendung einer Lohnzuschlagskalkulation verwendet man zur Weiterverrechnung der Gemeinkosten folgende Zuschlagssätze:

$$\text{Lohnzuschlagssatz} = \frac{\text{Ist-Fertigungsgemeinkosten}}{\text{Ist-Fertigungslöhne}} \cdot 100$$

Je nach angewandter Methode der Zuschlagskalkulation wird entweder mit einem Zuschlagssatz für den gesamten Fertigungsbereich gearbeitet oder die Verrechnungssätze werden nach Kostenstellen differenziert ermittelt.

Wird als Kalkulationsverfahren die Bezugsgrößenkalkulation eingesetzt, so errechnet man für jede Kostenstelle ein Verrechnungssatz in der Dimension der verwendeten direkten Bezugsgröße.[16]

$$\text{Kalkulationssatz} = \frac{\text{Ist-Fertigungskosten}}{\text{Istbezugsgröße}} \cdot 100$$

Häufig werden bei Anwendung der Bezugsgrößenkalkulation die Fertigungslöhne gemeinsam mit den Fertigungsgemeinkosten über die Kostenstellen verrechnet; daher sind in obiger Gleichung im Zähler des Kalkulationssatzes die gesamten Ist-Fertigungskosten angegeben.

In einer Istkostenrechnung kann allerdings sinnvollerweise nur eine Bezugsgröße je Kostenstelle verwendet werden, da die Aufteilung der tatsächlich angefallenen Kosten einer Stelle auf mehrere Bezugsgrößen ohne willkürliche Schlüsselungen kaum möglich ist. Produkt- oder verfahrensbedingte Unterschiede in der Kostenverursachung einzelner Erzeugnisse können daher in der Istkostenrechnung kalkulatorisch nicht abgebildet werden.

Wie wir weiter unten noch sehen werden, führt die Bezugsgrößenkalkulation auch in der Istkostenrechnung zu besseren Kalkulationsergebnissen als die Zuschlagskalkulation, die allerdings insbesondere in kleineren Unternehmen noch verbreitet ist.

---

[15] Auf die Kalkulationsverfahren werden wir in Abschnitt 5.3 ausführlich eingehen.
[16] Zur Bezugsgrößenwahl vgl. die Ausführungen in Abschnitt 4.2.

Im Verwaltungs- und im Vertriebsbereich werden die Istgemeinkosten auf die Herstellkosten des Umsatz bezogen, also auf die Herstellkosten der in der betreffenden Periode abgesetzten Erzeugnisse. Dies liegt darin begründet, dass die Kosten der allgemeinen Verwaltung und des Vertriebsbereiches den abgesetzten Produkten zugeordnet werden, während die Kosten der Herstellung, d.h. die Material- und die Fertigungskosten, auf die produzierten Mengen kalkuliert werden. Für den Verwaltungs- und den Vertriebsbereich erhält man dann folgende Verrechnungssätze:

$$\text{Verwaltungsgemeinkostenverrechnungssatz} = \frac{\text{Istkosten d. Verwaltungsstellen}}{\text{Istherstellkosten des Umsatzes}} \cdot 100$$

$$\text{Vertriebsgemeinkostenverrechnungssatz} = \frac{\text{Istkosten der Vertriebsstellen}}{\text{Istherstellkosten des Umsatzes}} \cdot 100$$

In der Istkostenrechnung wird normalerweise nur jeweils ein Verrechnungssatz ermittelt; die in der Plankostenrechnung zu findende Differenzierung der Vertriebskostensätze nach Erzeugnissen oder Erzeugnisgruppen erscheint hier zu aufwendig. Um die Höhe dieser Verrechnungssätze im Zeit- oder auch im Betriebsvergleich getrennt analysieren zu können, sollte man auf die häufig zu findende Zusammenfassung zu einem gemeinsamen Verrechnungssatz für Verwaltung und Vertrieb verzichten.

4.4 Die Kostenstellenrechnung in einer Plankostenrechnung

4.4.1 Überblick über die Vorbereitung und Durchführung der Kostenplanung

Wie in Abschnitt 2.3 gesehen, erfolgt in der Plankostenrechnung für jede Kostenstelle des Unternehmens eine kostenartenweise Planung der Gemeinkosten. Die geplanten Kosten werden den jeweiligen Kostenstellenleitern als Kostenbudget vorgegeben, deren Einhaltung dann im Rahmen eines Soll-Ist-Vergleiches überwacht wird. Bevor wir die Planung und Kontrolle der Gemeinkosten im Einzelnen behandeln, wollen wir in einem Überblick die Maßnahmen zur Vorbereitung und Durchführung der Gemeinkostenplanung darstellen. Übersicht 4.6 zeigt in einem Ablaufschema die Arbeitsschritte zur Vorbereitung und Durchführung der Kostenplanung.[17]

Die Übersicht verdeutlicht, dass die eigentliche Kostenplanung die folgenden vorbereitenden Maßnahmen erfordert:

1. Vorbereitung der Mengenplanung,
2. Preis- und Tarifplanung,
3. Kostenstelleneinteilung,
4. Bezugsgrößenwahl.

[17] Vgl. die Übersicht bei W. Kilger, (Plankostenrechnung 1992), S. 318.

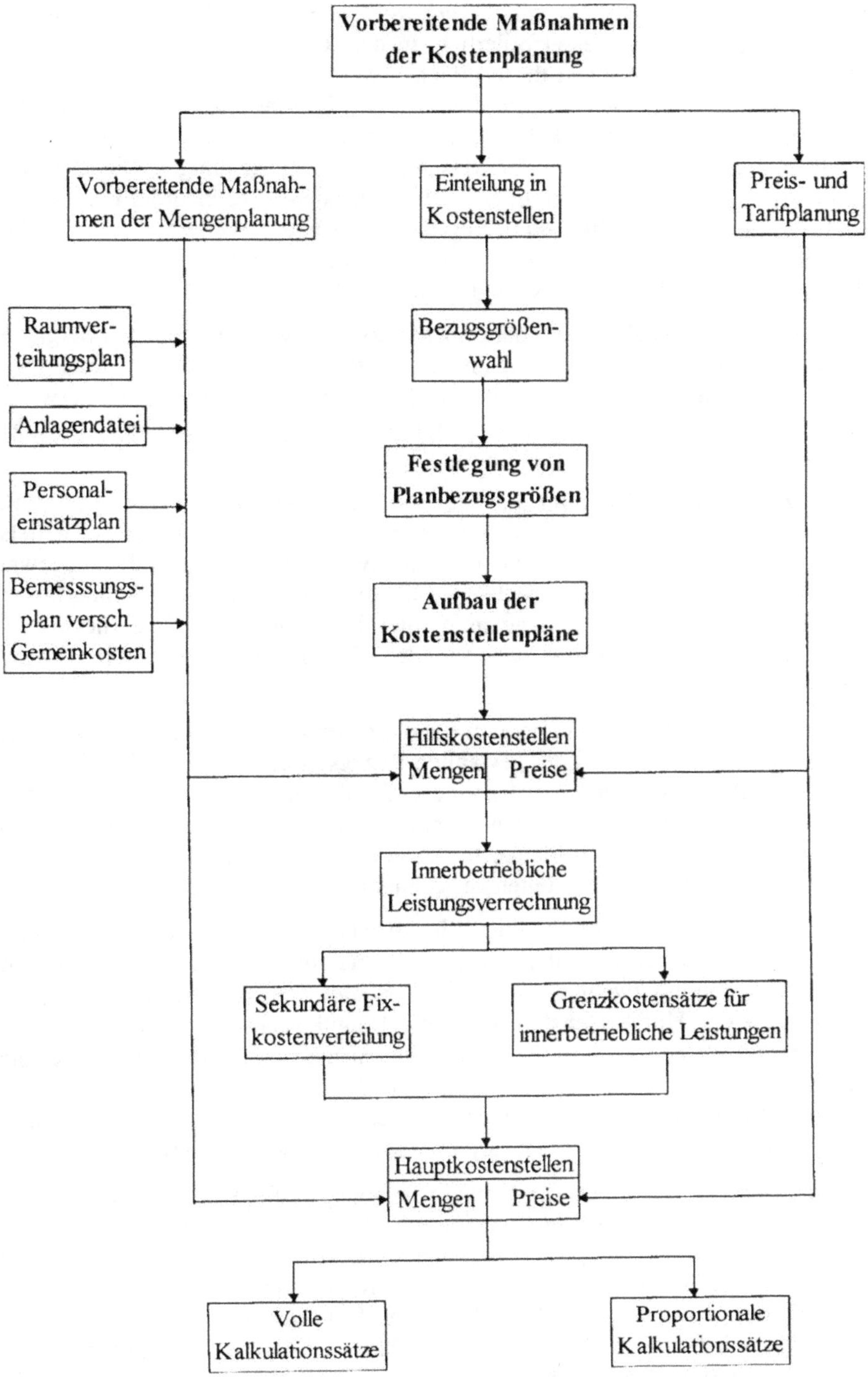

Übersicht 4.6: Vorbereitung und Durchführung der Gemeinkostenplanung

Für die Planung der *Produktionsfaktorverbrauchsmengen* ist als Erstes die Aufstellung eines Raumverteilungsplanes erforderlich, in dem die Flächen der einzelnen Kostenstellen enthalten sind. Anhand dieser Flächen werden die Plankosten der Hilfskostenstelle Grundstücke und Gebäude auf die einzelnen Kostenstellen verteilt. Für eine ordnungsgemäße Planung der kalkulatorischen Abschreibungen und Zinsen muss die Anlagendatei den aktuellen Stand der Maschinen und Einrichtungen wiedergeben. Zur Planung der Löhne, Gehälter und Personalnebenkosten ist es erforderlich, dass für die Mitarbeiter die Kostenstellen ihres Einsatzes feststehen. Weiterhin sind für die verschiedenen Gemeinkosten wie Versicherungsprämien, Gebühren und Beiträge, Mieten, Reisekosten u.ä. die Bemessungsgrundlagen festzulegen.

Für die über Kostenstellen verrechneten Materialien wie Werkzeuge, Energie, Hilfs- und Betriebsstoffe müssen vor Beginn der Kostenplanung *Planpreise* festgelegt werden. Weiterhin sind im Bereich der Personalkosten die für das Planjahr zu erwartenden *Tarifänderungen* und Veränderungen der Bemessungsgrundlagen für *Personalnebenkosten* zu planen.

Auf die *Kostenstelleneinteilung* und die Festlegung geeigneter *Bezugsgrößen* für die einzelnen Kostenstellen sind wir in den ersten beiden Abschnitten dieses Kapitels ausführlich eingegangen. Diese Maßnahmen sind zwar unabhängig von dem angewandten Kostenrechnungssystem erforderlich, im Rahmen der Plankostenrechnung kommt ihnen aber eine besondere Bedeutung zu, da hier die Festlegung realistischer Kostenvorgaben exakte Zusammenhänge zwischen den Kosten und den erstellten Leistungen erfordert.

Die eigentliche Kostenplanung beginnt dann mit der Festlegung der *Planbezugsgröße*, d.h. des numerischen Wertes der gewählten Bezugsgrößen für einen Durchschnittsmonat des Planjahres. Auf der Grundlage dieser Planbezugsgrößen werden dann die Kostenpläne der einzelnen Kostenstellen erstellt. Hierbei beginnt man sinnvollerweise mit den *Hilfskostenstellen*, deren Plankosten dann in der *innerbetrieblichen Leistungsverrechnung* auf die Hauptkostenstellen verrechnet werden.

Wird die Kalkulation in der flexiblen Plankostenrechnung als Parallelkalkulation der proportionalen und der gesamten Stückkosten erstellt, so muss die innerbetriebliche Leistungsverrechnung zweimal durchgeführt werden. Zunächst werden die *proportionalen Kosten* der Hilfskostenstellen auf die Hauptkostenstellen verrechnet und dort unter den zugehörigen sekundären Kostenarten ausgewiesen. Anschließend erfolgt die *sekundäre Fixkostenverteilung*, in welcher die Fixkosten der Nebenkostenstellen mit denselben Verteilungsmaßstäben weiterverrechnet werden; diese werden auf den Hauptkostenstellen unter der Kostenart Sekundäre Fixkosten zusammengefasst.

Nach der innerbetrieblichen Leistungsverrechnung erfolgt die *Kostenplanung der Hauptkostenstellen*. Abschließend werden für alle Hauptkostenstellen *Kalkulationssätze* errechnet, in dem die proportionalen und die gesamten Plankosten durch die jeweilige Planbezugsgröße dividiert werden. In den Kostenstellen, in denen aufgrund heterogener Kostenverursachung mehrere Bezugsgrößen erforderlich sind, erfolgt die Kostenplanung nach Bezugsgrößen getrennt, so dass sich hier mehrere proportionale und gesamte Kalkulationssätze ergeben.

4.4.2 Die Bestimmung von Planbezugsgrößen

Wie oben gesehen, besteht eine der ersten Aufgaben der Gemeinkostenplanung in der Festlegung der Planbezugsgröße. Hierunter versteht man den im Planungszeitraum anzusetzenden numerischen Wert der gewählten Bezugsgrößen der einzelnen Kostenstellen. In Kostenstellen mit homogener Kostenverursachung sind jeweils eine Planbezugsgröße, bei heterogener Kostenverursachung entsprechend mehrere Planbezugsgrößen je Stelle festzulegen.

Den Planbezugsgrößen kommen in der Plankostenrechnung die folgenden Aufgaben zu:[18]

1. Sie sind die Bezugsbasis der kostenartenweisen Gemeinkostenplanung, d.h. in der Kostenplanung werden die Kosten ermittelt, die bei wirtschaftlicher Betriebsführung zur Realisierung der Planbezugsgrößen erforderlich sind.
2. Sie sind die Grundlage der kalkulatorischen Weiterverrechnung der Plangemeinkosten auf andere Kostenstellen bzw. auf die Produkte.
3. Sie sind für die Errechnung der Sollkosten im Rahmen der Kostenkontrolle erforderlich.

Bei der Kalkulation der vollen Gemeinkosten hängt darüber hinaus die Höhe der Vollkostensätze von den gewählten Planbezugsgrößen ab. Je höher die Planbezugsgröße gewählt wird, um so geringer ist in den Plankalkulationen die Belastung der einzelnen Produkte mit fixen Kosten.

In der Literatur zur Plankostenrechnung werden folgende Verfahren zur Festlegung der Planbezugsgröße genannt:[19]

1. **Kapazitätsplanung**
   Bei der Kapazitätsplanung werden die realisierbaren Kapazitäten der Kostenstellen als Planbezugsgrößen festgelegt,[20] und zwar unabhängig von der erwarteten Beschäftigung, d.h. der Auslastung dieser Kapazitäten.

   In einer Vollkostenrechnung hat dieses Verfahren den Vorteil, dass bei Unterbeschäftigung die Fixkostendegression nicht zu überhöhten Kalkulationssätzen führt. Dafür entstehen dann schon im Planungsstadium Beschäftigungsabweichungen, da die planmäßig zu erwartende Beschäftigung geringer ist als die Planbezugsgröße. Ein weiterer Nachteil besteht darin, dass dieses Verfahren bei heterogener Kostenverursachung nicht anwendbar ist, da sich die Kapazitäten nicht nach Bezugsgrößen differenzieren lassen.

   Auch in Kostenstellen, in denen sich die Leistungen nicht quantifizieren lassen und daher indirekte Bezugsgrößen angewendet werden müssen, lässt sich das Verfahren nicht anwenden, da anhand der indirekten Bezugsgrößen das Leistungsvermögen der Kostenstellen nicht beschrieben werden kann.

---

[18] Vgl. L. Hans u. V. Warschburger, (Controlling 1999), S. 298 ff.
[19] Vgl.: W. Kilger, (Plankostenrechnung 1992), S. 345 ff.; L. Haberstock, (Kostenrechnung II 1999), S. 92 f.
[20] Zum Kapazitätsbegriff vgl. L. Hans u. V. Warschburger, (Controlling 1999), S. 128 f.

2. **Engpassplanung**
   Beim Verfahren der Engpassplanung werden die Planbezugsgrößen der Kostenstellen mit dem Gesamtsystem der kurzfristig operativen Planung abgestimmt. Unter Berücksichtigung des sogenannten Minimumsektors der Planung,[21] d.h. des Bereiches, der als Erster restriktiv wirkt, wird anhand der Planproduktionsmengen die Beschäftigung in den einzelnen Teilbereichen geplant. Bei heterogener Kostenverursachung muss aus den Planproduktionsmengen für jede Bezugsgrößenart der Wert der Planbezugsgröße festgelegt werden.

   Der Vorteil der Engpassplanung besteht darin, dass die Festlegung der Planbezugsgröße und damit die gesamte Gemeinkostenplanung in das System der operativen Planung integriert wird. Bei einer Vollkostenbetrachtung führt die Anwendung des Verfahrens bei Unterbeschäftigung zu erhöhten Fixkostenbelastungen der Produkte, wodurch allerdings die Kostensituation realistisch dargestellt wird.

Die Planbezugsgrößen gelten für den Zeitraum der Kostenplanung, der normalerweise ein Jahr beträgt, und werden für einen Durchschnittsmonat des Planjahres angegeben.

In Tabelle 4.21 ist ein Beispiel zur Festlegung der Planbezugsgrößen bei heterogener Kostenverursachung nach dem Verfahren der Engpassplanung wiedergegeben.

Prod.-art	**Planproduktionsmenge**	**Stückbezugsgröße**		**Planbezugsgröße**	
		Ftg.Min/Stck	**Msch.Min/Stck**	**Ftg.Min/Mon**	**Msch.Min/Mon**
1	2.000	15,0	30,0	30.000	60.000
2	2.500	6,0	12,0	15.000	30.000
3	1.200	18,0	18,0	21.600	21.600
4	3.000	22,0	44,0	66.000	132.000
5	2.250	8,0	24,0	18.000	54.000
Summe				150.600	297.600
in Stunden				2.510	4.960

Tabelle 4.21: Beispiel zur Festlegung der Planbezugsgröße

Im Beispiel müssen in einer Kostenstelle, in der fünf Produkte bearbeitet werden, aufgrund der wechselnden Bedienungsrelationen der einzelnen Erzeugnisse die beiden Bezugsgrößen Fertigungsstunden und Maschinenstunden nebeneinander verwendet werden. Die jeweiligen Bedienungsrelationen lassen sich dabei an dem Verhältnis der Fertigungszeiten pro Stück zu den zugehörigen Maschinenzeiten ablesen.

Zur Errechnung der beiden Planbezugsgrößen werden dann die sich aus der Produktionsmengenplanung[22] ergebenden Planproduktionsmengen mit den zugehörigen Stückbezugsgrößen multipliziert. Durch Addition der Bezugsgrößenmengen der einzelnen Erzeugnisse erhält man dann die jeweiligen Planbezugsgrößen.

[21] Dieser Begriff geht auf E. Gutenberg zurück, vgl. (Grundlagen 1983), S. 163 f.
[22] Zur Produktionsmengenplanung vgl. u.a. L. Hans u. V. Warschburger, (Controlling 1999), S. 193 f.

Kostenstelle		Bezugsgrößenart	Planbe - zugsgröße
Technische Leitungsstellen			
100*	Technische Leitung	Deckung prop. Kosten	1.200
101	Konstruktion und Entwicklung	Deckung prop. Kosten	4.750
102*	Arbeitsvorbereitung	Deckung prop. Kosten	7.300
Hilfs- und Nebenkostenstellen			
200*	Grundstücke und Gebäude	Quadratmeter	9.200
202*	Sozialdienst und Betriebsvertretung	Lohn- und Gehaltssumme	362.500
203*	Kantine	Lohn- und Gehaltssumme	362.500
204*	Stromversorgung	Kilowattstunden	208.000
205*	Reparaturabteilung	Reparaturstunden	1.350
208*	Innerbetrieblicher Transport	Deckung prop. Kosten	13.200
209*	PKW - Dienst	Kilometer	12.500
210*	Elektronische Datenverarbeitung	CPU - Zugriffszeit in Minuten	81.000
Materialstellen			
300	Einkauf	Einzelmaterialkosten	525.000
301	Warenannahme	Einzelmaterialkosten	525.000
302	Eingangsprüfung	Einzelmaterialkosten	525.000
311	Material- und Zukauf - Teilelager	Einzelmaterialkosten	525.000
312	Hilfs-, Betriebsstoff- und Ersatzteillager	Einzelmaterialkosten	525.000
303*	Werkzeugausgabe	Deckung prop. Kosten	5.200
Fertigungsstellen			
400*	**Meisterbereich I**	Deckung prop. Kosten	3.250
401	Spitzendrehmaschine	Fertigungsstunden	2.200
402	NC - Drehmaschine	Maschinenstunden	4.700
403	Karusselldrehmaschine	Fertigungsstunden	2.100
404/1	Automaten	Vorgabestunden Rüsten	270
404/2	Automaten	Vorgabestunden Fertigen	900
404/3	Automaten	Maschinenstunden	1.600
500*	**Meisterbereich II**	Deckung prop. Kosten	2.350
501	Senkrechtbohrmaschinen	Fertigungsstunden	2.000
502	Bohrwerke	Fertigungsstunden	800
503	Kleine Fräsmaschinen	Fertigungsstunden	1.700
504	Große Fräsmaschinen	Fertigungsstunden	1.400
505	Schleifmaschinen	Fertigungsstunden	1.500
600	Schweißerei (eig. Meister)	Fertigungsstunden	1.150
610	Härterei (eig. Meister)	Anlagenstunden	2.100
700	Montage (eig. Meister)	Fertigungsstunden	5.000
Verwaltungs- und Vertriebsstellen			
800	Kfm. Leitung	Planherstellkosten d. Umsatzes	1.260.000
811	Finanzbuchhaltung	Planherstellkosten d. Umsatzes	1.260.000
812	Controlling	Planherstellkosten d. Umsatzes	1.260.000
839	Personalabteilung	Planherstellkosten d. Umsatzes	1.260.000
900	Vertriebsleitung und Verkauf	Planherstellkosten d. Umsatzes	1.260.000
911	Werbung und Marktforschung	Planherstellkosten d. Umsatzes	1.260.000
912	Fakturierung	Planherstellkosten d. Umsatzes	1.260.000
921	Fertigwarenlager und Versand	Planherstellkosten d. Umsatzes	1.260.000

Übersicht 4.7: Festlegung der Planbezugsgrößen

In Übersicht 4.7 sind für die Kostenstelleneinteilung der Übersicht 4.4 die Ergebnisse der Bezugsgrößenplanung nach dem Verfahren der Engpassplanung wiedergegeben. In dem Beispiel liegt in der Kostenstelle 404 Automaten heterogene Kostenverursachung vor, so dass die Bezugsgrößenplanung für die drei Bezugsgrößen Rüst-, Fertigungs- und Maschinenstunden zu erfolgen hat.

Bei der Verwendung von Deckungsbezugsgrößen werden den Stellen ihre geplanten proportionalen Kosten als Planbezugsgröße vorgegeben. Werden Kostenkomponenten als indirekte Bezugsgrößen verwendet, sind die Bezugsgrößen aus der entsprechenden Planung zu übernehmen. Bei der Verwendung der Planherstellkosten des Umsatzes ist dies exakt erst nach Abschluss der Kostenplanung möglich, so dass hier vorab mit Schätzwerten gearbeitet werden muss.

Auf der Grundlage der Planbezugsgrößen erfolgt nun die kostenartenweise Planung der Gemeinkosten der einzelnen Stellen, auf die im Folgenden eingegangen wird.

4.4.3 Die Methoden zur Planung der Gemeinkosten

Wie aus dem Ablaufschema der Übersicht 4.6 hervorgeht, folgt auf die Festlegung der Planbezugsgrößen die eigentliche Gemeinkostenplanung. Man beginnt hierbei mit der Planung der Hilfskostenstellen, der nach Durchführung der innerbetrieblichen Leistungsverrechnung die Planung der Hauptkostenstellen folgt. In der Literatur zur Plankostenrechnung werden zwei Gruppen von Verfahren zur Planung der Gemeinkosten genannt:[23]

1. Statistische Verfahren,
2. Analytische Verfahren

Bei den **statistischen Verfahren** erfolgt die Planung der Gemeinkosten durch Auswertungen der Istkosten vergangener Perioden. Diese sind, nach Kostenarten und Kostenstellen gegliedert, zusammen mit den Istbezugsgrößen der Stellen aus den Betriebsabrechnungsbögen vergangener Perioden bereitzustellen. Vor ihrer Verwendung zur Kostenplanung sind diese Kosten um folgende Sachverhalte zu korrigieren:[24]

- Fehlkontierungen, die anderen Kostenstellen zu belasten sind.
- Außerordentliche Kostenbeträge, die einmalig oder in unregelmäßigen Zeitabständen anfallen.
- Kostenremanenzen, d.h. bei Beschäftigungsrückgängen nicht an die sinkende Beschäftigung angepasste Kosten.
- Sprungkosten, die auf erhöhte Fixkosten infolge von Kapazitätserweiterungen zurückzuführen sind. Hier sind die Fixkosten vor der Kapazitätserweiterung entsprechend zu erhöhen.
- Veränderungen der Kostenstruktur in der Kostenstelle infolge von Investitionen, Rationalisierungsmaßnahmen und organisatorischen Umstellungen. Auch hier sind die Kosten vor Durchführungen der jeweiligen Maßnahmen entsprechend anzupassen.
- Erkannte Unwirtschaftlichkeiten infolge eines unangemessen hohen Produktionsfaktorverbrauches.

Nach diesen Korrekturen sind die Istkosten an das Preis- und Tarifniveau des Planjahres anzupassen. Hierzu verwendet man Preis- und Lohnindizes, welche die prozentuale

[23] Zu diesen Verfahren im Einzelnen vgl. W. Kilger, (Plankostenrechnung 1992), S. 352 ff.
[24] Vgl. W. Kilger, (Plankostenrechnung 1992), S. 352.

Veränderung der jeweiligen Kostenart von der Periode ihres Anfalls bis zur Planungsperiode angeben.

Anhand der so aufbereiteten Istkosten und der Istbezugsgrößen werden nun mit Hilfe statistischer Methoden für die einzelnen Kostenstellen lineare Sollkostenfunktionen festgelegt. Die eigentlichen Plankosten erhält man dann anhand dieser Funktionen für eine festgelegte Planbeschäftigung. Auf diese Weise lassen sich theoretisch auch die Plankosten der einzelnen Kostenarten bestimmen; die Beispiele in der Literatur zeigen - wohl wegen des hohen Rechenaufwandes - die Ermittlung lediglich für die Gesamtkosten der einzelnen Stellen. W. Kilger nennt folgende Auswertungsverfahren:

- Streupunktdiagramm,
- Hoch-Tief-Punkt-Methode,
- Lineare Regressionsanalyse.

Die Methode der Streupunktdiagramme legt durch die Kostenpunkte im Koordinatensystem nach Augenmaß eine lineare Ausgleichsgerade, die dann als Sollkostenfunktion dient. Bei der Hoch-Tief-Punkt-Methode werden aus den Wertepaaren zwei Punkte ausgewählt, deren Istbezugsgrößen möglichst weit auseinander liegen. Anhand dieser beiden Punkte werden dann Steigung und Achsenabschnitt der linearen Sollkostenfunktion errechnet.

Beide Verfahren sind recht ungenau und führen häufig zu nicht plausiblen Ergebnissen, anhand derer sich die Aufgaben der Kostenkontrolle nicht erfüllen lassen. So kommt es beispielsweise häufig vor, dass der Schnittpunkt mit der Ordinate, der inhaltlich den Fixkosten der Sollkostenfunktion entsprechen soll, in den negativen Quadranten des Koordinatensystems liegt.

Die lineare Regressionsanalyse ermittelt die Sollkostenfunktion nach der Methode der kleinsten Quadrate dergestalt, dass die Summe der quadrierten Abstände zwischen den Kostenpunkten und der Geraden minimal wird.[25] Liegen für n Perioden die bereinigten Istkosten und die Istbeschäftigungen vor, so lassen sich nach der Methode der kleinsten Quadrate die Fixkosten und die Steigung der Sollkostenfunktion nach den beiden folgenden Bestimmungsgleichungen errechnen:[26]

$$d = \frac{n \cdot \sum_{i=1}^{n} K_i \cdot B_i - \sum_{i=1}^{n} K_i \cdot \sum_{i=1}^{n} B_i}{n \cdot \sum_{i=1}^{n} B_i^2 - (\sum_{i=1}^{n} B_i)^2}$$

$$K_F = \frac{1}{n} \cdot (\sum_{i=1}^{n} K_i - d \cdot \sum_{i=1}^{n} B_i)$$

Die verwendeten Kurzzeichen haben dabei folgende Bedeutung:

i: Index der Perioden, deren Istdaten in die Berechnung eingehen
n: Anzahl betrachteter Perioden
K: Bereinigte Istkosten

[25] Vgl. W. Kilger, (Plankostenrechnung 1992), S. 356 und die dort angegebene Literatur.
[26] Vgl. hierzu u.a. H. Schneeweiß, (Ökonometrie 1990), S. 44.

B: Istbeschäftigung
d: Gesuchter proportionaler Plankostensatz
K_F: Gesuchte Planfixkosten

Die Arbeitsweise der statistischen Verfahren zur Gemeinkostenplanung wollen wir an einem Beispiel erläutern. Tabelle 4.22 zeigt für die zwölf Monate des abgelaufenen Jahres die Istbeschäftigung sowie die um außergewöhnliche Tatbestände korrigierten und auf das Preisniveau des Planjahres umgewerteten Istkosten.

Monat	Istbezugsgrößen	Istkosten
Januar	3.195	282.525
Februar	3.615	294.675
März	3.495	303.488
April	2.880	265.950
Mai	2.445	230.550
Juni	1.680	176.325
Juli	1.875	196.088
August	2.175	226.988
September	2.745	260.625
Oktober	3.015	273.450
November	3.525	303.788
Dezember	3.390	286.200

Tabelle 4.22: Beispiel zur statistischen Gemeinkostenplanung

Abbildung 4.1 zeigt die Verteilung der einzelnen Kostenpunkte im Koordinatensystem.

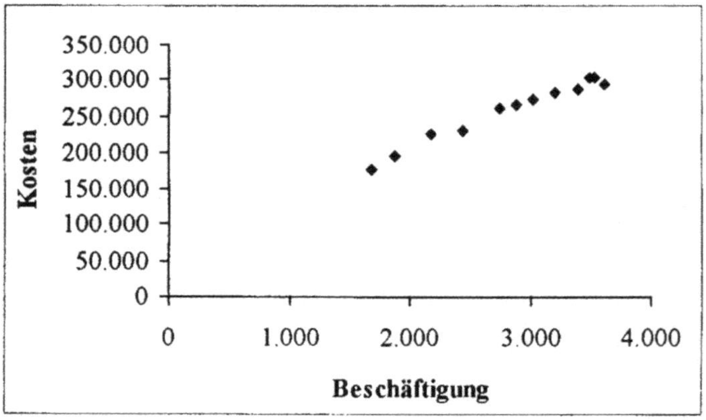

Abbildung 4.1: Beispiel zur statistischen Gemeinkostenplanung

Beim Verfahren der Streupunktdiagramme würde nun durch diese Punkte nach Augenmaß eine lineare Ausgleichsgerade gelegt werden, mit welcher die Streuung möglichst genau ausgeglichen wird. Für die Zwecke der Kostenkontrolle erscheint dies in zu hohem Maße mit Willkür behaftet, um daraus akzeptable Vorgaben für die Kostenstellenleiter zu erarbeiten.

Nach der Hoch-Tief-Punkt-Methode werden die beiden Parameter der Sollkostenfunktion anhand der Daten der Monate Februar und Juni ermittelt, welche die höchste bzw. die niedrigste Istbezugsgröße aufweisen. Die Steigung der Sollkostenfunktion d erhält man dann mit Hilfe der folgenden Gleichung:

$$d = \frac{294.675 - 176.325}{3.615 - 1.680} = 61{,}16$$

Mit Hilfe dieses proportionalen Kostensatzes lassen sich dann die fixen Plankosten anhand eines der beiden ausgewählten Wertepaare bestimmen:

$$K_F = 294.675 - 61{,}16 \cdot 3.615 = 73.571{,}50$$

bzw.

$$K_F = 176.325 - 61{,}16 \cdot 1.680 = 73.571{,}50$$

Auch das Vorgehen dieses Verfahrens ist recht ungenau, insbesondere werden aus den zur Verfügung stehenden Informationen nur zwei Wertepaare für die Berechnung genutzt.

Die für die Anwendung der Methode der kleinsten Quadrate notwendigen Berechnungen sind in der Tabelle 4.23 wiedergegeben.

Monat	**Istbezugsgrößen**	**Istkosten**	**$K_i \cdot B_i$**	**B^2**
Januar	3.195	282.525	902.667.375	10.208.025
Februar	3.615	294.675	1.065.250.125	13.068.225
März	3.495	303.488	1.060.690.560	12.215.025
April	2.880	265.950	765.936.000	8.294.400
Mai	2.445	230.550	563.694.750	5.978.025
Juni	1.680	176.325	296.226.000	2.822.400
Juli	1.875	196.088	367.665.000	3.515.625
August	2.175	226.988	493.698.900	4.730.625
September	2.745	260.625	715.415.625	7.535.025
Oktober	3.015	273.450	824.451.750	9.090.225
November	3.525	303.788	1.070.850.938	12.425.625
Dezember	3.390	286.200	970.218.000	11.492.100
Summe	**34.035**	**3.100.652**	**9.096.765.023**	**101.375.325**

Tabelle 4.23: Beispiel zur statistischen Gemeinkostenplanung

Anhand der errechneten Summen lassen sich nun die Parameter der Sollkostenfunktion nach diesem Verfahren ermitteln. Für den proportionalen Plankostensatz ergibt sich:

$$d = \frac{12 \cdot 9.096.765.023 - 3.100.652 \cdot 34.035}{12 \cdot 101.375.325 - 34.035^2} = 62{,}46$$

Die fixen Plankosten erhält man dann mit Hilfe dieses Ergebnisses wie folgt:

$$K_F = \frac{1}{12} \cdot (3.100.650 - 62{,}46 * 34.035) = 81.227$$

Bei allen Verfahren erhält man die Plankosten, indem in die ermittelten linearen Sollkostenfunktionen die vorgegebene Planbeschäftigung als unabhängige Variable eingegeben wird.

Die Methode der kleinsten Quadrate führt zwar im Vergleich zu den anderen Verfahren zu verbesserten Ergebnissen, beseitigt aber die grundsätzlichen Schwierigkeiten der statistischen Verfahren nicht. Die Anwendung dieser Verfahren für die praktische Kostenplanung bereitet die folgenden Probleme:

1. Wird die Kostenplanung in der beschriebenen Weise für alle Kostenarten sämtlicher Kostenstellen durchgeführt, so ist dies mit einem erheblichen Rechenaufwand verbunden. Führt man die Kostenplanung, wie im Beispiel, nur für die Gesamtkosten der einzelnen Kostenstellen durch, so fehlen für die Kostenkontrolle die Kostenvorgaben der einzelnen Kostenarten. Es ist dann im Rahmen der Analyse aufgetretener Verbrauchsabweichungen nicht möglich zu ermitteln, bei welchen Kostenarten diese Abweichungen aufgetreten sind. Der operative Controllingprozess, der in der Analyse aufgetretener Kostenabweichung und der anschließenden Beseitigung der Abweichungsursachen besteht, wird dann aber in hohem Maße erschwert bzw. unmöglich gemacht.
2. Die beschriebene Korrektur der angefallenen Istkosten ist ebenfalls mit erheblichem manuellen Aufwand verbunden und wird sich oftmals nur mit unzureichender Genauigkeit durchführen lassen. Insbesondere systematische Unwirtschaftlichkeiten, die in den Istkosten jeder Periode in annähernd gleichem Umfang enthalten sind, lassen sich auf diese Weise nur schwer aufdecken.
3. Die Gliederung und der technische Inhalt der einzelnen Kostenstellen ändern sich häufig, insbesondere dann, wenn neue Maschinen und Einrichtungen zugehen bzw. alte ausgesondert werden. Die Istdaten vergangener Perioden passen dann nicht mehr auf die aktuellen Verhältnisse, und die Korrekturen setzen dann, wenn sie die notwendige Richtigkeit aufweisen sollen, eine analytische Kostenplanung voraus.
4. Wie wir weiter unten noch sehen werden, ist die Frage, ob und in welchem Umfang eine Kostenart den fixen oder variablen Kosten zuzuordnen ist, bei einigen Kostenarten dispositionsabhängig, d.h. das Management legt fest, ob die betreffenden Kosten bei Beschäftigungsschwankungen angepasst werden sollen oder nicht. Die formale Ermittlung der Fixkosten, wie sie bei Anwendung der statistischen Methoden erfolgt, wird diesem Tatbestand nicht gerecht.
5. Weist eine Kostenstelle in der Vergangenheit nur geringfügige Beschäftigungsschwankungen auf und liegen demzufolge die Kostenpunkte eng beieinander, so führen die Verfahren häufig zu unplausiblen Ergebnissen, z.B. zu hohen oder zu niedrigen, manchmal auch negativen Fixkosten.

Aus diesen Gründen sollte bei der praktischen Gemeinkostenplanung auf die Anwendung dieser Verfahren verzichtet werden.

Im Gegensatz zu den statistischen lösen sich die **analytischen Verfahren** der Kostenplanung weitgehend von den Istkosten vergangener Perioden und planen die bei wirtschaftlicher Betriebsführung zur Realisierung der Planbezugsgrößen notwendigen Kosten nach folgenden Methoden:[27]

1. **Berechnungen**
   Dies ist bei den Energiekosten sowie den kalkulatorischen Abschreibungen und Zinsen möglich.
2. **Messungen**
   Messungen können bei einem Teil der Werkzeugkosten, aber auch bei Kühl- und Lösungsmitteln u.ä. angewandt werden.
3. **Funktionsanalysen**
   Insbesondere für die Planung des Personaleinsatzes eignen sich funktionsanalytische Methoden, wozu unter anderem die verschiedenen Verfahren zur Bestimmung von Vorgabezeiten gehören.
4. **Rückgriff auf Erfahrungswerte**
   Die wichtigsten Kostenarten, die auf diese Weise geplant werden, sind die Werkzeugkosten und die Reparatur- und Instandhaltungskosten. Hier orientiert man sich zum einen an innerbetrieblichen Vergleichswerten vergangener Perioden, zum andern können auch Erfahrungswerte aus anderen Betrieben herangezogen werden, aber auch die diesbezüglichen Veröffentlichungen von Fachverbänden.
5. **Vergleichen und Schätzen**
   Bei den sonstigen, weniger wichtigen Kostenarten wird man, nicht zuletzt um den Aufwand für die Kostenplanung im wirtschaftlichen Rahmen zu halten, die Planbeträge anhand von Vergleichs- oder Schätzwerten festlegen.

Liegen die auf der Grundlage der Planbezugsgröße ermittelten Plankosten der einzelnen Kostenarten fest, so besteht der nächste Schritt der Kostenplanung in der Auflösung dieser Kosten in fixe und variable Bestandteile. Bei Anwendung der statistischen Verfahren zur Kostenplanung ergeben sich die fixen Plankosten aufgrund der Rechenvorschriften als der Achsenabschnitt der Sollkostenfunktion.[28] Die Kritik an dieser Form der Kostenauflösung wurde oben im Rahmen der Beurteilung der statistischen Verfahren behandelt.

Neben dieser Form der Kostenauflösung werden noch folgende Methoden zur Aufteilung der Kosten in fixe und variable Bestandteile vorgeschlagen:[29]

1. Die buchtechnische Kostenauflösung.
2. Das Variatorverfahren.
3. Die planmäßige Kostenauflösung nach dem Modell der Betriebsbereitschaft.

Bei der **buchtechnischen Kostenauflösung** wird für jede Kostenart bereits in der Kostenartenrechnung festgelegt, ob und in welchem Umfang sie den proportionalen Kosten zuzuordnen ist. Diese pauschale Zuordnung ist allerdings nicht sinnvoll, da die Frage der Beschäftigungsabhängigkeit einer Kostenart erst in der Kostenstelle entschieden werden kann und nicht unabhängig von den Gegebenheiten des Faktor-

[27] Vgl. W. Kilger, (Plankostenrechnung 1992), S. 358 f.

[28] Die Kostenauflösung nach der Hoch-Tief-Punkt-Methode wird die in der Literatur auch als **mathematische Kostenauflösung** bezeichnet, vgl. W. Kilger, (Plankostenrechnung 1992), S. 361.

[29] Zu diesen Methoden vgl. W. Kilger, (Plankostenrechnung 1992), S. 360 ff.

verbrauchs bereits in der Kostenartenrechnung. So kann beispielsweise die Kostenart Zeitlohn in einem Fall in voller Höhe proportionale Kosten darstellen, wenn etwa der Mitarbeiter beschäftigungsabhängig disponierbare Bearbeitungsvorgänge an den Erzeugnissen ausübt, in einem anderen Fall aber den Fixkosten zugeordnet werden, wenn der Mitarbeiter etwa Überwachungstätigkeiten ausübt, die kalenderzeitproportional sind. Auch die Kostenauflösung der Energie- oder Reparaturkosten kann nur anhand der Gegebenheiten der einzelnen Maschinen und Einrichtungen entschieden werden.

Beim **Variatorverfahren** werden den einzelnen Kostenarten Kennziffern zugeordnet, die ihr Sollverhalten in Bezug auf Beschäftigungsänderungen angeben sollen; so bedeuten beispielsweise:

Variator	Beschäftigungs-abhängigkeit
0%	fix
100%	proportional
70%	30% fix 70% proportional

Tabelle 4.24: Variatorverfahren

Beachtet man, dass bei der Kostenauflösung sowohl die kostenarten- als auch die kostenstellenspezifischen Gegebenheiten zu beachten sind, so erscheint beim Variatorverfahren als Erstes die große Anzahl benötigter Kennzahlen problematisch, da richtigerweise für jede Kostenart in jeder Kostenstelle ein eigener Variator festgelegt werden müsste. Darüber hinaus tritt das Problem auf, dass die Höhe der Kennzahl von Beschäftigungsschwankungen abhängig ist. Dies wird deutlich, wenn man die Bestimmungsgleichung des Variators betrachtet, der das Verhältnis der proportionalen zu den Gesamtkosten angibt. Bezeichnen wir den proportionalen Kostensatz mit d, die Beschäftigung mit B und die Fixkosten mit K_F, so gilt für den Variator V folgender Ausdruck:

$$V = \frac{d \cdot B}{K_F + d \cdot B} \cdot 100$$

Dieser Ausdruck lässt sich zu folgendem Term umformen:

$$V = \frac{1}{1 + \frac{K_F}{d \cdot B}} \cdot 100$$

Der Variator stellt damit eine nicht-lineare Funktion der Plan- oder Istbeschäftigung dar; damit gilt die für die Plankosten festgelegte Aufteilung bei der Sollkostenermittlung dann nicht mehr, wenn die Istbeschäftigung von der Planbeschäftigung abweicht, was den Normalfall darstellt. Damit ist die Methode für die praktische Kostenrechnung kaum anwendbar.[30]

[30] Vgl. W. Kilger, (Plankostenrechnung 1992), S. 363.

Die dritte Methode der Kostenauflösung im Rahmen der analytischen Kostenplanung ist die **planmäßige Kostenauflösung nach dem Modell der Betriebsbereitschaft**. Hier analysiert man in jeder Kostenstelle die einzelnen Kostenarten dahingehend, welcher Betrag noch anfallen soll, wenn die Beschäftigung kurzfristig auf Null absinkt, die Stelle aber betriebsbereit bleibt, um die Planbeschäftigung wieder realisieren zu können.

Damit wird ein Sollverhalten hinsichtlich der Anpassung der einzelnen Kostenarten an Beschäftigungsänderungen festgelegt. Bei den meisten Kostenarten erfordert zumindest die Anpassung an Beschäftigungsrückgänge eine unternehmerische Disposition. Es obliegt der Entscheidung der Unternehmensleitung, ob eine Anpassung der Kosten an Beschäftigungsschwankungen erfolgen und damit eine unterlassene Anpassung im Soll-Ist-Vergleich als Kostenabweichung sichtbar gemacht werden soll.

Neben diesem dispositiven Einfluss ist die Kostenauflösung insbesondere bei den Personalkosten noch vom Fristigkeitsgrad der Kostenplanung abhängig. Würde man hier einen sehr geringen Fristigkeitsgrad, beispielsweise einen Monat, wählen, so wären aufgrund der gesetzlichen Bestimmungen bezüglich Kündigungsschutz oder Kurzarbeit die Personalkosten überwiegend fix; bei größeren Fristigkeiten können auch diese Kosten zum großen Teil abgebaut werden, die entsprechenden Maßnahmen im Personalmanagement vorausgesetzt.[31]

Für die Kostenplanung empfiehlt sich ein Fristigkeitsgrad von einem Jahr.[32] Variabel sind somit alle Kosten, die innerhalb dieses Zeitraumes an die Beschäftigung angepasst werden können und angepasst werden sollen. Durch diesen hohen Fristigkeitsgrad wird der Soll-Ist-Vergleich zu einem Informationsinstrument, das frühzeitig remanente Kosten in Form von Verbrauchsabweichungen aufzeigt.

Für manche betrieblichen Entscheidungen kann dieser Fristigkeitsgrad zu hoch sein, z.B. wenn über einen Zusatzauftrag mit einer Laufzeit von drei Monaten entschieden werden muss. In diesen Fällen müssen die entscheidungsrelevanten proportionalen Stückkosten mit Plankalkulationssätzen neu kalkuliert werden, die an die verminderte Fristigkeit angepasst sind.[33].

Wie oben dargelegt, beginnt die Gemeinkostenplanung mit der Planung der Hilfskostenstellen. Die Bezugsgrößen dieser Stellen werden aus den Leistungsdaten der leistungsempfangenden Stellen und damit aus deren Planbeschäftigung abgeleitet. Dies setzt voraus, dass in einem vorgelagerten Planungsschritt die geplanten Leistungsverflechtungen zwischen den leistungsabgebenden Hilfskostenstellen und den leistungsempfangenden Bereichen geplant werden müssen. So müssen beispielsweise die planmäßigen Energieverbräuche aller Kostenstellen, die planmäßige Inanspruchnahme von Reparatur- und Instandhaltungsleistungen oder die Flächen der einzelnen Kostenstellen festgelegt werden.

Liegen die Plankosten der Hilfskostenstellen fest, werden in der innerbetrieblichen Leistungsverrechnung die Planverrechnungssätze für deren Leistungen bestimmt. In der Plankostenrechnung werden diese Verrechnungssätze das Planjahr über konstant gehalten.

---

[31] Zu diesen Maßnahmen im Einzelnen vgl. L. Hans u. V. Warschburger, (Controlling 1999), S. 259 ff.
[32] Dies empfiehlt u.a. W. Kilger, (Plankostenrechnung 1992), S. 364 ff.
[33] Auf die Bedeutung derartiger Alternativkalkulationen werden wir in Abschnitt 5.2 näher eingehen.

Der konkrete Inhalt der Planverrechnungssätze hängt nun von der jeweiligen Ausgestaltung der Plankostenrechnung als Vollkostenrechnung, Grenzplankostenrechnung oder als kombinierte Voll- und Grenzkostenrechnung ab.

In der Vollkostenrechnung werden die gesamten Plankosten der Hilfskostenstellen auf die Hauptkostenstellen weiterverrechnet, die Verrechnungssätze für die innerbetrieblichen Leistungen sind demzufolge Vollkostensätze, die sich als Quotient aus den gesamten (primären und sekundären) Plankosten und der Planbezugsgröße ergeben. Der Nachteil dieses Vorgehens besteht in der grundsätzlichen Problematik der Vollkostenbewertung; Verbrauchsmengen innerbetrieblicher Leistungen, die sich auf den leistungsempfangenden Kostenstellen proportional zur Beschäftigung verhalten und damit zu variablen Kosten führen, werden mit Kostensätzen bewertet, in denen Fixkostenbestandteile der Hilfskostenstellen enthalten sind. Damit werden Fixkosten der Hilfskostenstellen fälschlicherweise als variable Kosten der Hauptkostenstellen ausgewiesen.

In der Grenzplankostenrechnung, die in ihrer reinen Form auf einen Ausweis von Vollkosten völlig verzichtet, werden die Planverrechnungssätze ausschließlich mit den variablen Kosten der Hilfskostenstellen gebildet; deren Fixkosten werden unmittelbar in die Plan-Erfolgsrechnung übernommen. Damit ist sichergestellt, dass nur variable Kosten der Hilfskostenstellen zu variablen Kosten der leistungsempfangenden Stellen werden.

Will man neben der Kalkulation der variablen Kosten auch die gesamten Plankosten pro Erzeugniseinheit ausweisen, so muss die innerbetriebliche Leistungsverrechnung in der Plankostenrechnung zweimal durchgeführt werden. Als Erstes werden in gleicher Weise wie in der reinen Grenzplankostenrechnung die proportionalen Planverrechnungssätze der Hilfskostenstellen ermittelt, mit denen dann die verbrauchten Leistungen auf den leistungsempfangenden Stellen bewertet werden. Die so bewerteten innerbetrieblichen Leistungen werden unter den entsprechenden sekundären Kostenarten ausgewiesen.

Im zweiten Schritt werden die fixen Plankosten der Hilfskostenstellen auf die leistungsempfangenden Stellen verrechnet. Auch dies erfolgt anhand der geplanten Leistungsinanspruchnahme, d.h. die fixen Planverrechnungssätze werden mit Hilfe derselben Planbezugsgrößen und derselben Leistungsverflechtungen wie die proportionalen ermittelt. Da diese Fixkosten lediglich zu Bildung der Vollkostensätze der Hauptkostenstellen benötigt werden, verzichtet man auf ihre Differenzierung nach den Hilfskostenstellen und weist sie zusammengefasst unter der Kostenart Sekundäre Fixkosten aus. Durch dieses Vorgehen wird ein durchgängig richtiger Ausweis der fixen und proportionalen Kosten gewährleistet.

Nach der Durchführung der innerbetrieblichen Leistungsverrechnung erfolgt die Planung der Hauptkostenstellen nach den oben dargestellten Verfahren. Den Abschluss der Gemeinkostenplanung bildet die Errechnung der vollen und variablen Plankalkulationssätze der Hauptkostenstellen, die man erhält, indem die entsprechenden Plankosten durch die Planbezugsgröße dividiert werden. Mit Hilfe dieser Kalkulationssätze werden die Plangemeinkosten kalkulatorisch weiterverrechnet.

In den Übersichten 4.8 bis 4.16 haben wir Beispiele für die Kostenpläne ausgewählter Kostenstellen dargestellt, wobei die verschiedenen Kostenstellengruppen berücksichtigt werden. Im Einzelnen sind zwei Hilfskostenstellen, eine Kostenstelle des Materialbereichs, zwei Fertigungskostenstellen, wobei in einer heterogene Kostenverursachung vorliegt, sowie jeweils eine Verwaltungs- und Vertriebskostenstelle aufgeführt.

Die erste Hilfskostenstelle ist die Kostenstelle Grundstücke und Gebäude, auf der alle Kosten geplant werden, die mit der Gebäudenutzung im Zusammenhang stehen. Bezugsgröße dieser Stelle ist die Gesamtfläche der Gebäude, die sich auf die einzelnen Kostenstellen des Unternehmens verteilt. Im Beispiel beträgt die Gesamtfläche 9.200 m^2. Bei der Kostenstelle Grundstücke und Gebäude handelt es sich eine reine Bereitschaftskostenstelle. Die hier anfallenden Kosten sind von der Beschäftigung des Unternehmens unabhängig, werden demzufolge auf der Stelle als Fixkosten geplant und den leistungsempfangenden Kostenstellen unter der Kostenart kalkulatorische Raumkosten als Fixkosten zugerechnet.

Die wichtigsten Kostenarten der Stelle sind zum einen die Personalkosten, die sich aus den Zeitlöhnen und Gehältern des Betreuungspersonals sowie den zugehörigen Personalnebenkosten zusammensetzen. Die Personalnebenkosten werden mit Hilfe der in Abschnitt 3.4 ermittelten Verrechnungssätze geplant, wobei für die stundenbezogenen Löhne andere Verrechnungssätze als für die monatsbezogenen Gehälter zur Anwendung kommen. (Vgl. die Übersichten 3.5 und 3.6). Zum anderen sind in dieser Kostenstelle die Kosten für fremdbezogene Energie und für die gebäudeabhängigen Gebühren und Versicherungen sowie die kalkulatorischen Abschreibungen und Zinsen auf Gebäude, Außenanlagen und – bei den Zinsen – auch auf Grundstücke von Bedeutung. Bei der Planung der Reparaturkosten ist zu beachten, dass die Leistungen der eigenen Reparaturabteilung mit dem in der innerbetrieblichen Leistungsverrechnung ermittelten Stundensatz von 27,00 €/Std. bewertet werden.

Im Beispiel ergibt sich eine Plankostensumme von 96.600 €/Mon. Der geplante Verrechnungssatz für die Gebäudenutzung beträgt damit im Monat 10,50 €/m^2. Anhand dieses Verrechnungssatz werden dann alle Kostenstellen gemäß ihrer Flächeninanspruchnahme mit kalkulatorischen Raumkosten belastet.

Als zweite Hilfskostenstelle ist die Stelle Reparatur dargestellt. Als Bezugsgrößenart werden hier die Reparaturstunden verwendet. Im Planungszeitraum wird eine Beschäftigung von 1.350 Std/Mon für einen Durchschnittsmonat des Planjahres unterstellt. Wichtigste Kostenart sind hier die Personalkosten, die sich aus den Löhnen der Betriebshandwerker, dem Gehalt des Meisters und den zugehörigen Personalnebenkosten zusammensetzen. Daneben werden planmäßige Überzeiten der Handwerker angesetzt. Neben kleineren Beträgen der übrigen Kostenarten sind hier noch die Eigenleistungen in der Reparaturstelle zu erwähnen; diese werden mit dem in der innerbetrieblichen Leistungsverrechnung gebildeten Verrechnungssatz von 27,00 €/Std. bewertet.

Für den Materialbereich ist als Beispiel die Kostenstelle Einkauf angeführt. Als indirekte Bezugsgröße werden hier die geplanten Einzelmaterialkosten verwendet. Wie in Abschnitt 4.2 dargelegt werden indirekte Bezugsgrößen dann verwendet, wenn sich die Leistungen einer Kostenstelle nicht messen lassen oder die an sich möglichen Leistungsmaßstäbe keinen Produktbezug aufweisen und damit für die kalkulatorische Weiterverrechnung der Kosten nicht in Frage kommen. Für die Ermittlung des geplanten Zuschlagssatzes der Materialgemeinkosten werden normalerweise die Plankosten aller Stellen des Materialbereiches zusammengefasst auf die Einzelmaterialkosten bezogen. Ist die Kostenverursachung bei den einzelnen Materialgruppen sehr unterschiedlich, so besteht die Möglichkeit, für einzelne Materialgruppen gesonderte Plan-Zuschlagssätze zu bestimmen; hierauf gehen wir weiter unten näher ein.

Als erste Fertigungsstelle wollen wir die Stelle Schleifmaschinen betrachten; vgl. den Kostenstellenplan in Übersicht 4.11. Als Bezugsgröße werden hier die Fertigungsstunden der Lohnempfänger verwendet, wobei für einen Durchschnittsmonat des Planjahres mit 1.500 Stunden ausgegangen wird. Neben den Personalkosten sind in dieser Stelle die betriebsmittelabhängigen Kostenarten Werkzeuge, Reparatur, Abschreibungen und Zinsen von Bedeutung. Als Letztes sind die in der innerbetrieblichen Leistungsverrechnung gebildeten sekundären Kostenarten angeführt, die dieser Stelle gemäß der geplanten Leistungsinanspruchnahme zugerechnet werden. Hierbei werden, wie oben dargelegt, die variablen und fixen Kosten der Hilfskostenstellen getrennt verrechnet, wobei letztere unter der Kostenart Sekundäre Fixkosten zusammengefasst ausgewiesen werden. Eine Ausnahme von diesem Vorgehen stellen die sekundären Raumkosten dar. Wie oben beschrieben, fallen auf der Raumkostenstelle ausschließlich Fixkosten an, die aber aufgrund ihrer Bedeutung unter einer eigenen sekundären Kostenart ausgewiesen werden.

Mit der Kostenstelle Automaten ist ein Beispiel für die Kostenplanung bei heterogener Kostenverursachung beigefügt. In dieser Stelle liegen sowohl relevante Rüstprozesse als auch in Abhängigkeit von den bearbeiteten Erzeugnissen wechselnde Bedienungsrelationen vor, so dass die drei Bezugsgrößen Rüststunden, Fertigungsstunden und Maschinenstunden parallel verwendet werden müssen. Dies hat zur Folge, dass für jede dieser Bezugsgrößen ein eigener Kostenplan zu erstellen ist; diese sind in den Übersichten 4.12 bis 4.14 wiedergegeben.

Unter der Rüstzeitbezugsgröße werden die mit den Rüstprozessen im Zusammenhang stehenden Personalkosten sowie in kleinerem Umfang weitere Kostenarten geplant. Auch unter der Fertigungszeitbezugsgröße werden überwiegend die Personalkosten der Fertigungsarbeiter zum Ansatz gebracht. Die von der Maschinennutzung abhängigen Kosten werden der Maschinenzeitbezugsgröße zugeordnet; dies sind insbesondere die Werkzeugkosten, die Reparaturkosten sowie die kalkulatorischen Abschreibungen und Zinsen. Daneben fallen noch in erheblichem Umfang die sekundären Kosten aus der innerbetrieblichen Leistungsverrechnung an.

Als Beispiel einer Verwaltungskostenstelle ist die Kostenstelle 800 Kaufmännische Leitung in Übersicht 4.15 dargestellt. Neben den Personalkosten fallen hier insbesondere die Gebühren und Beiträge sowie die verschiedenen Gemeinkosten der Kostenartengruppe 47 an. In dieser Kostenstelle wird die indirekte Bezugsgröße Herstellkosten des Umsatzes verwendet, weil auch hier keine Leistungsmaßstäbe mit einem Produktbezug zu finden sind. Da eine Parallelkalkulation der proportionalen und der gesamten Stückkosten erfolgen soll, werden die gesamten Verwaltungsgemeinkosten auf die gesamten Herstellkosten des Umsatzes bezogen und die variablen analog auf die proportionalen. Im Kostenstellenplan sind beide Werte der indirekten Bezugsgröße ausgewiesen. In Übersicht 4.16 ist als letzter Kostenplan derjenige der Vertriebskostenstelle 900 Verkauf wiedergegeben. Auch hier fallen neben den Gehältern und den zugehörigen Personalnebenkosten insbesondere Gemeinkosten der Gruppe 47 an. Es werden die gleichen Bezugsgrößen wie im Verwaltungsbereich verwendet.

Kostenplan		Kostenstellenbezeichnung				Ko.St.-Nr.		**200**
Zeitraum:		**Grundstücke und Gebäude**				Bez.Gr.Nr.:		
Ko.St-Leiter: Micka Stellvertreter: Sessler		**Planbezugsgröße je Monat:**				9.200		m^2
Kostenarten		Relativ-	ME	Menge	€/	**Plankosten [€/Mon]**		
Nr.	Bezeichnung und Unterteilung	zahl			ME	Gesamt	Proportional	Fix
4311-4315	Hilfslöhne					12.100	0	12.100
	4 Pförtner		Std.	580	11,15	6.467		
	2 Nachwächter		Std.	290	16,73	4.852		
	1 Hilfskraft		Std.	70	11,15	781		
4350	Gehälter					2.350	0	2.350
	1 Hausmeister							
4820	Personalnebenkosten für Arbeiter		€	12.100	85%	10.285	0	10.285
4821	Personalnebenkosten für Angestellte		€	2.350	55%	1.293	0	1.293
4100	Werkzeuge und Geräte					80	0	80
4110	Hilfs- und Betriebsstoffe					320	0	320
4200	Heizstoffe		ltr	28.800	0,21	6.048	0	6.048
4260	Fremdbezogenes Wasser		m^3	650	5,40	3.510	0	3.510
4501-3	Reparatur und Instandh.					2.230	0	2.230
	Reparaturabteilung		Std.	40	27,00	1.080		
	Material					410		
	Fremdrechnungen					740		
4601	Grundsteuer					695	0	695
4611	Gebühren und Abgaben					210	0	210
4632	Feuerversicherung					415	0	415
4634	Betriebshaftpflichtvers.					300	0	300
4639	Sturm-, Wasserschäden					70	0	70
4729	Fremdbez. Dienstleist.					4.393	0	4.393
	Gebäudereinigung, Renov.							
4801	Kalk. Abschreibungen					21.780	0	21.780
	Gebäude: TW 13.200.000		€			18.280		
	Außenanl.: TW 1.260.000		€			3.500		
4810	Kalk. Zinsen Anl.verm.					29.981	0	29.981
	Grundstück: AW: 240.000		T€	240	0,75%	1.800		
	Gebäude: Restw. 3.600.000		T€	3.600	0,75%	27.000		
	Außenanl. Restw. 157.500		T€	157,5	0,75%	1.181		
4951	Sek. Stromkosten		kWh	7.200	0,075	540	0	540
	Plankostensumme					96.600	0	96.600
	Kalkulationssätze					10,50	0,00	10,50

Übersicht 4.8: Kostenplan einer Raumkostenstelle

Kostenplan		Kostenstellenbezeichnung					Ko.St.-Nr.	**205**
Zeitraum:		**Reparaturabteilung**					Bez.Gr.Nr.:	
Ko.St-Leiter: Wilhelm Stellvertreter: Janke		**Planbezugsgröße je Monat:**					1.350	Rep.std.
Kostenarten		Relativ-zahl	ME	Menge	€/ME	**Plankosten [€/Mon]**		
Nr.	Bezeichnung und Unterteilung					Gesamt	Proportional	Fix
4302	Löhne für innerbetriebl. Leistungen					16.605	16.605	0
	3 Dreher		Std.	450	12,70	5.715		
	4 Schlosser		Std.	600	12,10	7.260		
	2 Elektriker		Std.	300	12,10	3.630		
4320	Mehrarbeitszuschläge für Arbeiter					166	166	0
	(150-144)Std/Mon x 3 MA		Std.	18	3,18	57		
	(150-144)Std/Mon x 6 MA		Std.	36	3,03	109		
4350	Gehälter					3.100	0	3.100
	1 Meister							
4820	Personalnebenkosten für Arbeiter		€	16.771	85%	14.255	14.255	0
4821	Personalnebenkosten für Angestellte		€	3.100	55%	1.705	0	1.705
4100	Werkzeuge und Geräte					1.254	1.207	47
	Sägebänder, Schneideisen, Drehlinge Reibahle, Schleifsteine, Handwerksz.							
4110	Hilfs- und Betriebsstoffe					690	615	75
4502 -03	Reparatur und Instandh.					1.110	811	299
	Reparaturabteilung		Std.	10	27,00	270		
	Material					840		
4801	Kalk. Abschreibungen					4.755	2.457	2.298
	Maschinen und Einrichtungen Tageswert: 400000							
4810	Kalk. Zinsen Anl.verm.					1.341	0	1.341
	Restwert: 178.800		T€	179	0,75			
4940	Sek. Raumkosten		qm	120	10,50	1.260	0	1.260
4951	Sek. Stromkosten		kWh	4.450	0,075	334	334	0
	Plankostensumme					46.575	36.450	10.125
	Kalkulationssätze					34,50	27,00	7,50

Übersicht 4.9: Kostenplan einer Reparaturkostenstelle

Kostenplan Zeitraum:		Kostenstellenbezeichnung **Einkauf**				Ko.St.-Nr.		**300**
Ko.St.-Leiter: Scherible Stellvertreter: Scholer		**Planbezugsgröße je Monat:**				525.000		Einzelmaterialkosten
Kostenarten		Relativ-	ME	Menge	€/	**Plankosten [€/Mon]**		
Nr.	Bezeichnung und Unterteilung	zahl			ME	Gesamt	Proportional	Fix
4350	Gehälter					20.250	0	20.250
	Einkaufsleiter					6.250		
	3 Einkäufer					11.250		
	Sekretärin					2.750		
4821	Personalnebenkosten für Angestellte		€	20.250	55%	11.138	11.138	0
4503	Reparatur- und Instandhaltungskosten					122	0	122
4711	Porto					244	201	43
4712	Büromaterial					165	90	75
4713	Telekommun.kosten					340	230	110
4722	Reisekosten					1.900	1.250	650
4723	Bewirtung					60	0	60
4801	Kalk. Abschreibungen					180	0	180
4810	Kalk. Zinsen Anlageverm.					30	0	30
4940	Sek. Raumkosten		qm	80	10,50	840	0	840
4960	Sek. Transportkosten		km	6.800	0,38	2.584	1.984	600
4999	Sek. Fixkosten					4.250	0	4.250
Plankostensumme						42.103	14.893	27.210
Kalkulationssätze						8,0%	2,8%	5,2%

Übersicht 4.10: Kostenplan einer Einkaufskostenstelle

Kostenplan		Kostenstellenbezeichnung				Ko.St.-Nr.		**505**
Zeitraum		**Schleifmaschinen**				Bez.Gr.Nr.:		
Ko.St-Leiter: Berger Stellvertreter: John		**Planbezugsgröße je Monat:**				1.500		Fertg.std.
Kostenarten		Relativ			€/	**Plankosten [€/Mon]**		
Nr.	Bezeichnung und Unterteilung	zahl	ME	Menge	ME	Gesamt	Proportional	Fix
4301	Fertigungslöhne		Std.	1.500	12,70	19.050	19.050	0
4309	Zusatzlöhne für Akkord		Std.	21	12,70	267	267	0
4315	Sonstiger Hilfslohn		Std.	110	11,60	1.276	1.136	140
	Reinigen, Transport in der Kostenstelle, eigene Instandhaltung, Steine wechseln							
4820	Personalnebenkosten für Arbeiter		€	20.593	85%	17.504	17.385	119
4100	Werkzeuge und Geräte					2.840	2.840	0
	Schleifscheiben		Stck.	120	12,50	1.500	1.500	
	Vorschubdiamant		Stck.	100	10,00	1.000	1.000	
	Igeldiamant		Stck.	8	42,50	340	340	
4110	Hilfs- und Betriebsstoffe					175	175	0
4502	Reparatur- und Instandhaltungskosten					5.785	5.345	440
	Reparaturabteilung		Std.	55	27,00	1.485		
	Material					4.300		
4560	Ausschuß und Nacharbeit					260	260	0
4801	Kalk. Abschreibungen					7.312	4.414	2.898
	5 Maschinen (TW=660.000)							
4810	Kalk. Zinsen auf Anlagevermögen		T€	143	0,75%	1.075	0	1.075
	4 Maschinen (RW= 143.300)							
4940	Sek. Raumkosten		qm	250	10,50	2.625	0	2.625
4951	Sek. Stromkosten		kWh	25.500	0,075	1.913	1.913	0
4960	Sek. Transportkosten			1.500	3,15	4.725	4.725	0
4970	Sek.Leitungskosten					2.490	2.490	0
4999	Sek. Fixkosten					7.703	0	7.703
	Plankostensumme					75.000	60.000	15.000
	Kalkulationssätze					50,00	40,00	10,00

Übersicht 4.11: Kostenplan einer Fertigungsstelle Schleifmaschinen

Kostenplan Zeitraum:		Kostenstellenbezeichnung **Automaten**				Ko.St.-Nr. Bez.Gr.Nr.:	**404** **1**	
Ko.St.-Leiter: Börsig Stellvertreter: Hinder		**Planbezugsgröße je Monat:**				270	Rüststunden	
Kostenarten		Relativ-zahl	ME	Menge	€/ME	**Plankosten [€/Mon]**		
Nr.	Bezeichnung und Unterteilung					Gesamt	Proportional	Fix
4301	Fertigungslöhne f. Rüsten		Std.	270	12,70	3.429	3.429	0
4820	Personalnebenkosten für Arbeiter		€	3.429	85%	2.915	2.915	0
4100	Werkzeuge und Geräte					42	42	0
4110	Hilfs- und Betriebsstoffe					35	35	0
4970	Sek.Leitungskosten					59	59	0
4999	Sek. Fixkosten					608	0	608
	Plankostensumme					7.088	6.480	608
	Kalkulationssätze					26,25	24,00	2,25

Übersicht 4.12: Kostenplan einer Fertigungsstelle Automaten, Rüstzeitbezugsgröße

Kostenplan		Kostenstellenbezeichnung				Ko.St.-Nr.	**404**
Zeitraum:		**Automaten**				Bez.Gr.Nr.:	**2**
Ko.St.-Leiter: Börsig Stellvertreter: Hinder		**Planbezugsgröße je Monat:**				900	Fertg.std.
Kostenarten		Relativ-	ME	Menge	€/	**Plankosten [€/Mon]**		
Nr.	Bezeichnung und Unterteilung	zahl			ME	Gesamt	Proportional	Fix
4301	Fertigungslöhne		Std.	900	12,70	11.430	11.430	0
4309	Zusatzlöhne Akkord		Std.	65	12,70	826	826	0
4820	Personalnebenkosten für Arbeiter		€	12.256	85%	10.418	10.418	0
4110	Hilfs- und Betriebsstoffe					90	90	0
4970	Sek. Leitungskosten					1.086	1.086	0
4999	Sek. Fixkosten					2.700	0	2.700
Plankostensumme						26.550	23.850	2.700
Kalkulationssätze						29,50	26,50	3,00

Übersicht 4.13: Kostenplan einer Fertigungsstelle Automaten, Fertigungszeitbezugsgröße

Kostenplan Zeitraum:		Kostenstellenbezeichnung **Automaten**				Ko.St.-Nr. / Bez.Gr.Nr.:	**404** / **3**	
Ko.St.-Leiter: Börsig Stellvertreter: Hinder		**Planbezugsgröße je Monat:**				1.600	Masch.std.	
Kostenarten		Relativ-	ME	Menge	€/	**Plankosten [€/Mon]**		
Nr.	Bezeichnung und Unterteilung	zahl			ME	Gesamt	Proportional	Fix
4315	Sonstige Hilfslöhne		Std.	85	11,60	986	986	0
	Reinigung, Transport in der Kostenstelle, eigene Instandsetzungen							
4820	Personalnebenkosten für Arbeiter		€	986	85%	838	838	0
4100	Werkzeuge und Geräte					19.648	19.648	0
	Drehlinge		Std.	1.600	3,92	6.272		
	Bohrer		Std.	1.600	3,56	5.696		
	Gewindebohrer		Std.	1.600	3,56	5.696		
	Spann- und Vorschubzangen		Std.	1.600	1,24	1.984		
4110	Hilfs- und Betriebsstoffe					543	543	0
	Emulsionen,		Std.	1.600	0,30	480		
	Schrauben, Muttern					63		
4502	Reparatur- und Instandhaltungskosten					24.480	18.920	5.560
	Reparaturabteilung		Std.	90	27,00	2.430		
	Material					9.250		
	Fremdleistungen					12.800		
4560	Ausschuß, Nacharbeit					260	260	
4801	Kalk. Abschreibungen					66.840	25.605	41.235
	7 Automaten (TW=4.812.500)							
4810	Kalk. Zinsen Anlageverm.					8.425	0	8.425
	Restwert: 1.123.333		T€	1.123	0,75%			
4940	Sek. Raumkosten		qm	325	10,50	3.413	0	3.413
4951	Sek. Stromkosten		kWh	53.300	0,075	3.998	3.998	0
4960	Sek. Transportkosten		Std.	1.600	3,15	5.040	5.040	0
4970	Sek. Leitungskosten					4.162	4.162	
4999	Sek. Fixkosten					13.367	0	13.367
Plankostensumme						152.000	80.000	72.000
Kalkulationssätze						95,00	50,00	45,00

Übersicht 4.14: Kostenplan einer Fertigungsstelle Automaten, Maschinenbezugsgröße

Kostenplan Zeitraum:		Kostenstellenbezeichnung **Kaufmännische Leitung**					Ko.St.-Nr.	**800**
Ko.St.-Leiter: Jäger							1.800.000	Ges. Herst.ko
Stellvertreter: Bilstein		**Planbezugsgröße je Monat:**					1.260.000	Prop. Herst.ko
Kostenarten		Relativ-	ME	Menge	€/	**Plankosten [€/Mon]**		
Nr.	Bezeichnung und Unterteilung	zahl			ME	Gesamt	Proportional	Fix
4350	Gehälter					18.500	0	18.500
	Kaufm. Geschäftsführer					12.500		
	Geschäftsführungsassistent					3.250		
	Sekretärin					2.750		
4821	Personalnebenkosten für Angestellte		€	18.500	55%	10.175	0	10.175
4503	Reparatur- und Instandhaltungskosten					163	0	163
4611	Gebühren und Abgaben					110	0	110
4621	Beitrag für IHK					102	51	51
4622	Beitrag Arbeitgeberverb.					562	240	322
4623	Beiträge Fachverbände					75	33	42
4633	Betriebsunterbrechungsversicherung					1.070	0	1.070
4711	Porto					465	305	160
4712	Büromaterial					330	0	330
4713	Telekomm.kosten					445	0	445
4722	Reisekosten					1.250	0	1.250
4723	Bewirtung					260	0	260
4741	Beratungsleistungen					10.415	5.590	4.825
4801	Kalk. Abschreibungen					220	0	220
4810	Kalk. Zinsen Anlageverm.					62	0	62
4940	Sek. Raumkosten		qm	120	10,50	1.260	0	1.260
4960	Sek. Transportkosten		km	1.600	0,38	608	0	608
4999	Sek. Fixkosten					4.328	0	4.328
Plankostensumme						50.400	6.219	44.181
Kalkulationssätze						2,8%	0,5%	8,2%

Übersicht 4.15: Kostenplan einer Verwaltungskostenstelle

Kostenplan		Kostenstellenbezeichnung				Ko.St.-Nr.	**900**	
Zeitraum:		**Verkauf**						
Ko.St.-Leiter: Dehler						1.800.000	Ges. Herst.ko	
Stellvertreter: Vollmut		**Planbezugsgröße je Monat:**				1.260.000	Prop. Herst.ko	
Kostenarten		Relativ-	ME	Menge	€/	**Plankosten [€/Mon]**		
Nr.	Bezeichnung und Unterteilung	zahl			ME	Gesamt	Proportional	Fix
4350	Gehälter					28.650	0	28.650
	Verkaufsleiter					7.500		
	4 Verkäufer					16.000		
	Sekretärin					2.750		
	Sachbearbeiterin					2.400		
4821	Personalnebenkosten für Angestellte		€	28.650	55%	15.758	15.758	0
4503	Reparatur- und Instandhaltungskosten					163	0	163
4711	Porto					335	230	105
4712	Büromaterial					565	330	235
4713	Telekomm.kosten					1.261	831	430
4722	Reisekosten					2.730	1.665	1.065
4723	Bewirtung					945	470	475
4741	Beratungsleistungen					610	0	610
4801	Kalk. Abschreibungen					280	0	280
4810	Kalk. Zinsen Anl.verm.					82	0	82
4811	Kalk. Zinsen Uml.verm. (Debitorenbestand: 1.300.000)					4.063	563	3.500
4940	Sek. Raumkosten		qm	180	10,50	1.890	0	1.890
4960	Sek. Transportkosten		km	9.600	0,38	3.648	2.158	1.490
4999	Sek Fixkosten					2.020	0	2.020
Plankostensumme						63.000	22.005	40.995
Kalkulationssätze						3,5%	1,7%	7,6%

Übersicht 4.16: Kostenplan einer Vertriebskostenstelle

Analog zum Materialbereich werden in der Verwaltung und im Vertrieb die Kalkulationssätze dergestalt ermittelt, dass die Plankosten aller Kostenstellen des jeweiligen Bereiches auf die indirekte Bezugsgröße Herstellkosten des Umsatzes bezogen werden. Im Vertriebsbereich ist aber häufig die Kostenverursachung der einzelnen Produktgruppen unterschiedlich, so dass hier in ähnlicher Weise wie im Materialbereich eine Differenzierung der Plankalkulationssätze nach homogenen Erzeugnisgruppen vorgenommen wird. Diese Differenzierung der Kalkulationssätze des Material- und des Vertriebsbereiches wollen wir an jeweils einem Beispiel erläutern.

In Tabelle 4.25 ist die differenzierte Planung der Materialgemeinkostenverrechnungssätze wiedergegeben,[34] wobei eine Unterscheidung nach drei Materialgruppen vorgenommen wird. Im Beispiel besteht der Materialbereich aus den vier Kostenstellen Einkauf, Warenannahme, Eingangsprüfung und dem Rohstofflager. Die Kosten der drei ersten Stellen sollen nach funktionsanalytischen Methoden auf die Materialgruppen verteilt werden, wobei in erster Linie der Zeitbedarf der Mitarbeiter zur Verteilung herangezogen wird. Die Kosten des Rohstofflagers werden nach den geplanten wertmäßigen Lagerbeständen verteilt. Anhand der in Tabelle 4.25 angegebenen Verteilungsschlüssel werden die gesamten und die proportionalen Plankosten der Stellen auf die drei Materialgruppen verrechnet. Die differenzierten Verrechnungssätze ergeben sich dann, indem die aufgeteilten Materialgemeinkosten auf die Planeinzelmaterialkosten der jeweiligen Materialgruppe bezogen werden.

Die geplanten Materialgemeinkosten werden nun mit Hilfe dieser differenzierten Zuschlagssätze kalkulatorisch weiterverrechnet. Hierzu ist erforderlich, dass in den Plankalkulationen für jede Einzelmaterialkostenart eine Zuordnung zu den drei Materialgruppen vorgenommen wird. Zur Ermittlung der Materialgemeinkosten pro Erzeugniseinheit werden dann die Einzelmaterialkosten jeder Gruppe zusammengefasst und mit dem zugehörigen Verrechnungssatz multipliziert.

In Tabelle 4.26 haben wir in analoger Weise eine Differenzierung der Verrechnungssätze für Vertriebsgemeinkosten nach drei Produktgruppen vorgenommen, die sich in der Kostenverursachung im Vertriebsbereich unterscheiden.[35] Auch hier erfolgt die Verteilung der Stelle Vertriebsleitung und Verkauf nach funktionsanalytischen Methoden. Die Kosten der Werbeabteilung werden gemäß der Planung des Werbemitteleinsatzes den drei Produktgruppen zugeordnet, die der Fakturierung nach den geplanten Umsätzen. Analog zum Rohstofflager erfolgt die Aufteilung der Kosten von Fertigwarenlager und Versand anhand der geplanten wertmäßigen Lagerbestände an fertigen Erzeugnissen.

Bei der Erstellung der Plankalkulationen muss dann für jede Erzeugnisart hinterlegt sein, welcher Produktgruppe sie zuzurechnen ist.

[34] Vgl. W. Kilger, (Plankostenrechnung 1992), S. 497.
[35] Vgl. W. Kilger, (Plankostenrechnung 1992), S. 517.

Kostenstelle		Grundlage	Proz. Anteil			Kosten laut Planung		Materialgruppe I		Materialgruppe II		Materialgruppe III	
Nr.	Bezeichnung		I	II	III	Prop.	Gesamt	Prop.	Gesamt	Prop.	Gesamt	Prop.	Gesamt
300	Einkauf	Funktionsanalyse	25%	36%	39%	14.893	42.103	3.723	10.526	5.361	15.157	5.808	16.420
301	Warenannahme	Funktionsanalyse	31%	45%	24%	6.780	8.920	2.103	2.765	3.051	4.014	1.627	2.141
302	Eingangsprüf.	Funktionsanalyse	31%	45%	24%	13.807	15.432	4.280	4.784	6.213	6.944	3.314	3.704
311	Rohstofflager	Planbestand [€]	22%	38%	40%	6.520	12.295	1.434	2.705	2.478	4.672	2.608	4.918
Summe Materialgemeinkosten						42.000	78.750	11.540	20.780	17.103	30.787	13.357	27.183
Geplante Einzelmaterialkosten						525.000	525.000	210.000	210.000	131.250	131.250	183.750	183.750
Plan-Verrechnungssätze						8,0%	15,0%	5,5%	9,9%	13,0%	23,5%	7,3%	14,8%

Tabelle 4.25: Planung differenzierter Materialgemeinkostenverrechnungssätze

Kostenstelle		Grundlage	Proz. Anteil			Kosten laut Planung		Produktgruppe I		Produktgruppe II		Produktgruppe III	
Nr.	Bezeichnung		I	II	III	Prop.	Gesamt	Prop.	Gesamt	Prop.	Gesamt	Prop.	Gesamt
900	Verkauf	Funktionsanalyse	45%	18%	37%	22.005	63.000	9.902	28.350	3.961	11.340	8.142	23.310
911	Werbung	Werbeplanung	36%	20%	44%	36.425	91.000	13.113	32.760	7.285	18.200	16.027	40.040
912	Fakturierung	Planumsätze	39%	26%	35%	4.310	14.283	1.681	5.570	1.121	3.713	1.509	4.999
921	Fertigwarenl.	Planbestand [€]	41%	15%	44%	6.560	11.718	2.689	4.804	984	1.758	2.886	5.156
Summe Vertriebsgemeinkosten						69.300	180.000	27.385	71.484	13.351	35.011	28.564	73.505
Geplante Herstellkosten des Umsatzes						1.260.000	1.800.000	491.400	702.000	327.600	468.000	441.000	630.000
Plan-Verrechnungssätze						5,5%	10,0%	5,6%	10,2%	4,1%	7,5%	6,5%	11,7%

Tabelle 4.26: Planung differenzierter Vertriebsgemeinkostenverrechnungssätze

Die Ergebnisse der Gemeinkostenplanung werden nun für die folgenden Aufgaben der Plankostenrechnung benötigt:

1. Mit Hilfe der Plankalkulationssätze erfolgt die Ermittlung der proportionalen und gesamten Planselbstkosten der betrieblichen Erzeugnisse, wobei die proportionalen Kosten zur Erfüllung der dispositiven Aufgaben zu verwenden sind.
2. Die Kostenpläne der einzelnen Kostenstellen bilden den Ausgangspunkt für die Kostenkontrolle im Rahmen des Soll-Ist-Vergleiches; hierauf werden wir im folgenden Abschnitt eingehen.

4.4.4 Der Betriebsabrechnungsbogen der Plankostenrechnung

In der Plankostenrechnung dient der Betriebsabrechnungsbogen zunächst dem gleichen Zweck wie in der Istkostenrechnung, nämlich dem kostenartenweisen Ausweis der in den einzelnen Stellen angefallen primären Istgemeinkosten. Gegenüber der Istkostenrechnung weist der Betriebsabrechnungsbogen hier allerdings folgende Besonderheiten auf:

1. Die Istgemeinkosten der Hilfskostenstellen werden nicht mehr monatlich auf die Hauptkostenstellen weiterverrechnet; die innerbetriebliche Leistungsverrechnung erfolgt nur einmal beim Aufbau der Kostenplanung. Die Istkosten der Hilfskostenstellen werden in die Sollkosten und anteilige Kostenabweichungen zerlegt. Dabei entsprechen die Sollkosten den sekundären Kosten der Hauptkostenstellen, die Kostenabweichungen werden von der jeweiligen Hilfskostenstelle direkt ins Betriebsergebnis gebucht.
2. Die Istkosten der Hauptkostenstellen werden ebenfalls nicht auf die Kostenträger überwälzt; die auf den Planverrechnungssätzen der Hauptkostenstellen basierenden jahresbezogenen Plankalkulation bleiben – abgesehen vom Fall der Einzelfertigung – unverändert. Die Kostenabweichungen der Hauptkostenstellen werden ebenfalls unmittelbar in die Ergebnisrechnung übernommen.
3. In der Plankostenrechnung kommt dem Betriebsabrechnungsbogen die zusätzliche Aufgabe der Kostenkontrolle zu. Daher werden hier neben den Istgemeinkosten noch die Sollkosten und die sich als Differenz aus Ist- und Sollkosten ergebenden Kostenabweichungen ausgewiesen. Daher wird der Betriebsabrechnungsbogen auch als der Soll-Ist-Vergleich der Plankostenrechnung bezeichnet.

Bei der Kontrolle der Gemeinkosten ist von dem Grundsatz auszugehen, dass diese immer auf der Kostenstelle durchgeführt wird, in welcher der entsprechende Produktionsfaktorverbrauch stattgefunden hat. Dies bedeutet, dass die Kosten der Hilfskostenstellen auf diesen kontrolliert werden und nicht auf den leistungsempfangenden Kostenstellen.

In Übersicht 4.17 haben wir den Ablauf des Soll-Ist-Vergleichs dargestellt.[36]

---

[36] Vgl. W. Kilger, (Plankostenrechnung 1992), S. 541 ff.

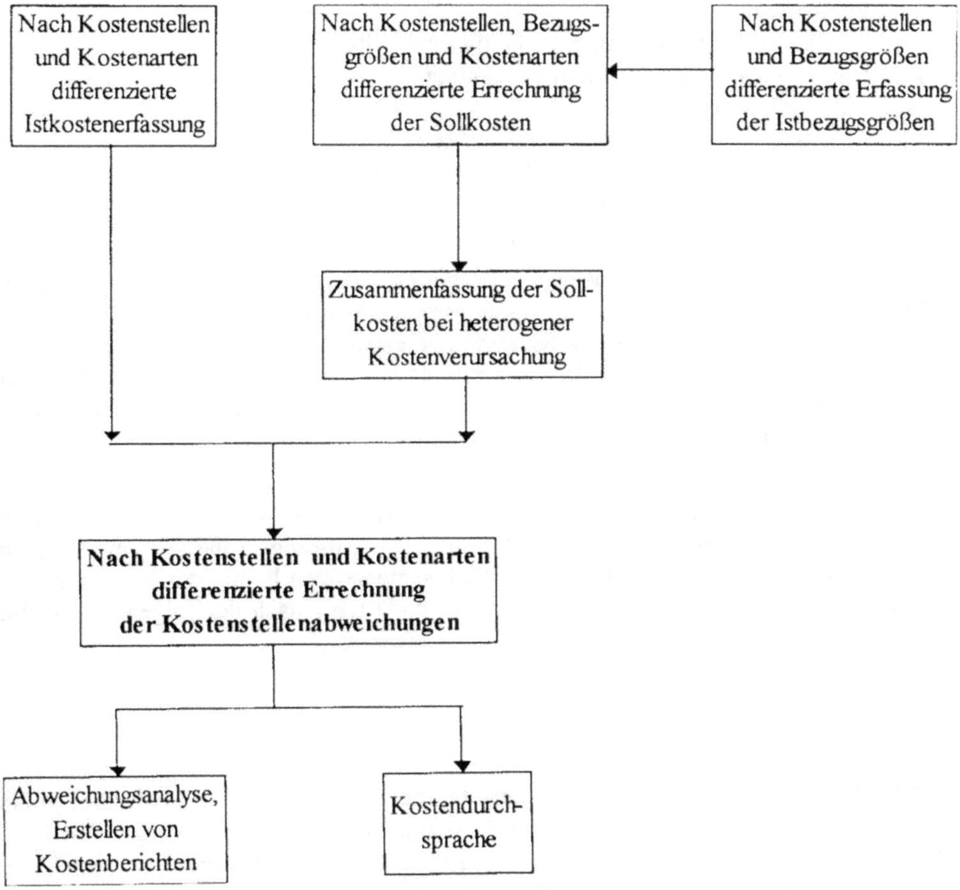

Übersicht 4.17: Ablauf des Soll-Ist-Vergleichs

Voraussetzung für eine wirksame Kostenkontrolle ist die monatliche, nach Kostenstellen und Kostenarten differenzierte *Erfassung der Istkosten*, die in gleicher Weise wie in der Ist- und der Normalkostenrechnung durch eine funktionierende Betriebsbuchhaltung sicherzustellen ist.

Zur Errechnung der Sollkosten müssen für jeden Kontrollmonat die *Istbezugsgrößen der Kostenstellen* erfasst werden. Bei heterogener Kostenverursachung sind in den betreffenden Kostenstellen für alle Bezugsgrößenarten die Istwerte zu erfassen. Zur Erfassung der Istbezugsgrößen können mehrere Verfahren zur Anwendung kommen:

1. Direkte Erfassung
   1.1. Stunden- oder Mengenaufschreibung innerhalb der Kostenstelle
   1.2. Nutzung der Daten der Lohnabrechnung
2. Indirekte Erfassung
   2.1. Ableitung aus den Istproduktionsmengen
   2.2. Ableitung aus den Istbezugsgrößen anderer Kostenstellen
   2.3. Ableitung aus Istkostenarten
   2.4. Ableitung aus den Herstellkosten des Umsatzes.

Eine direkte Erfassung der Istbezugsgröße gelingt überwiegend in Fertigungskostenstellen, wenn hier entsprechende Erfassungssysteme installiert sind. Dies ist immer dann der Fall, wenn moderne DV-Systeme zur Produktionsplanung und zur Maschinensteuerung eingesetzt werden. Bei Akkordlohn werden häufig die Vorgabezeiten als Bezugsgröße verwendet, so dass die Istbezugsgrößen unmittelbar aus den Daten der Lohnrechnung abgeleitet werden können.

Ist eine direkte Erfassung der Bezugsgrößen nicht möglich, so besteht im Fertigungsbereich die Möglichkeit, die Istbezugsgröße indirekt anhand der Istproduktionsmengen der hergestellten Erzeugnisarten zu bestimmen. Die Istbezugsgröße $B^{(i)}$ einer Kostenstelle errechnet sich dann mit Hilfe der Stückbezugsgrößen b_j und der Istproduktionsmengen $x_j^{(i)}$ der in der Stelle bearbeiteten Produktarten j nach der folgenden Bestimmungsgleichung:

$$B^{(i)} = \sum_{j=1}^{n} b_j \cdot x_j^{(i)}$$

Eine weitere Art der indirekten Erfassung ist die Ableitung aus den Istbezugsgrößen anderer Kostenstellen; diese erfolgt bei Anwendung der Deckungsbezugsgrößen, bei denen die Istbezugsgröße der betreffenden Hilfskostenstelle der Summe der Sollkosten der zugehörigen sekundären Kostenart entspricht.[37]

Eine Ableitung aus Kostenarten erfolgt in den Kostenstellen des Materialbereiches, wo die indirekte Bezugsgröße Einzelmaterialkosten verwendet wird, und in den Sozialkostenstellen, in denen die Lohn- und Gehaltssumme als Bezugsgröße zum Einsatz kommt. Die monatlichen Herstellkosten des Umsatzes stellen die Istbezugsgrößen der Kostenstellen des Verwaltungs- und des Vertriebsbereiches dar; man erhält sie, indem die Istabsatzmengen mit den Planherstellkosten pro Einheit multipliziert werden.

In den Kostenstellen mit überwiegend administrativen Tätigkeiten besteht zwischen den indirekten Bezugsgrößen und den relativ niedrigen variablen Kosten kein unmittelbarer Zusammenhang, so dass man hier häufig auf eine Flexibilisierung der Kostenkontrolle verzichtet. In diesen Fällen werden den Istkosten die ursprünglichen Plankosten laut Kostenplanung gegenübergestellt. In den übrigen Kostenstellen ist die genaue Erfassung der Istbezugsgrößen Voraussetzung für eine richtige Errechnung der Sollkosten und damit für einen aussagefähigen Soll-Ist-Vergleich.

Wie in Abschnitt 2.3 im Zusammenhang mit den Grundlagen der Plankostenrechnung ausgeführt, lassen sich die *Sollkosten* für jede Kostenart der betrachteten Kostenstelle nach folgender Gleichung errechnen:

---

[37] Vgl. das Beispiel zu den Deckungsbezugsgrößen in Abschnitt 4.2.

$$\text{Sollkosten} = \text{Fixe Plankosten} + \text{Proportionale Plankosten} \cdot \frac{\text{Istbeschäftigung}}{\text{Planbeschäftigung}}$$

Die Gleichung zeigt, dass zur Errechnung der Sollkosten die proportionalen Plankosten mit Hilfe des Beschäftigungsgrades an die Istbeschäftigung angepasst und zu diesem Betrag die fixen Plankosten addiert werden.

In Kostenstellen mit heterogener Kostenverursachung erfolgt die Errechnung der Sollkosten für jede Bezugsgrößenart getrennt. Anschließend werden die *Sollkosten der einzelnen Bezugsgrößenarten kostenartenweise zusammengefasst.* Dies ist notwendig, da die Istkosten lediglich auf Kostenstellen kontiert werden und eine weitere Differenzierung nach Bezugsgrößenarten nicht praktikabel oder zu aufwendig ist.

Nach der Bestimmung der Sollkosten werden nun ebenfalls kostenartenweise die *Verbrauchsabweichungen* als Differenz aus Ist- und Sollkosten errechnet.

$$\text{Verbrauchsabweichung} = \text{Istkosten} - \text{Sollkosten}.$$

Die Verbrauchsabweichungen werden in folgenden Formen ausgewiesen:

- Absolutbetrag des Monats,
- Kumulierter Betrag seit Jahresanfang,
- Prozentualer Anteil an den Sollkosten.

Jeder Kostenstellenleiter erhält monatlich den Soll-Ist-Vergleich seiner Kostenstellen. Für übergeordnete Bereiche wie Meisterbereiche, Betriebsteile, Hauptabteilungen oder Werke werden Verdichtungen erstellt, welche die kumulierten Beträge der dem Bereich zugeordneten Kostenstellen enthalten.

Im Rahmen der Auswertung des Soll-Ist-Vergleichs analysiert das Controlling in Zusammenarbeit mit den Kostenstellenverantwortlichen bei erheblichen und/oder nachhaltigen Kostenüberschreitungen die *Ursachen dieser Abweichungen.* Daraufhin werden wieder in Zusammenarbeit mit den betroffenen Stellen Maßnahmen für deren Beseitigung eingeleitet.

Aus Motivationsgründen sollte ein- bis zweimal jährlich für jeden Meisterbereich eine *Kostendurchsprache* in Anwesenheit der zuständigen Betriebs- oder Werkleitung stattfinden. Auf diesen Sitzungen stellen die Kostenstellenleiter ihre Bereiche vor und erläutern die Kostensituation. Durch derartige Veranstaltungen besteht für die Kostenverantwortlichen ein zusätzlicher Ansporn, in ihrem Bereich auf Wirtschaftlichkeit zu achten.

Abschließend wollen wir die praktische Durchführung des Soll-Ist-Vergleiches anhand ausgewählter Kostenstellen für einen Abrechnungsmonat des laufenden Jahres darstellen. Die Kostenpläne der betreffenden Stellen sind in Abschnitt 4.4.3 wiedergegeben. Als Erstes betrachten wir die Kostenstelle 505 Schleiferei, deren Betriebsabrechnung in Übersicht 4.18 enthalten ist. Die Betriebsabrechnung zeigt in den ersten beiden Spalten die Kostenartennummern und Kostenartenbezeichnungen. Die nächsten vier Spalten zeigen Monatswerte der Istkosten, der Sollkosten, der sich hieraus ergebenden Verbrauchsabweichungen sowie der prozentualen Abweichungen bezogen auf die Sollkosten. Die letzten vier Spalten zeigen im gleichen Aufbau die entsprechenden kumulierten Werte seit Jahresanfang.

Maschinenbau GmbH		Betriebsabrechnung Soll-Ist-Vergleich				Monat: März Kst.Nr.: 505 Bez. Schleifen			
A. Soll-Ist-Vergleich nach Kostenarten									
		Monatwerte				**kumuliert seit Jahresanfang**			
Nr.	**Kostenart**	**Ist**	**Soll**	**Abw.**	**in %**	**Ist**	**Soll**	**Abw.**	**in %**
4301	Fertigungslöhne	19.940	19.622	318	1,6%	59.696	59.500	196	0,3%
4302	Löhne innerbetr. Leistungen								
4309	Zusatzlöhne	255	275	-20	-7,3%	852	834	18	2,2%
4310-15	Hilfslöhne	1.451	1.310	141	10,8%	4.235	3.968	267	6,7%
4320	Mehrarbeitszuschläge								
4910	Kalk.Pers.nebenkosten Arb.	18.399	18.026	373	2,1%	54.988	54.656	332	0,6%
4350	Gehälter								
4911	Kalk.Pers.nebenkosten Ang.								
4100	Werkzeuge und Geräte	2.681	2.925	-244	-8,3%	9.242	8.870	372	4,2%
4110	Hilfs- und Betriebsstoffe	202	180	22	12,2%	506	547	-41	-7,5%
4200-10	Heiz- und Treibstoffe								
4250-60	Fremdbezogene Energie								
4510-30	Reparatur- und Instandhalt.	4.951	5.945	-994	-16,7%	17.381	18.014	-633	-3,5%
4560	Ausschuß und Nacharbeit	245	268	-23	-8,6%	818	812	6	0,7%
4601-4750	Verschiedene Gemeinkosten								
4801	Kalk. Abschreibungen	7.444	7.444			22.480	22.480		
4810	Kalk. Zinsen	1.075	1.075			3.225	3.225		
4940	Sek. Raumkosten	2.625	2.625			7.875	7.875		
4951	Sek. Stromkosten	1.970	1.970			5.975	5.975		
4960	Sek. Transportkosten	4.867	4.867			14.758	14.758		
4970	Sek. Leitungskosten	2.565	2.565			7.777	7.777		
4999	Sek. Fixkosten	7.703	7.703			23.109	23.109		
	Summe o. Preis-u.Tarifabw.	76.373	76.800	-427	-0,6%	232.917	232.400	517	0,2%
	Tarifabweichung	-590		-590	-0,8%	2.547		2.547	1,1%
	Preisabweichung	77		77	0,1%	209		209	0,1%
	Summe mit Preis-u.Tarifabw.	75.860	76.800	-940	-1,2%	235.673	232.400	3.273	1,4%

B. Soll-Ist-Vergleich nach Kostenartengruppen									
1	Personalkosten Lohnempf.	40.045	39.233	812	2,1%	119.771	118.958	813	0,7%
2	Personalkosten Angestellte								
3	Werkzeuge, Hilfs-u.Betr.stoffe	2.883	3.105	-222	-7,1%	9.748	9.417	331	3,5%
4	Innerbetriebliche Leistungen	5.196	6.213	-1.017	-16,4%	18.199	18.826	-627	-3,3%
5	Verschiedene Gemeinkosten								
6	Kalk. Kostenarten	8.519	8.519			25.705	25.705		
7	Sekund. Kostenarten	19.730	19.730			59.494	59.494		

C. Bezugsgrößen/Kostensätze									
Bezugsgröße Monat		Bezugsgr. kum.		Plansätze		Ist-Monat		Ist-kum.	
Plan	Ist	Plan	Ist	Ges.	Prop.	Ges.	Prop.	Ges.	Prop.
1.500	1.545	4.500	4.685	50,00	40,00	49,10	39,39	50,30	40,70

Übersicht 4.18: Betriebsabrechnung der Kostenstelle 505 Schleiferei

Da in der Plankostenrechnung die Istverbrauchsmengen immer mit Planpreisen bzw. Plantarifen bewertet werden, sind im unteren Teil der Betriebsabrechnung zunächst die auf die Kostenstelle entfallenden Tarif- und Preisabweichungen ausgewiesen. Im Anschluss erfolgt eine Zusammenfassung der Kostenbeträge nach Kostenartengruppen. Abschließend werden die Plan- und Istbezugsgrößen sowie die gesamten und proportionalen Kostensätze, ebenfalls im Plan und im Ist, ausgewiesen.

Die Istbezugsgröße der Stelle Schleiferei, die von der Betriebsdatenerfassung anhand der abgerechneten Lohnscheine ermittelt wird, beträgt 1.545 Fertigungsstunden. Setzt man diese ins Verhältnis zur Planbezugsgröße, ergibt sich ein Beschäftigungsgrad von 103,0%.

Die Berechnung der Sollkosten und der Verbrauchsabweichungen wollen wir am Beispiel zweier Kostenarten zeigen, den Fertigungslöhnen und den Reparaturkosten. Im Kostenplan der Übersicht 4.11 sind für die Fertigungslöhne Plankosten in Höhe von 19.050 €/Mon ausgewiesen, die in voller Höhe den proportionalen Kosten zugeordnet werden. Damit erhält man folgende Sollkosten:

$$\text{Sollkosten Fertigungslöhne} = 19.050 \cdot 1{,}03 = 19.622 \text{ €/Mon}$$

Bei Istkosten von 19.940 €/Mon ergibt sich die folgende Verbrauchsabweichung:

$$\text{Verbrauchsabweichung} = 19.940 - 19.622 = 318 \text{ €/Mon}$$

Die Reparaturkosten stellen eine Kostenart dar, die bei der Kostenplanung in variable und fixe Bestandteile aufgelöst wurde. Die Sollkosten lassen sich hier wie folgt bestimmen:

$$\text{Sollkosten Reparatur} = 440 + 5.345 \cdot 1{,}03 = 5.945 \text{ €/Mon}$$

Die Istkosten liegen mit 4.951 €/Mon unter den Sollkosten, so dass sich bei dieser Kostenart eine negative Verbrauchsabweichung ergibt:

$$\text{Verbrauchsabweichung} = 4.951 - 5.945 = -994 \text{ €/Mon}$$

In analoger Weise werden die Sollkosten der übrigen Kostenarten errechnet. Eine Besonderheit tritt bei den kalkulatorischen und bei den sekundären Kostenarten auf. Bei den kalkulatorischen Abschreibungen und Zinsen fallen keine Istbeträge an, so dass diese Kostenarten Ist = Soll abgerechnet werden, d.h. in die Spalte Istkosten werden die Sollbeträge übernommen; es entstehen demzufolge keine Verbrauchsabweichungen.

Wie oben erläutert, erfolgt die Kontrolle der sekundären Kostenarten auf den leistenden Hilfskostenstellen, auf welche die primären Istkosten gebucht werden; in der Plankostenrechnung werden die Istkosten der Hilfskostenstellen nicht auf die leistungsempfangenden Kostenstellen weiterverrechnet. Für die sekundären Kostenarten werden dann auf den leistungsempfangenden Kostenstellen ebenfalls die Sollkosten in die Spalte der Istkosten übernommen und hier keine Verbrauchsabweichungen ausgewiesen. Die Abweichungen der Hilfskostenstellen werden unmittelbar in das Betriebsergebnis ausgebucht.

Als Zweites wollen wir die Betriebsabrechnung der Kostenstelle 404 Automaten behandeln, in der aufgrund heterogener Kostenverursachung bei der Kostenplanung drei

Bezugsgrößen zur Anwendung kommen. Da die Istkosten der Stelle, wie oben erläutert, nicht nach Bezugsgrößenarten differenziert werden, müssen hier die Sollkosten der einzelnen Bezugsgrößenarten kumuliert den Istkosten gegenübergestellt werden.

In Übersicht 4.19 ist die Errechnung der Sollkosten für die einzelnen Bezugsgrößenarten wiedergegeben, wobei die Kostenpläne der Übersichten 4.12 bis 4.14 die Grundlagen der Berechnung darstellen. In der vorletzten Zeile der Übersicht 4.19 sind die Istbezugsgrößen der drei Bezugsgrößenarten aufgeführt, anhand derer die Beschäftigungsgrade und die Sollkosten errechnet werden. In der letzten Spalte der Übersicht sind die Sollkosten der drei Bezugsgrößenarten zu den Sollkosten der gesamten Stelle zusammengefasst.

Maschinenbau GmbH		**Sollkostenübersicht**		Monat: März Kst.Nr.: 404 Bez. Automaten	
		Sollkosten			
Nr.	**Kostenart**	**Rüstzeit**	**Fertigungszeit**	**Maschinenzeit**	**Summe**
4301	Fertigungslöhne	3.620	12.002		15.622
4302	Löhne innerbetr. Leistungen				
4309	Zusatzlöhne		867		867
4310-15	Hilfslöhne			1.034	1.034
4320	Mehrarbeitszuschläge				
4910	Kalk. Pers.nebenk. Arb.	3.077	10.939	879	14.895
4350	Gehälter				
4911	Kalk. Pers.nebenk. Ang.				
4100	Werkzeuge und Geräte	44		20.606	20.650
4110	Hilfs- und Betriebsstoffe	37	95	569	701
4200-10	Heiz- und Treibstoffe				
4250-60	Fremdbezogene Energie				
4510-30	Reparatur- und Instandhalt.			25.402	25.402
4560	Ausschuß und Nacharbeit			273	273
4601-4750	Verschied. Gemeinkosten				
4801	Kalk. Abschreibungen			68.088	68.088
4810	Kalk. Zinsen			8.425	8.425
4940	Sek. Raumkosten			3.413	3.413
4951	Sek. Stromkosten			4.193	4.193
4960	Sek. Transportkosten			5.286	5.286
4970	Sek. Leitungskosten	62	1.140	4.365	5.567
4999	Sek. Fixkosten	608	2.700	13.367	16.675
Summe		7.448	27.743	155.900	191.091
Istbezugsgröße		285	945	1.678	
Planbezugsgröße		270	900	1.600	

Übersicht 4.19: Sollkostenübersicht der Kostenstelle 404 Automaten

Die kumulierten Sollkosten der Bezugsgrößenarten werden dann in die eigentlich Betriebsabrechnung übernommen und dort den Istkosten der Stelle im betrachteten

Abrechnungsmonat gegenübergestellt. Die Betriebsabrechnung der Stelle ist in Übersicht 4.20 dargestellt.

Maschinenbau GmbH	Betriebsabrechnung Soll-Ist-Vergleich	Monat: März Kst.Nr.: 404 Bez. Automaten

A. Soll-Ist-Vergleich nach Kostenarten

		Monatwerte				kumuliert seit Jahresanfang			
Nr.	Kostenart	Ist	Soll	Abw.	in %	Ist	Soll	Abw.	in %
4301	Fertigungslöhne	16.070	15.622	448	2,9%	50.721	49.988	733	1,5%
4302	Löhne innerbetr. Leistungen								
4309	Zusatzlöhne	985	867	118	13,6%	2.983	2.784	199	7,1%
4310-15	Hilfslöhne	1.107	1.034	73	7,1%	3.386	3.243	143	4,4%
4320	Mehrarbeitszuschläge								
4910	Kalk.Pers.nebenkosten Arb.	15.211	14.895	316	2,1%	48.527	47.613	914	1,9%
4350	Gehälter								
4911	Kalk.Pers.nebenkosten Ang.								
4100	Werkzeuge und Geräte	20.995	20.650	345	1,7%	66.438	66.082	356	0,5%
4110	Hilfs- und Betriebsstoffe	652	701	-49	-7,0%	2.064	2.175	-111	-5,1%
4200-10	Heiz- und Treibstoffe								
4250-60	Fremdbezogene Energie								
4510-30	Reparatur- und Instandhalt.	25.249	25.402	-153	-0,6%	76.743	77.477	-734	-0,9%
4560	Ausschuß und Nacharbeit	411	273	138	50,5%	1.036	882	154	17,5%
4601-4750	Verschiedene Gemeinkosten								
4801	Kalk. Abschreibungen	68.088	68.088			207.668	207.668		
4810	Kalk. Zinsen	8.425	8.425			25.275	25.275		
4940	Sek. Raumkosten	3.413	3.413			10.238	10.238		
4951	Sek. Stromkosten	4.193	4.193			13.421	13.421		
4960	Sek. Transportkosten	5.286	5.286			16.914	16.914		
4970	Sek. Leitungskosten	5.567	5.567			17.324	17.324		
4999	Sek. Fixkosten	16.675	16.675			50.026	50.026		
	Summe o. Preis-u.Tarifabw.	192.327	191.091	1.236	0,6%	592.764	591.110	1.654	0,3%
	Tarifabweichung	-491		-491	-0,3%	2.547		2.547	0,4%
	Preisabweichung	548		548	0,3%	209		209	0,0%
	Summe mit Preis-u.Tarifabw.	192.384	191.091	1.293	0,7%	595.520	591.110	4.410	0,7%

B. Soll-Ist-Vergleich nach Kostenartengruppen

Nr.	Kostenartengruppe	Ist	Soll	Abw.	in %	Ist	Soll	Abw.	in %
1	Personalkosten Lohnempf.	33.373	32.418	955	2,9%	105.617	103.628	1.989	1,9%
2	Personalkosten Angestellte								
3	Werkzeuge, Hilfs-u.Betr.stoffe	21.647	21.351	296	1,4%	68.502	68.257	245	0,4%
4	Innerbetriebliche Leistungen	25.660	25.675	-15	-0,1%	77.779	78.359	-580	-0,7%
5	Verschiedene Gemeinkosten								
6	Kalk. Kostenarten	76.513	76.513			232.943	232.943		
7	Sekund. Kostenarten	35.134	35.134			107.923	107.923		

C. Bezugsgrößen/Kostensätze

Bezugsgröße Monat		Bezugsgr. kum.		Plansätze		Ist-Monat		Ist-kum.	
Plan	Ist	Plan	Ist	Ges.	Prop.	Ges.	Prop.	Ges.	Prop.

Übersicht 4.20: Betriebsabrechnung der Kostenstelle 404 Automaten

Der Aufbau der Betriebsabrechnung entspricht dem der Kostenstelle Schleiferei. Die einzige Besonderheit besteht darin, dass der Teil C Bezugsgrößen und Kostensätze nicht ausgefüllt ist, da diese Angaben für die gesamte Kostenstelle nicht ermittelt werden können.

Maschinenbau GmbH		**Betriebsabrechnung** Soll-Ist-Vergleich				Monat: März Kst.Nr.: 800 Bez. Kfm. Leitung			
A. Soll-Ist-Vergleich nach Kostenarten									
		Monatwerte				**kumuliert seit Jahresanfang**			
Nr.	**Kostenart**	**Ist**	**Soll**	**Abw.**	**in %**	**Ist**	**Soll**	**Abw.**	**in %**
4301	Fertigungslöhne								
4302	Löhne innerbetr. Leistungen								
4309	Zusatzlöhne								
4310-15	Hilfslöhne								
4320	Mehrarbeitszuschläge								
4910	Kalk.Pers.nebenkosten Arb.								
4350	Gehälter	18.500	18.500			55.500	55.500		
4911	Kalk.Pers.nebenkosten Ang.	10.175	10.175			30.525	30.525		
4100	Werkzeuge und Geräte								
4110	Hilfs- und Betriebsstoffe								
4200-10	Heiz- und Treibstoffe								
4250-60	Fremdbezogene Energie								
4510-30	Reparatur- und Instandhalt.	75	163	-88	-54,0%	515	488	28	5,6%
4560	Ausschuß und Nacharbeit								
4601-4750	Verschiedene Gemeinkosten	16.238	15.084	1.154	7,6%	46.480	45.276	1.204	2,7%
4801	Kalk. Abschreibungen	220	220			660	660		
4810	Kalk. Zinsen	62	62			186	186		
4940	Sek. Raumkosten	1.260	1.260			3.780	3.780		
4951	Sek. Stromkosten								
4960	Sek. Transportkosten	608	608			1.824	1.824		
4970	Sek. Leitungskosten								
4999	Sek. Fixkosten	4.328	4.328			12.984	12.984		
	Summe o. Preis-u.Tarifabw.	51.466	50.400	1.066	2,1%	152.454	151.223	1.232	0,8%
	Tarifabweichung	-518		-518	-1,0%	2.548		2.548	1,7%
	Preisabweichung								
	Summe mit Preis-u.Tarifabw.								
B. Soll-Ist-Vergleich nach Kostenartengruppen									
1	Personalkosten Lohnempf.								
2	Personalkosten Angestellte	28.675	28.675			86.025	86.025		
3	Werkzeuge, Hilfs-u.Betr.stoffe								
4	Innerbetriebliche Leistungen	75	163	-88	-54,0%	515	488	28	5,64%
5	Verschiedene Gemeinkosten	16.238	15.084	1.154	7,6%	46.480	45.276	1.204	2,66%
6	Kalk. Kostenarten	282	282			846	846		
7	Sekund. Kostenarten	6.196	6.196			18.588	18.588		

C. Bezugsgrößen/Kostensätze									
Bezugsgröße Monat		Bezugsgr. kum.		Plansätze		Ist-Monat		Ist-kum.	
Plan	Ist	Plan	Ist	Ges.	Prop.	Ges.	Prop.	Ges.	Prop.

Übersicht 4.21: Betriebsabrechnung der Kostenstelle 800 Kaufmännische Leitung

Als Beispiel für die Betriebsabrechnung einer Kostenstelle des Verwaltungs- und Vertriebsbereiches ist in Übersicht 4.21 der Soll-Ist-Vergleich der Kostenstelle 800 Kaufmännische Leitung wiedergegeben. Da hier zum einen indirekte Bezugsgrößen verwendet werden müssen und zum zweiten der überwiegende Teil der Kostenarten beschäftigungsunabhängig geplant wurde, ist in dieser Stelle auf eine Anpassung der ursprünglichen Plankosten an Beschäftigungsveränderungen verzichtet worden, d.h. die Plankosten werden unmittelbar als Sollkosten übernommen.

Mit dem Soll-Ist-Vergleich ist die Betriebsabrechnung der Plankostenrechnung abgeschlossen. Im folgenden Kapitel wollen wir uns mit der Kalkulation der betrieblichen Erzeugnisse beschäftigen.

5 Die Kalkulation

5.1 Aufbau und Aufgaben von Kalkulationen

Die grundsätzliche Aufgabe von Kalkulationen besteht in der Ermittlung der Kosten pro Erzeugniseinheit oder pro Auftrag. Das Kalkulationsergebnis ist somit immer eine Relativziffer in der Dimension € pro Stück, € pro kg, € pro m^2 u.ä.

Der konkrete Kalkulationsaufbau und die zur Anwendung kommenden Kalkulationsverfahren sind in hohem Maße vom technologischen Aufbau der Produkte und den zur Anwendung kommenden Produktionsverfahren abhängig. Dennoch dürfte der in Übersicht 5.1 wiedergegebene grundsätzliche Kalkulationsaufbau in der überwiegenden Zahl der Fälle Gültigkeit haben.

Kalkulation	€/ME
Einzelmaterialkosten	
+ Materialgemeinkosten	
= **Materialkosten (1)**	
Fertigungslöhne	
+ Fertigungsgemeinkosten	
+ Sondereinzelkosten der Fertigung	
= **Fertigungskosten (2)**	
= **Herstellkosten (1)+(2)**	
+ Verwaltungsgemeinkosten	
+ Vertriebsgemeinkosten	
+ Sondereinzelkosten des Vertriebs	
= **Selbstkosten**	

Übersicht 5.1: Grundaufbau der Kalkulation

Erste Kalkulationsposition sind die Einzelmaterialkosten; hierzu gehören die Kosten für Rohstoffe sowie für fremdbezogene Teile und Baugruppen. Wie in Kapitel 3.3.1. erläutert, sind die wesentlichen Datengrundlagen der Kalkulation der Einzelmaterialkosten die Stücklisten, Rezepturen und Mischungsanweisungen der Erzeugnisse. In den Kalkulationen müssen hierbei neben den effektiven Bedarfsmengen noch Zusatzmengen für Abfall, Verschnitt, Ausschuss u.ä. berücksichtigt werden. Zu den Materialkosten zählen neben den Einzelmaterialkosten noch die Materialgemeinkosten, d.h. die Kosten der Kostenstellen des Materialbereiches.

Den Materialkosten folgen im Kalkulationsaufbau die Fertigungskosten. Diese setzen sich zusammen aus den Fertigungslöhnen, den Gemeinkosten des Fertigungsbereiches und den Sondereinzelkosten der Fertigung. Lohnkosten können nur dann als Einzelkosten verrechnet werden, wenn Arbeitszeiten der Durchführung der einzelnen Arbeitsgänge pro Produkteinheit vorliegen; diese werden in der sogenannten Arbeitsplandatei hinterlegt. Die Fertigungslöhne pro Erzeugniseinheit erhält man durch Bewertung dieser Fertigungszeiten mit den zugehörigen Lohnsätzen. Wie im Abschnitt über die Planung und Erfassung der Lohnkosten beschrieben, werden in der Plankostenrechnung häufig die Fertigungslöhne nicht als Einzelkosten verrechnet, sondern gemeinsam mit den Fertigungsgemeinkosten mit Hilfe geeigneter Bezugsgrößen kalkuliert.

Neben den Einzellöhnen und den Gemeinkosten des Fertigungsbereiches zählen zu den Fertigungskosten noch die Sondereinzelkosten der Fertigung. Wichtige Beispiele hierfür sind:

1. Kosten für Produktlizenzen,
2. Kosten für Spezialwerkzeuge und Spezialbetriebsmittel,
3. Forschungs- und Entwicklungskosten.

Die Kosten für **Produktlizenzen** fallen an, wenn ein Unternehmen geschütztes technisches Wissen nutzen will und hierfür dem Patentinhaber Lizenzgebühren zahlen muss. Produktlizenzen werden als Pauschal-, Stück- oder Umsatzlizenzen vereinbart; in den beiden letztgenannten Fällen liegt der Betrag pro Erzeugniseinheit unmittelbar bzw. mit Kenntnis der Verkaufspreise vor, bei Pauschallizenzen sind vor der kalkulatorischen Verrechnung als Einzelkosten die planmäßigen Produktions- bzw. Absatzmengen zu bestimmen.

Eine weitere Kostenart, die in Form von Sondereinzelkosten kalkulatorisch verrechnet wird, sind die **Kosten für Spezialwerkzeuge und Spezialbetriebsmittel**. Hierunter versteht man Werkzeuge und Maschinen, die ausschließlich der Herstellung einer einzigen Produktart dienen. Beispiele sind Presswerkzeuge im Fahrzeugbau, Mehrfachspannvorrichtungen im Maschinenbau sowie spezialisierte Montageeinrichtungen.

Auch hier muss zur Ermittlung der Sondereinzelkosten pro Produkteinheit die Produktionsmenge bestimmt werden, für welche das betreffende Werkzeug oder Betriebsmittel im Einsatz ist. Bei Werkzeugen ist dies die Stückzahl, die während der Einsatzzeit hergestellt wird, bei Spezialbetriebsmitteln die innerhalb der Nutzungsdauer hergestellte Produktmenge. Dies bedeutet aber, dass sowohl in der Ist- als auch in der Plankostenrechnung zur Kalkulation dieser Einzelkosten Annahmen über die geplanten Produktionsmengen gemacht werden müssen. Mit steigender Nutzungsdauer des Werkzeuges bzw. Betriebsmittels treten hier zunehmende Unsicherheiten auf.

Manche Unternehmen verrechnen die Kosten für **Forschung und Entwicklung** eines Produktes als Sondereinzelkosten der Fertigung. Dies setzt voraus, dass die im Zeitablauf anfallenden Forschungs- und Entwicklungskosten nicht in der Periode des Faktorverbrauchs ergebniswirksam verrechnet, sondern auf Werkauftragskonten bis zur Markteinführung des Erzeugnisses gesammelt werden; die Summe der aufgelaufenen Kosten wird dann auf eine geschätzte Gesamtabsatzmenge bezogen.

Aus betriebswirtschaftlicher Sicht erscheint diese Art der Verrechnung von Forschungs- und Entwicklungskosten nicht zweckmäßig, da dieses Vorgehen zur Erfüllung der Aufgaben der Kostenrechnung nicht notwendig ist und vielmehr die Gefahr von Fehlinterpretationen in sich birgt.

Die dispositiven Aufgaben der Kostenrechnung erfordern den Ausweis der Kostenbestandteile, die sich in Abhängigkeit von der zu treffenden Entscheidung verändern, hierzu zählen in keinem Fall in der Vergangenheit angefallene Kostenbeträge. Auch die Kontrolle der Forschungs- und Entwicklungskosten erfolgt nicht anhand derartiger Stückkosten, sondern projektbezogen. Darüber hinaus setzt der Ausweis nicht entscheidungsrelevanter, beschäftigungsunabhängig anfallender Kosten als (Sonder-)Einzelkosten eine hohe Fachkenntnis für die richtige Nutzung der Kosteninformation voraus, so dass die Gefahr der falschen Interpretation und damit auch die Gefahr von Fehlentscheidungen besteht. Dies gilt im übrigen auch für den Ausweis von Kosten für Pauschallizenzen und für nicht dem Gebrauchsverschleiß unterliegender Werkzeuge und Spezialbetriebsmittel als Sondereinzelkosten.

Aus den genannten Gründen erscheint es, abgesehen vom Fall der Lizenzen, nicht zweckmäßig, die betreffenden Kostenarten als Sondereinzelkosten kalkulatorisch anzusetzen. Forschungs- und Entwicklungskosten sollten in der Kostenrechnung in gleicher Weise, wie es im externen Rechnungswesen vorgeschrieben ist,[1] im Jahr ihres Anfalls ergebniswirksam verrechnet werden. Ein Unternehmen kann nur dann langfristig im Markt bestehen, wenn es laufend Forschung und Entwicklung zur Schaffung neuer Produkte und Fertigungsverfahren betreibt. Das laufende Erzeugnisprogramm erwirtschaftet demzufolge erst dann einen Gewinn, wenn es in der Lage ist, die notwendigen Aufwendungen für die Zukunftssicherung des Unternehmens zu decken. Ein Sammeln der Forschung- und Entwicklungskosten mit der nachträglichen Verrechnung auf die neuen Erzeugnisse entspricht u.E. einem falschen Verständnis des Verursachungsprinzip; nicht die neuen Produkte haben diese Kosten verursacht, sondern die notwendigen Entscheidungen zur Zukunftssicherung. Die Forschungs- und Entwicklungskosten sollten daher in einem prozentualen Zuschlag auf die Fertigungs- oder Herstellkosten kalkulatorisch verrechnet werden.

Da die Kosten der Spezialwerkzeuge und Spezialbetriebsmittel in vielen Fällen fixe Bestandteile enthalten, sollten diese als Gemeinkosten auf den Kostenstellen ihres Einsatzes geplant und erfasst werden. Die erforderliche Kalkulationsgenauigkeit kann dann dadurch erreicht werden, dass entweder für die Spezialbetriebsmittel eigene Kostenstellen gebildet werden oder für die Spezialwerkzeuge auf den Einsatzstellen eine produktbedingte Differenzierung der Bezugsgrößen vorgenommen wird.

Damit bleiben als Sondereinzelkosten die Kosten der Produktlizenzen. Es sollte bei Pauschallizenzen unbedingt beachtet werden, dass hier fixe Kosten als Einzelkosten angesetzt werden.

Als Summe aus Material- und Fertigungskosten ergeben sich die Herstellkosten. Nächste Kalkulationsposition sind die Verwaltungsgemeinkosten, d.h. die Kosten der Stellen des Verwaltungsbereiches. Als Nächstes folgen die Gemeinkosten des Vertriebsbereiches. Neben den Vertriebsgemeinkosten fallen dann noch die Sondereinzelkosten des Vertriebs an; hierzu zählen insbesondere:

1. Verpackungsmaterialkosten,
2. Verpackungslöhne,
3. Verkaufsprovisionen,
4. Frachten.

Verpackungsmaterialkosten und **Packlöhne** sind in gleicher Weise zu planen und kalkulatorisch zu verrechnen wie Einzelmaterialkosten und Einzellöhne, d.h. auch hier müssen die entsprechenden Daten des Mengen- und Preisgerüstes pro Produkteinheit bekannt sein. **Verkaufsprovisionen** werden meist umsatzabhängig gewährt, so dass zu

[1] Nach § 248 Abs. 2 HBG dürfen selbsterstellte immaterielle Gegenstände des Anlagevermögens nicht aktiviert werden, d.h. die entsprechenden Aufwendungen sind im Jahr des Anfalls ergebniswirksam zu verrechnen.

ihrer Planung die Verkaufspreise der Produkte herangezogen werden müssen. **Frachtkosten** werden nur dann als Sondereinzelkosten verrechnet, wenn sie sich eindeutig einer Erzeugnisart zuordnen lassen.

Als Ergebnis der Kalkulation erhält man die Selbstkosten der Erzeugnisse. In einer Istkostenrechnung werden die gesamten tatsächlich angefallenen Kosten pro Erzeugniseinheit ausgewiesen, in der Plankostenrechnung erfolgt eine Differenzierung der geplanten Selbstkosten nach gesamten und variablen Stückkosten.

Im Folgenden wollen wir uns den Aufgaben von Kalkulationen zuwenden. In Übersicht 5.2 ist ein Überblick über die wesentlichen Aufgabenfelder der Stückkosten wiedergegeben.[2]

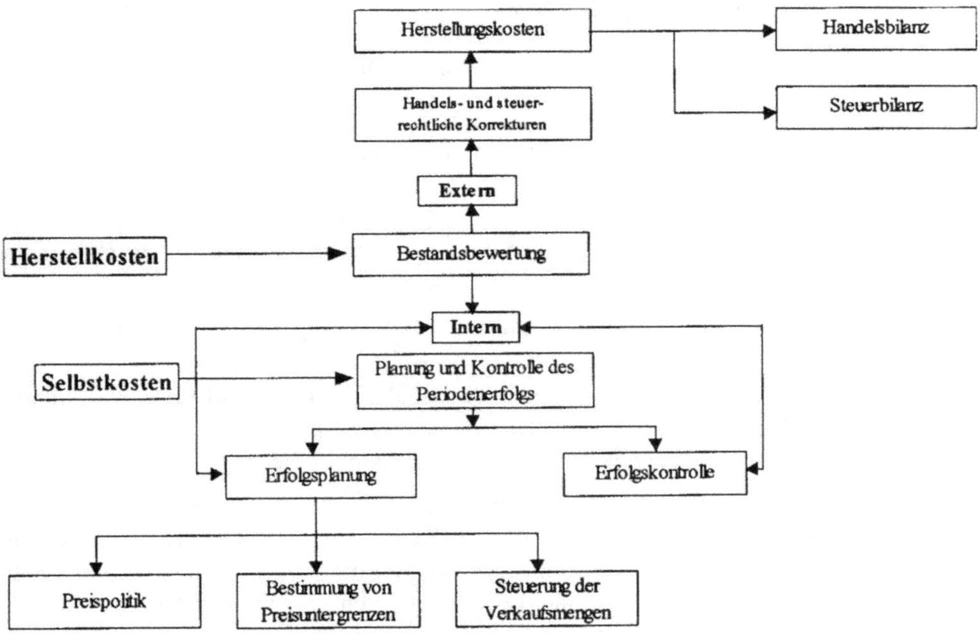

Übersicht 5.2: Aufgaben von Kalkulationen

Die Übersicht zeigt, dass die **Herstellkosten** zur Bewertung der Bestände an Halb- und Fertigfabrikaten benötigt werden. Wie in Abschnitt 1.2 gezeigt, stellen die bewerteten Bestandsveränderungen den Unterschied zwischen dem Umsatz und dem Ertrag einer Periode dar; sie werden daher für einen richtigen Erfolgsausweis benötigt.

Dabei ist zwischen der Bestandsbewertung im internen und im externen Rechnungswesen zu unterscheiden. Während die Bestandsbewertung in der Kostenrechnung den für dieses Teilgebiet als zweckmäßig erachteten Mengen- und Wertansätzen folgt, ist die Bestandsbewertung in der Finanzbuchhaltung an handels- und steuerrechtliche Vorschriften gebunden. Zur Unterscheidung zwischen den Bestandswerten im internen und externen Rechnungswesen werden letztgenannte als Herstellungskosten im Gegensatz zu den Herstellkosten der Kostenrechnung bezeichnet.

[2] Vgl. die ähnliche Übersicht bei W. Kilger, (Einführung 1992), S. 267.

Allerdings brauchen zur Umwertung auf die handels- und steuerrechtlich zulässigen Wertansätze die produktindividuellen Kalkulationen der Kostenrechnung nicht neu erstellt zu werden, vielmehr ist eine pauschalisierte Korrektur der Bestandswerte zu Herstellkosten für den Ausweis der Herstellungskosten in Handels- und Steuerbilanzen erlaubt.

Die Umwertung wollen wir an einem einfachen Beispiel verdeutlichen. Für ein kleineres Unternehmen liegen die folgenden Daten vor:

Gesamtkosten:	60.000.000 €/Jahr
Kalkulatorische Kosten:	18.000.000 €/Jahr
Kostenverschiedener Zweckaufwand:	15.000.000 €/Jahr
Bestandswert zu Herstellkosten:	2.400.000 €

Anhand der Kosten- bzw. Aufwandsdaten lässt sich folgender Korrekturprozentsatz errechnen:

$$\text{Korrekturfaktor} = \frac{15.000.000 - 18.000.000}{60.000.000} \cdot 100 = -5\%$$

Mit Hilfe dieses Faktors lassen sich dann die Bestandswerte zu Herstellungskosten wie folgt ermitteln:

$$\text{Bestandswerte zu Herstellungskosten} = 2.400.000 \cdot (1 - 0{,}05) = 2.280.000\ €$$

Sind neben dem Unterschied zwischen Kosten und Zweckaufwand für den Bestandsausweis in der Handels- und Steuerbilanz weitere Korrekturen der Kosten vorzunehmen, so sind diese in analoger Weise im Korrekturfaktor zu berücksichtigen.

Die für die Bestandsbewertung in Handels- und Steuerbilanzen maßgeblichen Bestimmungen finden sich in § 255 Abs. 2 und 3 HGB sowie in R 33 EStR. In ihnen sind die aktivierungspflichtigen Bestandteile der Wertansätze, die Bestandteile, bei denen ein Ansatzwahlrecht besteht, und die Teile der Kosten enthalten, die in keinem Fall angesetzt werden dürfen. Dabei unterscheiden sich die aktivierungspflichtigen Teile in beiden Vorschriften, die Aktivierungsverbote entsprechen sich demgegenüber. Übersicht 5.3 zeigt die Bewertungsspielräume bei der Ermittlung der Herstellungskosten zur Bestandsbewertung in Handels- und Steuerbilanzen.[3]

Aufgrund der angeführten Aktivierungswahlrechte besteht in Handelsbilanzen die Möglichkeit, die Bestände zu variablen Herstellungskosten zu bewerten, für Steuerbilanzen ist dies ausgeschlossen. In der Praxis erfolgt aber in nahezu allen Fällen auch in der Handelsbilanz ein Ansatz zu Vollkosten.

---

[3] Vgl. H. Bieg u. H. Kußmaul, (Rechnungswesen 1996), S. 100 ff; K. Küting, (Beratung 1998), S. 542 ff.

	§ 255 Abs. 2 u. 3 HGB			R 33 EStR		
	Aktivierungs-			Aktivierungs-		
Aufwandsarten	**Pflicht**	**Wahlrecht**	**Verbot**	**Pflicht**	**Wahlrecht**	**Verbot**
Materialeinzelkosten	X			X		
Fertigungseinzelkosten	X			X		
Sondereinzelkosten der Fertigung	X			X		
Materialgemeinkosten		X		X		
Fertigungsgemeinkosten		X		X		
Werteverzehr des Anlagevermögens		X		X		
Kosten der allgemeinen Verwaltung		X			X	
Aufwendungen für freiwillige soziale Einrichtungen		X			X	
Aufwendungen für betriebliche Altersversorgung		X			X	
Zurechenbare Fremdkapitalzinsen		X			X	
Vertriebskosten			X			X

Übersicht 5.3: Bestandteile der Herstellungskosten in Handels- und Steuerrecht

In der Kostenrechnung werden die Bestände grundsätzlich mit den Herstellkosten bewertet (vgl. Übersicht 5.1). Bewertungsunterschiede bestehen hier bezüglich der folgenden Fragen:

1. Bewertung zu Ist- oder Normal- bzw. Plankosten,
2. Bewertung zu vollen bzw. variablen Herstellkosten.

In einer reinen Istkostenrechnung werden die Bestände zu vollen Istherstellkosten bewertet; nach dem Kostenüberwälzungsprinzip werden sämtliche Material- und Fertigungskosten auf die Erzeugnisse und damit anteilig auf die Bestandsveränderungen verrechnet. Auch die Normalkostenrechnung ist als Vollkostenrechnung konzipiert, hier ist aber die Frage zu klären, ob die Bestände ausschließlich mit den kalkulierten Normalkosten bewertet werden oder ob anteilige Über- oder Unterdeckungen bei der Bestandsbewertung zu berücksichtigen sind.

Auch in der Plankostenrechnung können die Bestände ausschließlich zu den kalkulierten Plankosten laut Plankalkulation bewertet werden oder unter zusätzlicher Berücksichtigung anteiliger Preis- und Verbrauchsabweichungen des Herstellbereiches. Darüber hinaus kann bei einer Parallelkalkulation der variablen und gesamten Stückkosten die Bestandsbewertung alternativ zu vollen oder zu proportionalen Herstellkosten erfolgen.

Zunächst wollen wir uns der Frage der Bewertung zu **Ist- oder zu Normal- bzw. Plankosten** zuwenden. Der Vorteil des ausschließlichen Ansatzes von jahresbezogenen Normal- oder Plankosten liegt in der erheblichen Vereinfachung der kurzfristigen Erfolgsrechnung. Die entstandenen Kostenabweichungen müssen nicht anteilig auf die Absatzmengen und die Bestandsveränderungen aufgeteilt werden; diese Aufteilung wird insbesondere in Unternehmen mit einer großen Sortimentsvielfalt mit erheblichem Aufwand verbunden sein. Wird auf eine Bestandsabgrenzung der Kostenabweichungen verzichtet, werden diese im jeweiligen Monat in vollen Höhe in die Erfolgsrechnung übernommen.

Der Nachteil dieser Alternative besteht darin, dass es zu Verzerrungen im monatlichen Erfolgsausweis kommen wird. Treten in Unternehmen mit erheblichen Bestandsschwankungen relativ große Kostenabweichungen auf, so werden die Monatsergebnisse in deutlichem Umfang verfälscht. Aus Gründen der Richtigkeit sollte in diesen Fällen eine Aufteilung der Kostenabweichungen auf Absatzmengen und Bestandsveränderungen vorgenommen werden.

Die Frage der Bestandsbewertung **zu vollen oder zu variablen Herstellkosten** ist zunächst abhängig von der Gestaltungsform der eingesetzten Plankostenrechnung. Zwangsläufig müssen in einer reinen Vollkostenrechnung die vollen Herstellkosten verwendet werden, während in einer reinen Grenzplankostenrechnung nur variable Stückkosten zur Verfügung stehen; in der heute üblichen Ausgestaltung als Parallelkalkulation besteht hingegen eine Wahlmöglichkeit. Für einen Bestandsausweis zu proportionalen Kosten spricht hier, dass die Fixkosten im Monat ihres Anfalls in das Betriebsergebnis übernommen werden, wodurch eine entsprechende Abgrenzungsrechnung überflüssig wird. Aus Sicht einer konsequenten Anwendung des Deckungsbeitragsprinzips erscheint die unmittelbare Verrechnung der Fixkosten folgerichtig, da diese als kalenderzeitproportionale Kosten für die Aufrechterhaltung der Kapazitäten unabhängig vom effektiven Produktionsvolumen anfallen.[4]

Unabhängig von dem aus betriebswirtschaftlicher Sicht zweckmäßigen Wertansatz ist zu beachten, dass bei unterschiedlicher Bewertung der Bestände im externen und internen Rechnungswesen ein weiterer Ergebnisunterschied zwischen beiden Rechnungssystemen auftritt, welcher der Unternehmensführung zu erläutern ist.

Weitere wichtige Aufgabenbereiche von Kalkulationen werden durch die **Selbstkosten** erfüllt. Erfolgt im Unternehmen ein erzeugnisbezogener Erfolgsausweis nach dem Umsatzkostenverfahren, so werden die Selbstkosten als Negativkomponente den Verkaufspreisen der einzelnen Erzeugnisse gegenübergestellt. In einer Vollkostenrechnung werden hierzu die vollen Selbstkosten herangezogen, in der Grenzplankostenrechnung die variablen.

Darüber hinaus werden die Selbstkosten als Datengrundlage für preispolitische Entscheidungen benötigt. Zwar werden in marktwirtschaftlichen Systemen die Verkaufspreise nur noch in seltenen Ausnahmefällen unmittelbar aus den Selbstkosten abgeleitet,[5] diese spielen aber für die Plausibilisierung der Preise und als kurz- und langfristige Preisuntergrenzen eine bedeutende Rolle. Langfristig müssen Verkaufspreise erzielt werden, die über den vollen Selbstkosten liegen; in diesem Entscheidungsrahmen kann über die Fixkosten des Unternehmens disponiert werden. Die absolute, kurzfristig wirksame Preisuntergrenze bilden die proportionalen Selbstkosten; sind die Verkaufspreise nicht in der Lage, die proportionalen Kosten zu decken, so verschlechtert die Herstellung der betreffenden Produkte unmittelbar den Gewinn.[6]

Die Selbstkosten der Produkte werden weiterhin für die Verkaufssteuerung benötigt, d.h. für die Entscheidungen, welche Produkte in einer Periode in welchen Mengen hergestellt und verkauft werden sollen. Dies ist insbesondere beim Vorliegen von Ka-

[4] Vgl. hierzu die Diskussion bei W. Kilger, (Einführung 1992), S. 273 ff.

[5] Zur Planung von Verkaufspreisen vgl. L. Hans u. V. Warschburger, (Controlling 1999), S. 199 ff.

[6] Zu den verschiedenen Formen von Preisuntergrenzen vgl. L. Hans u V. Warschburger, (Controlling 1999), S. 215 ff. und die dort angegebene Literatur.

pazitätsengpässen erforderlich. Auch hierzu werden die proportionalen Selbstkosten benötigt, da die fixen Kosten kurzfristig nicht entscheidungsrelevant sind.[7]

5.2 Die Kalkulationsarten

Wie im voranstehenden Abschnitt gezeigt, besteht die Aufgabe von Kalkulationen in der Ermittlung der Kosten pro Erzeugnis- oder pro Auftragseinheit. In Abhängigkeit von den Formen der Auftragserteilung lassen sich die in Übersicht 5.4 wiedergegebenen Kalkulationsarten unterscheiden.

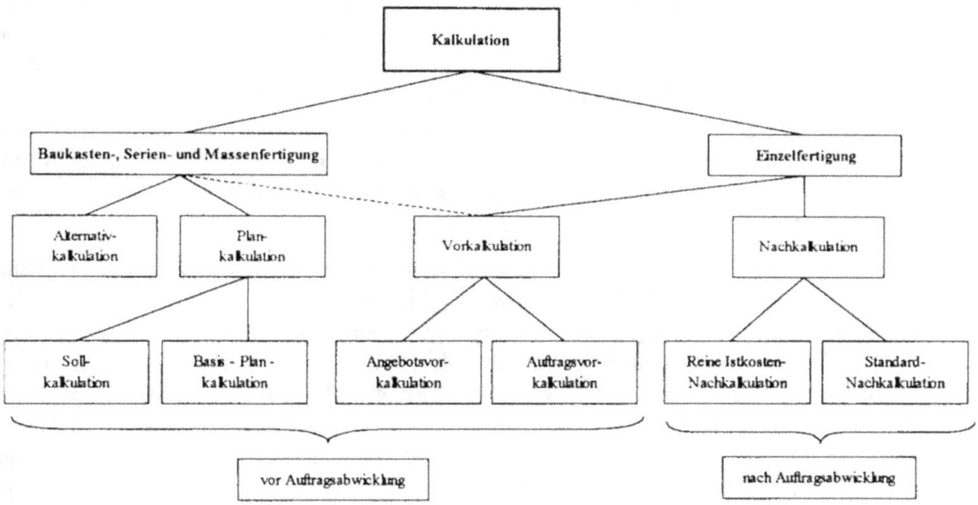

Übersicht 5.4: Überblick über die Kalkulationsarten

Die Übersicht zeigt, dass die Art der zur Anwendung kommenden Kalkulation in erster Linie davon abhängt, ob ein Unternehmen in Einzelfertigung Erzeugnisse als Unikate fertigt oder ob in Baukasten-, Serien- oder Massenfertigung Produkte in größeren Stückzahlen hergestellt werden.[8]

Bei Einzelfertigung kommen als Kalkulationsarten die Vor- und die Nachkalkulation in Betracht. Unter **Vorkalkulationen** versteht man Kalkulationen, die vor der Erstellung des jeweiligen Einzelauftrages durchgeführt werden. Diese werden weiter unterteilt in Angebotsvorkalkulationen und Auftragsvorkalkulationen.

Angebotsvorkalkulationen werden vor der Auftragserteilung erstellt, d.h. bevor mit dem Kunden ein rechtsgültiger Vertrag abgeschlossen ist. Ihre Hauptaufgabe besteht in der Abschätzung der Preisuntergrenzen für die Verhandlungen mit den Kunden.[9] Es handelt sich dabei um grobe Kalkulationen auf der Grundlage von Kostenkennziffern, da vor den Kundenverhandlungen das genaue Mengengerüst des Auftrages noch nicht vorliegt bzw. seine Planung aufgrund der Unsicherheit der Auftragserteilung mit un-

[7] Zu den Entscheidungen der Verkaufssteuerung vgl. W. Kilger, (Produktionsplanung 1973), S. 76 ff.; L. Hans u. V. Warschburger, (Controlling 1999), S. 206 ff.

[8] Zu den Kalkulationsarten vgl. W. Kilger, (Einführung 1992), S. 289 ff.

[9] Zur konkreten Auftragsabwicklung bei Einzelfertigung vgl. L. Hans u. V. Warschburger, (Controlling 1999), S. 196 ff.

vertretbar hohen Kosten verbunden ist. Beispiel für derartige Kostenkennziffern sind die Kosten pro m^3 umbauten Raumes in der Bauindustrie, die Kosten pro Bruttoregistertonne im Schiffsbau oder die Kosten pro kg Maschinengewicht im Anlagenbau. Die Kennziffern werden aus den Istdaten bereits abgeschlossener früherer Aufträge abgeleitet.

Die **Auftragsvorkalkulationen** werden nach der Auftragserteilung, aber vor der Durchführung des Auftrages erstellt. Führen die Verhandlungen mit dem Kunden zu einer rechtsverbindlichen Auftragserteilung, so werden exakte Mengendaten für den Auftrag ermittelt, d.h. es werden Konstruktionszeichnungen, Stücklisten und Arbeitspläne festgelegt. Diese Mengendaten werden mit den zugehörigen Preisen, Lohn- und Kalkulationssätzen bewertet. Anhand der Auftragsvorkalkulationen lassen sich die Ergebnisbeiträge der einzelnen Aufträge konkreter abschätzen, die einzelnen Kostenkomponenten dienen darüber hinaus als Zielvorgaben für die betreffenden Funktionsbereiche und bilden damit die Voraussetzung für eine Kontrolle der Auftragskosten. Weiterhin kann man anhand der Auftragsvorkalkulation Fehlschätzungen in der Angebotsvorkalkulation erkennen, wodurch gegebenenfalls Nachverhandlungen mit dem Kunden initiiert werden.

Nach Auftragsabwicklung werden in der **Nachkalkulation** sämtliche dem Auftrag zuzurechnenden Istkosten kalkuliert. Die Nachkalkulation dient der Ermittlung des tatsächlichen Ergebnisbeitrages des Auftrages. Die Nachkalkulation kann entweder als **reine Nachkalkulation** ausschließlich auf der Basis der Istkosten erfolgen, unter Controllinggesichtspunkten ist aber eine **Standardnachkalkulation** informativer; hier werden die Istkosten je Kalkulationsposition dargestellt als Kosten gemäß Vorkalkulation und zugehöriger Kostenabweichung. Damit sind die Abweichungen gegenüber den Auftragsvorkalkulationen unmittelbar ersichtlich und können auf ihre Ursachen hin untersucht werden. Die Ergebnisse der Nachkalkulationen dienen ferner der Aktualisierung der Kostenkennziffern, die für die Angebotsvorkalkulationen benötigt werden.

In Unternehmen, die standardisierte Produkte in Baukasten-, Serien- oder Massenfertigung herstellen, wird normalerweise auf die Erstellung von Nachkalkulationen verzichtet; dies wäre zum einen viel zu aufwendig und zum anderen sind derartige Nachkalkulationen aufgrund der monatlichen Schwankungen von Istkosten und Beschäftigung nicht aussagekräftig. Nachkalkulationen werden hier allenfalls für ausgewählte Produkte und für größere Zeitabschnitte durchgeführt.

In Unternehmen mit Baukasten-, Serien- und Massenfertigung lassen sich im Gegensatz zur Einzelfertigung der genaue Produktaufbau und damit das Mengengerüst der Erzeugnisse bzw. Baugruppen für eine Planungsperiode im voraus festlegen. Hier wird normalerweise für das Planjahr im voraus pro Erzeugnis eine **Plankalkulation** als Basiskalkulation erstellt, die in der überwiegenden Zahl der Fälle für das gesamte Planjahr Geltung hat. In Ausnahmefällen werden in diesen Branchen Vorkalkulationen durchgeführt, etwa für die Angebotserstellung bei völlig neuen Erzeugnissen oder bei kundenspezifischen Sonderanfertigungen.

Zum Aufbau der **Basiskalkulationen** müssen folgende Daten bereitgestellt werden:

- Geplante Materialvorgaben
  (Stücklisten, Rezepturen etc.),
- Planpreise und Plantarife,
- Geplante Bearbeitungszeiten und sonstige Bezugsgrößen,
- Geplante Daten des Produktionsvollzuges
  (Verfahren, Seriengrößen, Bedienungsrelationen etc.),
- Geplante Kalkulationssätze der Kostenstellen.

Die Auflistung verdeutlicht, dass in die Basiskalkulationen die Ergebnisse der Planung von Einzel- und Gemeinkosten eingehen. Darüber hinaus werden auch die Entscheidungen der Produktionsvollzugsplanung benötigt; nur wenn Fertigungsverfahren, Seriengrößen, Bedienungsrelationen und sonstige Prozessparameter festgelegt sind, lassen sich eindeutige Kalkulationswerte je Erzeugniseinheit bestimmen.

Als **Sollkalkulationen** bezeichnet man überarbeitete Plankalkulationen, die erstellt werden, wenn sich der Produktaufbau, der Materialeinsatz, die Stückbezugsgrößen oder der Produktionsvollzug nachhaltig ändern. Im Vergleich zur Basiskalkulation bieten sie ein aktuelleres Bild der Kostensituation der betreffenden Erzeugnisse. Aus dem Vergleich beider Kalkulationsarten lassen sich die Erfolge von Rationalisierungsmaßnahmen, aber auch ein eventueller Handlungsbedarf zum Gegensteuern erkennen.

Unter **Alternativkalkulationen** versteht man kalkulatorische Sonderrechnungen, die nicht in die laufende Kostenrechnung eingehen, sondern speziellen Wirtschaftlichkeitsbeurteilungen dienen, wie z.B. Eigenfertigung-Fremdbezug-Entscheidungen, Verfahrenswahlproblemen oder der Optimierung sonstiger Prozessbedingungen.

Die dargestellten Kalkulationsarten vor der Auftragsabwicklung lassen sich grundsätzlich als Voll- oder als Grenzkostenkalkulationen durchführen. Um sämtlichen Informationsbedürfnissen gerecht zu werden, empfiehlt sich die parallele Kalkulation der variablen und der gesamten Stückkosten.

Die Kalkulationen nach Auftragsabwicklung werden sinnvollerweise nur als Vollkostenkalkulationen durchgeführt. Wie oben gezeigt ist die Frage der Beschäftigungsabhängigkeit der Kosten dispositionsbestimmt und damit nur in einer Plankostenrechnung beantwortbar.

5.3 Die Kalkulationsverfahren

5.3.1 Die Kalkulation einteiliger Erzeugnisse

5.3.1.1 Die Divisionskalkulation

Unter Kalkulationsverfahren versteht man Art, Anzahl und Abfolge der Rechenoperationen, die zur Ermittlung der Stückkosten angewandt werden; hierdurch wird auch der Aufbau einer Kalkulation festgelegt.[10] Die Kalkulationsverfahren sind grundsätzlich unabhängig von der Kalkulationsart und dem zur Anwendung kommenden Kostenrechnungssystem. Wesentlich beeinflusst werden die Verfahren dagegen von der Produktanzahl, dem Produktaufbau und den angewandten Produktionsverfahren.

[10] Vgl. W. Kilger, (Einführung 1992), S. 305.

Im Folgenden sollen die Kalkulationsverfahren dergestalt systematisiert werden, dass zwischen der Kalkulation von einteiligen und mehrteiligen Erzeugnissen bei unverbundener Produktion und der Kalkulation bei Kuppelproduktion unterschieden wird. Bei unverbundener Produktion sind die Ausbringungsmengen der Erzeugnisse unabhängig voneinander und lassen sich somit frei bestimmen. Unter Kuppelproduktion versteht man dagegen Produktionsprozesse, bei denen aus technologischen Gründen zwangsläufig mehrere Erzeugnisse entstehen, d.h. eine Mengenerhöhung einer Produktart zieht zwangsläufig entsprechende Veränderungen bei anderen Erzeugnissen nach sich.

Als erstes Kalkulationsverfahren bei der Herstellung einteiliger Erzeugnisse soll die Divisionskalkulation behandelt werden. Das charakteristische Merkmal dieses Kalkulationsverfahrens besteht darin, dass die Kosten einer Periode durch die entsprechende Erzeugnismenge dividiert werden. Damit wird deutlich, dass diese Art der Kalkulation nur im **Einproduktfall** anwendbar ist. Im einfachsten Fall lassen sich dann die Stückkosten nach der folgenden Gleichung berechnen:

$$k = \frac{K}{x}$$

Die Kurzzeichen haben folgende Bedeutung:

k: Selbstkosten einer Erzeugniseinheit
K: Gesamtkosten pro Periode
x: Erzeugnismenge pro Periode

Diese grundlegende Form der Divisionskalkulation wird auch als **einstufige Divisionskalkulation** bezeichnet;[11] sie ist allerdings nur anwendbar, wenn neben der Prämisse des Einproduktfalles die folgenden weiteren Voraussetzungen erfüllt sind:

- Die produzierte Menge muss der abgesetzten entsprechen, d.h. es dürfen keine Bestandsveränderungen an Fertigerzeugnissen auftreten.
- Die Bearbeitung erfolgt lediglich in einem Arbeitsgang oder in allen Arbeitsgängen werden die gleichen Produktionsmengen hergestellt, so dass keine Bestandsveränderungen bei den Halbfabrikaten und keine Mengenverluste entstehen.

Diese Voraussetzungen dürften in der betrieblichen Praxis nur selten erfüllt sein; Beispiele sind Elektrizitätswerke, Wasserwerke, Erdölgewinnung, Sand- und Kiesgruben. Betragen beispielsweise in einem Wasserwerk die Gesamtkosten eines Monats 168.000 €/Mon und die geförderte Wassermenge 120.000 m^3, so ergeben sich die folgenden Selbstkosten:

$$k = \frac{168.000}{120.000} = 1{,}40 \text{ €/m}^3$$

Treten im Einproduktfall Lagerbestandsveränderungen der Fertigerzeugnisse auf, so wird die **zweistufige Divisionskalkulation** angewandt. Bei dieser Form ist ein getrennter Ausweis der Herstellkosten und der Verwaltungs- und Vertriebskosten erfor-

[11] Vgl. W. Kilger, (Einführung 1992), S. 306 f.; C. Freidank, (Kostenrechnung 1997), S. 151.

derlich. Die Herstellkosten werden auf die produzierte Menge der Periode bezogen, die Verwaltungs- und Vertriebskosten auf die abgesetzte; damit ergeben sich die Selbstkosten nach folgender Bestimmungsgleichung:

$$k = \frac{K_H}{x_P} + \frac{K_V}{x_A}$$

K_H: Herstellkosten einer Periode
K_V: Verwaltungs- und Vertriebskosten einer Periode
x_P: Produktionsmenge einer Periode
x_A: Absatzmenge einer Periode

In einer Kiesgrube werden 12.000 m^3 Kies gefördert, von denen 11.200 m^3 verkauft und 800 m^3 auf Halde gelegt werden. Die Kosten der Förderung belaufen sich auf 432.000 €/Mon, die Verwaltungs- und Vertriebskosten betragen 16.800 €/Mon. Die Selbstkosten lassen sich damit wie folgt errechnen:

$$k = \frac{432.000}{12.000} + \frac{16.800}{11.200} = 36{,}00 + 1{,}50 = 37{,}50\ €/m^3$$

Erfolgt die Produktion eines Einproduktunternehmens in mehreren Fertigungsstufen, in denen unterschiedliche Erzeugnismengen hergestellt oder bearbeitet werden, kommt die **mehrstufige Divisionskalkulation** zur Anwendung. Hierbei werden die Material- und Fertigungskosten den einzelnen Produktionsstufen zugeordnet und durch die jeweilige Ausbringungsmenge der Stufe dividiert.

Bei einteiligen Stückgütern wird der Materialeinsatz zum überwiegenden Teil in der ersten Fertigungsstufe erfolgen, es ist aber auch denkbar, dass in späteren Produktionsstufen ein zusätzlicher Materialeinsatz erfolgt, z.B. Lacke, Bindemittel u.ä. Die Verwaltungs- und Vertriebskosten werden in gleicher Weise wie bei der zweistufigen Divisionskalkulation auf die Absatzmenge bezogen. Besteht die Fertigung eines Betriebes aus i = 1, ..., m Produktionsstufen, so ergibt sich folgende Bestimmungsgleichung der Selbstkosten:

$$k = \sum_{i=1}^{m} \frac{K_{Hi}}{x_{Pi}} + \frac{K_V}{x_A}$$

Auch die Arbeitsweise der mehrstufigen Divisionskalkulation wollen wir an einem Beispiel erläutern. Die Betriebsdatenerfassung eines Unternehmens der Metallverarbeitung, in dem nur eine Produktart hergestellt wird, liefert die in Tabelle 5.1 wiedergegebenen Kosten- und Leistungsdaten, die nach vier Fertigungsstufen und dem Verwaltungs- und Vertriebsbereich differenziert sind. Die Ausbringungsmengen der einzelnen Stufen unterscheiden sich infolge von Lagerbestandsveränderungen.

Produktionsfluss	Fertigungs-stelle 1	Fertigungs-stelle 2	Fertigungs-stelle 3	Fertigungs-stelle 4	Vertrieb
Produktmenge [100 kg/Mon]	1.000	945	900	950	680
Materialkosten [€/Mon]	165.000				
Fertigungskosten [€/Mon]	25.000	42.525	54.000	33.250	
V.u.V.-Kosten [€/Mon]					47.600
Verpackungskosten [€/Mon]					13.600
Verkaufpreis [€/100 kg]					500
Provision in % vom Erlös					4%

Tabelle 5.1: Beispiel zur mehrstufigen Divisionskalkulation

Im Beispiel erfolgt der Materialeinsatz ausschließlich auf der ersten der vier Fertigungsstufen; im Verwaltungs- und Vertriebsbereich werden die Kosten für Verpackung und Provision gesondert ausgewiesen. Bei der Provision wird das Prinzip der Divisionskalkulation insofern durchbrochen, dass diese unmittelbar auf ihre Bemessungsgrundlage, den Verkaufspreis, bezogen wird. Auf der Grundlage dieser Daten ergeben sich die in Tabelle 5.2 errechneten Selbstkosten des Erzeugnisses.

Stufen		**€/100 kg**
Einzelmaterialkosten	165.000 : 1.000	165,00
Fertigungskosten Stufe 1	25.000 : 1.000	25,00
Fertigungskosten Stufe 2	42.525 : 945	45,00
Fertigungskosten Stufe 3	54.000 : 900	60,00
Fertigungskosten Stufe 4	33.250 : 950	35,00
Herstellkosten		**330,00**
Verwaltungs- u. Vertriebskosten	47.600 : 680	70,00
Verpackungskosten	13.600 : 680	20,00
Provision	4% v. 500	20,00
Selbstkosten		**440,00**

Tabelle 5.2: Beispiel zur mehrstufigen Divisionskalkulation

Eine Besonderheit der Divisionskalkulation tritt in Unternehmen auf, bei denen in den einzelnen Fertigungsstufen neben Lagerbestandsveränderungen noch Mengenverluste zu berücksichtigen sind.[12] Derartige Mengenverluste treten bei Stückgütern in Form von Ausschuss, Verschnitt und Schwund auf, bei Fließgütern beispielsweise infolge

[12] Zur Divisionskalkulation unter Berücksichtigung von Mengenverlusten vgl. W. Kilger, (Einführung 1992), S. 308 ff.

von Verdunstung und Abrieb. Im Einzelfall können auch Mengengewinne entstehen, z.B. durch den Zusatz von Feuchtigkeit.

Die beschriebenen Mengenveränderungen werden in der Divisionskalkulation mit Hilfe von Einsatzfaktoren berücksichtigt; diese geben das Verhältnis der Einsatzmenge einer Fertigungsstelle zur Ausbringungsmenge der Stelle an. Bezeichnen wir den Einsatzfaktor einer Produktionsstelle i mit f_i, die Einsatzmenge der Stelle mit x_{ei} und ihre Ausbringung mit x_{ai}, so gilt:

$$f_i = \frac{x_{ei}}{x_{ai}} \quad (i = 1,\ldots,m)$$

Ein Einsatzfaktor von 1,08 besagt demzufolge, dass 108 Mengeneinheiten in der Stelle eingesetzt werden müssen, um 100 Mengeneinheiten Ausbringung zu erhalten. Der Kehrwert des Einsatzfaktors gibt die relative Ausbeute des Arbeitsganges an, d.h. bei einem Einsatzfaktor von 1,08 beträgt die Ausbeute 92,6%.

Treten in mehreren aufeinander folgenden Produktionsstufen Mengenverluste auf, so wird zur Kalkulation der jeweilige Gesamteinsatzfaktor der Stelle benötigt; dieser errechnet sich als Produkt der Einsatzfaktoren der betrachteten und der ihr im Produktionsprozess nachfolgenden Stellen. Für den Gesamteinsatzfaktor g_i einer Stelle i gilt bei i = 1, ..., m Produktionsstellen demzufolge:

$$g_i = f_i \cdot f_{i+1} \cdot f_{i+2} \cdot \ldots \cdot f_m \quad (i = 1,\ldots,m)$$

Anhand des Gesamteinsatzfaktors lässt sich angeben, wieviele Mengeneinheiten in einer Stelle eingesetzt werden müssen, um eine am Absatzmarkt verwertbare Mengeneinheit zu erhalten. Umgekehrt kann man aus der Ausbringungsmenge einer Stelle auf die hieraus resultierende verwertbare Produktmenge schließen, indem man sie durch den Gesamteinsatzfaktor der folgenden Stelle dividiert.

Unter Berücksichtigung der Gesamteinsatzfaktoren ergeben sich die Selbstkosten eines Erzeugnisses nach folgender Gleichung:

$$k = \sum_{i=1}^{m} \frac{K_{Hi}}{x_{Pi}} \cdot g_{i+1} + \frac{K_V}{x_A}$$

Die Gleichung verdeutlicht, dass die Herstellkosten jeder Produktionsstelle durch die Menge dividiert werden, die aus der jeweiligen Ausbringung an verwertbaren Erzeugnissen übrig bleibt, wenn man die im Produktionsprozess folgenden Mengenverluste berücksichtigt; diese entspricht dem Quotienten aus Stellenausbringung und Gesamteinsatzfaktor der Folgestelle, dessen Kehrwert in jedem Term angesetzt wird.

Sollen die Fertigungskosten auf die *Einsatz*mengen der Stellen bezogen werden, so sind die einzelnen Summenglieder in obiger Gleichung um die Stelleneinsatzfaktoren der Produktionsstellen f_i zu erweitern, so dass man folgende Kalkulationsgleichung erhält:

$$k = \sum_{i=1}^{m} \frac{K_{Hi}}{x_{Pi} \cdot f_i} \cdot g_i + \frac{K_V}{x_A}$$

Das Kalkulationsergebnis wird dabei durch die Wahl der Berechnungsmethode nicht beeinflusst.

Die mehrstufige Divisionskalkulation unter Berücksichtigung von Mengengefällen wollen wir anhand eines Beispiels aus der Zementherstellung erläutern.[13] Die nachstehende Tabelle 5.3 zeigt die einzelnen Arbeitsgänge mit den zugehörigen Einsatzfaktoren, den Herstellkosten eines Abrechnungsmonats und den zugehörigen Ausbringungsmengen der einzelnen Produktionsstellen. Eine Besonderheit ist in der Stelle Zementmahlen festzustellen; hier ist der Einsatzfaktor kleiner als 1, was bedeutet, dass in der Stelle eine Mengenzunahme infolge von Beimischungen erfolgt. Die Tabelle enthält des Weiteren die Verwaltungs- und Vertriebskosten sowie die Sondereinzelkosten des Vertriebs, deren Kalkulationsgrundlagen die abgesetzten Mengen darstellen.

Produktions-stelle	**Einsatz-faktor**	**Herstellkosten [€/Mon]**	**Ausbringung [t/Mon]**
Rohmaterialförderung	1,00	498.400	155.750
Rohmaterialaufbereitung	1,08	1.008.000	210.000
Klinkerbrennen	1,60	4.393.000	191.000
Zementmahlen	0,95	1.025.100	150.750
Packen und Verladen	1,00	542.500	155.000
Verwaltung und Vertrieb		573.500	155.000
Verpackung		868.000	155.000
Verkaufsprovision		348.750	155.000

Tabelle 5.3: Beispiel zur mehrstufigen Divisionskalkulation bei Mengengefällen

Zur Berechnung der Selbstkosten je Tonne Zement werden nun als Erstes die Gesamteinsatzfaktoren der Stellen errechnet. Im zweiten Schritt werden die Stückkosten der einzelnen Produktionsstufen durch Division der jeweiligen Kosten durch die zugehörigen Ausbringungsmengen bestimmt. Anschließend ermittelt man die Selbstkosten der verwertbaren Mengen je Stufe, indem die zuvor errechneten Stückkosten mit den Gesamteinsatzfaktoren der unmittelbar nachfolgenden Stellen multipliziert werden. Tabelle 5.4 zeigt neben den beschriebenen Berechnungen noch die Kalkulation der Verwaltungs- und Vertriebskosten. Insgesamt ergeben sich Selbstkosten in Höhe von 56,25 €/t.

[13] Ein ähnliches Beispiel findet sich in W. Kilger, (Rechnungswesen 1981), S. 954 f.

Produktionsstelle	Gesamteinsatzfaktor	Herstellkosten Stellenausbringung [€/t]	Herstellkosten Verwertb. Mengen [€/t]
Rohmaterialförderung	1,64	3,20	5,25
Rohmaterialaufbereitung	1,64	4,80	7,30
Klinkerbrennen	1,52	23,00	21,85
Zementmahlen	0,95	6,80	6,80
Packen und Verladen	1,00	3,50	3,50
Summe Herstellkosten			**44,70**
Verwaltung und Vertrieb			3,70
Verpackung			5,60
Verkaufsprovision			2,25
Selbstkosten			**56,25**

Tabelle 5.4: Beispiel zur mehrstufigen Divisionskalkulation bei Mengengefällen

Die Divisionskalkulation ist immer dann ein leistungsfähiges Kalkulationsverfahren, wenn ihre Anwendungsvoraussetzungen erfüllt sind. Wichtigste Voraussetzung, die in allen Gestaltungsformen erfüllt sein muss, ist die Herstellung nur einer Erzeugnisart. Daraus folgt, dass in Mehrproduktunternehmen andere Kalkulationsmethoden zur Anwendung kommen müssen. Als Nächstes wollen wir die Äquivalenzziffernkalkulation behandeln, die bei der Herstellung mehrerer artähnlicher Produkte angewandt werden kann.

5.3.1.2 Die Äquivalenzziffernkalkulation

Die Äquivalenzziffernkalkulation stellt eine Erweiterung der Divisionskalkulation dar, die bei artähnlichen Erzeugnissen zum Einsatz kommt, z.B. bei Produkten, die aus den gleichen Ausgangsstoffen hergestellt oder auf gleichartigen Produktionsverfahren bearbeitet werden. Hier werden die Produktmengen der verschiedenen Erzeugnisse mit Hilfe von Äquivalenzziffern auf eine Einheitssorte umgerechnet, für welche dann wieder die Methodik der Divisionskalkulation verwendet wird.[14]

Äquivalenzziffern sind somit Größen, die angeben, wie sich die Kostenverursachung der jeweiligen Sorten von derjenigen einer festgelegten Einheitssorte unterscheidet. Dabei wird die Äquivalenzziffer der Einheitssorte im Allgemeinen auf 1,0 normiert. Eine Äquivalenzziffer von 0,90 bedeutet damit, dass auf das betrachtete Erzeugnis 10% weniger Kosten zu verrechnen sind als auf die Einheitssorte.

Die Festlegung der Äquivalenzziffern erfolgt entweder durch Schätzungen der Kostenunterschiede der einzelnen Sorten oder analytisch anhand von Maßgrößen der Kostenverursachung, z.B. Materialgewichte, Oberflächen, Fertigungszeiten, Durchmesser u.ä.

In analoger Weise wie bei der Divisionskalkulation unterscheidet man die Verfahren der einstufigen und der mehrstufigen Äquivalenzziffernkalkulation. Die **einstufige Äquivalenzziffernkalkulation** ist unter folgenden Voraussetzungen anwendbar:

[14] Zur Äquivalenzziffernkalkulation vgl. W. Kilger, (Einführung 1992), S. 315 ff. und die dort angegebene Literatur.

- Bei allen Sorten entsprechen sich die Produktions- und Absatzmengen.
- Es liegt entweder einstufige Produktion vor oder bei mehrstufiger Produktion dürfen keine Bestandsveränderungen der Halbfabrikate auftreten.
- Die Kostenunterschiede der einzelnen Sorten lassen sich mit Hilfe einer Äquivalenzziffernreihe annähernd genau abbilden; dies ist beispielsweise dann nicht der Fall, wenn sich die Kostenunterschiede im Materialeinsatz von denen in der Fertigung wesentlich unterscheiden.

Unter diesen Voraussetzungen lassen sich die Stückkosten einer Sorte j nach folgender Kalkulationsgleichung bestimmen:

$$k_j = \frac{K}{\sum_{j=1}^{n} a_j \cdot x_j} \cdot a_j \qquad (j = 1,\ldots,n)$$

k: Selbstkosten einer Sorte
K: Gesamtkosten pro Periode
a: Äquivalenzziffer einer Sorte
x: Erzeugnismenge pro Periode
j: Artikelnummer der Sorten (j = 1, ..., n)

In der Gleichung gibt der Quotient die Selbstkosten pro Stück der Einheitssorte an; multipliziert man diese mit der Äquivalenzziffer einer beliebigen Sorte j, so ergeben sich deren Selbstkosten.

Ist eine der genannten Voraussetzungen nicht erfüllt, kann zur Ermittlung der Selbstkosten bei Sortenproduktion die **mehrstufige Äquivalenzziffernkalkulation** angewandt werden. Dabei ist eine Differenzierung der Äquivalenzziffern nach den Kalkulationsbereichen gebräuchlich. Unter den Voraussetzungen, dass keine Bestandsveränderungen im Halbfabrikatebereich auftreten und dass jeweils eine Ziffernreihe für den Material-, den Fertigungs- sowie den Verwaltungs- und Vertriebsbereich aus Sicht der Kalkulationsgenauigkeit ausreicht, erhält man folgende Kalkulationsgleichung:

$$k_j = \frac{K_M}{\sum_{j=1}^{n} a_{Mj} \cdot x_{Pj}} \cdot a_{Mj} + \frac{K_{Frtg}}{\sum_{j=1}^{n} a_{Frtgj} \cdot x_{Pj}} \cdot a_{Frtgj} + \frac{K_V}{\sum_{j=1}^{n} a_{Vj} \cdot x_{Aj}} \cdot a_{Vj} \qquad (j = 1,\ldots,n)$$

K_M: Materialkosten einer Periode
K_{Frtg}: Fertigungskosten einer Periode
K_V: Verwaltungs- und Vertriebskosten einer Periode
a_M: Äquivalenzziffern für den Materialbereich
a_{Frtg}: Äquivalenzziffern für den Fertigungsbereich
a_V: Äquivalenzziffern für den Verwaltungs- und Vertriebsbereich
x_P: Produktionsmenge einer Periode
x_A: Absatzmenge einer Periode
j: Artikelnummer der Sorten (j = 1, ..., n)

Sollen im Fertigungsbereich sowohl Veränderungen der Halbfabrikatebestände zugelassen werden, als auch in den einzelnen Kostenstellen eigene Äquivalenzziffernreihen zur Anwendung kommen, werden die Fertigungskosten pro Stück für jede der i=1,...,m Kostenstellen gesondert errechnet. Die obige Gleichung ist demnach wie folgt zu erweitern:

$$k_j = \frac{K_M}{\sum_{j=1}^{n} a_{Mj} \cdot x_{Pj1}} \cdot a_{Mj} + \sum_{i=1}^{m} \frac{K_{Frtgi}}{\sum_{j=1}^{n} a_{Frtgji} \cdot x_{Pji}} \cdot a_{Frtgji} + \frac{K_V}{\sum_{j=1}^{n} a_{Vj} \cdot x_{Aj}} \cdot a_{Vj} \quad (j = 1, \ldots, n)$$

Die Gleichung unterstellt, dass der Materialeinsatz ausschließlich in der ersten der i=1,...,m Kostenstellen erfolgt; ist dies nicht der Fall, so muss auch bei der Berechnung der Materialkosten eine entsprechende Kostenstellendifferenzierung vorgenommen werden.

Die mehrstufige Äquivalenzziffernkalkulation wollen wir an einem Beispiel erläutern. Dabei sollen insgesamt vier Äquivalenzziffernreihen verwendet werden, jeweils eine für den Material-, den Verwaltungs- und Vertriebsbereich sowie für die beiden Fertigungskostenstellen. Der Materialeinsatz soll ausschließlich in der ersten Fertigungskostenstelle erfolgen, es treten Veränderungen sowohl der Halb- als auch der Fertigfabrikatebestände auf. Tabelle 5.5 zeigt für die fünf hergestellten Sorten die vier Äquivalenzziffernreihen sowie die hergestellten bzw. verkauften Erzeugnismengen. In der letzten Zeile der Tabelle sind zudem noch die Kosten der vier Kalkulationsbereiche für einen Abrechnungsmonat aufgeführt.

	Äquivalenzziffer				**Menge**		
Sorte	**Material**	**Stelle 1**	**Stelle 2**	**V.u.V.**	**Stelle 1**	**Stelle 2**	**Absatz**
1	1,00	1,00	1,00	1,00	800	740	700
2	0,50	0,70	1,25	0,90	1.450	1.520	1.500
3	1,35	1,20	0,80	1,05	650	650	730
4	0,85	1,15	0,72	0,96	1.600	1.750	1.820
5	1,15	0,96	1,14	1,18	430	400	400
Kosten	68.112	13.574	17.554	13.093			

Tabelle 5.5: Beispiel zur Äquivalenzziffernkalkulation

Mit Hilfe dieser Daten werden im ersten Schritt die Äquivalenzziffernsummen errechnet; Tabelle 5.6 zeigt die Ergebnisse.

Sorte	**Material**	**Stelle 1**	**Stelle 2**	**V.u.V.**
1	800,0	800,0	740,0	700,0
2	725,0	1.015,0	1.900,0	1.350,0
3	877,5	780,0	520,0	766,5
4	1.360,0	1.840,0	1.260,0	1.747,2
5	494,5	412,8	456,0	472,0
Summe	4.257,0	4.847,8	4.876,0	5.035,7

Tabelle 5.6: Beispiel zur Äquivalenzziffernkalkulation

Die Kosten pro Erzeugniseinheit der Einheitssorte für die einzelnen Bereiche erhält man nun durch Division der jeweiligen Kosten durch die zugehörige Äquivalenzziffernsumme.

	Material	Stelle 1	Stelle 2	V.u.V.
Kosten	68.112	13.574	17.554	13.093
Äquivalenzziffernsumme	4.257,0	4.847,8	4.876,0	5.035,7
Stückkosten der Einheitssorte	16,00	2,80	3,60	2,60

Tabelle 5.7: Beispiel zur Äquivalenzziffernkalkulation

Im letzten Schritt werden nun die Stückkosten der einzelnen Sorten differenziert nach Kalkulationsbereichen errechnet, indem die jeweiligen Stückkosten der Einheitssorte mit den entsprechenden Äquivalenzziffern der Produktarten multipliziert werden. Tabelle 5.8 zeigt die Berechnung, wobei in der letzten Spalte die Selbstkosten pro Stück der einzelnen Sorten als Summe der Kosten je Kalkulationsbereich ausgewiesen sind.

Sorte	Stückkosten				Selbst-
	Material	Stelle 1	Stelle 2	V.u.V.	kosten
1	16,00	2,80	3,60	2,60	25,00
2	8,00	1,96	4,50	2,34	16,80
3	21,60	3,36	2,88	2,73	30,57
4	13,60	3,22	2,59	2,50	21,91
5	18,40	2,69	4,10	3,07	28,26

Tabelle 5.8: Beispiel zur Äquivalenzziffernkalkulation

Die Eignung der Äquivalenzziffernkalkulation zur richtigen Bestimmung der Produktselbstkosten ist abhängig von der Genauigkeit der Ermittlung der Äquivalenzziffern, d.h. von der Frage, inwieweit die verwendeten Ziffern die Unterschiede in der Kostenverursachung widerspiegeln. Werden die Äquivalenzziffern nur grob geschätzt, so dürfte das Verfahren keine hinreichende Kalkulationsgenauigkeit gewährleisten. Werden die Äquivalenzziffern richtigerweise anhand exakter Maßgrößen der Kostenverursachung festgelegt, die den in Abschnitt 4.2 behandelten Bezugsgrößen entsprechen, so bleibt die Frage offen, warum diese Bezugsgrößen nicht unmittelbar als Kalkulationsgrundlagen verwendet werden; die Normierung auf eine Einheitssorte ist dann überflüssig.

5.3.1.3 Die Zuschlagskalkulation

Die bisher behandelten Kalkulationsverfahren sind nur unter sehr eingeschränkten Bedingungen anwendbar, die Divisionskalkulation nur im Einproduktfall und die Äquivalenzziffernkalkulation nur bei der Herstellung weniger artähnlicher Erzeugnisse. Stellt ein Unternehmen mehrere verschiedenartige Produkte her, die sich in ihrem Materialbedarf und in der Leistungsinanspruchnahme der Unternehmensbereiche stark unterscheiden, so müssen andere Kalkulationsverfahren angewandt werden. Als erste Methode für den allgemeinen Mehrproduktfall soll die Zuschlagskalkulation behandelt werden.

Das gemeinsame Merkmal der verschiedenen Formen der Zuschlagskalkulation besteht darin, dass hier die Einzelkosten den Produkten mit Hilfe des entsprechenden Mengengerüstes pro Erzeugniseinheit, wie etwa Stücklisten oder Arbeitsplänen, direkt zugerechnet werden und die Verrechnung der Gemeinkosten mit Hilfe prozentualer Zuschlagssätze erfolgt.[15] Wie in Abschnitt 4.3.3 gezeigt, werden für die Gemeinkosten der einzelnen Kalkulationsbereiche die folgenden Zuschlagsgrundlagen verwendet:

Materialgemeinkosten:	Einzelmaterialkosten
Fertigungsgemeinkosten:	Einzellöhne
Verwaltungs- und Vertriebsgemeinkosten:	Herstellkosten des Umsatzes

In Abhängigkeit vom Detaillierungsgrad der Kalkulation im Fertigungsbereich lassen sich nun zwei Formen der Zuschlagskalkulation unterscheiden. Bei der **einstufigen oder kumulativen Zuschlagskalkulation** werden sämtliche Gemeinkosten des Fertigungsbereiches mit einem Verrechnungssatz in Prozent der gesamten Einzellöhne kalkulatorisch weiterverrechnet. Damit werden insgesamt drei Verrechnungssätze gebildet, jeweils einen für den Material-, den Fertigungs- sowie den Verwaltungs- und Vertriebsbereich. Bei Anwendung der kumulativen Zuschlagskalkulation ergibt sich dann für eine beliebige Produktart j die folgende Kalkulationsgleichung:

$$k_j = \left[e_{Mj} \cdot \left(1 + \frac{h_M}{100} \right) + e_{Lj} \cdot \left(1 + \frac{h_L}{100} \right) + e_{Fj} \right] \cdot \left(1 + \frac{h_{Vw}}{100} + \frac{h_{Vt}}{100} \right) + e_{Vj} \quad (j = 1, \ldots, n)$$

k: Selbstkosten pro Stück
e_M: Einzelmaterialkosten pro Stück
h_M: Verrechnungssatz der Materialgemeinkosten
e_L: Einzellohnkosten pro Stück
h_L: Verrechnungssatz der Fertigungsgemeinkosten
e_F: Sondereinzelkosten der Fertigung
h_{Vw}: Verrechnungssatz der Verwaltungsgemeinkosten
h_{Vt}: Verrechnungssatz der Vertriebsgemeinkosten
e_V: Sondereinzelkosten des Vertriebs
j: Artikelnummer der Produkte ($j = 1, \ldots, n$)

In allen Unternehmen, deren Fertigungsbereich aus mehreren Fertigungsstufen mit unterschiedlichen Verfahrenstechnologien besteht, wird dieses Verfahren nicht zu einer ausreichenden Kalkulationsgenauigkeit führen; daher kann es sinnvollerweise allenfalls in kleinen Unternehmen mit homogener Verfahrenstechnik angewandt werden.

Die **mehrstufige oder elektive Zuschlagskalkulation** unterscheidet sich von der kumulativen dadurch, dass für jede Kostenstelle des Fertigungsbereiches ein gesonderter Lohnzuschlagssatz in Prozent der Einzellöhne der betreffenden Stelle gebildet wird. In der Kalkulationsgleichung werden somit sowohl die Einzellohnkosten pro Stück als auch die Verrechnungssätze der Fertigungsgemeinkosten nach den $i = 1,\ldots,m$ Fertigungsstellen differenziert; man erhält:

[15] Vgl. W. Kilger, (Einführung 1992), S. 326 ff.

$$k_j = \left[e_{Mj} \cdot \left(1 + \frac{h_M}{100}\right) + \sum_{i=1}^{m} e_{Lji} \cdot \left(1 + \frac{h_{Li}}{100}\right) + e_{Fj} \right] \cdot \left(1 + \frac{h_{Vw}}{100} + \frac{h_{Vt}}{100}\right) + e_{Vj} \quad (j = 1, \ldots, n)$$

Falls im Materialbereich zwischen einzelnen Materialgruppen Unterschiede in der Leistungsinanspruchnahme und der Kostenverursachung bestehen, können diese durch eine Differenzierung der Materialgemeinkostensätze nach Materialgruppen berücksichtigt werden. Ebenso lassen sich derartige Unterschiede im Vertriebsbereich durch Vertriebskostensätze für einzelne Produktgruppen in Ansatz bringen.

Die Arbeitsweise der beiden Formen der Zuschlagskalkulation wollen wir an einem Beispiel erläutern. Der Fertigungsbereich eines kleinen Werkzeugherstellers besteht aus vier Kostenstellen, deren Kosten und Leistungsdaten für einen Abrechnungsmonat in der Tabelle 5.9 zusammengefasst sind.

Stelle	Drehmaschinen	Fräsmaschinen	Automaten	Kontrolle
Fertigungslöhne	26.000	17.500	15.000	5.000
Fertigungsgemeinkosten	52.000	45.500	165.000	7.000
Fertigungsstunden	2.000	1.400	1.000	400

Tabelle 5.9: Beispiel zur Zuschlagskalkulation

In den Kostenstellen der übrigen Kalkulationsbereiche wurden für den betrachteten Monat die folgenden Gemeinkosten erfasst:

Kostenstelle	Gemeinkosten
Materialstelle	29.238
Verwaltungsstelle	75.759
Vertriebsstelle	113.639

Tabelle 5.10: Beispiel zur Zuschlagskalkulation

Das Unternehmen stellt vier Erzeugnisse her, die aus lediglich einem Rohstoff gefertigt werden, dessen Einstandspreis 5,00 €/kg beträgt. Die Rohstoffbedarfe und die Bearbeitungszeiten pro Erzeugniseinheit in den einzelnen Fertigungskostenstellen sind in der nachstehenden Tabelle 5.11 angegeben. Die Tabelle zeigt weiterhin die Produktionsmengen der vier Produkte im betreffenden Monat.

Produkt-art	Menge [Stck/Mon]	Einzelmat. [kg/Stck]	Bearbeitungszeiten [Min/Stck]			
			Drehmasch.	Fräsmasch.	Automaten	Kontrolle
1	1.000	30,0	40	21	22	6,5
2	380	35,0	50	10	10	5
3	2.450	27,0	20	20	12	6
4	300	25,0	40	34	16	3

Tabelle 5.11: Beispiel zur Zuschlagskalkulation

Als Erstes soll das Verfahren der kumulativen Zuschlagskalkulation angewandt werden, bei dem für jeden der vier Kalkulationsbereiche ein Zuschlagssatz zur Verrechnung der jeweiligen Gemeinkosten gebildet wird. Zur Errechnung des Zuschlagssatzes für die Materialgemeinkosten sind als Erstes die Einzelmaterialkosten pro Periode zu errechnen; hierzu wird der Materialbedarf zur Herstellung der angegebenen Produktmengen mit dem Einstandspreis von 5,00 €/kg multipliziert. Es ergeben sich:

$$\text{Einzelmaterialkosten} = 5 \cdot (30 \cdot 1.000 + 35 \cdot 380 + 27 \cdot 2.450 + 25 \cdot 300) = 584.750 \text{ €/Mon}$$

Der Zuschlagssatz für Materialgemeinkosten h_M beträgt damit:

$$h_M = \frac{29.238}{584.750} \cdot 100 = 5{,}0\%$$

Die kumulative Zuschlagskalkulation verrechnet die Gemeinkosten sämtlicher Fertigungsstellen mit einem Zuschlagssatz auf die Summe der Fertigungslöhne. Im Beispiel betragen die Gemeinkosten der vier Fertigungsstellen 269.500 €/Mon und die gesamten Fertigungslöhne 63.500 €/Mon, so dass sich der folgende Lohnzuschlagssatz h_F ergibt:

$$h_F = \frac{269.500}{63.500} \cdot 100 = 424{,}4\%$$

Zur Errechnung der Zuschlagssätze für die Gemeinkosten des Verwaltungs- und des Vertriebsbereiches sind zunächst die Herstellkosten zu ermitteln, d.h. die Summe aus Einzelmaterial-, Materialgemein-, Fertigungseinzel- und Fertigungsgemeinkosten; die Herstellkosten betragen im Beispiel:

$$\text{Herstellkosten} = 584.750 + 29.238 + 63.500 + 269.500 = 946.988 \text{ €/Mon}$$

Damit erhält man die folgenden Verrechnungssätze h_{Vw} und h_{Vt} für Verwaltungs- und Vertriebsgemeinkosten:

$$h_{Vw} = \frac{75.759}{946.988} \cdot 100 = 8{,}0\%$$

$$h_{Vt} = \frac{113.639}{946.988} \cdot 100 = 12{,}0\%$$

Vor der Erstellung der Kalkulation sind noch die Fertigungslöhne der vier Produkte zu berechnen. Hierzu werden zunächst die Minutenfaktoren der vier Fertigungsstellen bestimmt, indem die Stundenlöhne durch 60 dividiert werden. Die Lohnkosten pro Stück und Kostenstelle ergeben sich durch Multiplikation der Minutenfaktoren mit den zugehörigen Bearbeitungszeiten. Tabelle 5.12 zeigt die Berechnung.

Stelle	Minutenfaktor	Produkt 1		Produkt 2		Produkt 3		Produkt 4	
		Zeit	Lohn	Zeit	Lohn	Zeit	Lohn	Zeit	Lohn
Drehmaschinen	0,22	40	8,67	50	10,83	20	4,33	40	8,67
Fräsmaschinen	0,21	21	4,38	10	2,08	20	4,17	34	7,08
Automaten	0,25	22	5,50	10	2,50	12	3,00	16	4,00
Kontrolle	0,21	6,5	1,35	5	1,04	6	1,25	3	0,63
Summe			**19,90**		**16,46**		**12,75**		**20,38**

Tabelle 5.12: Beispiel zur kumulativen Zuschlagskalkulation

Nach der Berechnung der Kalkulationssätze und der Einzellöhne pro Stück können nun die Selbstkosten der vier Produkte ermittelt werden; Tabelle 5.13 zeigt die Kalkulationsergebnisse:

	Produkt 1	**Produkt 2**	**Produkt 3**	**Produkt 4**
Einzelmaterialkosten	150,00	175,00	135,00	125,00
Materialgemeinkosten	7,50	8,75	6,75	6,25
Materialkosten	*157,50*	*183,75*	*141,75*	*131,25*
Fertigungslöhne	19,90	16,46	12,75	20,38
Fertigungsgemeinkosten	84,44	69,85	54,11	86,47
Fertigungskosten	*104,34*	*86,31*	*66,86*	*106,85*
Herstellkosten	***261,84***	***270,06***	***208,61***	***238,10***
Verwaltungsgemeinkosten	20,94	21,60	16,69	19,05
Vertriebsgemeinkosten	31,42	32,41	25,03	28,57
Selbstkosten	**314,20**	**324,07**	**250,33**	**285,72**

Tabelle 5.13: Beispiel zur kumulativen Zuschlagskalkulation

Die Einzelmaterialkosten erhält man, in dem der Materialbedarf pro Produkteinheit laut Tabelle 5.11 mit dem Einstandspreis der Materialart in Höhe von 5,00 €/kg multipliziert wird. Die Materialgemeinkosten je Stück werden dann mit Hilfe des entsprechenden Verrechnungssatzes (5,0%) kalkuliert.

Die Fertigungslöhne ergeben sich aus der Summenzeile der Tabelle 5.12, die Fertigungsgemeinkosten erhält man dann durch Multiplikation der Einzellöhne mit dem einheitlichen Lohnzuschlagssatz von 424,4%.

Die Summe aus Material- und Fertigungskosten ergibt die Herstellkosten, die wiederum die Grundlage für die Verrechnung der Verwaltungs- und Vertriebsgemeinkosten bilden. Als Ergebnis der Kalkulation erhält man die Selbstkosten der vier Produkte.

Wie oben angedeutet, liefert die kumulative Zuschlagskalkulation Kalkulationsergebnisse, die nur in den seltensten Fällen eine ausreichende Genauigkeit erbringen, da die Unterschiede in der Leistungsinanspruchnahme und der Kostenverursachung der einzelnen Erzeugnisse nicht abgebildet werden. Genauere Resultate liefert die elektive Zuschlagskalkulation, bei der zwar die indirekten Kalkulationsbereiche, d.h. die Material-, Verwaltungs- und Vertriebskostenstellen in gleicher Weise wie bei der kumulativen Zuschlagskalkulation abgerechnet werden, im Fertigungsbereich aber für jede Kostenstelle ein eigener Verrechnungssatz ermittelt wird. Im Beispiel erhält man für die vier Fertigungskostenstellen die folgenden Lohnzuschlagssätze:

Stelle	**Drehmaschinen**	**Fräsmaschinen**	**Automaten**	**Kontrolle**
Fertigungslöhne	26.000	17.500	15.000	5.000
Fertigungsgemeinkosten	52.000	45.500	165.000	7.000
Lohnzuschlagssatz	200%	260%	1.100%	140%

Tabelle 5.14: Beispiel zur elektiven Zuschlagskalkulation

Zur Verrechnung der Fertigungsgemeinkosten der Stellen werden nun die Einzellohnkosten pro Stück der jeweiligen Stelle mit dem zugehörigen Zuschlagssatz multipliziert. Wie erwähnt, erfolgt die kalkulatorische Verrechnung der Material-, Verwaltungs- und Vertriebsgemeinkosten in gleicher Weise wie bei der kumulativen Zuschlagskalkulation. Tabelle 5.15 zeigt die Ergebnisse der elektiven Zuschlagskalkulation für das Zahlenbeispiel.

		Produkt 1	**Produkt 2**	**Produkt 3**	**Produkt 4**
	Einzelmaterialkosten	150,00	175,00	135,00	125,00
	Materialgemeinkosten	7,50	8,75	6,75	6,25
	Materialkosten	157,50	183,75	141,75	131,25
Drehmasch.	Fertigungslöhne	8,67	10,83	4,33	8,67
	Fertigungsgemeinkosten	17,33	21,67	8,67	17,33
Fräsmasch.	Fertigungslöhne	4,38	2,08	4,17	7,08
	Fertigungsgemeinkosten	11,38	5,42	10,83	18,42
Automaten	Fertigungslöhne	5,50	2,50	3,00	4,00
	Fertigungsgemeinkosten	60,50	27,50	33,00	44,00
Kontrolle	Fertigungslöhne	1,35	1,04	1,25	0,63
	Fertigungsgemeinkosten	1,90	1,46	1,75	0,88
	Fertigungskosten	111,00	72,50	67,00	101,00
	Herstellkosten	***268,50***	***256,25***	***208,75***	***232,25***
	Verwaltungsgemeinkosten	21,48	20,50	16,70	18,58
	Vertriebsgemeinkosten	32,22	30,75	25,05	27,87
	Selbstkosten	**322,20**	**307,50**	**250,50**	**278,70**

Tabelle 5.15: Beispiel zur elektiven Zuschlagskalkulation

Abschließend wollen wir die Ergebnisse der beiden Methoden der Zuschlagskalkulation miteinander vergleichen. Tabelle 5.16 zeigt die Selbstkosten der vier Erzeugnisse nach beiden Kalkulationsmethoden sowie die absoluten und prozentualen Unterschiede.

	Selbstkosten pro Stück		**Differenz**	
Produkt	**kumulativ**	**elektiv**	**absolut**	**in Prozent**
1	314,20	322,20	-8,00	-2,5%
2	324,07	307,50	16,57	5,4%
3	250,33	250,50	-0,17	-0,1%
4	285,72	278,70	7,02	2,5%

Tabelle 5.16: Beispiel zur Zuschlagskalkulation (Vergleich der Ergebnisse)

Bedenkt man, dass die Kalkulation der Einzelkosten sowie der Material-, Verwaltungs- und Vertriebsgemeinkosten bei beiden Verfahren auf gleiche Weise erfolgt, so ergeben sich schon in diesem einfachen Beispiel bei Anwendung der ungenaueren Methode der kumulativen Zuschlagskalkulation erhebliche Abweichungen.

Die Verfahren der Zuschlagskalkulation sind zwar für den allgemeinen Mehrproduktfall anwendbar, sie weisen aber, neben der beschriebenen Problematik der kumulativen Zuschlagskalkulation, die folgenden Nachteile auf:

1. Werden in einer Fertigungsstelle unterschiedlich entlohnte Mitarbeiter eingesetzt, z.B. weil sich die Arbeitswertgruppen der einzelnen Produkte unterscheiden, so hat dies zur Folge, dass die Produkte in unterschiedlicher Höhe mit Gemeinkosten belastet werden, und zwar auch dann, wenn die Leistungsinanspruchnahme und die Kostenverursachung identisch wären.
2. In vielen Produktionsstellen sind Leistungsinanspruchnahme und Kostenverursachung nicht von den Fertigungslöhnen bzw. den diesen zugrunde liegenden Fertigungszeiten abhängig, sondern von anderen Bezugsgrößen wie z.B. Maschinenzeiten, Durchsatzgewichte u.ä.[16] Dann ist es aber aus Sicht der Kalkulationsgenauigkeit richtiger, derartige Bezugsgrößen zur Verrechnung der Gemeinkosten zu verwenden.
3. Bei hoch mechanisierten Fertigungsverfahren ist der Anteil der Fertigungslöhne an den gesamten Fertigungskosten relativ gering, wodurch extrem hohe Lohnzuschlagssätze entstehen. In unserem Beispiel weist die Stelle Automaten einen Zuschlagssatz von 1.100% auf, in praktischen Fällen ergeben sich Verrechnungssätze von 2.000% und mehr; im Extremfall der voll automatisierten Fertigung wäre der Zuschlagssatz unendlich. Der Fertigungslohn ist bei derartigen Produktionsverfahren als Verrechnungsbasis nicht mehr geeignet.

Aus diesen Gründen ist das Verfahren der Bezugsgrößenkalkulation, das wir im folgenden Abschnitt behandeln werden, der Zuschlagskalkulation vorzuziehen.

5.3.1.4 Die Bezugsgrößenkalkulation

Die beschriebene Problematik der Zuschlagskalkulation führte in der Praxis dazu, dass anstelle der Fertigungslöhne die Fertigungszeiten als Verrechnungsgrundlage verwendet wurden. Dabei wurden die Fertigungslöhne und die Fertigungsgemeinkosten zu den Fertigungskosten der einzelnen Stellen zusammengefasst und auf die produktiven Arbeitszeiten der Lohnempfänger bezogen; dieses Verfahren wird als Stundensatzkalkulation bezeichnet.[17] Die Verrechnung der Einzelmaterialkosten sowie der Material-, Verwaltungs- und Vertriebsgemeinkosten erfolgt hier in gleicher Weise wie bei der Zuschlagskalkulation.

Für unser Zahlenbeispiel zur Zuschlagskalkulation ergeben sich die in Tabelle 5.17 angegebenen Stundensätze, aus denen die Verrechnungssätze pro Minute abgeleitet werden.

Stelle	Drehmaschinen	Fräsmaschinen	Automaten	Kontrolle
Fertigungslöhne	26.000	17.500	15.000	5.000
Fertigungsgemeinkosten	52.000	45.500	165.000	7.000
Fertigungskosten	78.000	63.000	180.000	12.000
Fertigungsstunden	2.000	1.400	1.000	400
Stundensatz	39,00	45,00	180,00	30,00
Kostensatz pro Minute	0,65	0,75	3,00	0,50

Tabelle 5.17: Beispiel zur Stundensatzkalkulation

[16] Vgl. hierzu unsere Ausführungen zur Bezugsgrößenwahl in Abschnitt 4.2.
[17] Vgl. W. Kilger, (Einführung 1992), S. 333 f. und die dort angegebene Literatur.

Unter Verwendung der Bearbeitungszeiten pro Stück, der Fertigungskostensätze pro Minute und der oben ermittelten Zuschlagssätze der indirekten Bereiche lassen sich nun die Selbstkosten der Produkte nach der Stundensatzkalkulation errechnet. Tabelle 5.18 zeigt die Kalkulation.

	Produkt 1	**Produkt 2**	**Produkt 3**	**Produkt 4**
Einzelmaterialkosten	150,00	175,00	135,00	125,00
Materialgemeinkosten	7,50	8,75	6,75	6,25
Materialkosten	*157,50*	*183,75*	*141,75*	*131,25*
Fertigungskosten Drehmasch.	26,00	32,50	13,00	26,00
Fertigungskosten Fräsmasch.	15,75	7,50	15,00	25,50
Fertigungskosten Automaten	66,00	30,00	36,00	48,00
Fertigungskosten Kontrolle	3,25	2,50	3,00	1,50
Summe Fertigungskosten	*111,00*	*72,50*	*67,00*	*101,00*
Herstellkosten	***268,50***	***256,25***	***208,75***	***232,25***
Verwaltungsgemeinkosten	21,48	20,50	16,70	18,58
Vertriebsgemeinkosten	32,22	30,75	25,05	27,87
Selbstkosten	**322,20**	**307,50**	**250,50**	**278,70**

Tabelle 5.18: Beispiel zur Stundensatzkalkulation

Ein Vergleich der Kalkulationsergebnisse zeigt, dass die Stundensatzkalkulation zu den gleichen Resultaten führt wie die elektive Zuschlagskalkulation. Beide Verfahren arbeiten mit denselben Stück- und Gesamtbezugsgrößen; die Zuschlagskalkulation geht lediglich zweistufig vor und bewertet diese Bezugsgrößen vor der Verrechnung der Gemeinkosten mit den entsprechenden Lohnsätzen, während die Stundensatzkalkulation Fertigungslöhne und -gemeinkosten in einem gemeinsamen Kalkulationssatz verrechnet.

Die Stundensatzkalkulation führt allerdings nur dann zu richtigen Ergebnissen, wenn die Fertigungsstunden die Unterschiede der einzelnen Erzeugnisse in der Leistungsinanspruchnahme und in der Kostenverursachung annähernd exakt wiedergeben. Gerade in hoch mechanisierten oder automatisierten Produktionsprozessen und in Prozessen, in denen ein Teil der Kosten von Durchsatzgewichten oder Längen-, Flächen- oder Hohlmaßen abhängen, wird aber die Fertigungszeit einen unzulänglichen Kalkulationsmaßstab darstellen.

Weiterhin ist zu beachten, dass bei manchen Produktionsprozessen die Kostenverursachung von bestimmten Produkteigenschaften oder von Entscheidungsparametern der Produktionsvollzugsplanung, wie etwa Wahl der Seriengrößen oder der Bedienungsverhältnisse, abhängt. Wie unsere Ausführungen zur Bezugsgrößenwahl in Abschnitt 4.2 gezeigt haben, kann in diesen Fällen eine ausreichende Kalkulationsgenauigkeit nur durch Verwendung mehrerer Bezugsgrößen in einer Kostenstelle sichergestellt werden.

Die Stundensatzkalkulation wurde daher zur Bezugsgrößenkalkulation weiterentwickelt, bei der in jeder Kostenstelle eine oder mehrere geeignete Maßgrößen der Kostenverursachung als Kalkulationsgrößen verwendet werden. Die Verrechnung der Material-, Verwaltungs- und Vertriebsgemeinkosten wird bei diesem Verfahren ebenfalls mit Hilfe der indirekten Bezugsgrößen Einzelmaterialkosten bzw. Herstellkosten des Umsatzes durchgeführt. Allerdings erfolgt insbesondere in der Plankostenrechnung eine Differenzierung der Verrechnungssätze nach Material- bzw. Erzeugnisgruppen, wenn die Kostenverursachung der verschiedenen Materialarten im Bereich der Materialgemeinkosten und der verschiedenen Erzeugnisgruppen im Bereich der Vertriebsgemeinkosten dies erfordert.

Im Falle homogener Kostenverursachung, wenn also in jeder Kostenstelle eine Bezugsgröße als Verrechnungsmaßstab ausreicht, ergibt sich die folgende Kalkulationsgleichung der Bezugsgrößenkalkulation:

$$k_j = \left[e_M \cdot \left(1 + \frac{h_M}{100} \right) + \sum_{i=1}^{m} b_{ij} \cdot h_i + e_{Fj} \right] \cdot \left(1 + \frac{h_{Vw}}{100} + \frac{h_{Vt}}{100} \right) + e_{Vj} \qquad (j = 1, \ldots, n)$$

k: Selbstkosten pro Stück
e_M: Einzelmaterialkosten pro Stück
h_M: Verrechnungssatz der Materialgemeinkosten
b_{ij}: Stückbezugsgröße der Produktart j in der Fertigungskostenstelle i
h_i: Kalkulationssatz der Fertigungskostenstelle i
e_F: Sondereinzelkosten der Fertigung
h_{Vw}: Verrechnungssatz der Verwaltungsgemeinkosten
h_{Vt}: Verrechnungssatz der Vertriebsgemeinkosten
e_V: Sondereinzelkosten des Vertriebs
j: Artikelnummer der Produkte ($j = 1, \ldots, n$)
i: Index der Fertigungskostenstellen ($i = 1, \ldots, m$)

Im Falle heterogener Kostenverursachung werden in einer oder mehreren Fertigungsstellen mehr als eine Bezugsgröße verwendet, so dass zur Verrechnung der Kosten dieser Stellen mehrere Kalkulationszeilen erforderlich sind. Bezeichnen wir die verschiedenen Bezugsgrößenarten mit $k = 1, \ldots, s_i$, so ergibt sich bei heterogener Kostenverursachung folgender formaler Kalkulationsaufbau:

$$k_j = \left[e_{Mvj} \cdot \left(1 + \frac{h_{Mv}}{100} \right) + \sum_{i=1}^{m} \sum_{k=1}^{s_i} b_{ikj} \cdot h_{ik} + e_{Fj} \right] \cdot \left(1 + \frac{h_{Vw}}{100} + \frac{h_{Vtj}}{100} \right) + e_{Vj} \qquad (j = 1, \ldots, n)$$

In obiger Gleichung ist eine eventuell erforderliche Differenzierung der Verrechnungssätze für Materialgemeinkosten nach verschiedenen Materialgruppen und der Verrechnungssätze für Vertriebsgemeinkosten nach unterschiedlichen Produktgruppen durch entsprechende Indizes angedeutet.

Die Bezugsgrößenkalkulation kann grundsätzlich in jedem Kostenrechnungssystem zur Anwendung kommen, sie hat ihre größte Verbreitung aber in Unternehmen mit einer Plankostenrechnung. Wie im Abschnitt über die theoretischen Grundlagen der Plankostenrechnung erläutert,[18] erfolgt hier meist eine Parallelkalkulation der variablen und der gesamten Kosten pro Erzeugniseinheit, was eine entsprechende Differenzierung der Kalkulationssätze der einzelnen Kostenstellen und Bezugsgrößenarten voraussetzt.

[18] Vgl. unsere Ausführungen in Abschnitt 2.3.

Die Arbeitsweise der Bezugsgrößenkalkulation wollen wir am Beispiel einer Plankalkulation verdeutlichen und dabei sowohl auf die Planung der Einzelmaterialkosten in Abschnitt 3.3.1 als auch auf die in Abschnitt 4.4.3 wiedergegeben Kostenpläne zurückgreifen. Die Kalkulation wird zunächst für ein Einzelteil aufgebaut, das in ein mehrteiliges Enderzeugnis eingeht; die Kalkulation der Enderzeugnisse folgt dann im nächsten Abschnitt. Übersicht 5.5 zeigt die Plankalkulation des Einzelteils.

Bezeichnung: Eigenteil I		**Plankalkulation für Einzelteile**					
		Seriengröße:		400	Stück/Serie	Kalk.Einheit: 1 Stck	
Einzelmaterial			Einheit	Menge	Planpreis	Gesamt	Prop.
	Nr.11 011 St. 42	(Matgrp. I)	kg	3,2	0,90	2,88	2,88
	Nr.						
	Materialgemeinkosten	Gesamt:	9,9%	Prop.:	5,5%	0,29	0,16
I: Summe Materialkosten						**3,17**	**3,04**
Fertigungsstellen		Bezugsgrößen		Kostensätze		Kosten	
Nr.	Bezeichnung	Art	Menge	Gesamt	Prop.	Gesamt	Prop.
401	Spitzendrehmaschinen	Frtg.Min					
402	NC-Drehmaschinen	Masch.Min	15,4	0,603	0,429	9,28	6,60
403	Karusselldrehmaschinen	Frtg.Min					
404/1	Automaten (Rüstz.) 280:400	Rüst.Min	0,7	0,438	0,400	0,31	0,28
404/2	Automaten (Fertigungszeit)	Frtg.Min	3,2	0,492	0,442	1,57	1,41
404/3	Automaten (Maschinenzeit)	Masch.Min	6,4	1,583	0,833	10,13	5,33
501	Senkrechtbohrmaschinen	Frtg.Min	3,5	0,558	0,492	1,95	1,72
502	Bohrwerke	Frtg.Min					
503	Kleine Bohrmaschinen	Frtg.Min	6,5	0,687	0,560	4,47	3,64
504	Große Bohrmaschinen	Frtg.Min					
505	Schleifmaschinen	Frtg.Min	3,0	0,833	0,667	2,50	2,00
600	Schweißerei	Frtg.Min					
610	Härterei	Masch.Min	3,2	0,464	0,294	1,48	0,94
II. Summe Planfertigungskosten ohne Sondereinzelkosten						**31,69**	**21,92**
III. Sondereinzelkosten der Fertigung							
IV. Summe Planfertigungskosten (II + III)						**31,69**	**21,92**
V. Summe Planherstellkosten (I + IV)						**34,86**	**24,96**

Übersicht 5.5: Plankalkulation eines Einzelteils

Das betrachtete Eigenteil I besteht aus einem Rohstoff, der Stahlsorte 42, wobei pro Erzeugniseinheit 3,2 kg benötigt werden; vgl. die diesbezüglichen Angaben in Tabelle 3.1. Der Planpreis der betreffenden Stahlsorte beträgt 0,90 €/kg. Da die Kostenverursachung der einzelnen Materialien unterschiedlich ist, erfolgt beim Aufbau der Kostenplanung eine Differenzierung der Materialgemeinkostensätze nach drei Materialgruppen;[19] die betrachtete Stahlsorte ist dabei der Materialgruppe I zugeordnet, so dass die Verrechnungssätze in Höhe von 9,9% gesamt und 5,5% proportional zur kalkulatorischen Verrechnung der Materialgemeinkosten verwendet werden.

Die Bearbeitung des Produktes findet unter anderem in der Kostenstelle 404 Automaten statt, in der aufgrund heterogener Kostenverursachung die drei Bezugsgrößen Rüst-, Fertigungs- und Maschinenstunden verwendet werden; vgl. die Kostenpläne in den Übersichten 4.12 bis 4.14. Die Rüstzeit für die Einstellung der Automaten auf die-

[19] Die Ermittlung der differenzierten Verrechnungssätze für Materialgemeinkosten ist in Abschnitt 4.4.3 beschrieben; vgl. das Beispiel in Tabelle 4.25.

se Teileart dauert 280 Min/Serie, bei einer geplanten Losgröße von 400 Stück/Serie ergibt dies eine durchschnittliche Rüstzeit von 0,70 Min/Stück, die dann mit dem gesamten und dem proportionalen Kostensatz der Rüstzeitbezugsgröße bewertet wird.

Bei der Bearbeitung der Teileart arbeiten die Automaten in Zweimaschinenbedienung, die Fertigungszeit pro Stück ist halb so groß wie die Maschinenzeit. Durch Multiplikation mit den zugehörigen Kostensätzen erhält man die Stückfertigungskosten für diese beiden Bezugsgrößen. Für die übrigen Fertigungsstellen sind die Bearbeitungszeit und Kostensätze in der Kalkulationstabelle der Übersicht 5.5 enthalten.

Für die Bearbeitung in den einzelnen Fertigungskostenstellen werden in der Summe 21,92 €/Stück variable und 31,69 €/Stück gesamte Fertigungskosten kalkuliert. Da keine Sondereinzelkosten der Fertigung anfallen, entsprechen diese Beträge den insgesamt zu verrechnenden Fertigungskosten. Addiert man diese zu den Materialkosten, so erhält man variablen und gesamten Herstellkosten in Höhe von 24,96 €/Stück bzw. von 34,86 €/Stück.

Die Kalkulation von Einzelteilen, die in Enderzeugnisse eingehen, endet normalerweise mit der Errechnung der Herstellkosten; Verwaltungs- und Vertriebskosten werden nur auf absatzfähige Enderzeugnisse verrechnet; vgl. das Beispiel im nächsten Abschnitt. Eine Ausnahme von dieser Regel tritt dann auf, wenn Einzelteile selbständig verkauft werden, z.B. als Ersatzteile.

Mit der Bezugsgrößenkalkulation lassen sich die oben beschriebenen Nachteile der Zuschlagskalkulation und auch der Stundensatzkalkulation beheben. Sie ist die allgemeinste Form der Kalkulation, kann bei beliebiger Produktvielfalt und unterschiedlichen Produktionsprozessen angewandt werden, wobei durch eine entsprechende Bezugsgrößendifferenzierung jede gewünschte Kalkulationsgenauigkeit zu erreichen ist.

5.3.2 Die Kalkulation mehrteiliger Erzeugnisse

Die bisher behandelten Kalkulationsverfahren gelten für Enderzeugnisse, die sich aus einem oder mehreren fremdbezogenen Werkstoffen zusammensetzen und die in mehreren aufeinanderfolgenden Arbeitsgängen bearbeitet werden. In diesem Abschnitt wollen wir die Kalkulation mehrteiliger Enderzeugnisse darstellen, bei denen ein Teil der eingesetzten Materialien in vorgelagerten Arbeitsgängen hergestellt oder bearbeitet und anschließend – eventuell zusammen mit von außen bezogenen Vorprodukten – in speziellen Montagearbeitsgängen zum komplexen Endprodukt zusammengesetzt werden. Hierbei kann es zu sehr vielschichtigen Kalkulationen kommen, wenn die Eigenteile zunächst in Baugruppen eingehen, diese dann wieder in Baugruppen höherer Ordnung bis hin zum Endprodukt, das sich aus mehreren dieser Gruppen und eventuell aus weiteren Teilen zusammensetzt. Abbildung 5.1 zeigt den Erzeugnisstammbaum eines mehrteiligen Enderzeugnisses.

Hier besteht das Enderzeugnis P aus drei Baugruppen, wobei die Gruppen 1 und 3 ausschließlich aus mehreren eigenerstellten und fremdbezogenen Einzelteilen bestehen, während sich die Gruppe 2 aus Einzelteilen und zwei weiteren Baugruppen zusammensetzt. Die den Elementen zugeordneten Zahlen geben die Bedarfsmengen für die jeweils unmittelbar übergeordnete Verwendung an. Dies bedeutet, dass beispielsweise vom Eigenteil 1 insgesamt 9 Stück zur Herstellung eines Endproduktes benötigt werden.

Beispiele für die Herstellung mehrteiliger Produkte sind der Maschinen- und der Fahrzeugbau sowie die feinmechanische und die Elektroindustrie.

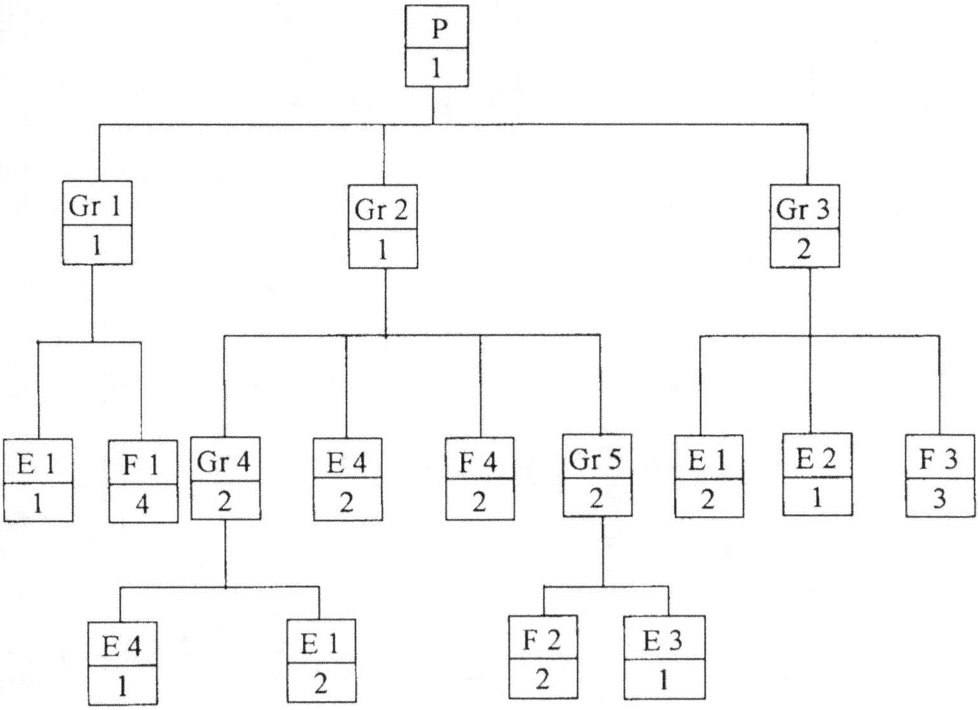

Abbildung 5.1: Erzeugnisstammbaum eines mehrteiligen Endproduktes

Bei der Erläuterung der Kalkulation mehrteiliger Produkte wollen wir auf die Wiedergabe der recht komplexen Kalkulationsgleichungen verzichten[20] und den Kalkulationsaufbau, der in der Praxis immer von der konkreten Produktgestaltung abhängt, an einem einfachen Beispiel darstellen. Hierzu greifen wir auf das Beispiel zur Einzelmaterialkostenplanung in Abschnitt 3.3.1 zurück. Hier bestehen die drei Enderzeugnisse aus jeweils einer von zwei verschiedenen Grundplatten sowie aus mehreren von insgesamt drei Eigen- und vier Fremdteilen. Die beiden Grundplatten und die Einzelteile werden in vorgelagerten Arbeitsgängen bearbeitet, bevor sie zusammen mit den Fremdteilen in Montageprozessen zu den Enderzeugnissen zusammengesetzt werden. Abschließend erfolgt noch die Überprüfung der Funktionsfähigkeit der Produkte in speziellen Prüfarbeitsgängen.

Die Plankalkulation des Eigenteils 1 haben wir im voranstehenden Abschnitt dargestellt, vgl. Übersicht 5.5 Die Kalkulationen der beiden Grundplatten sind in Übersicht 5.6, die der Eigenteile II und III Übersicht 5.7 wiedergegeben.

[20] Die betreffenden Kalkulationsgleichungen findet sich bei W. Kilger, (Einführung 1992), S. 345 ff.

Bezeichnung: **Grundplatte A**		**Plankalkulation für Einzelteile**				Kalk.Einheit: 1 Stck	
Einzelmaterial			Einheit	Menge	Planpreis	Gesamt	Prop.
	Nr.15 103 Grauguss	(Mat.gr. III)	kg	15,6	1,40	21,84	21,84
	Nr.						
	Materialgemeinkosten	Gesamt:	14,8%	Prop.:	7,3%	3,23	1,59
I: Summe Materialkosten						**25,07**	**23,43**
Fertigungsstellen		Bezugsgrößen		Kostensätze		Kosten	
Nr.	Bezeichnung	Art	Menge	Gesamt	Prop.	Gesamt	Prop.
401	Spitzendrehmaschinen	Frtg.Min	15,2	0,513	0,476	7,80	7,23
402	NC-Drehmaschinen	Masch.Min					
403	Karusselldrehmaschinen	Frtg.Min	25,6	0,714	0,511	18,28	13,07
404/1	Automaten (Rüstzeit)	Rüst.Min					
404/2	Automaten (Fertigungszeit)	Frtg.Min					
404/3	Automaten (Maschinenzeit)	Masch.Min					
501	Senkrechtbohrmaschinen	Frtg.Min	8,0	0,558	0,492	4,46	3,93
502	Bohrwerke	Frtg.Min	20,6	1,231	0,379	25,36	7,81
503	Kleine Bohrmaschinen	Frtg.Min					
504	Große Bohrmaschinen	Frtg.Min	15,2	0,881	0,607	13,39	9,23
505	Schleifmaschinen	Frtg.Min	5,0	0,833	0,667	4,17	3,33
600	Schweißerei	Frtg.Min					
610	Härterei	Masch.Min	8,4	0,464	0,294	3,89	2,47
II. Summe Planfertigungskosten ohne Sondereinzelkosten						**77,35**	**47,07**
III. Sondereinzelkosten der Fertigung							
IV. Summe Planfertigungskosten (II + III)						**77,35**	**47,07**
V. Summe Planherstellkosten (I + IV)						**102,42**	**70,50**

Bezeichnung: **Grundplatte B**		**Plankalkulation für Einzelteile**				Kalk.Einheit: 1 Stck	
Einzelmaterial			Einheit	Menge	Planpreis	Gesamt	Prop.
	Nr.15 209 Hartguss	(Mat.gr. III)	kg	11,5	2,85	32,78	32,78
	Nr.						
	Materialgemeinkosten	Gesamt:	14,8%	Prop.:	7,3%	4,85	2,39
I: Summe Materialkosten						**37,63**	**35,17**
Fertigungsstellen		Bezugsgrößen		Kostensätze		Kosten	
Nr.	Bezeichnung	Art	Menge	Gesamt	Prop.	Gesamt	Prop.
401	Spitzendrehmaschinen	Frtg.Min	18,0	0,513	0,476	9,23	8,56
402	NC-Drehmaschinen	Masch.Min					
403	Karusselldrehmaschinen	Frtg.Min	35,3	0,714	0,511	25,20	18,02
404/1	Automaten (Rüstzeit)	Rüst.Min					
404/2	Automaten (Fertigungszeit)	Frtg.Min					
404/3	Automaten (Maschinenzeit)	Masch.Min					
501	Senkrechtbohrmaschinen	Frtg.Min	6,7	0,558	0,492	3,74	3,29
502	Bohrwerke	Frtg.Min		1,231	0,379		
503	Kleine Bohrmaschinen	Frtg.Min					
504	Große Bohrmaschinen	Frtg.Min	30,0	0,881	0,607	26,43	18,21
505	Schleifmaschinen	Frtg.Min	6,8	0,833	0,667	5,67	4,53
600	Schweißerei	Frtg.Min					
610	Härterei	Masch.Min	7,8	0,464	0,294	3,62	2,29
II. Summe Planfertigungskosten ohne Sondereinzelkosten						**73,89**	**54,90**
III. Sondereinzelkosten der Fertigung							
IV. Summe Planfertigungskosten (II + III)						**73,89**	**54,90**
V. Summe Planherstellkosten (I + IV)						**111,52**	**90,07**

Übersicht 5.6: Plankalkulation Grundplatten A und B

Bezeichnung: **Eigenteil II**		**Plankalkulation für Einzelteile** Seriengröße:		200 Stück/Serie		Kalk.Einheit: 1 Stck	
Einzelmaterial			Einheit	Menge	Planpreis	Gesamt	Prop.
Nr.11 009 St. 39		(Matgrp. I)	kg	2,8	0,60	1,68	1,68
Nr.							
Materialgemeinkosten		Gesamt:	9,9%	Prop.:	5,5%	0,17	0,09
I: Summe Materialkosten						**1,85**	**1,77**
Fertigungsstellen		Bezugsgrößen		Kostensätze		Kosten	
Nr.	Bezeichnung	Art	Menge	Gesamt	Prop.	Gesamt	Prop.
401	Spitzendrehmaschinen	Frtg.Min					
402	NC-Drehmaschinen	Masch.Min	13,2	0,603	0,429	7,95	5,66
403	Karusselldrehmaschinen	Frtg.Min					
404/1	Automaten (Rüstz.) 160:200	Rüst.Min	0,800	0,438	0,400	0,35	0,32
404/2	Automaten (Fertigungszeit)	Frtg.Min	1,8	0,492	0,442	0,89	0,80
404/3	Automaten (Maschinenzeit)	Masch.Min	1,8	1,583	0,833	2,85	1,50
501	Senkrechtbohrmaschinen	Frtg.Min	2,0	0,558	0,492	1,12	0,98
502	Bohrwerke	Frtg.Min					
503	Kleine Bohrmaschinen	Frtg.Min	7,2	0,687	0,560	4,95	4,03
504	Große Bohrmaschinen	Frtg.Min					
505	Schleifmaschinen	Frtg.Min	3,5	0,833	0,667	2,92	2,33
600	Schweißerei	Frtg.Min					
610	Härterei	Masch.Min	4,5	0,464	0,294	2,09	1,32
II. Summe Planfertigungskosten ohne Sondereinzelkosten						**23,12**	**16,94**
III. Sondereinzelkosten der Fertigung							
IV. Summe Planfertigungskosten (II + III)						**23,12**	**16,94**
V. Summe Planherstellkosten (I + IV)						**24,97**	**18,71**

Bezeichnung: **Eigenteil III**		**Plankalkulation für Einzelteile** Seriengröße:		450 Stück/Serie		Kalk.Einheit: 1 Stck	
Einzelmaterial			Einheit	Menge	Planpreis	Gesamt	Prop.
Nr.11 009 St. 39		(Matgrp. I)	kg	2,2	0,60	1,32	1,32
Nr.							
Materialgemeinkosten		Gesamt:	9,9%	Prop.:	5,5%	0,13	0,07
I: Summe Materialkosten						**1,45**	**1,39**
Fertigungsstellen		Bezugsgrößen		Kostensätze		Kosten	
Nr.	Bezeichnung	Art	Menge	Gesamt	Prop.	Gesamt	Prop.
401	Spitzendrehmaschinen	Frtg.Min					
402	NC-Drehmaschinen	Masch.Min	15,4	0,603	0,429	9,28	6,60
403	Karusselldrehmaschinen	Frtg.Min					
404/1	Automaten (Rüstz.) 350:450	Rüst.Min	0,778	0,438	0,400	0,34	0,31
404/2	Automaten (Fertigungszeit)	Frtg.Min	1,3	0,492	0,442	0,64	0,57
404/3	Automaten (Maschinenzeit)	Masch.Min	3,9	1,583	0,833	6,18	3,25
501	Senkrechtbohrmaschinen	Frtg.Min	2,8	0,558	0,492	1,56	1,38
502	Bohrwerke	Frtg.Min					
503	Kleine Bohrmaschinen	Frtg.Min	3,2	0,687	0,560	2,20	1,79
504	Große Bohrmaschinen	Frtg.Min					
505	Schleifmaschinen	Frtg.Min	5,2	0,833	0,667	4,33	3,47
600	Schweißerei	Frtg.Min					
610	Härterei	Masch.Min	3,5	0,464	0,294	1,62	1,03
II. Summe Planfertigungskosten ohne Sondereinzelkosten						**26,15**	**18,40**
III. Sondereinzelkosten der Fertigung							
IV. Summe Planfertigungskosten (II + III)						**26,15**	**18,40**
V. Summe Planherstellkosten (I + IV)						**27,60**	**19,79**

Übersicht 5.7: Plankalkulation Eigenteile II und III

Die Rohstoffe der beiden Grundplatten, Grauguss bzw. Hartguss, sind der Materialgruppe III zugeordnet, so dass für sie die etwas höheren Materialgemeinkostensätze verrechnet werden; vgl. die Planung der Verrechnungssätze in Abschnitt 4.4.3, Tabelle 4.25. Ihre Bearbeitung findet in den angegebenen Kostenstellen statt, in denen keine relevanten Rüstprozesse und auch keine Mehrmaschinenbedienung anfallen; damit kann die Kalkulation der Fertigungskosten mit jeweils einer Bezugsgröße erfolgen.

Die Eigenteile II und II bestehen beide aus der Stahlsorte 39, die der Materialgruppe I zugerechnet ist, so dass die gleichen Materialgemeinkostensätze wie bei Eigenteil I zur Anwendung kommen. Auch durchlaufen diese Teile dieselben Fertigungsstellen wie das erste Eigenteil, wenn auch mit anderen Bearbeitungszeiten, Seriengrößen und Bedienungsrelationen.

Die Plankalkulationen der Grundplatten und Eigenteile bilden nun die Grundlage für die Produktkalkulationen der Enderzeugnisse. Der Ausweis der Teilekosten kann dabei auf verschiedene Weise erfolgen. Im einfachsten Fall werden die proportionalen und gesamten Herstellkosten aus den Teilekalkulationen übernommen und mit dem entsprechenden Teilebedarf pro Einheit der Endprodukte multipliziert.[21] Dies hat allerdings den Nachteil, dass in den Kalkulationen der Endprodukte die einzelnen Kalkulationsbestandteile – Einzelmaterial-, Materialgemein- und Fertigungskosten – nicht mehr erkenntlich sind. So kann dann beispielsweise nicht mehr angegeben werden, wieviele Einzelmaterialkosten insgesamt pro Einheit der Enderzeugnisse anfallen.

Dieser Nachteil kann dadurch vermieden werden, dass in den Plankalkulationen der Endprodukte Einzelmaterial- und Fertigungskosten der selbsterstellten Vorprodukte getrennt ausgewiesen werden. Die erhöhte Transparenz wird dadurch erkauft, dass die Anzahl der Kalkulationspositionen entsprechend zunimmt; dies sollte aber wegen des höheren Informationsgehaltes in Kauf genommen werden.

In den Übersichten 5.8 bis 5.10 haben wir die Plankalkulationen der drei Enderzeugnisse wiedergegeben, in welche die Grundplatten, Eigen- und Fremdteile unseres Beispiels eingehen. Dabei wurde der getrennte Ausweis der Material- und Fertigungskosten von Grundplatten und Eigenteilen gewählt.

Die Materialgemeinkosten werden getrennt nach den drei Materialgruppen ausgewiesen, für die gesonderte Verrechnungssätze geplant wurden. Dabei sind die Stahlsorten der Eigenteile der Materialgruppe I, der Guss der Grundplatten der Materialgruppe III und die Fremdteile der Materialgruppe II zugeordnet. Probleme bereitet die Zuordnung des Ausschusses, der sowohl für die Grundplatten als auch für die Eigenteile anfällt. Wir haben der Einfachheit halber den Ausschuss den Eigenteilen zugerechnet und die auf Ausschuss entfallenden Materialgemeinkosten mit den Kalkulationssätzen der Materialgruppe I verrechnet.

Zu den variablen und gesamten Fertigungskosten der Grundplatten und Eigenteile werden dann noch die Fertigungskosten der Arbeitsgänge Montage und Prüfung addiert, die mit Hilfe entsprechender Stückbezugsgrößen kalkulatorisch verrechnet werden. Die Summe aus Einzelmaterial-, Materialgemein- und Fertigungskosten ergibt die Herstellkosten der Enderzeugnisse.

[21] Vgl. die Kalkulationsbeispiele bei W. Kilger, (Plankostenrechnung 1992), S. 632 ff.

Die proportionalen und gesamten Verwaltungsgemeinkosten werden mit Hilfe von einheitlichen Verrechnungssätzen auf die proportionalen und gesamten Herstellkosten kalkuliert. Bei den Vertriebsgemeinkosten werden die nach Produktgruppen differenzierten Kalkulationssätze verwendet (vgl. Tabelle 4.26 in Abschnitt 4.4.3), wobei jedes der drei Enderzeugnisse einer anderen Produktgruppe zugeordnet ist. Neben den Verwaltungs- und Vertriebsgemeinkosten fallen noch Sondereinzelkosten des Vertriebs an, die unmittelbar den Produkten zugerechnet werden. Die Summe aus Herstell-, Verwaltungs- und Vertriebskosten ergibt die proportionalen und gesamten Selbstkosten pro Einheit der Enderzeugnisse.

Bezeichnung:		**Endprodukt I**		**Gesamt**	**Prop.**
1. Einzelmaterialkosten					
Bezeichnung:		ME/Stck.	€/ME		
Grundplatte A		1,0	21,84	21,84	21,84
Grundplatte B					
Eigenteil I		2,0	2,88	5,76	5,76
Eigenteil II					
Eigenteil III		1,0	1,32	1,32	1,32
Ausschuss		1,5%		0,43	0,43
Fremdteil 1		2,0	1,75	3,50	3,50
Fremdteil 2					
Fremdteil 3		9,0	1,40	12,60	12,60
Fremdteil 4		3,0	2,75	8,25	8,25
Summe Einzelmaterialkosten				**53,70**	**53,70**
2. Materialgemeinkosten		**Gesamt**	**Prop.**		
Materialgruppe I	7,51	9,9%	5,5%	0,74	0,41
Materialgruppe II	24,35	23,5%	13,0%	5,72	3,17
Materialgruppe III	21,84	14,8%	7,3%	3,23	1,59
Summe Materialgemeinkosten				**9,69**	**5,17**
Summe Materialkosten				**63,39**	**58,87**
3. Fertigungskosten		**Gesamt**	**Prop.**		
Bezeichnung:	ME/Stck.	€/ME	€/ME		
Grundplatte A	1	77,35	47,07	77,35	47,07
Grundplatte B					
Eigenteil I	2	31,69	21,92	63,38	43,84
Eigenteil II					
Eigenteil III	1	26,15	18,40	26,15	18,40
Montage *(Minuten)*	30,0	0,76	0,55	22,80	16,40
Prüfung *(Minuten)*	15,0	0,928	0,684	13,92	10,26
Summe Fertigungskosten				**203,60**	**135,97**
Summe Herstellkosten				**266,99**	**194,84**
4. Verwaltungsgemeinkosten		12,0%	4,0%	32,04	7,79
5. Vertriebsgemeinkosten (Produktgruppe 1)		10,2%	5,6%	27,23	10,91
6. Sondereinzelkosten des Vertriebs				3,26	3,26
Summe Selbstkosten				**329,52**	**216,80**

Übersicht 5.8: Plankalkulation Endprodukt I

Bezeichnung:	**Endprodukt II**			**Gesamt**	**Prop.**
1. Einzelmaterialkosten					
Bezeichnung:		ME/Stck.	€/ME		
Grundplatte A					
Grundplatte B		1,0	32,78	32,78	32,78
Eigenteil I		3,0	2,88	8,64	8,64
Eigenteil II		1,0	1,68	1,68	1,68
Eigenteil III					
Ausschuss		1,5%		0,65	0,65
Fremdteil 1		2,0	1,75	3,50	3,50
Fremdteil 2		1,0	4,30	4,30	4,30
Fremdteil 3		8,0	1,40	11,20	11,20
Fremdteil 4		6,0	2,75	16,50	16,50
Summe Einzelmaterialkosten				**79,25**	**79,25**
2. Materialgemeinkosten		**Gesamt**	**Prop.**		
Materialgruppe I	10,97	9,9%	5,5%	1,09	0,60
Materialgruppe II	35,50	23,5%	13,0%	8,34	4,62
Materialgruppe III	32,78	14,8%	7,3%	4,85	2,39
Summe Materialgemeinkosten				**14,28**	**7,61**
Summe Materialkosten				**93,53**	**86,86**
3. Fertigungskosten		**Gesamt**	**Prop.**		
Bezeichnung:	ME/Stck.	€/ME	€/ME		
Grundplatte A					
Grundplatte B	1	73,89	54,90	73,89	54,90
Eigenteil I	3	31,69	21,92	95,07	65,76
Eigenteil II	1	23,12	16,94	23,12	16,94
Eigenteil III					
Montage *(Minuten)*	40,0	0,76	0,55	30,40	21,86
Prüfung *(Minuten)*	22,5	0,928	0,684	20,88	15,39
Summe Fertigungskosten				**243,36**	**174,85**
Summe Herstellkosten				**336,89**	**261,71**
4. Verwaltungsgemeinkosten		12,0%	4,0%	40,43	10,47
5. Vertriebsgemeinkosten (Produktgruppe 2)		7,5%	4,1%	25,27	10,73
6. Sondereinzelkosten des Vertriebs				2,99	2,99
Summe Selbstkosten				**405,58**	**285,90**

Übersicht 5.9: Plankalkulation Endprodukt II

Bezeichnung:	Endprodukt III			Gesamt	Prop.
1. Einzelmaterialkosten					
Bezeichnung:		ME/Stck.	€/ME		
Grundplatte A		1,0	21,84	21,84	21,84
Grundplatte B					
Eigenteil I		1,0	2,88	2,88	2,88
Eigenteil II					
Eigenteil III		3,0	1,32	3,96	3,96
Ausschuss		1,5%		0,43	0,43
Fremdteil 1					
Fremdteil 2					
Fremdteil 3		6,0	1,40	8,40	8,40
Fremdteil 4		5,0	2,75	13,75	13,75
Summe Einzelmaterialkosten				**51,26**	**51,26**
2. Materialgemeinkosten		**Gesamt**	**Prop.**		
Materialgruppe I	7,27	9,9%	5,5%	0,72	0,40
Materialgruppe II	22,15	23,5%	13,0%	5,21	2,88
Materialgruppe III	21,84	14,8%	7,3%	3,23	1,59
Summe Materialgemeinkosten				**9,16**	**4,87**
Summe Materialkosten				**60,42**	**56,13**
3. Fertigungskosten		**Gesamt**	**Prop.**		
Bezeichnung:	ME/Stck.	€/ME	€/ME		
Grundplatte A	1	77,35	47,07	77,35	47,07
Grundplatte B					
Eigenteil I	1	31,69	21,92	31,69	21,92
Eigenteil II					
Eigenteil III	3	26,15	18,40	78,45	55,20
Montage *(Minuten)*	35,0	0,76	0,5465	26,60	19,13
Prüfung *(Minuten)*	20,0	0,928	0,684	18,56	13,68
Summe Fertigungskosten				**232,65**	**157,00**
Summe Herstellkosten				**293,07**	**213,13**
4. Verwaltungsgemeinkosten		12,0%	4,0%	35,17	8,53
5. Vertriebsgemeinkosten (Produktgruppe 3)		11,7%	6,5%	34,29	13,85
6. Sondereinzelkosten des Vertriebs				3,69	3,69
Summe Selbstkosten:				**366,22**	**239,20**

Übersicht 5.10: Plankalkulation Endprodukt III

Die Plankalkulationen der Endprodukte bilden nun die Grundlage für Planung und die Kontrolle des kurzfristigen Periodenerfolges nach den zwei Methoden des Umsatzkostenverfahrens. Auf diese Verfahren und die Bedeutung der Plankalkulationen in diesem Zusammenhang werden wir im 6. Kapitel ausführlich eingehen. Zuvor soll noch ein Spezialfall der Kalkulation behandelt werden, die Kalkulation bei verbundener oder Kuppelproduktion.

5.3.3 Die Kalkulation von Kuppelprodukten

5.3.3.1 Das Restwertverfahren

Unter Kuppelproduktion versteht man Produktionsprozesse, bei denen aus technologischen Gründen zwangsläufig mehrere Erzeugnisse entstehen. Dies bedeutet zum einen, dass bei diesen Produktionsprozessen Produkte hervorgebracht werden, die aus ökonomischen Gründen nicht gewollt oder gar nicht erwünscht sind, z.B. Abfallstoffe, die entsorgt werden müssen. Zum anderen bedingt bei Kuppelproduktion jede Mengensteigerung eines gewünschten Produktes unmittelbar höhere Erzeugnismengen der übrigen Kuppelprodukte.

In Übersicht 5.11 haben wir Beispiele für Produktionsprozesse mit Kuppelproduktion wiedergegeben.

Produktionsprozess	Einsatzstoffe	Ausbringung
Kokerei	Steinkohle	Koks, Gas, Teer, Benzol
Hochöfen	Erz, Schrott	Roheisen, Gichtgas, Schlacke
Raffinerie	Rohöl	Benzin, Kerosin, Schweröl, leichtes Heizöl
Fleischzerlegung	geschlachtete Tiere	verschiedene Fleischsorten, Häute, Abfälle

Übersicht 5.11: Beispiele für Kuppelproduktion

Die Produktionsprozesse mit Kuppelproduktion lassen sich nach folgenden Aspekten systematisieren:[22]

1. **Kuppelproduktion mit starren oder veränderlichen Mengenrelationen**
   Im ersten Fall sind die Einsatzverhältnisse der Kuppelprodukte fest vorgegeben und können nicht beeinflusst werden, im zweiten können durch Wahl der Einsatzmischungen oder der Prozessbedingungen, wie Temperatur, Verweildauer u.ä., die Einsatzverhältnisse der Kuppelprodukte gestaltet werden. Hier besteht aus betriebswirtschaftlicher Sicht die Planungsaufgabe, die Einsatzverhältnisse so festzulegen, dass der Kuppelprozess einen möglichst großen Gewinn erbringt.

2. **Einfache und mehrfache Kuppelproduktion**
   Einfache Kuppelproduktion liegt dann vor, wenn lediglich in einer Fertigungsstufe produktionsbedingte Verbundbeziehungen vorliegen; bei mehrfacher Kuppelproduktion gehen die Kuppelprodukte einer Produktionsstufe in nachgelagerte Produktionsprozesse ein, in denen ebenfalls zwangsläufig mehrere Produkte entstehen.

Aus Sicht der Kostenrechnung und speziell der Kalkulation besteht bei Kuppelproduktion das Problem, dass die Material- und Fertigungskosten dieser Produktionsprozesse für alle Kuppelprodukte gemeinsam anfallen und sich daher nicht verursachungsgerecht einem Produkt zuordnen lassen. In diesen Produktionsprozessen gibt es keine produktindividuellen Stücklisten, Rezepturen oder Mischungsanweisungen und auch keine produktbezogenen Bezugsgrößen, mit denen sich die Fertigungskosten nach dem

[22] Zu den Einteilungskritierien der Kuppelproduktion vgl. ausführlich W. Kilger, (Produktionsplanung 1973), S. 340 ff.

Verursachungsprinzip weiter verrechnen ließen. Auch eine Weiterverrechnung der Kosten nach dem Leistungsentsprechungsprinzip ist nicht möglich

Da das Verursachungsprinzip bei Kuppelproduktion nicht anwendbar ist, kann aus Sicht der entscheidungsbezogenen Aufgaben der Kostenrechnung eine Ermittlung von Stückkosten in diesen Fällen nicht sinnvoll sein; die Entscheidungen über die Wirtschaftlichkeit erfolgt hier durch die Gegenüberstellung der variablen Gesamtkosten der Kuppelprozesse und der durch den Verkauf der Kuppelprodukte erzielbaren Gesamterlöse.

Für andere Aufgaben der Kostenrechnung werden nun aber auch bei Kuppelproduktion produktindividuelle Stückkosten benötigt, so z.B. für die Bewertung von Halb- und Fertigfabrikatebeständen oder für einen statistischen Erfolgsausweis einzelner Erzeugnisse. Aus diesem Grund wurden spezielle Kalkulationsverfahren für Kuppelprodukte entwickelt, wobei hier anstelle des Verursachungsprinzips oder des Leistungsentsprechungsprinzips andere Zuordnungskriterien zur Anwendung kommen.[23] Zunächst wollen wir das Subtraktions- oder Restwertverfahren behandeln und uns im nächsten Abschnitt dem Äquivalenzziffern- oder Verteilungsverfahren zuwenden.

Das Restwertverfahren kann dann angewandt werden, wenn im betrachteten Produktionsprozess ein Kuppelprodukt eindeutig als Hauptprodukt angesehen werden kann; bei diesem Verfahren werden nur dessen Selbstkosten kalkuliert. Für die übrigen Nebenprodukte des Kuppelprozesses wird die Annahme getroffen, dass ihnen Kosten in Höhe ihrer Erlöse oder ihrer Verwendungsüberschüsse zugeordnet werden. Unter Verwendungsüberschüssen versteht man in diesem Zusammenhang die Differenz zwischen den Erlösen der Nebenprodukte und eventuell in nachgelagerten unverbundenen Produktionsprozessen anfallenden Kosten, die dann wiederum verursachungsgerecht kalkuliert werden können. Es wird somit unterstellt, dass die Nebenprodukte keine Gewinne erzielen, die Verwertung also genau kostendeckend ist.

Bei der folgenden formalen Darstellung des Kalkulationsaufbaus wollen wir unterstellen, dass das Hauptprodukt im Anschluss an den Kuppelprozess in i = 1, ..., m Produktionsstellen weiter verarbeitet wird. Die Kosten dieser Stellen werden nach dem Verfahren der Bezugsgrößenkalkulation verrechnet. Auch für die Nebenprodukte sollen in unverbundener Produktion Weiterverarbeitungskosten anfallen; weiterhin werden auf das Hauptprodukt noch Verwaltungs- und Vertriebskosten verrechnet. Unter Berücksichtigung dieser Annahmen gilt für die Selbstkosten des Hauptproduktes folgende Kalkulationsgleichung:

$$k_{SH} = \left[\frac{K - \sum_{j=1}^{n} (p_{Nj} - k_{NWj}) \cdot x_{Nj}}{x_H} + \sum_{i=1}^{m} b_{Hi} \cdot h_i \right] \cdot \left(1 + \frac{h_{Vw}}{100} + \frac{h_{Vt}}{100} \right) + e_{HV}$$

k_{SH}: Selbstkosten des Hauptproduktes
K: Kosten des Kuppelprozesses
x_H: Menge des Hauptproduktes
x_N: Mengen der j = 1, ...; n Nebenprodukte

[23] Zu diesen Verfahren siehe auch W. Kilger, (Einführung 1992), S. 356 ff. und die dort angegebene Literatur.

p_N: Verkaufspreis des Nebenproduktes
k_{NW}: Weiterverarbeitungskosten des Nebenproduktes
b_{Hi}: Stückbezugsgröße der Weiterverarbeitung des Hauptproduktes in Stelle i
h_i: Kostensatz der Weiterverarbeitung in Stelle i
h_{Vw}: Verrechnungssatz der Verwaltungsgemeinkosten
h_{Vt}: Verrechnungssatz der Vertriebsgemeinkosten
e_{HV}: Sondereinzelkosten des Vertriebs für das Hauptproduktes
j: Artikelnummer der Nebenprodukte (j = 1, ..., n)
i: Kostenstellennummer (i = 1, ..., m)

Bei Kuppelproduktion tritt häufig der Fall auf, dass ein Teil der Nebenprodukte nicht an Absatzmärkten verkauft werden kann, sondern vernichtet werden muss, wofür Entsorgungs- oder Vernichtungskosten anfallen; diese sind bei der Kalkulation der Kuppelprodukte zu den Kosten der Kuppelprozesse zu addieren. Bei Anwendung des Restwertverfahrens bedeutet dies, dass das Hauptprodukt die Vernichtungskosten der zu entsorgenden Nebenprodukte mit tragen muss.

Gehen wir davon aus, dass von den j = 1, ..., n Nebenprodukten insgesamt n_V Nebenprodukte vernichtet werden müssen, wofür pro Erzeugniseinheit Vernichtungskosten von k_V anfallen, so erweitert sich für den Fall der Entsorgung von Nebenprodukte die obige Kalkulationsgleichung wie folgt:

$$k_{SH} = \left[\frac{K + \sum_{j=1}^{n_V} k_{VJ} \cdot x_{VJ} - \sum_{j=n_V+1}^{n} (p_{Nj} - k_{NWj}) \cdot x_{Nj}}{x_H} + \sum_{i=1}^{m} b_{Hi} \cdot h_i \right] \cdot \left(1 + \frac{h_{Vw}}{100} + \frac{h_{Vt}}{100}\right) + e_{HV}$$

x_V: Mengen der j = 1, ...; n_V zu entsorgenden Nebenprodukte
x_N: Mengen der j = n_{V+1}, ...; n absatzfähigen Nebenprodukte
k_V: Vernichtungskosten pro Produkteinheit

Die Arbeitsweise des Restwertverfahren wollen wir an folgendem Beispiel erläutern. Ein Kuppelprozess bringt fünf Produkte hervor, von denen das erste eindeutig als das Hauptprodukt identifiziert werden kann. Zwei der Nebenprodukte können ebenfalls verkauft werden, es werden allerdings deutlich geringere Erlöse als für das Hauptprodukt erzielt. Zwei weitere Nebenprodukte müssen vernichtet werden. Die absatzfähigen Produkte werden nach dem Kuppelprozess noch weiterverarbeitet, wobei entsprechende Weiterverarbeitungskosten bei unverbundener Produktion anfallen. Aus Tabelle 5.19 sind die relevanten Angaben der einzelnen Erzeugnisse ersichtlich.

Produktart	Stückzahl [kg/Mon]	Art der Verwendung	Verkaufspreis [€/kg]	Weiterverarb.kosten [€/kg]
1	4.000	Verkauf	40,00	4,25
2	430	Vernichtung		15,00
3	650	Vernichtung		16,00
4	300	Verkauf	7,60	3,60
5	500	Verkauf	6,25	1,75

Tabelle 5.19: Beispiel zum Restwertverfahren

Für den Kuppelprozess liegen die folgenden Daten vor:

Einsatzmenge des Rohstoffes:	6.000 kg
Rohstoffpreis:	6,00 €/kg
Materialgemeinkosten:	5% der Einzelmaterialkosten
Fertigungszeit:	36 Stunden
Fertigungskostensatz:	300,00 €/Std.
Verwaltungs- und Vertriebsgemeinkosten:	10% der Herstellkosten

Als Erstes werden die Gesamtkosten des Kuppelprozesses und die Vernichtungskosten der zu entsorgenden Produkte errechnet:

Materialkosten:	6,00·6.000	36.000 €/Mon
Materialgemeinkosten:	5% v. 36.000	1.800 €/Mon
Fertigungskosten:	300,00·36	10.800 €/Mon
Kosten des Kuppelprozesses		**48.600 €/Mon**
Vernichtungskosten Produkt 2	15,00·430	6.450 €/Mon
Vernichtungskosten Produkt 3	16,00·650	10.400 €/Mon
Gesamtkosten		**65.450 €/Mon**

Tabelle 5.20: Beispiel zum Restwertverfahren

Für die verkaufsfähigen Nebenprodukte werden die folgenden Verwendungsüberschüsse erzielt:

Verwendungsüberschuss Produkt 4	(7,60-3,60)·300	1.200 €/Mon
Verwendungsüberschuss Produkt 5	(6,25-1,75)·500	2.250 €/Mon
Verwendungsüberschüsse		**3.450 €/Mon**

Tabelle 5.21: Beispiel zum Restwertverfahren

Mit Hilfe dieser Kostendaten lassen sich nun die Selbstkosten des Hauptproduktes k_{SH} errechnen.

$$k_{SH} = \frac{65.450 - 3.450}{4.000} \cdot 1{,}1 = 15{,}50 \cdot 1{,}1 = 17{,}05 \text{ €/kg}$$

Auf das Hauptprodukt werden somit Herstellkosten von 15,50 €/kg und Selbstkosten von 17,05 €/kg kalkulatorisch verrechnet.

Die Probleme des Restwertverfahren liegen zum einen in seinen engen Anwendungsvoraussetzungen; in vielen Produktionsprozessen mit Kuppelproduktion wird sich kein eindeutiges Hauptprodukt identifizieren lassen bzw. sind auch die Herstell- und Selbstkosten der Nebenprodukte von Interesse. Zum anderen ist bei diesem Verfahren problematisch, dass die Höhe der Selbstkosten des Hauptproduktes von externen Größen, den Verkaufspreisen der Nebenprodukte, abhängig ist.

5.3.3.2 Das Verteilungsverfahren

Bringt ein Kuppelprozess mehrere annähernd gleichwertige Erzeugnisse hervor bzw. ist man an den Stückkosten von Nebenprodukten ebenfalls interessiert, so kann die Kalkulation von Kuppelprodukten mit dem Äquivalenzziffern- oder Verteilungsverfahren erfolgen. Vom formalen Aufbau her entspricht dieses Verfahren der in Abschnitt 5.3.1.2 behandelten Äquivalenzziffernkalkulation bei Sortenproduktion, wobei hier allerdings keine normierten Kennzahlen verwendet werden, anhand derer Kostenunterschiede zwischen den verschiedenen Sorten abgebildet werden; dies ist bei Kuppelproduktion nicht möglich. Vielmehr verwendet man zumeist die Marktpreise der verschiedenen Kuppelprodukte als Verteilungsmaßstab für die Kosten der Kuppelprozesse; das Verfahren wird demzufolge auch als Marktpreis-Äquivalenzziffernkalkulation bezeichnet.

Eine Kalkulation der Kosten der Kuppelprozesse in Verhältnis der Marktpreise entspricht einer Kostenzuordnung nach dem Tragfähigkeitsprinzip, d.h. einem Kuppelprodukt, das aufgrund seiner Verkaufspreise mehr Kosten vertragen kann als ein anderes, wird auch einen höheren Kostenbetrag kalkulatorisch zugerechnet. Da die Anwendung des Verursachungsprinzips und des Leistungsentsprechungsprinzips bei Kuppelproduktion nicht möglich ist, erscheint eine Kostenzuordnung nach der Tragfähigkeit folgerichtig.

Unterstellen wir wiederum, dass die Produkte nach dem Kuppelprozess in i= 1, ..., m Fertigungsstellen weiterverarbeitet werden, so gilt bei Anwendung der Marktpreis-Äquivalenzziffernkalkulation für ein Kuppelprodukt j die folgende Kalkulationsgleichung:

$$k_j = \left[\frac{K}{\sum_{j=1}^{n} p_j \cdot x_j} \cdot p_j + \sum_{i=1}^{m} b_{ij} \cdot h_i \right] \cdot \left(1 + \frac{h_{Vw}}{100} + \frac{h_{Vt}}{100} \right) + e_{Vj} \qquad (j = 1, \ldots, n)$$

k: Selbstkosten der Kuppelprodukte
K: Kosten des Kuppelprozesses
x: Produktmenge
p: Verkaufspreis
b: Stückbezugsgröße
h: Kostensätze der Weiterverarbeitung
h_{Vw}: Verrechnungssatz der Verwaltungsgemeinkosten
h_{Vt}: Verrechnungssatz der Vertriebsgemeinkosten
e_V: Sondereinzelkosten des Vertriebs

j: Artikelnummer der Nebenprodukte (j = 1, ..., n)
i: Kostenstellennummer (i = 1, ..., m)

Kann ein Teil der Kuppelprodukte nicht verkauft werden, so dass eine Entsorgung mit entsprechenden Vernichtungskosten notwendig ist, werden die Vernichtungskosten wiederum den Kosten des Kuppelprozesses zugeschlagen. Für den Fall, dass die ersten n_v Kuppelprodukte vernichtet werden müssen, erweitert sich die obige Kalkulationsgleichung wie folgt:

$$k_j = \left[\frac{K + \sum_{j=1}^{n_V} k_{Vj} \cdot x_{Vj}}{\sum_{j=1}^{n} p_j \cdot x_j} \cdot p_j + \sum_{i=1}^{m} b_{ij} \cdot h_i \right] \cdot \left(1 + \frac{h_{Vw}}{100} + \frac{h_{Vt}}{100} \right) + e_{Vj} \quad (j = n_V + 1, \ldots, n)$$

x_V: Mengen der j = 1, ...; n_V zu entsorgenden Nebenprodukte
k_V: Vernichtungskosten pro Produkteinheit

In der Literatur wird vorgeschlagen, statt der Marktpreise die Verwendungsüberschüsse als Kalkulationsgrundlage zu verwenden, also die Differenz zwischen Marktpreisen und den unmittelbar zuordenbaren Kosten, d.h. den Kosten der Weiterverarbeitung sowie den Verwaltungs- und Vertriebskosten.[24] Bezeichnen wir den Verwendungsüberschuss eines Kuppelproduktes j mit g_j, so gilt:

$$g_j = p_j - e_{Vj} - \sum_{i=1}^{m} b_{ij} \cdot h_i \cdot \left(1 + \frac{h_{Vw}}{100} + \frac{h_{Vt}}{100} \right) \quad (j = 1, \ldots, n)$$

In diesen Fällen werden die Verwendungsüberschüsse anstelle der Marktpreise in den obigen Kalkulationsgleichungen angesetzt.

Die Kalkulation nach dem Verteilungsverfahren wollen wir an folgendem Beispiel erläutern. Ein Kuppelprozess bringt sechs Erzeugnisse hervor, von denen vier verkauft werden können und zwei vernichtet werden müssen. Die produktbezogenen Angaben sind in Tabelle 5.22 wiedergegeben.

Produkt-art	**Stückzahl [kg/Mon]**	**Art der Verwendung**	**Verkaufspreis [€/kg]**	**Kosten der Weiterverarb. [€/kg]**
1	4.280	Verkauf	12,50	2,00
2	3.000	Verkauf	20,00	3,00
3	3.200	Verkauf	11,25	2,25
4	1.200	Verkauf	8,75	1,25
5	800	Vernichtung		3,00
6	80	Vernichtung		60,00

Tabelle 5.22: Beispiel zum Verteilungsverfahren

Für den Kuppelprozess liegen die folgenden Daten vor:

[24] Vgl. hierzu u.a. W. Kilger, (Einführung 1992), S. 362 f.

Einsatzmenge des Rohstoffes:	14.000 kg
Rohstoffpreis:	4,00 €/kg
Materialgemeinkosten:	5% der Einzelmaterialkosten
Fertigungszeit für Rohstoffaufbereitung:	1,5 Min/kg
Fertigungskostensatz der Rohstoffaufbereitung:	0,70 €/Min.
Fertigungszeit des Kuppelprozesses:	150 Std./Mon
Fertigungskostensatz des Kuppelprozesses:	102,00 €/Std.
Verwaltungs- und Vertriebsgemeinkosten:	10% der Herstellkosten
Verpackungskosten:	0,15 €/kg
Verkaufsprovision (bezogen auf den Verkaufspreis):	4%

Als Erstes werden wiederum die Gesamtkosten des Kuppelprozesses und die Vernichtungskosten der zu entsorgenden Produkte errechnet:

Materialkosten:	4,00·14.000	56.000 €/Mon
Materialgemeinkosten:	5% v. 56.000	2.800 €/Mon
Rohstoffaufbereitung	14.000·1,5·0,70	14.700 €/Mon
Fertigungskosten:	150·102,00	15.300 €/Mon
Kosten des Kuppelprozesses		**88.800 €/Mon**
Vernichtungskosten Produkt 5	3,00·800	2.400 €/Mon
Vernichtungskosten Produkt 6	60,00·80	4.800 €/Mon
Gesamtkosten		**96.000 €/Mon**

Tabelle 5.23: Beispiel zum Verteilungsverfahren

Die Gesamtkosten einschließlich Vernichtungskosten werden nun auf die Erlöse der vier absatzfähigen Kuppelprodukte bezogen; im Beispiel betragen die Gesamterlöse der Produkte 160.000 €/Mon. Das Verhältnis von Gesamtkosten zu Gesamterlösen, das wir mit r_E bezeichnen wollen, beträgt damit:

$$r_E = \frac{96.000}{160.000} \cdot 100 = 60,0\%$$

Dies bedeutet, dass nach dem Tragfähigkeitsprinzip jedem der verkaufsfähigen Kuppelprodukte 60% seines Verkaufspreises als Herstellkosten des Kuppelprozesses einschließlich der Vernichtungskosten zugerechnet werden. Daneben werden den vier Kuppelprodukten noch die Weiterverarbeitungskosten, die Verwaltungs- und Vertriebsgemeinkosten, die Verpackungskosten und die Provision zugerechnet. In Tabelle 5.24 ist die Kalkulation der Kuppelprodukte nach dem Verteilungsverfahren zusammengefasst.

Produkt-art	Verkaufspreis [€/kg]	Herstellkosten [€/kg]	Weiterverarb. [€/kg]	V.u.V-Kosten [€/kg]	Verpackung [€/kg]	Provision [€/kg]	Selbstkosten [€/kg]
1	12,50	7,50	2,00	0,95	0,15	0,50	11,10
2	20,00	12,00	3,00	1,50	0,15	0,80	17,45
3	11,25	6,75	2,25	0,90	0,15	0,45	10,50
4	8,75	5,25	1,25	0,65	0,15	0,35	7,65

Tabelle 5.24: Beispiel zum Verteilungsverfahren

Abschließend wollen wir untersuchen, wie sich die Kalkulationsergebnisse ändern, wenn statt der Marktpreise die oben definierten Verwendungsüberschüsse als Kalkulationsmaßstab benutzt werden. Tabelle 5.25 zeigt die Ermittlung der Verwendungsüberschüsse gemäß der angegebenen Gleichung. Dabei errechnet sich der Verwendungsüberschuss als Differenz aus dem Marktpreis und den angeführten Kostenkomponenten.

Produktart	Verkaufspreis [€/kg]	Weiterverarb. [€/kg]	Ant. V.u.V-Kosten [€/kg]	Verpackung [€/kg]	Provision [€/kg]	Verwend.überschuss [€/kg]
1	12,50	2,00	0,20	0,15	0,50	9,65
2	20,00	3,00	0,30	0,15	0,80	15,75
3	11,25	2,25	0,23	0,15	0,45	8,17
4	8,75	1,25	0,13	0,15	0,35	6,87

Tabelle 5.25: Beispiel zum Verteilungsverfahren

Multipliziert man die jeweiligen Verwendungsüberschüsse mit den Absatzmengen der verkaufsfähigen Kuppelprodukte, so ergibt sich ein Gesamtbetrag von 122.940 €/Mon. Das Verhältnis von Gesamtkosten zur Summe der Verwendungsüberschüsse r_V beträgt dann:

$$r_V = \frac{96.000}{122.940} \cdot 100 = 78{,}1\%$$

Die Herstellkosten des Kuppelprozesses erhält man nun, indem die in Tabelle 5.25 errechneten Verwendungsüberschüsse mit diesem Faktor multipliziert werden. Die Ermittlung der sonstigen Kostenbestandteile ergibt sich in gleicher Weise wie in Tabelle 5.24 für die Marktpreis-Äquivalenzziffernkalkulation. In Tabelle 5.26 sind die Kalkulationsergebnisse dargestellt.

Produktart	Verwend.übersch. [€/kg]	Herstellkosten [€/kg]	Weiterverarb. [€/kg]	V.u.V-Kosten [€/kg]	Verpackung [€/kg]	Provision [€/kg]	Selbstkosten [€/kg]
1	9,65	7,54	2,00	0,95	0,15	0,50	11,14
2	15,75	12,30	3,00	1,53	0,15	0,80	17,78
3	8,17	6,38	2,25	0,86	0,15	0,45	10,09
4	6,87	5,36	1,25	0,66	0,15	0,35	7,77

Tabelle 5.26: Beispiel zum Verteilungsverfahren

Ein Vergleich der Ergebnisse beider Methoden zeigt, dass nur unwesentliche Unterschiede auftreten; im vorliegenden Fall wäre daher die doch deutlich einfachere Kalkulation mit Hilfe der Marktpreise vorzuziehen.

Das Verteilungsverfahren stellt ein für die Zwecke der Kalkulation von Kuppelprodukten allgemein einsetzbares Verfahren dar, dass zu richtigen Kalkulationsergebnissen nach dem Tragfähigkeitsprinzip führt. Abschließend soll aber nochmals darauf hingewiesen werden, dass mit den Kalkulationsdaten der vorgestellten Verfahren die dispositiven Aufgaben der Kostenrechnung nicht gelöst werden können.

5.4 Die Abstimmung von Kalkulation und Kostenstellenrechnung

Wie in Abschnitt 5.2 gesehen lassen sich die Kalkulationsarten Vor-, Nach- und Plankalkulationen unterscheiden. Während in die Nachkalkulationen die tatsächlich angefallenen Einzel- und Gemeinkosten einfließen, liegen den Vor- und Plankalkulationen neben den geplanten Einzel- und Gemeinkosten Annahmen über die planmäßige Durchführung der Produktion zugrunde. Beispiele für derartige Annahmen sind:

- das planmäßige Fertigungsverfahren, falls mehrere funktionsgleiche, aber kostenverschiedene Produktionsmethoden zur Auswahl stehen,
- die Aufteilung auf Eigenfertigung und Fremdbezug bei solchen Vorprodukten, die sowohl selbsterstellt als auch fremdbezogen werden können,
- die planmäßige Seriengröße in Fertigungen mit Rüstprozessen,
- das planmäßige Bedienungsverhältnis bei variablen Einsatzverhältnissen von Mensch und Maschine.

In der Vollkostenrechnung müssen zusätzlich noch Annahmen über die Planbeschäftigungen der Kostenstellen getroffen werden, da die Vollkostensätze beschäftigungsabhängig sind. Auf die Beschäftigungsabweichung wollen wir an dieser Stelle nicht weiter eingehen, vgl. hierzu die Ausführungen in Abschnitt 2.3

Sind diese Annahmen erfüllt, d.h. der tatsächliche Produktionsvollzug stimmt mit dem geplanten überein, so entsprechen die über die Plankalkulationen verrechneten proportionalen Plankosten den Einzel- und Gemeinkosten der Kostenplanung bzw. im Ist den proportionalen Sollkosten. W. Kilger bezeichnet die Übereinstimmung zwischen den kalkulatorisch verrechneten proportionalen Plankosten und den proportionalen Plan- bzw. Sollkosten der Kostenarten- und Kostenstellenrechnung als Kostenidentität.[25]

Diese muss erfüllt sein, damit in der kurzfristigen Erfolgsrechnung ein richtiger Ergebnisausweis erfolgen kann. Gleichzeitig ist sie Voraussetzung für einen richtigen rechnerischen Ausweis der Halb- und Fertigfabrikatebestände. Liegt nämlich dem Kostenzugang, d.h. den Sollkosten der Kostenarten- und Kostenstellenrechnung, ein anderer Produktionsvollzug zugrunde als dem Kostenabgang, der über die geplanten Kosten laut Plankalkulation erfasst wird, so entstehen Inventurdifferenzen, die erst am Jahresende bei der körperlichen Bestandserhebung erkannt werden.[26]

Dies bedeutet, dass bei Abweichungen zwischen dem tatsächlichen und dem den Plankalkulationen zugrunde gelegten Produktionsvollzug Kostenabweichungen auftreten, die erfasst und in der Ergebnisrechnung neben den üblichen Preis-, Tarif- und Verbrauchsabweichungen berücksichtigt werden müssen.

Auf den Soll-Ist-Vergleich haben diese Abweichungen keine Auswirkungen, da die Bezugsgrößenerfassung von den tatsächlich realisierten Verfahren, Seriengrößen, Bedienungsrelationen etc. ausgehen muss; ansonsten wären die Kostenvorgaben des Soll-Ist-Vergleiches auf einer falschen Beschäftigungsbasis errechnet, wodurch keine sinnvolle Kostenkontrolle mehr möglich wäre.

[25] Vgl. W. Kilger, (Plankostenrechnung 1992), S. 555 ff.
[26] Zur rechnerischen Bestandsführung vgl. die Ausführungen in Abschnitt 6.4.2.

Im Folgenden wollen wir die Ermittlung der wichtigsten Abweichungen zwischen Kalkulation und Kostenstellenrechnung behandeln. Als Erstes soll die **Verfahrensabweichung** ermittelt werden, die auftritt, wenn die Bearbeitung eines Produktes in einer anderen als der in der Plankalkulation vorgesehenen Kostenstelle erfolgt. Für die Verfahrensabweichung gilt folgende Bestimmungsgleichung:

$$\text{Verfahrensabweichung} = \left\{ \begin{array}{l} \text{Prop. Frtgkosten des Ausweichverfahrens} \\ \text{- Prop. Frtgkosten des geplanten Verfahrens} \end{array} \right\} \cdot \text{Istmenge}$$

In Tabelle 5.27 ist ein Beispiel zur Erfassung von Verfahrensabweichungen wiedergegeben. Die zweite Spalte der Tabelle enthält die Stückzahlen der eigenerstellten Vorprodukte, die nicht im planmäßig vorgesehenen Verfahren gefertigt wurden. Die nächsten Spalten enthalten die Kalkulationsdaten der geplanten Kostenstellen, die den Plankalkulationen der Übersichten 5.5, 5.6 und 5.7 entnommen sind.

Produkt	Stückzahl	Geplante Kostenstellen				Ausführende Kostenstellen				Verfahrensabweichung
		Nr.	Stückbezugsgröße	Prop. Kostensatz	Prop. Frtgkosten	Nr.	Stückbezugsgröße	Prop. Kostensatz	Prop. Frtgkosten	
Grundplatte A	855	401	15,2	0,476	7,23	402	26,7	0,429	11,44	3.600
Grundplatte B	1.170	401	18,0	0,476	8,56	402	25,4	0,429	10,88	2.714
Eigenteil I	1.260	501	3,5	0,492	1,72	502	9,7	0,379	3,68	2.470
Eigenteil III	2.640	501	2,8	0,492	1,38	502	7,5	0,379	2,84	3.854
Grundplatte B	1.020	504	30,0	0,607	18,21	503	36,0	0,560	20,16	1.989
Summe										**14.627**

Tabelle 5.27: Beispiel zur Verfahrensabweichung

Es folgt die Berechnung der proportionalen Fertigungskosten des jeweiligen Ausweichverfahrens; hierzu werden die Bearbeitungszeiten pro Stück und die geplanten proportionalen Kostensätze der tatsächlich zum Einsatz kommenden Kostenstellen benötigt. In der letzten Spalte sind dann die Verfahrensabweichungen als Differenz zwischen den Fertigungskosten des tatsächlichen und des geplanten Verfahrens errechnet.

Als Nächstes wollen wir die Abweichung infolge außerplanmäßiger Änderungen zwischen Eigenfertigung und Fremdbezug behandeln, die als **Bezugsartenabweichung** bezeichnet wird. Diese tritt zum einen auf, wenn Vorprodukte oder Teile, für die beim Aufbau der Plankalkulationen Eigenfertigung vorgesehen war, im Abrechnungsmonat von Zulieferern bezogen werden; dies kann z.B. aus Kapazitätsgründen vorkommen. Umgekehrt ist auch denkbar, dass Vorprodukte, für die Fremdbezug vorgesehen war, im laufenden Jahr ganz oder teilweise selbsterstellt werden. Für die Bezugsartenabweichung gilt bei außerplanmäßigem Fremdbezug folgende Bestimmungsgleichung:

$$\text{Bezugsartenabweichung} = \left\{ \begin{array}{l} \text{Fremdbezugskosten} \\ \text{- Prop. Herstellkosten der Eigenfertigung} \end{array} \right\} \cdot \text{Istmenge}$$

In analoger Weise wird die Bezugsartenabweichung errechnet, wenn von Fremdbezug auf die Eigenfertigung gewechselt wird.

Im Vergleich zu den sonstigen Kostenabweichungen infolge außerplanmäßigen Produktionsvollzuges weist die Bezugsartenabweichung die Besonderheit auf, dass sie nicht nur das Kalkulationselement Fertigungskosten betrifft, sondern dass bei den Einzelmaterialkosten, den Materialgemeinkosten und den Fertigungskosten Abweichungen gegenüber den über die Plankalkulation verrechneten Kosten auftreten. Wird ein Vorprodukt entgegen der ursprünglichen Planung fremdbezogen, so fallen erhöhte Einzelmaterial- und Materialgemeinkosten an, dafür entfallen die in den Plankalkulationen angesetzten Fertigungskosten. Bei außerplanmäßiger Eigenfertigung fallen deutlich geringere Materialkosten an, da jetzt nur noch die Rohstoffe von außen bezogen werden, dafür entstehen die proportionalen Fertigungskosten der Eigenfertigung zusätzlich.

In unserem Beispiel wollen wir annehmen, dass in einem Abrechnungsmonat von den Eigenteilen I und III 1.080 bzw. 860 Stück pro Monat infolge eines Engpasses fremdbezogen werden müssen. Tabelle 5.28 zeigt die Ermittlung der Bezugsartenabweichung.

Produkt	**Stückzahl**	**Fremdbezugskosten [€/Stck]**	**Stückkosten lt. Plankalkulation**		
			Einzelmaterialkosten	**Materialgemeinkosten**	**Fertigungskosten**
Eigenteil I	1.080	32,50	2,88	0,16	21,92
Eigenteil III	860	28,50	1,32	0,07	18,40

Produkt	**Stückzahl**	**Kostenabweichung**			**Bezugsartenabweichung**	
		Einzelmaterialkosten	**Materialgemeinkosten**	**Fertigungskosten**	**pro Einheit**	**Gesamt**
Eigenteil I	1.080	29,62	1,63	-21,92	9,33	10.076
Eigenteil III	860	27,18	1,49	-18,40	10,27	8.832
Summe						**18.909**

Tabelle 5.28. Beispiel zur Bezugsartenabweichung

Im oberen Teil der Tabelle werden die Fremdbezugskosten einschließlich außerbetrieblicher Beschaffungsnebenkosten und die benötigten Kalkulationselemente der Plankalkulationen (vgl. Übersicht 5.5 und 5.7) dargestellt. Im unteren Teil werden als Erstes die Kostenabweichungen pro Stück errechnet. Bei den Einzelmaterialkosten ergeben sich diese als Differenz zwischen den Fremdbezugskosten und den Kosten laut Plankalkulation; die Kostenabweichung der Materialgemeinkosten errechnet sich, indem die Abweichung der Einzelmaterialkosten mit dem geplanten Zuschlagssatz der Materialgemeinkosten laut Plankalkulation multipliziert wird. Hierbei ist unterstellt, dass für die fremdbezogenen Teile der gleiche Materialgemeinkostenverrechnungssatz gilt wie für den Rohstoff. Ist dies nicht der Fall, so muss die Abweichung der Materialgemeinkosten mit verschiedenen Verrechnungssätzen ermittelt werden.

Durch den Fremdbezug entfallen die Fertigungskosten vollständig, so dass eine Kosteneinsparung in entsprechender Höhe eintritt. Auch diese ist bei der Sollkostenermittlung bereits berücksichtigt, da für die fremdbezogenen Produkte keine Bezugsgrößenmengen angefallen sind. Insgesamt führt der Fremdbezug zu Mehrkosten in Höhe von 18.909 €/Mon.

In Fertigungsstellen mit Serienproduktion wird beim Aufbau der Plankalkulationen eine geplante Losgröße festgelegt, auf deren Grundlage die Rüstkosten pro Serie den einzelnen Produktmengen zugerechnet werden. Wird im Ist von den geplanten Losgrößen abgewichen, so treten **Seriengrößenabweichungen** auf, die sich nach folgender Bestimmungsgleichung errechnen:

$$\text{Seriengrößenabweichung} = \begin{Bmatrix} \text{Istauflegungszahl} \\ - \text{Sollauflegungszahl} \end{Bmatrix} \cdot \text{Planrüstzeit} \cdot \text{Rüstkostensatz}$$

Die Istauflegungshäufigkeit wird im Rahmen der Betriebsdatenerfassung ermittelt, die Sollauflegungshäufigkeit erhält man, indem die Istproduktionsmengen des Abrechnungsmonats durch die geplante Seriengröße dividiert wird. Die Sollkosten der Kostenstellen sind von dieser Abweichung wiederum nicht betroffen, da als Istbezugsgröße die tatsächliche Rüstzeit verwendet wird, so dass den Sollkosten die Istauflegungshäufigkeiten zugrunde liegen.

In den Beispielkalkulationen treten in der Kostenstelle Automaten, in der die drei Eigenteile gefertigt werden, relevante Rüstprozesse auf, deren Kosten mit einer eigenen Rüstzeitbezugsgröße geplant und verrechnet werden. In Tabelle 5.29 ist für einen Abrechnungsmonat die Erfassung der Rüstkostenabweichung dargestellt.

Produkt	Produktionsmenge [Stck/Mon]	Planseriengröße [Stck/Serie]	Auflegungshäufigkeit Ist [Serien/Mon]	Auflegungshäufigkeit Soll [Serien/Mon]	Planrüstzeit [Min/Serie]	Abweichung Rüstzeit [Min/Mon]	Abweichung Rüstkosten [€/Mon]
Eigenteil I	7.680	400	24	19,2	280	1.344	538
Eigenteil II	4.670	200	18	23,4	160	-856	-342
Eigenteil III	6.930	450	21	15,4	350	1.960	784
Summe							979

Tabelle 5.29: Beispiel zur Seriengrößenabweichung

Für die drei Eigenteile werden die Istproduktionsmengen und die Istauflegungshäufigkeiten durch die Betriebsdatenerfassung ermittelt. Die Sollauflegungshäufigkeiten errechnet man, indem die Produktionsmengen durch die geplanten Seriengrößen dividiert werden. Multipliziert man die Differenz zwischen den Ist- und den Sollauflegungshäufigkeiten mit den geplanten Zeiten zur Durchführung eines Rüstvorganges, so ergeben sich die Rüstzeitabweichungen. Bewertet man diese mit dem proportionalen Kostensatz der Rüstzeitbezugsgröße der Kostenstelle Automaten in Höhe von 0,40 €/Min (vgl. den Kostenplan in Übersicht 4.12, Abschnitt 4.4.3), so ergeben sich die ausgewiesenen Seriengrößenabweichungen.

Als letzte Kostenabweichung zwischen Kalkulation und Kostenstellenrechnung wollen wir die **Abweichung infolge außerplanmäßiger Bedienungsrelationen** behandeln, die in Kostenstellen mit wechselnden Bedienungsverhältnissen auftritt. Dies ist dann der Fall, wenn in Abhängigkeit von den zu fertigenden Produkten die Anzahl Bediener einer Maschine bzw. die Anzahl Maschinen, die von einem Mitarbeiter betreut werden, variiert werden kann. Bei der Kostenplanung wird dies durch die Differenzierung der Bezugsgrößen in eine Maschinenzeit- und eine Fertigungszeitbezugsgröße berücksichtigt, beim Aufbau der Plankalkulationen muss eine planmäßig erwartete Bedienungsrelation festgelegt werden.

Wird nun im Ist für einige oder alle Produktmengen einer Erzeugnisart von dem geplanten Bedienungsverhältnis abgewichen, so hat dies zwar auf die Sollkostenermittlung wiederum keine Auswirkungen, da als Istbezugsgröße die tatsächlichen Fertigungszeiten verwendet werden. Die Sollkosten stimmen aber nicht mit den über die Plankalkulation verrechnet Kosten überein, denen die geplante Bedienungsrelation zugrunde liegt.

Zur Errechnung der Abweichung infolge außerplanmäßiger Bedienungsverhältnisse müssen als Erstes die Stückzahlen erfasst werden, bei denen vom geplanten Bedienungsverhältnis abgewichen wurde, sowie das tatsächliche Verhältnis von Mensch zu Maschine. Die tatsächliche Fertigungszeit erhält man, indem die Maschinenzeit pro Stück durch die Ist-Bedienungsrelation dividiert wird.

Die Abweichung errechnet sich dann, indem die Differenz zwischen den Fertigungszeiten bei tatsächlichen Bedienungsrelationen und den Fertigungszeiten bei geplanten Bedienungsrelationen mit dem proportionalen Kostensatz der Fertigungszeitbezugsgröße und den betreffenden Stückzahlen multipliziert wird. Die Fertigungszeit bei geplanter Bedienungsrelation kann dabei entweder unmittelbar den Kalkulationen entnommen oder aber, wie in der nachstehenden Gleichung, als das Verhältnis von Maschinenzeiten und geplanten Bedienungsverhältnis ausgewiesen werden. Für die Abweichung infolge außerplanmäßiger Bedienungsrelationen gilt somit die folgende Bestimmungsgleichung:

$$\text{Abweichung} = \left\{ \frac{\text{Maschinenminuten}}{\text{Ist-Bedienverhältnis}} - \frac{\text{Maschinenminuten}}{\text{Plan-Bedienverhältnis}} \right\} \cdot \text{Prop. Kostensatz} \cdot \text{Istmenge}$$

In den Beispielkalkulationen liegen in der Kostenstelle Automaten neben den relevanten Rüstprozessen veränderbare Bedienungsverhältnisse vor. Beim Aufbau der Plankalkulationen ist davon ausgegangen worden, dass bei der Bearbeitung von Eigenteil I ein Mitarbeiter zwei Maschinen bedient, bei der Bearbeitung von Eigenteil II jeder Maschine ein Mitarbeiter zugeordnet wird, während bei Eigenteil III ein Mitarbeiter drei Maschinen betreuen kann. Dies wird an den Verhältnissen von Fertigungs- zu Maschinenzeiten in den Plankalkulationen der Übersichten 5.5 und 5.7 ersichtlich. Tabelle 5.30 zeigt die Errechnung der Abweichung infolge außerplanmäßiger Bedienungsverhältnisse.

Produkt	Produktions-menge [Stck/Mon]	Maschinen-zeit [Min/Stck]	Plan		Ist		Abweichung	
			Bedienungs-relation	Fertigungs-zeit	Bedienungs-relation	Fertigungs-zeit	Fertigungs-zeit	Fertigungs-Kosten
Eigenteil I	1.450	6,4	2	3,2	1	6,4	4.640	2.049
Eigenteil II	220	1,8	1	1,8	2	0,9	-198	-87
Eigenteil III	1.665	3,9	3	1,3	2	1,95	1.082	478
Summe								**2.440**

Tabelle. 5.30: Beispiel zur Abweichung infolge außerplanmäßiger Bedienungsrelationen

In Tabelle 5.30 sind zunächst die Produktionsmengen der drei Teile angegeben, bei deren Fertigung die planmäßigen Bedienungsverhältnisse nicht eingehalten wurden. Als Nächstes sind die Kalkulationsdaten – Maschinenzeiten, geplantes Bedienungsverhältnis, geplante Fertigungszeiten – ausgewiesen.

Aus den Maschinenzeiten und den tatsächlichen Bedienungsrelationen errechnen sich dann die Fertigungszeiten, die für die betreffenden Produktmengen effektiv benötigt wurden. In den beiden letzten Spalten sind die Abweichungen der Fertigungszeiten, d.h. die Differenz zwischen Ist- und Planfertigungszeit pro Stück multipliziert mit den Produktmengen, und die Abweichungen der Fertigungskosten ausgewiesen; diese errechnen sich durch Multiplikation der Zeitdifferenz mit dem proportionalen Kostensatz der Bezugsgröße Fertigungszeit in Höhe von 0,442 €/Min.

Im Beispiel tritt bei Eigenteil II eine Kostenunterschreitung auf; hier sind die angegebenen Mengen mit einem geringeren Betreuungsaufwand als planmäßig vorgesehen gefertigt worden. In der Summe ergibt sich eine Kostenüberschreitung in Höhe von 2.440 €/Mon, die in gleicher Weise wie die übrigen Abweichungen zwischen Kalkulation und Kostenstellenrechnung in die kurzfristige Erfolgsrechnung übernommen wird. Auf die Behandlung dieser Abweichungen in der kurzfristigen Erfolgsrechnung werden wir in Abschnitt 6.4.2 zurückkommen.

6 Die kurzfristige Erfolgsrechnung

6.1 Grundlagen und Aufgaben der kurzfristigen Erfolgsrechnung

In diesem Kapitel werden wir uns dem letzten Teilgebiet der Kostenrechnung zuwenden, das den ökonomischen Erfolg der betrieblichen Tätigkeit zum Gegenstand hat. In die kurzfristige Erfolgsrechnung fließen zum einen die Ergebnisse der vorgelagerten Teilbereiche der Kostenrechnung ein und zum anderen werden zur Gewinnermittlung die Positivkomponenten des Periodenerfolges – die Erlöse und die sonstigen Ertragsbestandteile – benötigt.

Wie in Abschnitt 1.2 über die Grundbegriffe des Rechnungswesens dargelegt, ermittelt die Kostenrechnung ein eigenständiges Periodenergebnis, das sich von dem Gewinn oder Verlust der Finanzbuchhaltung durch folgende Sachverhalte unterscheidet:

1. Es werden keine neutralen Erträge und Aufwendungen berücksichtigt, d.h. solche Erträge und Aufwendungen, die auf betriebsfremde, periodenfremde oder außerordentliche Geschäftsvorfälle zurückzuführen sind und somit nicht im Zusammenhang mit der gewöhnlichen Geschäftstätigkeit des Unternehmens stehen.
2. Anstelle handelsrechtlich vorgegebener oder bilanzpolitisch motivierter Mengen- oder Wertansätze werden der bewertete Verbrauch von Produktionsfaktoren und die durch diesen Verbrauch geschaffenen Werte so angesetzt, wie es zur Erfüllung der Aufgaben der Kostenrechnung zweckmäßig ist.

Der Gewinnausweis der Finanzbuchhaltung hat neben der Problematik der für die Aufgaben der Unternehmensführung unzweckmäßigen Mengen- und Wertansätze noch weitere Nachteile:

- In der Gewinn- und Verlustrechnung kann keine Differenzierung der Gewinne nach Produkten vorgenommen werden; hierzu ist eine Zuordnung der Kosten auf die einzelnen Erzeugnisse und damit eine Kalkulation erforderlich, die im System der Finanzbuchhaltung nicht möglich ist. Für die Steuerung insbesondere des Vertriebsbereiches eines Unternehmens ist aber die Kenntnis der Gewinnbeiträge der einzelnen Erzeugnisse unerlässlich.
- Die übliche Abrechnungsperiode der Finanzbuchhaltung ist das Geschäftsjahr, wobei heute viele Unternehmen dazu übergehen, Halbjahres- oder Quartalsabschlüsse aufzustellen. Aber selbst diese kürzeren Zeiträume sind für eine aktive Unternehmenssteuerung zu lang; um frühzeitig Steuerungsmaßnahmen einleiten zu können, müssen die Ergebnisse zumindest monatlich, wenn nicht für noch kürzere Perioden wie Dekaden oder Wochen vorliegen.

Die konkrete Gestaltung der kurzfristigen Erfolgsrechnung ist neben den zur Anwendung kommenden Verfahren, auf die wir weiter unten ausführlich eingehen werden, von den Entwicklungsformen der Kostenrechnung abhängig. In einer reinen Istkostenrechnung kann die Erfolgsrechnung ausschließlich als nachträgliche Kontrollrechnung konzipiert werden, in welcher den Isterträgen die damit korrespondierenden Istkosten gegenübergestellt werden. Um den Erfolgsbeitrag einzelner Produkte ausweisen zu können, ist hier eine Nachkalkulation der Erzeugnisse notwendig.

In einer Normal- oder einer Plankostenrechnung verzichtet man, abgesehen vom Fall der Einzelfertigung, auf eine nachträgliche Kalkulation aller Produkte. Hier werden die Istselbstkosten der Erzeugnisse dargestellt als Planselbstkosten zuzüglich der aufgetretenen und den Erzeugnissen zuordenbaren Kostenabweichungen.

In der Plankostenrechnung ist die kurzfristige Erfolgsrechnung vollständig zu einer Planungsrechnung ausgebaut, in der für ein Planjahr der nach Monaten differenzierte Plangewinn ausgewiesen wird. Hierzu ist neben der Kostenplanung und dem Aufbau von Plankalkulationen eine produktweise Planung der Erlöse erforderlich; diese setzt sich wiederum aus der Planung der Absatzmengen und der Planung der Verkaufspreise der Erzeugnisse zusammen.

Die kurzfristige Erfolgsrechnung wird damit ein wichtiger Baustein des Systems der kurzfristig operativen Planung, in dem sämtliche Daten und Entscheidungen der betrieblichen Teilpläne in ihren Auswirkungen auf den Periodenerfolg festgehalten sind.

In der laufenden Abrechnung wird dann dem Planerfolg (zumindest) monatlich der Istgewinn gegenübergestellt. Die Unterschiede zwischen Ist- und Plangewinn werden in einem Controllingprozess auf ihre Ursachen hin untersucht, wobei die folgenden Abweichungsursachen unterschieden werden:[1]

- Verkaufspreisabweichung,
- Absatzmengenabweichung
- Kostenabweichung.

Damit wird deutlich, dass die kurzfristige Erfolgsrechnung einen wesentlichen Bestandteil des kurzfristig operativen Controlling darstellt.

6.2 Die Erlösrechnung als Vorsystem der kurzfristigen Erfolgsrechnung

Eine Voraussetzung für die richtige Planung und Ermittlung der Erfolgsbeiträge der betrieblichen Erzeugnisse ist die richtige Zuordnung der geplanten und tatsächlichen Erlöse auf die Produkte. Dies erscheint auf den ersten Blick recht einfach, da die Verkaufspreise auf der Ebene der einzelnen Erzeugnisse geplant, mit den Kunden vereinbart und in Rechnung gestellt werden. Es sind allerdings die folgenden Aspekte zu beachten:

1. Der Preis eines Erzeugnisses kann für verschiedene Kunden unterschiedlich sein. Will man in der kurzfristigen Erfolgsrechnung die Gewinne lediglich je Erzeugnis ausweisen und keine weitergehende Kundendifferenzierung berücksichtigen, so ist die Errechnung von Durchschnittspreisen notwendig, denen dann die Selbstkosten der Produkte gegenübergestellt werden.
2. Es existieren Erlösbestandteile, die nicht direkt einem Produkt zugeordnet werden können, da sie für mehrere Erzeugnisse gemeinsam anfallen. Dies gilt z.B. für Skontobeträge auf Rechnungen, die für mehrere Produkte ausgestellt werden oder für Mengen- und Treuerabatte, welche das gesamte Umsatzvolumen mit einem Kunden betreffen.

[1] Zu Abweichungsanalyse in der kurzfristigen Erfolgsrechnung vgl. L. Hans u. V. Warschburger, (Controlling 1999), S. 338 ff.

Damit bestehen für die Erlöse, wenn auch in weniger differenzierter Form, die gleichen erzeugnisbezogenen Zuordnungsprobleme wie für die Kosten, d.h. neben den normalen Einzelerlösen treten Gemeinerlöse auf, welche nur mittelbar den Produkten zugerechnet werden können. In der Literatur zur Kosten- und Leistungsrechnung ist daher vorgeschlagen worden, die Erlösrechnung analog zur Kostenrechnung in die folgenden Teilbereiche zu differenzieren:[2]

- Erlösartenrechnung,
- Erlösstellenrechnung,
- Erlösträgerrechnung.

In der **Erlösartenrechnung** werden die einzelnen Erlösarten erfasst und nach dem Kriterium Einzelerlöse oder Gemeinerlöse unterschieden. Analog zur Kostenrechnung können die Einzelerlöse direkt den einzelnen Erlösträgern zugerechnet werden, während die Gemeinerlöse zuvor in Erlösstellen erfasst und dann nach bestimmten Verteilungsprinzipien auf die Erlösträger verrechnet werden. In Übersicht 6.1 ist ein Überblick über die wichtigsten Erlösarten dargestellt.[3]

Übersicht 6.1 zeigt als Erstes den Fall konstanter Stückerlöse, d.h. die Verkaufspreise sind von Absatzmenge und Umsatzhöhe unabhängig. Hier sind neben dem Normalfall konstanter Stückpreise für Erzeugnisse, die in größeren Mengen hergestellt werden, noch zwei Spezialfälle angeführt. Zum einen werden für manche Erzeugnisse konstante Grundpreise verlangt, die als Fixum unabhängig von der nachgefragten Stückzahl vergütet werden. Ein Beispiel hierfür ist der Leistungspreis für Strom, der von den Energieversorgungsunternehmen für die beanspruchte Jahreshöchstleistung in Rechnung gestellt wird und von der bezogenen Strommenge unabhängig ist.

Zum zweiten sind auftragsindividuelle Einzelpreise angeführt, die bei Einzelfertigung und bei Baukastenfertigung auftreten. Bei Einzelfertigung vereinbaren Hersteller und Kunde einen Einzelpreis, der nur für den betreffenden Auftrag gilt. Bei Baukastenfertigung stellt sich der Kunde aus einem vorgegebenen Sortiment an Baugruppen sein individuelles Erzeugnis zusammen, dessen Preis sich dann aus der Summe der Einzelpreise der gewählten Baugruppen ergibt.

---

[2] Vgl. hierzu u.a. J. Kloock, G. Sieben u. T. Schildbach, (Leistungsrechnung 1999), S. 162 ff.
[3] Vgl. J. Kloock, G. Sieben u. T. Schildbach, (Leistungsrechnung 1999), S. 164.

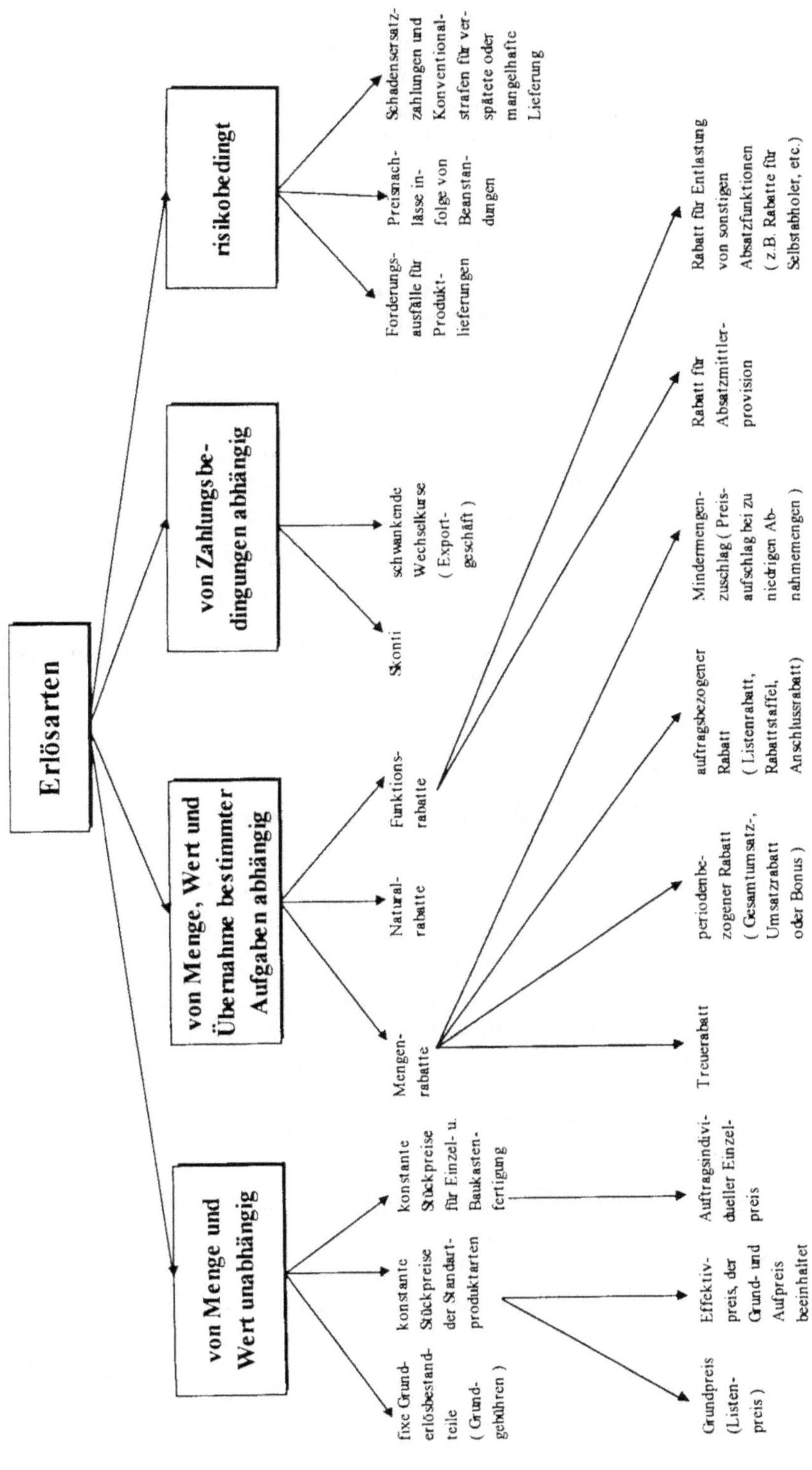

Übersicht 6.1: Überblick über die Erlösarten

In der zweiten Gruppe sind solche Erlösarten zusammengefasst, die von der Menge oder dem Wert der verkauften Erzeugnisse oder von der Übernahme bestimmter Vertriebsfunktionen abhängig sind. Wichtigste Erlösart in dieser Gruppe sind die *Mengenrabatte*, die für die Abnahme größerer Produktmengen oder für größere Umsätze gewährt werden. Grundsätzlich lassen sich hierbei zwei Berechnungsweisen der Mengenrabatte unterscheiden:

1. Beim *durchgerechneten Rabatt* werden die Rabattsätze einer vorgegebenen Rabattstaffel auf die Gesamtumsätze angewandt.
2. Beim *angestoßenen Rabatt* werden die Rabattsätze genau für die Mengen bzw. Werte der angegebenen Rabattintervalle gewährt.

Nehmen wir für ein Erzeugnis, dessen Verkaufspreis 25,00 €/Stück beträgt, folgende mengenbezogene Rabattstaffel an:

Absatzmenge	**Rabattsatz**
von 0 bis 1.000 Stück	1,0 %
von 1.000 bis 2.500 Stück	2,5 %
über 2.500 Stück	4,0 %

Tabelle 6.1: Beispiel zur Rabattberechnung

Bezieht nun ein Kunde einen Auftrag über 4.000 Stück, so erhält er beim durchgerechneten Rabatt folgenden Preisnachlass:

Durchgerechneter Rabatt = 25,00·4.000·0,04 = 4.000 €

Beim angestoßenen Rabatt ergibt sich demgegenüber:

Angestoßener Rabatt = 25,00·1.000·0,01+25,00·1.500·0,025+25,00·1.500·0,04
= 2.687,50 €

Der angestoßene Rabatt führt stets zu niedrigeren Preisnachlässen als der durchgerechnete Rabatt.

Hinsichtlich der Gründe der Rabattgewährung wird in Übersicht 6.1 unterschieden zwischen *Treuerabatten*, die für lang andauernde Geschäftsbeziehungen gewährt werden, *periodenbezogenen Rabatten*, bei denen die Gesamtabsatzmenge bzw. der Gesamtumsatz einer Periode, im Allgemeinen eines Jahres, als Bemessungsgrundlage dient, und *auftragsbezogenen Rabatten*, denen der Umsatz bzw. die Menge jeweils eines Auftrages zugrunde liegen. Der periodenbezogene Rabatt wird häufig auch als Bonus bezeichnet.

Eine weitere mengenbezogene Erlösart mit entgegengesetzter Wirkung sind die *Mindermengenzuschläge*, die von Unternehmen erhoben werden, wenn ein Kunde kleinere Absatzmengen als gemeinhin üblich bezieht.

Zwei weitere Rabattformen neben den Mengenrabatten sind die Naturalrabatte und die Funktionsrabatte. Unter *Naturalrabatten* versteht man Rabatte in Form von nicht verrechneten Warenlieferungen bei Abnahme einer bestimmten Menge innerhalb eines vereinbarten Zeitraumes, d.h. der Kunde bezieht die betreffende Teilmenge ohne Einstandspreis. Als *Funktionsrabatte* werden dagegen Preisnachlässe bezeichnet, welche den Abnehmern für die Übernahme bestimmter Aufgaben wie Lagerung der Waren, Selbstabholung u.ä. gewährt werden.

Die dritte Gruppe der Erlösarten stellen die aufgrund von vereinbarten Zahlungsbedingungen entstehenden Erhöhungen oder Verminderungen der Verkaufspreise dar. Wichtigster Bestandteil dieser Gruppe sind die *Skonti*, d.h. die Preisnachlässe für die Rechnungsbegleichung innerhalb einer vorgegebenen Zeitspanne. Erfolgt die Rechnungsstellung in Fremdwährungen mit schwankenden Wechselkursen, so treten Erhöhungen oder Verminderungen der Erlöse *infolge der Kursschwankungen* auf.

Die letzte Gruppe der Erlösarten umfasst die risikobedingten Erlösminderungen infolge von Forderungsausfällen, zu gewährenden Preisnachlässen aufgrund von Qualitätsbeanstandungen oder verspäteter Lieferung sowie Schadensersatz bzw. Konventionalstrafen aus den gleichen Gründen.

In der **Erlösstellenrechnung** werden zunächst Erlösstellen gebildet; dies erfolgt nach Maßgabe der Absatzkonstellationen, für die gemeinsame Erlösarten anfallen. Dabei sind folgende Kriterien denkbar:

- Produktgruppen,
- Marktsegmente oder Teilmärkte,
- Kunden und Kundengruppen,
- Absatzwege oder Absatzmethoden,
  z.B. Groß- oder Einzelhandel,
- rechnungstechnische Einteilungskriterien,
  z.B. gleiche Rabattarten oder Rabattsätze.

Nach der Bildung der Erlösstellen werden dann sämtliche in der Erlösartenrechnung erfassten Gemeinerlöse den einzelnen Erlösstellen zugeordnet. Da eine verursachungsgerechte Aufteilung der Gemeinerlöse auf die Produkte nicht möglich ist, erfolgt die Verrechnung sinnvollerweise nach dem Durchschnittsprinzip, d.h. einer Produktart mit hohen Einzelerlösen werden entsprechend hohe Gemeinerlöse zugerechnet. Dies ist plausibel, weil der größte Teil der oben dargestellten Gemeinerlöse in prozentualem Bezug zu den Einzelerlösen steht. In Analogie zur elektiven Zuschlagskalkulation wird somit für jede Erlösstelle ein Verrechnungssatz in Prozent der Einzelerlöse gebildet, mit dem die Gemeinerlöse den einzelnen Produktarten zugeordnet werden. Für diesen Verrechnungssatz gilt:

$$\text{Verrechnungssatz} = \frac{\text{Gemeinerlöse}}{\text{Einzelerlöse}} \cdot 100$$

Mit Hilfe der Verrechnungssätze der einzelnen Erlösstellen werden dann in der **Erlösträgerrechnung** die Gemeinerlöse den Produktarten zugeordnet. Die Nettoverkaufspreise der Produkte erhält man dann, indem die Summen aus Einzel- und Gemeinerlösen durch die Gesamtabsatzmengen der Erzeugnisse dividiert werden.

Die Arbeitsweise der Erlösrechnung wollen wir an einem einfachen Beispiel erläutern. Ein Unternehmen verkauft drei Produktarten, wobei als Vertriebswege der Großhandel, der Einzelhandel und der Direktvertrieb über Electronic-Commerce eingesetzt werden. Tabelle 6.2 zeigt die Absatzmengen der Produkte in den einzelnen Vertriebswegen sowie den Grundpreis, der für alle Absatzmethoden gleich sein soll.

Produktart	Grundpreis	Absatzmenge		
		Großhandel	Einzelhandel	Direktvertrieb
A	360,00	11.000	6.000	3.000
B	560,00	6.500	2.500	1.000
C	400,00	2.500	1.500	1.000

Tabelle 6.2: Beispiel zur Erlösrechnung

Für die beiden Vertriebswege Großhandel und Einzelhandel werden die beiden Rabattarten Funktionsrabatt und Auftragsrabatt mit jeweils unterschiedlichen Rabattsätzen gewährt, wobei die Rabattsätze des Auftragsrabattes auf den Rechnungsbetrag nach Abzug des Funktionsrabattes anzuwenden sind. Weiterhin können die Kunden für die Einhaltung eines Zahlungszieles von zwei Wochen 2% Skonto, bezogen auf den Nettorechnungsbetrag, in Abzug bringen. Tabelle 6.3 enthält zum einen die einzelnen Rabattsätze und zum zweiten den Anteil des Umsatzes der Vertriebswege, für den das Zahlungsziel in Anspruch genommen wird.

Gemeinerlöse	Vertriebsweg	Preisnachlass	Umsatzanteil
Funktionsrabatt	Großhandel	15,0%	
	Einzelhandel	8,0%	
Auftragsrabatt	Großhandel	5,0%	
	Einzelhandel	3,0%	
Skonto	Großhandel	2,0%	75,0%
	Einzelhandel	2,0%	50,0%
	Direktvertrieb	2,0%	40,0%

Tabelle 6.3: Beispiel zur Erlösrechnung

Als Erlösstellen werden in diesem Fall die drei Vertriebswege angesehen, da die anfallenden Gemeinerlöse für deren Umsätze in jeweils gleicher Höhe anfallen. In der Erlösstellenrechnung sind dann zunächst die Gemeinerlöse der drei Erlösstellen zu bestimmen und anschließend die Verrechnungssätze der Gemeinerlöse, bezogen auf die zugehörigen Einzelerlöse.

Die nachstehende Tabelle zeigt die Einzel- und Gemeinerlöse der drei als Erlösstellen betrachteten Vertriebswege. Hierbei ermitteln sich die Einzelerlöse aus den jeweiligen Absatzmengen und dem zugehörigen Grundpreis; die Gemeinerlöse errechnen sich anhand der prozentualen Preisnachlässe aus Tabelle 6.3, wobei die oben genannte Anrechnungsweise von Auftragsrabatten und Skonti zu berücksichtigen ist.

Erlösart	Großhandel	Einzelhandel	Direktvertrieb	Summe
Einzelerlöse	8.600.000	4.160.000	2.040.000	14.800.000
Funktionsrabatt	1.290.000	332.800		1.622.800
Auftragsrabatt	365.500	114.816		480.316
Skonto	104.168	37.124	16.320	157.611
Summe Gemeinerlöse	1.759.668	484.740	16.320	2.260.727

Tabelle 6.4: Beispiel zur Erlösrechnung

Im nächsten Schritt werden nun für jedes Vertriebssystem die Verrechnungssätze der Gemeinerlöse in Prozent der Einzelerlöse bestimmt. Tabelle 6.5 enthält die Verrechnungssätze der Erlösstellen, die in Analogie zur elektiven Zuschlagskalkulation errechnet werden.

Gemeinerlösart	Verrechnungssätze		
	Großhandel	Einzelhandel	Direktvertrieb
Funktionsrabatt	15,0%	8,0%	0,0%
Auftragsrabatt	4,3%	2,8%	0,0%
Skonto	1,2%	0,9%	0,8%
Gesamt	20,5%	11,7%	0,8%

Tabelle 6.5: Beispiel zur Erlösrechnung

Die Aufgabe der Erlösträgerrechnung besteht in der Ermittlung der durchschnittlichen Nettoverkaufspreise der Erzeugnisse. Hierzu werden als Erstes die Einzelerlöse nach Produkten und nach Erlösstellen differenziert ausgewiesen. Anschließend werden mit Hilfe der Gesamtverrechnungssätze aus Tabelle 6.5 die Gemeinerlöse, ebenfalls untergliedert nach Produktart und Erlösstelle, errechnet. Die sich als Differenz aus Einzel- und Gemeinerlösen ergebenden Nettoerlöse werden dann über alle Erlösstellen addiert; die durchschnittlichen Nettoverkaufspreise erhält man, indem die Summe der Nettoerlöse der einzelnen Produktarten durch die zugehörige Gesamtabsatzmenge dividiert wird. In Tabelle 6.6 sind die entsprechenden Berechnungen dargestellt.

		Einzelerlöse	Gemeinerlöse	Nettoerlös
Produkt A	Großhandel	3.960.000	810.266	3.149.734
	Einzelhandel	2.160.000	251.692	1.908.308
	Direktvertrieb	1.080.000	8.640	1.071.360
	Summe	7.200.000	1.070.598	6.129.402
	Stückzahl			20.000
	Nettoverkaufspreis			**306,47**
Produkt B	Großhandel	3.640.000	744.790	2.895.210
	Einzelhandel	1.400.000	163.134	1.236.866
	Direktvertrieb	560.000	4.480	555.520
	Summe	5.600.000	912.404	4.687.596
	Stückzahl			10.000
	Nettoverkaufspreis			**468,76**
Produkt C	Großhandel	1.000.000	204.613	795.387
	Einzelhandel	600.000	69.914	530.086
	Direktvertrieb	400.000	3.200	396.800
	Summe	2.000.000	277.727	1.722.273
	Stückzahl			5.000
	Nettoverkaufspreis			**344,45**

Tabelle 6.6: Beispiel zur Erlösrechnung

Im Beispiel ergibt sich für die Produktart A, deren Grundpreis 360,00 €/Stück beträgt, ein durchschnittlicher Nettoverkaufspreis von 306,47 €/Stück, der dann in den Erfolgsausweis der kurzfristigen Erfolgsrechnung übernommen wird. Will man im Erfolgsausweis eine zusätzliche Differenzierung der Ergebnisse nach Vertriebswegen vornehmen, müssen die Nettoerlöse für jeden Vertriebsweg gesondert errechnet werden.

Das Beispiel unterstellt einheitliche Grundpreise für alle Vertriebswege, was in vielen praktischen Fällen nicht gegeben sein wird. Die Verrechnung der Einzelerlöse der verschiedenen Erlösstellen bereitet aber auch mit unterschiedlichen Grundpreisen keine Probleme, so dass dies bei der Bestimmung durchschnittlicher Nettoverkaufspreise leicht berücksichtigt werden kann.

Die Erlösrechnung kann in der beschriebenen Weise sowohl zur nachträglichen Bestimmung der Istverkaufspreise eingesetzt werden als auch im Rahmen des Aufbaus einer Planergebnisrechnung; in diesem Fall wird die Berechnung mit geplanten Verkaufspreisen und geplanten Preisnachlässen durchgeführt.

6.3 Die Entwicklungsformen der kurzfristigen Erfolgsrechnung

6.3.1 Das Gesamtkostenverfahren

Die Ermittlung des kurzfristigen Periodenerfolges kann grundsätzlich nach zwei Verfahren vorgenommen werden, dem Gesamtkostenverfahren und dem Umsatzkostenverfahren. Dabei ist das Gesamtkostenverfahren das ältere Verfahren; es wurde unmittelbar aus der Gewinn- und Verlustrechnung der Finanzbuchhaltung abgeleitet und unterscheidet sich von dieser im Wesentlichen durch die Abgrenzung neutraler Geschäftsvorfälle und den Ansatz kalkulatorischer Kosten anstelle des kostenverschiedenen Zweckaufwandes.

Der Periodenerfolg errechnet sich nach dem Gesamtkostenverfahren, indem von der Summe der Betriebserträge die Gesamtkosten subtrahiert werden; es gilt somit die folgende Bestimmungsgleichung:

	Umsatz
+/-	Lagerbestandsveränderungen der Halb- und Fertigfabrikate, bewertet zu Herstellkosten
=	Betriebsertrag
-	Gesamtkosten
=	Periodenerfolg

Wie in Abschnitt 1.2 im Zusammenhang mit den Grundbegriffen des Rechnungswesens gesehen, werden bei der Ermittlung des Betriebsertrages Lagerbestandserhöhungen zum Umsatz hinzu addiert, während Verringerungen der Halb- und Fertigfabrikatebestände zu subtrahieren sind. Formal lässt sich die Gleichung des Gesamtkostenverfahrens wie folgt darstellen:

$$G = \sum_{j=1}^{n} p_j \cdot x_{Aj} + \sum_{j=1}^{n} k_{Hj} \cdot (x_{Pj} - x_{Aj}) - K$$

G: Periodenerfolg
p: Nettoverkaufspreis
x_A: Absatzmenge
x_P: Produktionsmenge
k_H: Herstellkosten pro Erzeugniseinheit
K: Gesamtkosten pro Periode
j: Artikelnummer der Produkte (j = 1, ..., n)

Die erste Summe in obiger Gleichung stellt die Umsätze der Periode dar, die um die Veränderungen der Halb- und Fertigfabrikatebestände korrigiert werden, wobei im Fall von Lagerbestandserhöhungen, wenn also die produzierte Menge größer ist als die abgesetzte, die Betriebserträge größer sind als die Umsätze und umgekehrt. Von der Summe der Betriebserträge werden dann die Gesamtkosten der Periode ohne weitere Differenzierung subtrahiert.

Die Gleichung zeigt weiterhin, dass das Verfahren eine Kalkulation zumindest bis zu den Herstellkosten voraussetzt, um den Wert der Lagerbestandsveränderungen bestimmen zu können. Dabei unterstellt die Gleichung eine Nachkalkulation der Herstellkosten der Produkte; dies ist, wie in Abschnitt 5.2 dargelegt, nur in einer Istkostenrechnung und bei Auftragsproduktion in Einzelfertigung üblich. Erstellt man bei Anwendung einer Normal- oder Plankostenrechnung lediglich jahresbezogene Normal- oder Plankalkulationen, so müssen bei richtiger Anwendung des Gesamtkostenverfahren die auf die Lagerbestandsveränderungen entfallenden Abweichungen im Bereich der Herstellkosten bestimmt werden.

Als Vorteile des Gesamtkostenverfahrens wird angeführt, dass diese Art der Erfolgsrechnung einfach im Aufbau und leicht mit dem Ergebnisausweis der Gewinn- und Verlustrechnung abzustimmen ist.[4]

Diesem Vorteil steht aber aus Sicht der Unternehmenssteuerung der gravierende Nachteil gegenüber, dass bei Anwendung dieses Verfahrens die Erfolgsbeiträge der einzelnen Produkte und Produktgruppen nicht erkennbar sind; auch lassen sich keine weitergehenden Differenzierungen der Ergebnisse nach absatzrelevanten Merkmalen, wie Kundengruppen oder Regionen, durchführen. Mit dem Verfahren lassen sich zwar die Umsätze nach Produkten gegliedert ausweisen, nicht aber die Kosten; diese werden lediglich als Block von der Summe der Betriebserträge subtrahiert. Damit kann eine Hauptaufgabe der kurzfristigen Erfolgsrechnung, der Ausweis produktbezogener Gewinnbeiträge zum Zwecke der Verkaufssteuerung und zur Erkennung von Verlustartikeln, vom Gesamtkostenverfahren nicht erfüllt werden.

Ein weiteres Problem des Verfahrens besteht in der Bestimmung des Wertes der Lagerbestandsveränderungen. Dies kann entweder über eine körperliche Bestandsaufnahme erfolgen, also eine Inventur der Halb- und Fertigfabrikatebestände, die gemäß dem Betrachtungszeitraum der kurzfristigen Erfolgsrechnung zumindest monatlich erfolgen müsste. Dies wird aber in der überwiegenden Zahl der Unternehmen mit einem viel zu hohen Sach- und Personalaufwand verbunden sein und zudem eine hohe Fehlerrate aufweisen, da während den Bestandsaufnahmen im Regelfall weiter produziert werden müsste, wenn man keine entsprechenden Kapazitätsausfälle hinnehmen will.

[4] Vgl. W. Kilger, (Einführung 1992), S. 420 f.

Die zweite Möglichkeit der Ermittlung der Bestandswerte wäre eine rechnerische Bestandsführung, bei der die Endbestände nach folgender Bestimmungsgleichung ermittelt werden:

Lageranfangsbestand
\+ Zugang Herstellkosten aus Kostenartenrechnung und Kostenstellenrechnung
\- Abgang Herstellkosten (Herstellkosten der abgesetzten Mengen)
= Lagerendbestand

Zur Bestimmung der Herstellkosten des Umsatzes, d.h. Lagerabganges, ist aber entweder eine aufwendige monatliche Nachkalkulation der Herstellkosten aller Produkte erforderlich oder eine genaue Verteilung der Kostenabweichungen des Herstellbereiches auf abgesetzte und gelagerte Produktmengen. Unsere Ausführungen zur geschlossenen Kostenträgererfolgsrechnung in Abschnitt 6.4.2 werden zeigen, dass dies eine gut ausgestattete Plankostenrechnung und eine funktionsfähige Betriebsdatenerfassung voraussetzt. Unternehmen, die über beides verfügen, werden aber kaum die betriebswirtschaftlichen Unzulänglichkeiten des Gesamtkostenverfahren in Kauf nehmen.

Abschließend wollen wir die Arbeitsweise des Gesamtkostenverfahrens anhand eines Beispiels erläutern. Ein Unternehmen produziert und verkauft vier Erzeugnisarten, wobei für einen Abrechnungsmonat die in Tabelle 6.7 angegebenen Daten gelten sollen. In dem Beispiel gehen wir vereinfachend davon aus, dass die tatsächlichen Herstellkosten pro Erzeugniseinheit der vier Produkte in einer Nachkalkulation ermittelt wurden.

		Produkt 1	**Produkt 2**	**Produkt 3**	**Produkt 4**
Absatzmenge	[Stck/Mon]	2.000	3.200	1.600	4.000
Produktionsmenge	[Stck/Mon]	2.400	3.000	1.800	4.400
Verkaufspreise	[€/Stck]	280,00	300,00	400,00	210,00
Herstellkosten	[€/Stck]	160,00	180,00	240,00	120,00

Tabelle 6.7: Beispiel zum Gesamtkostenverfahren

In der Kostenartenrechnung werden für den betreffenden Monat Istkosten in Höhe von 2.324.000 €/Mon erfasst, die sich aus Herstellkosten in Höhe von 1.884.000 €/Mon und Vertriebskosten von 440.000 €/Mon zusammensetzten. Die Herstellkosten entsprechen dem Produkt aus produzierten Mengen und den in Tabelle 6.7 angegeben Stückkosten.

Bei Anwendung des Gesamtkostenverfahrens werden als Erstes aus Absatzmengen und Verkaufspreisen die Umsätze der Periode errechnet und im zweiten Schritt der Wert der Lagerbestandsveränderungen in den Halb- und Fertigfabrikatelägern, wobei als Wertansatz die vollen Istherstellkosten der Produkte verwendet werden. Als Summe erhält man den Betriebsertrag des Monats, von dem dann die Gesamtkosten ohne weitere Differenzierung subtrahiert werden. In Tabelle 6.8 sind die Berechnungen zur Ermittlung des Periodenergebnisses dargestellt.

	Produkt 1	Produkt 2	Produkt 3	Produkt 4	Summe
Umsatz	560.000	960.000	640.000	840.000	3.000.000
Wert der Bestandsänderung	64.000	-36.000	48.000	48.000	124.000
Betriebsertrag	624.000	924.000	688.000	888.000	3.124.000
Gesamtkosten					2.324.000
Gewinn					**800.000**

Tabelle 6.8: Beispiel zum Gesamtkostenverfahren

Das Beispiel verdeutlicht den entscheidenden Nachteil des Gesamtkostenverfahrens; die Beiträge der einzelnen Produkte zur Gewinnerzielung sind nicht erkennbar, womit eine aktive Verkaufssteuerung kaum möglich ist, da weder die gewinnträchtigen Produkte noch eventuell vorhandene Verlustartikel anhand der Ergebnisrechnung identifiziert werden können.

6.3.2 Das Umsatzkostenverfahren

6.3.2.1 Das Umsatzkostenverfahren auf Vollkostenbasis

Die Aufgaben der Unternehmensführung erfordern einen Ergebnisausweis, in dem die Gewinnbeiträge der verschiedenen Produkte und Produktgruppen erkennbar sind; dies wird mit einer kurzfristigen Erfolgsrechnung nach dem Umsatzkostenverfahren gewährleistet. Bei diesem Verfahren werden den Umsätzen der Erzeugnisse die Selbstkosten des Umsatzes gegenübergestellt, die sich als Produkt aus Absatzmenge und kalkulierten Selbstkosten pro Erzeugniseinheit ergeben. Beim Umsatzkostenverfahren auf Vollkostenbasis werden naturgemäß die vollen Selbstkosten des Umsatzes angesetzt. Damit ergibt sich für dieses Verfahren im vereinfachenden Fall einer Nachkalkulation der Selbstkosten sämtlicher Erzeugnisse folgende Gewinngleichung:

$$G = \sum_{j=1}^{n}(p_j - k_j) \cdot x_{Aj}$$

G: Periodenerfolg
p: Nettoverkaufspreis
k: Istselbstkosten pro Erzeugniseinheit
x_A: Absatzmenge
j: Artikelnummer der Produkte (j = 1, ..., n)

Für jede Produktart wird die Differenz aus Verkaufspreisen und vollen Istselbstkosten mit der Absatzmenge multipliziert; der Gesamterfolg ergibt sich dann als Summe der Gewinnbeiträge der einzelnen Produkte.

Das Umsatzkostenverfahren auf Vollkostenbasis führt zum gleichen Betriebsergebnis wie das Gesamtkostenverfahren.[5] Zerlegt man in der Gewinngleichung des Gesamtkostenverfahren die Gesamtkosten in die Herstellkosten K_H und die Verwaltungs- und Vertriebskosten K_V und berücksichtigt, dass die Herstellkosten auf die produzierten und die V.u.V.-Kosten auf die abgesetzten Mengen verrechnet werden, so lassen sich die Gesamtkosten wie folgt darstellen:

[5] Vgl. W. Kilger, (Einführung 1992), S. 422 f.

$$K = K_H + K_V = \sum_{j=1}^{n} k_{Hj} \cdot x_{Pj} + \sum_{j=1}^{n} k_{Vj} \cdot x_{Aj}$$

Setzt man diesen Ausdruck anstelle von K in die Gewinngleichung des Gesamtkostenverfahren ein, so ergibt sich:

$$G = \sum_{j=1}^{n} p_j \cdot x_{Aj} + \sum_{j=1}^{n} k_{Hj} \cdot (x_{Pj} - x_{Aj}) - \sum_{j=1}^{n} k_{Hj} \cdot x_{Pj} - \sum_{j=1}^{n} k_{Vj} \cdot x_{Aj}$$

$$G = \sum_{j=1}^{n} p_j \cdot x_{Aj} + \sum_{j=1}^{n} k_{Hj} \cdot x_{Pj} - \sum_{j=1}^{n} k_{Hj} \cdot x_{Aj} - \sum_{j=1}^{n} k_{Hj} \cdot x_{Pj} - \sum_{j=1}^{n} k_{Vj} \cdot x_{Aj}$$

Damit sind die Herstellkosten in der Gewinngleichung einmal mit positiven und einmal mit negativem Vorzeichen enthalten, die Gleichung lässt sich damit wie folgt vereinfachen:

$$G = \sum_{j=1}^{n} p_j \cdot x_{Aj} - \sum_{j=1}^{n} (k_{Hj} + k_{Vj}) \cdot x_{Aj}$$

Die Summe aus Herstell- und V.u.V.-Kosten pro Stück entspricht den Selbstkosten pro Erzeugniseinheit k_j, so dass sich die oben dargestellte Gewinngleichung des Umsatzkostenverfahren auf Vollkostenbasis ergibt.

Diese einfache Gewinngleichung setzt allerdings eine monatliche Nachkalkulation der Selbstkosten voraus, was abgesehen vom Fall der Einzelfertigung nicht üblich und betriebswirtschaftlich auch nicht sinnvoll ist. Arbeitet ein Unternehmen mit standardisierten Normal- oder Plankalkulationen, so besteht bei Anwendung des Umsatzkostenverfahrens das Problem, die monatlich auftretenden Kostenabweichungen, d.h. die Über- oder Unterdeckungen der Normalkostenrechnung bzw. die vielfältigen Kostenabweichungen der Plankostenrechnung, insbesondere die Preis-, Tarif- und Verbrauchsabweichungen sowie die Beschäftigungsabweichungen der Vollkostenrechnung, den einzelnen Produkten zuzurechnen. Weiterhin müssen im Bereich der Herstellkosten diese Abweichungen auf die abgesetzten Mengen und gelagerten Mengen aufgeteilt werden. Wie wir in Abschnitt 6.4.2 noch zeigen werden, ist diese Abweichungsverteilung insbesondere in Unternehmen mit einem komplexen Erzeugnisprogramm mit einigem Aufwand verbunden.

Verzichtet man auf eine Zuordnung der Kostenabweichung auf die Produkte, so vereinfacht sich zwar die laufende Durchführung der kurzfristigen Erfolgsrechnung, ihre Aussagefähigkeit wird aber dadurch gemindert, dass die tatsächlichen Gewinnbeiträge der Produkte nur annähernd richtig ausgewiesen werden. Daher sollte man bei Auftreten relevanter Kostenabweichungen diese soweit wie möglich auf die Produkte und Produktgruppen verteilen und nur die Abweichungen, die keinen direkten Erzeugnisbezug aufweisen oder von untergeordneter Bedeutung sind, pauschal in die Ergebnisrechnung buchen; ein Beispiel für die nicht zurechenbaren Kostenabweichungen sind die Tarif- und Verbrauchsabweichungen von Hilfskostenstellen oder die Tarifabweichungen im Angestelltenbereich.

W. Kilger schlägt vor, auch die Beschäftigungsabweichungen nicht den Produkten zuzuordnen,[6] da diese in keinem ursächlichen Zusammenhang zu den Produktmengen stehe. Entschließt sich allerdings ein Unternehmen trotz der Nachteile der Umsatzkostenverfahren auf Vollkostenbasis, auf die wir unten noch eingehen werden, für einen Erfolgsausweis nach dem Vollkostenprinzip, so wird durch eine pauschale Berücksichtigung der Beschäftigungsabweichung der erzeugnisbezogene Ergebnisausweis insbesondere in Zeiten erheblicher Über- oder Unterbeschäftigung doch stark beeinträchtigt. Daher sollte man versuchen, auch relevante Beschäftigungsabweichungen soweit wie möglich den Erzeugnissen oder zumindest den Erzeugnisgruppen zuzurechnen.

Bezeichnen wir die den Produkten zurechenbaren Kostenabweichungen mit Δk_j und die nicht zurechenbaren Abweichungen mit ΔK, so ergibt sich bei Verwendung von Normal- und Plankalkulationen folgende Gewinngleichung des Umsatzkostenverfahrens auf Vollkostenbasis:

$$G = \sum_{j=1}^{n} (p_j - k_j^{(p)} - \Delta k_j) \cdot x_{Aj} - \Delta K$$

Die Gleichung zeigt, dass die Selbstkosten laut Normal- oder Plankalkulation um die zurechenbaren Kostenabweichungen pro Produkteinheit korrigiert werden; von der Summe der so errechneten Gewinnbeiträge werden dann noch die nicht zurechenbaren Abweichungen subtrahiert.

Im Vergleich zum Gesamtkostenverfahren weist das Umsatzkostenverfahren auf Vollkostenbasis den Vorteil auf, dass eine Differenzierung der Gewinne nach Produkten und Produktgruppen ersichtlich ist. Weiterhin erfordert die Gewinnermittlung an sich keine körperliche oder rechnerische Bestandsführung der Halb- und Fertigfabrikatebestände. Dies gilt allerdings dann nicht, wenn bei Verwendung von Normal- oder Plankalkulationen eine exakte Verteilung der Kostenabweichungen auf abgesetzte Mengen und Lagerbestände erfolgen soll; die genaue Zurechnung der Kostenabweichungen erfordert einen rechnerischen Ausweis der betreffenden Lagerbestände.[7]

Der Nachteil des Verfahrens besteht in dem Ergebnisausweis nach dem Vollkostenprinzip und entspricht damit der grundsätzlichen Problematik der flexiblen Plankostenrechnung auf Vollkostenbasis. Wie in Abschnitt 2.3 erläutert, besteht aufgrund der künstlichen Proportionalisierung der Fixkosten die Gefahr gravierender Fehlentscheidungen in der Verkaufssteuerung, weil nicht erkennbar ist, welche Kosten- und damit Gewinnveränderungen mit Änderungen der Absatzmengen einhergehen. Die effektiven Beiträge der Produkte und Produktgruppen zur Gewinnerzielung sind bei Anwendung dieses Verfahrens nicht erkennbar.

Zur Erläuterung des Umsatzkostenverfahrens auf Vollkostenbasis wollen wir das gleiche Zahlenbeispiel wie beim Gesamtkostenverfahren verwenden. Als zusätzliche Daten ist hier lediglich der Ausweis der vollen Vertriebskosten pro Produkteinheit erforderlich. In Tabelle 6.9 sind die notwendigen Absatz- und Kostendaten wiedergegeben:

[6] Vgl. W. Kilger, (Einführung 1992), S. 425

[7] Vgl. hierzu unsere Ausführungen im Abschnitt 6.4.

		Produkt 1	Produkt 2	Produkt 3	Produkt 4
Absatzmenge	[Stck/Mon]	2.000	3.200	1.600	4.000
Verkaufspreise	[€/Stck]	280,00	300,00	400,00	210,00
Herstellkosten	[€/Stck]	160,00	180,00	240,00	120,00
V.u.V.-Kosten	[€/Stck]	40,00	50,00	50,00	30,00
Selbstkosten	[€/Stck]	200,00	230,00	290,00	150,00

Tabelle 6.9: Beispiel zum Umsatzkostenverfahren auf Vollkostenbasis

Multipliziert man die Verwaltungs- und Vertriebskosten pro Stück mit den Absatzmengen, so ergeben sich die oben angeführten Gesamtkosten dieser Kalkulationsbereiche in Höhe von 440.000 €/Mon. Die Gewinnermittlung erfolgt nun bei diesem Verfahren recht einfach, indem den Umsätzen die Selbstkosten des Umsatzes gegenübergestellt werden. Die Berechnungen sind in Tabelle 6.10 dargestellt.

	Produkt 1	Produkt 2	Produkt 3	Produkt 4	Summe
Umsatz	560.000	960.000	640.000	840.000	3.000.000
Selbstkosten des Umsatzes	400.000	736.000	464.000	600.000	2.200.000
Gewinn	160.000	224.000	176.000	240.000	800.000

Tabelle 6.10: Beispiel zum Umsatzkostenverfahren auf Vollkostenbasis

Die Berechnung zeigt, dass sich nach diesem Verfahren der gleiche Gewinn ergibt wie nach dem Gesamtkostenverfahren. Die Umsätze sind naturgemäß identisch, die Selbstkosten des Umsatzes um 124.000 €/Mon niedriger als die im Abrechnungsmonat angefallenen Gesamtkosten von 2.324.000 €/Mon. Die Differenz von 124.000 €/Mon entspricht dem Gesamtwert des Lagerzuganges, der in Tabelle 6.8 dargestellt ist; diese Kosten werden erst in späteren Perioden ergebniswirksam verrechnet, wenn der betreffende Lagerbestand wieder abgebaut wird.

6.3.2.2 Das Umsatzkostenverfahren auf Grenzkostenbasis

Das Umsatzkostenverfahren auf Grenzkostenbasis, das auch als Deckungsbeitragsrechnung bezeichnet wird, setzt die Kalkulation der variablen Selbstkosten pro Produkteinheit voraus. In der Kalkulation werden dann den Umsätzen der Produkte lediglich die proportionalen Selbstkosten des Umsatzes gegenübergestellt; die Fixkosten werden ohne weitere erzeugnisbezogene Differenzierung aus der Kostenstellenrechnung unmittelbar in die kurzfristige Erfolgsrechnung übernommen. Unterstellt man eine nachkalkulatorische Ermittlung der proportionalen Selbstkosten, so ergibt sich bei diesem Verfahren folgende Gleichung des Periodenerfolges:

$$G = \sum_{j=1}^{n} (p_j - k_{Pj}) \cdot x_{Aj} - K_F$$

G: Periodenerfolg
p: Nettoverkaufspreis
k_P: Proportionale Istselbstkosten pro Erzeugniseinheit
x_A: Absatzmenge
K_F: Fixkosten pro Periode

j: Artikelnummer der Produkte (j = 1, ..., n)

Die Gleichung zeigt, dass bei Anwendung dieses Verfahrens die Deckungsbeiträge der einzelnen Produkte ausgewiesen werden, so dass eine richtige Analyse des Periodenerfolges ermöglicht wird und die richtigen Angaben für die Verkaufssteuerung bereitgestellt werden.

Die Trennung der Kosten in fixe und variable Bestandteile erfolgt in der Praxis im Regelfall bei Einsatz einer Plankostenrechnung; daher werden die proportionalen Selbstkosten üblicherweise in jahresbezogenen Plankalkulationen ermittelt. In diesem Fall werden im Erfolgsausweis neben den proportionalen Plankosten pro Stück die den Erzeugnissen zurechenbaren Abweichungen der proportionalen Kosten Δk_{Pj} und die nicht den Produkten zurechenbaren Kostenabweichungen ΔK ausgewiesen. In diesem Fall erhält man die folgende Gleichung des Periodenerfolges:

$$G = \sum_{j=1}^{n} (p_j - k_{Pj}^{(p)} - \Delta k_{Pj}) \cdot x_{Aj} - K_F - \Delta K$$

Das Umsatzkostenverfahren auf Grenzkostenbasis führt nicht zum gleichen Periodenerfolg wie das Umsatzkostenverfahren auf Vollkostenbasis und damit das Gesamtkostenverfahren. Der Grund hierfür liegt darin, dass beim Vollkostenverfahren die fixen Herstellkosten anteilig auf die abgesetzten Mengen und die Lagerbestandsveränderungen der Halb- und Fertigfabrikateläger aufgeteilt werden, d.h. die Lagerbestände werden beim Umsatzkostenverfahren auf Vollkostenbasis und beim Gesamtkostenverfahren mit den vollen Herstellkosten bewertet.

Beim Grenzkostenverfahren hingegen werden sämtliche Fixkosten unmittelbar in der Periode ihres Anfalls in das Betriebsergebnis übernommen, ohne dass eine Verrechnung auf Lagerbestände erfolgt; die Lagerbestände werden bei diesem Verfahren lediglich mit den variablen Herstellkosten bewertet.

Erfolgt nun eine Erhöhung der Lagerbestände, so werden beim Vollkostenverfahren nicht alle Fixkosten der Periode ergebniswirksam verrechnet, sondern nur die den abgesetzten Mengen zugerechneten. Es ergibt sich somit ein höherer Gewinn als beim Grenzkostenverfahren, das sämtliche Fixkosten in die Erfolgsrechnung übernimmt. Umgekehrt verrechnet das Vollkostenverfahren bei Lagerbestandsminderungen mehr Fixkosten ergebniswirksam als in der betreffenden Periode tatsächlich angefallen sind; die in Vorperioden in die Bestände gebuchten Fixkosten werden jetzt gewinnwirksam. Der Gewinn der Vollkostenrechnung ist damit beim Abbau von Lagerbeständen niedriger als derjenige des Umsatzkostenverfahren auf Grenzkostenbasis, das jeden Monat die effektiv angefallenen Fixkosten in die Ergebnisrechnung übernimmt.

Der Gewinnunterschied zwischen beiden Verfahren besteht somit in den fixen Herstellkosten der Lagerbestandsveränderungen. Zum formalen Nachweis des Gewinnunterschiedes wollen wir der Einfachheit halber annehmen, dass die tatsächlichen Herstell- und Selbstkosten der Produkte nachkalkulatorisch ermittelt wurden.[8] Unter Verwendung der oben angegebenen Gewinngleichungen beider Verfahren lässt sich

[8] W. Kilger führt den Nachweis anhand geplanter Kosten, unterstellt aber statt dessen, dass außer der Beschäftigungsabweichung keine Kostenabweichungen anfallen; vgl. W. Kilger, (Einführung 1992), S. 427 f.

der Gewinnunterschied ΔG zwischen dem Voll- und dem Grenzkostenverfahren wie folgt darstellen:

$$\Delta G = \sum_{j=1}^{n}(p_j - k_j) \cdot x_{Aj} - \sum_{j=1}^{n}(p_j - k_{Pj}) \cdot x_{Aj} + K_F$$

Da die Umsätze bei beiden Verfahren identisch sind, können sie in der Gleichung eliminiert werden; zerlegt man weiterhin die Selbstkosten pro Stück in ihre variablen und fixen Bestandteile, so erhält man:

$$\Delta G = \sum_{j=1}^{n} -(k_{Pj} + k_{Fj}) \cdot x_{Aj} + \sum_{j=1}^{n} k_{Pj} \cdot x_{Aj} + K_F$$

Es wird deutlich, dass auch die proportionalen Selbstkosten des Umsatzes in der Gleichung mit positiven und negativem Vorzeichen auftreten und damit entfallen. Unterteilen wird die verbleibenden Fixkosten in fixe Herstell- und fixe Verwaltungs- und Vertriebskosten, so gilt:

$$\Delta G = K_{FH} + K_{FV} - \sum_{j=1}^{n} k_{FHj} \cdot x_{Aj} - \sum_{j=1}^{n} k_{FVj} \cdot x_{Aj}$$

Beachtet man, dass die fixen Verwaltungs- und Vertriebskosten ausschließlich auf die abgesetzten Mengen verrechnet werden, so wird deutlich, dass der zweite und der vierte Summand dieser Gleichung identisch sind. Da die Fixkosten des Herstellbereiches dem Produkt aus den entsprechenden Stückkosten und dem produzierten Mengen entsprechen, lässt sich die Gleichung wie folgt darstellen:

$$\Delta G = \sum_{j=1}^{n} k_{FHj} \cdot x_{Pj} - \sum_{j=1}^{n} k_{FHj} \cdot x_{Aj} = \sum_{j=1}^{n} k_{FHj} \cdot (x_{Pj} - x_{Aj})$$

Die Gleichung bestätigt die obigen Überlegungen; der Gewinnunterschied zwischen Voll- und Grenzkostenverfahren entspricht den fixen Herstellkosten der Lagerbestandsveränderungen.

Zur Beurteilung des Umsatzkostenverfahren auf Grenzkostenbasis ist festzuhalten, dass dieses Verfahren den Gewinnausweis nach dem Deckungsbeitragsprinzip gewährleistet, so dass die Auswirkungen von Absatzmengenentscheidungen auf den Periodengewinn ersichtlich sind und eventuell vorhandene Verlustartikel unmittelbar erkannt werden können. Damit erfüllt dieses Verfahren die Anforderungen der Unternehmensführung an die kurzfristige Erfolgsrechnung.

Problematisch erscheint die mit dem Verfahren verbundene Bewertung der Halb- und Fertigfabrikatebestände lediglich zu variablen Kosten. Wie in Abschnitt 5.1 dargelegt, ist ein Unternehmen zwar im internen Rechnungswesen in der Wahl der Wertansätze zur Bestandsbewertung frei, kann in der Handelsbilanz die variablen Herstellkosten durchaus als Wertansatz wählen und ist lediglich in der Steuerbilanz an eine Bewertung zu vollen Herstellkosten gebunden. Dennoch bewertet ein Großteil der Unternehmen im externen Rechnungswesen die Bestände zu Vollkosten. Hier tritt dann bei Anwendung des Umsatzkostenverfahren auf Grenzkostenbasis ein weiterer Ergebnisunterschied zwischen Finanzbuchhaltung und Kostenrechnung auf. Bei Anwendung einer geschlossenen Kostenträgererfolgsrechnung, die eine rechnerische Bestandsführung der Halb- und Fertigfabrikatebestände beinhaltet, lässt sich allerdings in einfacher Weise eine Bestandsabgrenzung der fixen Kosten und damit eine Bewertung der Bestände zu vollen Herstellkosten vornehmen.[9]

Auch das Umsatzkostenverfahren auf Grenzkostenbasis wollen wir an obigem Zahlenbeispiel erläutern. Hierzu ist ein Ausweis der proportionalen Stückkosten der vier Produkte erforderlich. Die relevanten Produktdaten sind in Tabelle 6.11 ausgewiesen.

		Produkt 1	Produkt 2	Produkt 3	Produkt 4
Absatzmenge	[Stck/Mon]	2.000	3.200	1.600	4.000
Verkaufspreise	[€/Stck]	280,00	300,00	400,00	210,00
Proportionale Herstellkosten	[€/Stck]	110,00	120,00	160,00	85,00
Proportionale V.u.V.- Kosten	[€/Stck]	10,00	15,00	10,00	10,00
Proportionale Selbstkosten	[€/Stck]	120,00	135,00	170,00	95,00

Tabelle 6.11: Beispiel zum Umsatzkostenverfahren auf Grenzkostenbasis

Die gesamten Fixkosten des Abrechnungsmonats belaufen sich auf 914.000 €/Mon. Diese erhält man, indem von den Gesamtkosten in Höhe von 2.324.000 €/Mon die proportionalen Kosten subtrahiert werden, die 1.410.000 €/Mon betragen. Sie lassen sich errechnen, indem die proportionalen Herstellkosten der Tabelle 6.11 mit den Produktionsmengen aus Tabelle 6.7 und die proportionalen V.u.V.-Kosten mit den Absatzmengen multipliziert werden. Anhand dieser Daten ergibt sich dann der in Tabelle 6.12 dargestellte Ergebnisausweis.

	Produkt 1	Produkt 2	Produkt 3	Produkt 4	Summe
Umsatz	560.000	960.000	640.000	840.000	3.000.000
Prop. Kosten des Umsatzes	240.000	432.000	272.000	380.000	1.324.000
Deckungsbeitrag	320.000	528.000	368.000	460.000	1.676.000
Fixkosten					914.000
Gewinn					762.000

Tabelle 6.12: Beispiel zum Umsatzkostenverfahren auf Grenzkostenbasis

Im Vergleich zum Vollkostenverfahren erhält man beim Umsatzkostenverfahren auf Grenzkostenbasis einen um 38.000 €/Mon niedrigeren Gewinn, vgl. Tabelle 6.10. Dies erklärt sich dadurch, dass bei den Produkten 1, 3 und 4 ein Bestandsaufbau erfolgte, während bei Produkt 2 in betrachteten Monat 200 Stück/Mon vom Lager verkauft wurden. In der Summe sind die angefallenen fixen Herstellkosten größer als die erfolgswirksam verrechneten. In Tabelle 6.13 ist der Gewinnunterschied zwischen beiden Verfahren, der nach obiger Gleichung den fixen Herstellkosten der Lagerbestandsveränderung entspricht, rechnerisch dargestellt.

[9] Vgl. hierzu ausführlich W. Kilger, (Plankostenrechnung 1992), S. 701 ff.

	Produkt 1	Produkt 2	Produkt 3	Produkt 4	Summe
Produktionsmenge	2.400	3.000	1.800	4.400	
Absatzmenge	2.000	3.200	1.600	4.000	
Bestandsveränderung	400	-200	200	400	
Fixe Herstellkosten	50,00	60,00	80,00	35,00	
Gewinnunterschied	20.000	-12.000	16.000	14.000	38.000

Tabelle 6.13: Beispiel zum Umsatzkostenverfahren auf Grenzkostenbasis

Überwiegt in einem Abrechnungsmonat der Lagerbestandsabbau, so ergibt sich beim Umsatzkostenverfahren auf Grenzkostenbasis ein höherer Gewinn als beim Vollkostenverfahren.

Abschließend wollen wir die Arbeitsweise der drei Verfahren der kurzfristigen Erfolgsrechnung in der Plankostenrechnung an einem einfachen Beispiel verdeutlichen. In einem Unternehmensbereich, in dem nur ein Erzeugnis hergestellt und verkauft wird, fallen in der ersten Hälfte eines Geschäftsjahres folgende Daten an.

Verkaufspreis:	50,00	€/Stck
Prop. Planherstellkosten:	30,00	€/Stck
Fixe. Planherstellkosten:	10,00	€/Stck
Prop. Plan-V.u.V.-Kosten:	0,00	€/Stck
Fixe Plan-V.u.V.-Kosten:	4,00	€/Stck
Prop. Planselbstkosten:	30,00	€/Stck
Volle Planselbstkosten:	44,00	€/Stck
Fixe Herstellkosten:	50.000	€/Mon
Fixe V.u.V.-Kosten:	20.000	€/Mon
Anfangsbestand:	5.000	Stck
Plan- und Istproduktionsmenge:	5.000	Stck/Mon
Planabsatzmenge:	5.000	Stck/Mon

Die tatsächlichen Absatzmengen in den einzelnen Monaten des Halbjahres sind in Tabelle 6.14 angegeben.

Monat	Jan	Feb	Mrz	Apr	Mai	Jun
Absatzmenge	1.000	2.000	7.000	15.000	4.000	1.000

Tabelle 6.14: Beispiel zur kurzfristigen Erfolgsrechnung

Weiterhin wird unterstellt, dass außer der Beschäftigungsabweichung keine Kostenabweichungen gegenüber den in der Plankalkulation verrechneten Kosten anfallen.[10]

Als Erstes sollen die monatlichen Gewinne nach dem Gesamtkostenverfahren errechnet werden. Da die Produktionsmenge in allen Monaten gleich ist, keine proportionalen Vertriebskosten und auch keine Kostenabweichungen anfallen sollen, sind die Gesamtkosten in den einzelnen Monaten konstant; sie betragen:

[10] Auf die Behandlung der sonstigen Kostenabweichungen in der Erfolgsrechnung gehen wir im folgenden Abschnitt ausführlich ein.

Prop. Herstellkosten	Fixe Herstellkosten	Fixe V.u.V.-Kosten	Gesamtkosten
30 · 5000 = 150.000	50.000	20.000	220.000 €/Mon

Tabelle 6.15: Beispiel zur kurzfristigen Erfolgsrechnung

Die Errechnung der Periodenergebnisse der einzelnen Monate nach dem Gesamtkostenverfahren ist in der nachstehenden Tabelle 6.16 durchgeführt. Die Umsätze erhält man durch Multiplikation der monatlichen Absatzmengen mit dem Verkaufspreis von 50,00 €/Stück, die bewertete Lagerbestandsveränderung errechnet sich anhand der Differenz aus produzierten und abgesetzten Erzeugnismengen und der vollen Herstellkosten in von Höhe von 40,00 €/Stück.

	Jan	**Feb**	**Mrz**	**Apr**	**Mai**	**Jun**	**Summe**
Produktionsmenge	5.000	5.000	5.000	5.000	5.000	5.000	30.000
Absatzmenge	1.000	2.000	7.000	15.000	4.000	1.000	30.000
Umsatz	50.000	100.000	350.000	750.000	200.000	50.000	1.500.000
Bestandsveränderung	160.000	120.000	-80.000	-400.000	40.000	160.000	0
Ertrag	210.000	220.000	270.000	350.000	240.000	210.000	1.500.000
Gesamtkosten	220.000	220.000	220.000	220.000	220.000	220.000	1.320.000
Gewinn	-10.000	0	50.000	130.000	20.000	-10.000	180.000

Tabelle 6.16: Beispiel zur kurzfristigen Erfolgsrechnung (Gesamtkostenverfahren)

Aufgrund der stark schwankenden Absatzmengen unterscheiden sich die Gewinne in den einzelnen Monaten erheblich. Die Tabelle zeigt weiterhin, dass sich die Lagerbestandsveränderungen während des Halbjahres ausgleichen, so dass sich der Gesamtgewinn der sechs Monate als Differenz zwischen Gesamtumsätzen und Gesamtkosten darstellt.

Bei der Gewinnermittlung nach dem Umsatzkostenverfahren auf Vollkostenbasis muss neben den Umsätzen und den gesamten Selbstkosten des Umsatzes auf der Grundlage der Plankalkulationen noch die Beschäftigungsabweichung berücksichtigt werden. In unserem einfachen Beispiel fällt lediglich im Vertriebsbereich eine Beschäftigungsabweichung an, da für den Herstellbereich die Annahme getroffenen wurde, dass die der Plankalkulation zugrunde gelegte Planproduktionsmenge in jedem Monat tatsächlich realisiert wird. Die Beschäftigungsabweichung im Verwaltungs- und Vertriebsbereich lässt sich im Beispiel einfach errechnen, indem die Fixkosten des Bereiches mit dem Grad der Unterbeschäftigung – d.h. eins minus dem Verhältnis von Ist- zu Planabsatzmenge – multipliziert wird. Tabelle 6.17 zeigt die Gewinnermittlung nach dem Umsatzkostenverfahren auf Vollkostenbasis.

Aus Tabelle 6.17 wird ersichtlich, dass sich die Gewinne des Gesamtkostenverfahren und des Umsatzkostenverfahren auf Vollkostenbasis entsprechen. Es ist aber darauf hinzuweisen, dass die Erfolgsermittlung deutlich schwieriger als im vorliegenden Fall wird, wenn Beschäftigungsabweichungen im Bereich der Herstellkosten auftreten. Dabei liegt das Problem nicht in der Berechnung dieser Abweichungen, sondern darin, dass diese auf die Absatzmengen und die Lagerbestandsveränderungen aufzuteilen sind. Dies setzt als Erstes eine körperliche oder rechnerische Bestandsführung der Halb- und Fertigfabrikatebestände voraus. Im Mehrproduktfall müssen darüber hinaus noch geeignete Bezugsmaßstäbe zur Verteilung der Abweichung auf die Produkte gefunden werden.

	Jan	Feb	Mrz	Apr	Mai	Jun	Summe
Absatzmenge	1.000	2.000	7.000	15.000	4.000	1.000	30.000
Umsatz	50.000	100.000	350.000	750.000	200.000	50.000	1.500.000
Planselbstkosten d. Umsatzes	44.000	88.000	308.000	660.000	176.000	44.000	1.320.000
Beschäftigungsgrad V.u.V.-Bereich	20,0%	40,0%	140,0%	300,0%	80,0%	20,0%	
Beschäftigungsabweichung V.u.V.-Bereich	16.000	12.000	-8.000	-40.000	4.000	16.000	0
Gewinn	-10.000	0	50.000	130.000	20.000	-10.000	180.000

Tabelle 6.17: Beispiel zur kurzfristigen Erfolgsrechnung (Umsatzkostenverfahren auf Vollkostenbasis)

Tabelle 6.18 zeigt die Gewinnermittlung nach dem Umsatzkostenverfahren auf Grenzkostenbasis. Hier werden von den Deckungsbeiträgen die fixen Kosten des jeweiligen Monats als Block subtrahiert. Da annahmegemäß außer der Beschäftigungsabweichung, die in der Grenzkostenrechnung keine Rolle spielt, keine Kostenabweichungen anfallen, brauchen hier nur die geplanten Kosten angesetzt werden.

Monat	Jan	Feb	Mrz	Apr	Mai	Jun	Summe
Absatzmenge	1.000	2.000	7.000	15.000	4.000	1.000	30.000
Umsatz	50.000	100.000	350.000	750.000	200.000	50.000	1.500.000
Prop. Selbstkosten d. Umsatzes	30.000	60.000	210.000	450.000	120.000	30.000	900.000
Deckungsbeitrag	20.000	40.000	140.000	300.000	80.000	20.000	600.000
Fixkosten	70.000	70.000	70.000	70.000	70.000	70.000	420.000
Gewinn	-50.000	-30.000	70.000	230.000	10.000	-50.000	180.000

Tabelle 6.18: Beispiel zur kurzfristigen Erfolgsrechnung (Umsatzkostenverfahren auf Grenzkostenbasis)

Es wird deutlich, dass Umsatzkostenverfahren auf Voll- und auf Grenzkostenbasis zu unterschiedlichen Ergebnissen in den einzelnen Monaten führen.

	Jan	Feb	Mrz	Apr	Mai	Jun	Summe
Gewinn Vollkostenrechn.	-10.000	0	50.000	130.000	20.000	-10.000	180.000
Gewinn Grenzkostenrechn.	-50.000	-30.000	70.000	230.000	10.000	-50.000	180.000
Differenz	**40.000**	**30.000**	**-20.000**	**-100.000**	**10.000**	**40.000**	**0**
Produktionsmenge	5.000	5.000	5.000	5.000	5.000	5.000	30.000
Absatzmenge	1.000	2.000	7.000	15.000	4.000	1.000	30.000
Fixe Herstellkosten	10,00	10,00	10,00	10,00	10,00	10,00	
Fixe Herstellkosten der Bestandsänderungen	**40.000**	**30.000**	**-20.000**	**-100.000**	**10.000**	**40.000**	**0**

Tabelle 6.19: Beispiel zur kurzfristigen Erfolgsrechnung Gewinnunterschied

Abschließend wollen wir den Ergebnisunterschied anhand der oben angestellten Überlegungen plausibilisieren. In Tabelle 6.19 ist im oberen Teil der Gewinnunterschied zwischen beiden Verfahren berechnet, danach erfolgt die Errechnung der fixen Herstellkosten der Lagerbestandsveränderungen, auf die, wie oben dargelegt, die Gewinnunterschiede zurückzuführen sind.

In der Summe der sechs Monate führen beide Verfahren zu den gleichen Ergebnissen, da sich auf den gesamten Betrachtungszeitraum bezogen Produktions- und Absatzmengen entsprechen, so dass sich die Bestandsveränderungen ausgleichen.

6.4 Die Durchführung der kurzfristigen Erfolgsrechnung als Deckungsbeitragsrechnung

6.4.1 Die Artikelergebnisrechnung

Ein Vergleich der im voranstehenden Abschnitt behandelten Verfahren der kurzfristigen Erfolgsrechnung zeigt, dass das Umsatzkostenverfahren auf Grenzkostenbasis am ehesten geeignet ist, die Anforderungen der Unternehmensführung an die kurzfristige Gewinnermittlung zu erfüllen. Für die Durchführung dieses Verfahrens in Unternehmen mit einer Plankostenrechnung haben sich in der Praxis mehrere Formen entwickelt, die sich im Detaillierungsgrad, der Genauigkeit des Gewinnausweises, aber auch in der Schnelligkeit der Durchführung unterscheiden. Wir wollen im Folgenden die beiden Grundformen der Deckungsbeitragsrechnung – die Artikelergebnisrechnung und die geschlossene Kostenträgererfolgsrechnung – behandeln.

Die beiden Verfahren unterscheiden sich im Wesentlichen darin, dass bei der geschlossenen Kostenträgererfolgsrechnung der Erfolgsausweis um eine rechnerische Bestandsführung der Halb- und Fertigfabrikatebestände ergänzt wird, auf welche die Artikelergebnisrechnung verzichtet. Damit ist diese einfacher und schneller, aber auch ungenauer und weniger informativ.

Die Artikelergebnisrechnung ermittelt den Erfolg gemäß der Gewinngleichung des Umsatzkostenverfahren auf Grenzkostenbasis. Dabei werden die Isterlöse aus der Fakturierung der Erzeugnisse anhand der Istabsatzmengen und der Istverkaufspreise bestimmt. Anfallende Gemeinerlöse werden dabei, wie oben gezeigt, in einer gesonderten Erlösrechnung berücksichtigt.

Die erfolgswirksam verrechneten Kosten werden aus den Istabsatzmengen und den kalkulierten proportionalen Selbstkosten der Produkte abgeleitet. Werden nun, wie in der Plankostenrechnung üblich, jahresbezogene Plankalkulationen erstellt, so müssen neben den über die Plankalkulationen gedeckten Kosten noch die aufgetretenen Kostenabweichungen im Erfolgsausweis berücksichtigt werden. Wie in Abschnitt 6.3.2.1 angedeutet treten hierbei zwei Probleme auf:

1. Die Preis- und Verbrauchsabweichungen des Einzelmaterials, die Preis-, Tarif- und Verbrauchsabweichungen der Kostenstellen sowie die Verrechnungsabweichungen zwischen Kostenstellenrechnung und Kalkulation müssen auf die einzelnen Produkte aufgeteilt werden.

2. Die Kostenabweichungen im Herstellbereich, die ursächlich den produzierten Mengen zuzuordnen sind, müssen anteilig auf Absatzmengen und Lagerbestands-

veränderungen verteilt werden. Dies kann exakt nur mit Hilfe einer rechnerischen Lagerbestandsführung erfolgen, auf welche die Artikelergebnisrechnung aber verzichtet.

Die Verteilung der Kostenabweichungen erfolgt in der Artikelergebnisrechnung mit Hilfe von Abweichungsprozentsätzen, für die folgende grundsätzliche Bestimmungsgleichung gilt:

$$\text{Abweichungsprozentsatz} = \frac{\text{Istkosten - Sollkosten}}{\text{Sollkosten}} \cdot 100$$

Zur Erhöhung der Genauigkeit der Abweichungsverteilung werden die Abweichungsprozentsätze im Allgemeinen nach den einzelnen Kalkulationselementen differenziert; man unterscheidet:[11]

1. **Abweichungen der Einzelmaterialkosten**
   Diese können weiter nach Preisabweichungen und Verbrauchsabweichungen unterteilt werden; auch ist eine weitergehende Differenzierung nach Materialgruppen möglich.
2. **Kostenstellenabweichungen der Materialkostenstellen**
   Neben den Verbrauchsabweichungen des Soll-Ist-Vergleiches sind die Preisabweichungen des Gemeinkostenmaterials und die Tarifabweichungen zu berücksichtigen.
3. **Kostenstellenabweichungen der Fertigungskostenstellen**
   Hier sind in den Abweichungsprozentsätzen neben den Verbrauchs-, Preis- und Tarifabweichungen noch die Verrechnungsabweichungen zwischen Kostenstellenrechnung und Kalkulation von Bedeutung, z.B. Verfahrensabweichungen, Seriengrößenabweichungen etc.
4. **Abweichungen der Sondereinzelkosten der Fertigung**
5. **Abweichungen der Verwaltungs- und Vertriebskostenstellen**
6. **Abweichungen der Sondereinzelkosten des Vertriebs.**

Die beiden letztgenannten Abweichungsprozentsätze werden zwar nicht für die Bestandsabgrenzung der Kostenabweichungen benötigt, wohl aber für die Aufteilung der Kostenabweichungen auf Produkte und Produktgruppen.

Die Abweichungsverteilung mit Hilfe derartiger Abweichungsprozentsätze führt im Bereich der Verwaltungs- und Vertriebskosten zu exakten Ergebnissen, da hier die monatlich anfallenden Kostenabweichungen unmittelbar erfolgswirksam verrechnet werden. Im Bereich der Herstellkosten treten aber zwangsläufig Ungenauigkeiten auf, wenn Produkte in einer Periode hergestellt und in späteren Perioden verkauft werden. Hier lassen sich ohne eine rechnerische Bestandsführung die im Herstellzeitpunkt angefallenen Abweichungen nicht mehr exakt dem Zeitpunkt des Verkaufs zuordnen, in dem diese Abweichungen erfolgswirksam zu verrechnen sind. Insofern führt die Artikelergebnisrechnung immer zu ungenauen Resultaten.

Wegen der unterschiedlichen zeitlichen Verteilung der Abweichungen des Herstellbereiches verwendet man in der Praxis häufig normalisierte Abweichungsprozentsätze, in

[11] Vgl. W. Kilger, (Plankostenrechnung 1992), S. 672 ff.

denen die Kostenabweichungen eines Zeitraumes von drei oder sechs Monaten auf die entsprechenden Sollkosten bezogen werden.[12] Dies hat auch den Vorteil, dass zur Gewinnermittlung eines Abrechnungsmonats die Betriebsabrechnung noch nicht abgeschlossen sein muss. Mit der Fakturierung, die unmittelbar zu Beginn des Folgemonats vorliegt, können Isterlöse und – anhand der Istabsatzmengen und der proportionalen Stückkosten laut Plankalkulation – proportionale Sollkosten errechnet werden; die Kostenabweichungen werden über die normalisierten Abweichungsprozentsätze berücksichtigt. Damit können bereits am ersten Arbeitstag des Folgemonats annähernd genaue Aussagen über das Betriebsergebnis getätigt werden. Auch lassen sich auf diese Weise Gewinne für kürzere Perioden wie Dekaden oder Wochen abschätzen.

Die Arbeitsweise der Artikelergebnisrechnung wollen wir an einem Beispiel erläutern. Dabei gehen wir von drei Produktgruppen aus, die aus insgesamt zehn Erzeugnissen bestehen. Das jeweils erste Produkt der Produktgruppen entspricht den Enderzeugnissen, für die im voranstehenden Kapitel Plankalkulationen aufgebaut wurden; vgl. die Kalkulationen in den Übersichten 5.8 bis 5.10.

Im Beispiel wollen wir als Erstes die Artikelergebnisrechnung als Planungsrechnung darstellen. Hier werden anhand der geplanten Absatzmengen und Verkaufspreise sowie der proportionalen Selbstkosten laut Plankalkulation die Plandeckungsbeiträge ermittelt, von denen dann noch die geplanten Fixkosten als Block subtrahiert werden. Die Planergebnisrechnung für das Beispiel ist in Tabelle 6.20 wiedergegeben.

Produkt-art	Planabsatz-menge [Stück/Mon]	Plan-preis [€/Stck]	Prop. Plan-selbstkosten [€/Stck]	Planerlös [€/Mon]	Prop. Plankosten [€/Mon]	Plandeckungs-beitrag [€/Mon]	in % vom Umsatz
I.1	2.000	420,00	216,80	840.000	433.600	406.400	48,4%
I.2	2.500	435,00	239,00	1.087.500	597.500	490.000	45,1%
I.3	3.000	465,00	256,00	1.395.000	768.000	627.000	44,9%
Produktgrp. I	7.500			3.322.500	1.799.100	1.523.400	45,9%
II.1	1.000	455,00	285,90	455.000	285.900	169.100	37,2%
II.2	1.800	482,50	308,60	868.500	555.480	313.020	36,0%
II.3	2.000	475,00	314,90	950.000	629.800	320.200	33,7%
II.4	1.000	520,00	325,00	520.000	325.000	195.000	37,5%
Produktgrp. II	5.800			2.793.500	1.796.180	997.320	35,7%
III.1	3.500	390,00	239,20	1.365.000	837.200	527.800	38,7%
III.2	4.000	415,00	297,90	1.660.000	1.191.600	468.400	28,2%
III.3	4.500	390,00	210,70	1.755.000	948.150	806.850	46,0%
Produktgrp. III	12.000			4.780.000	2.976.950	1.803.050	37,7%
Summe				10.896.000	6.572.230	4.323.770	39,7%
Fixkosten						3.271.519	
Ergebnis						1.052.251	

Tabelle 6.20: Beispiel zur Artikelergebnisrechnung (Planungsrechnung)

[12] Vgl. W. Kilger, (Plankostenrechnung 1992), S. 673.

		Einzelmaterialkosten		Materialgemeinkosten		Fertigungskosten		V.u.V.-Kosten		Sonderk.d.Vertriebs		Summe	
Abweichungsprozentsatz		2,5%		4,0%		3,8%		2,4%		2,5%			
Produktart	Absatzmenge	Sollkosten	Abweichung	Sollkosten	Abweichung	Sollkosten	Abweichung	Sollkosten	Abweichung	Sollkosten	Abweichung	Sollkosten	Abweichung
I.1	2.200	118.140	2.954	11.374	455	299.134	11.367	41.140	987	7.172	179	476.960	15.942
I.2	2.400	125.784	3.145	11.856	474	379.392	14.417	49.632	1.191	6.936	173	573.600	19.400
I.3	3.000	207.570	5.189	21.450	858	464.310	17.644	66.540	1.597	8.130	203	768.000	25.491
II.1	1.200	95.100	2.378	9.132	365	209.820	7.973	25.440	611	3.588	90	343.080	11.417
II.2	1.400	106.302	2.658	9.996	400	280.196	10.647	32.116	771	3.430	86	432.040	14.562
II.3	1.800	164.718	4.118	16.794	672	337.302	12.817	42.030	1.009	5.976	149	566.820	18.765
II.4	1.000	99.880	2.497	10.250	410	187.830	7.138	24.140	579	2.900	73	325.000	10.697
III.1	3.600	184.536	4.613	17.532	701	565.200	21.478	80.568	1.934	13.284	332	861.120	29.058
III.2	4.400	251.768	6.294	23.408	936	895.268	34.020	122.892	2.949	17.424	436	1.310.760	44.635
III.3	4.300	203.261	5.082	19.178	767	584.241	22.201	84.667	2.032	14.663	367	906.010	30.449
Summe		1.557.059	38.928	150.970	6.038	4.202.693	159.702	569.165	13.660	83.503	2.088	6.563.390	220.416

Tabelle 6.21: Beispiel zur Artikelergebnisrechnung (Abweichungsermittlung)

Für die Produkte I.1, II.1 und III.1 sind die proportionalen Selbstkosten den angegebenen Plankalkulationen zu entnehmen, die übrigen Erzeugnisse unterscheiden sich von diesen in Art und Anzahl der Vorprodukte, in den Bearbeitungszeiten in Montage und Prüfung sowie in den Sondereinzelkosten des Vertriebs. Planabsatzmengen und Planverkaufspreise werden aus der kurzfristig operativen Absatzplanung entnommen,[13] die geplanten Fixkosten der Kostenstellenplanung.

Zur Berechnung des Istgewinnes eines Abrechnungsmonats werden aus der Fakturierung die Istabsatzmengen und die Istverkaufspreise der Produkte übernommen. Die proportionalen Sollkosten des Umsatzes ergeben sich dann durch Multiplikation der Istabsatzmengen mit den proportionalen Selbstkosten laut Plankalkulation. Vor der Durchführung der eigentlichen Erfolgsrechnung müssen noch die ergebniswirksam zu verrechnenden Kostenabweichungen mit Hilfe normalisierter Abweichungsprozentsätze bestimmt werden.

In Tabelle 6.21 ist die Abweichungsermittlung für unser Beispiel dargestellt. Hier werden für die Kalkulationselemente Einzelmaterialkosten, Materialgemeinkosten, Fertigungskosten, Verwaltungs- und Vertriebsgemeinkosten sowie Sondereinzelkosten des Vertriebs gesonderte Abweichungsprozentsätze verwendet. Im ersten Schritt werden die Sollkosten dieser Kalkulationselemente errechnet, indem die Istabsatzmengen mit den entsprechenden Stückkosten laut Plankalkulation multipliziert werden. Die Kostenabweichungen ergeben sich als Produkt aus Sollkosten und zugehörigen Abweichungsprozentsätzen.

Für Produkt I.1 betragen die Einzelmaterialkosten laut Plankalkulation 53,70 €/Stück (vgl. Übersicht 5.8); multipliziert man diese mit der Istabsatzmenge, so ergeben sich die Soll-Einzelmaterialkosten dieser Produktart in Höhe von 118.140 €/Mon. Zur Berechnung der Kostenabweichungen der Einzelmaterialkosten werden diese mit dem normalisierten Abweichungsprozentsatz von 2,5% multipliziert. In gleicher Weise erhält man die Abweichungen der anderen Produkte und Kalkulationselemente.

Die Art der Abweichungsermittlung verdeutlicht auf der einen Seite die Ungenauigkeit des Verfahrens, bei dem statt der im Abrechnungsmonat tatsächlich angefallenen Kostenabweichungen durchschnittliche Abweichungen anhand der Werte vergangener Perioden angesetzt werden. Andererseits liegt hierin aber die Möglichkeit, schnell und für kurze Betrachtungszeiträume Gewinne zu bestimmen.

Die Artikelergebnisrechnung für den betreffenden Abrechnungsmonat ist in Tabelle 6.22 wiedergegeben. Hier werden die Erlöse, die proportionalen Kosten und die Deckungsbeiträge in den Kategorien Soll, Abweichungen und Ist dargestellt. Die Soll- bzw. Isterlöse ergeben sich aus den Istabsatzmengen und den Plan- bzw. Istpreisen. Bei den proportionalen Kosten erhält man die Sollbeträge durch Multiplikation der Istabsatzmengen mit den Planselbstkosten, die Kostenabweichungen werden aus der Summenspalte der Tabelle 6.21 übernommen.

[13] Zur kurzfristigen Absatzplanung vgl. L. Hans u. V. Warschburger, (Controlling 1999), S. 199 ff.

Produkt-art	Istabsatz-menge [Stck/Mon]	Plan-preis [€/Stck]	Ist-preis [€/Stck]	Erlöse			Prop. Plan-selbstkosten [€/Stck]	Proportionale Kosten			Deckungsbeiträge		
				Soll [€/Mon]	Abweichung [€/Mon]	Ist [€/Mon]		Soll [€/Mon]	Abweichung [€/Mon]	Ist [€/Mon]	Soll [€/Mon]	Abweichung [€/Mon]	Ist [€/Mon]
I.1	2.200	420,00	416,42	924.000	-7.876	916.124	216,80	476.960	15.942	492.902	447.040	-23.818	423.222
I.2	2.400	435,00	429,16	1.044.000	-14.016	1.029.984	239,00	573.600	19.400	593.000	470.400	-33.416	436.984
I.3	3.000	465,00	471,20	1.395.000	18.600	1.413.600	256,00	768.000	25.491	793.491	627.000	-6.891	620.109
Produktgrp. I	7.600			3.363.000	-3.292	3.359.708		1.818.560	60.833	1.879.393	1.544.440	-64.125	1.480.315
II.1	1.200	455,00	458,73	546.000	4.476	550.476	285,90	343.080	11.417	354.497	202.920	-6.941	195.979
II.2	1.400	482,50	480,30	675.500	-3.080	672.420	308,60	432.040	14.562	446.602	243.460	-17.642	225.818
II.3	1.800	475,00	479,36	855.000	7.848	862.848	314,90	566.820	18.765	585.585	288.180	-10.917	277.263
II.4	1.000	520,00	521,25	520.000	1.250	521.250	325,00	325.000	10.697	335.697	195.000	-9.447	185.553
Produktgrp. II	5.400			2.596.500	10.494	2.606.994		1.666.940	55.441	1.722.381	929.560	-44.947	884.613
III.1	3.600	390,00	382,95	1.404.000	-25.380	1.378.620	239,20	861.120	29.058	890.178	542.880	-54.438	488.442
III.2	4.400	415,00	412,60	1.826.000	-10.560	1.815.440	297,90	1.310.760	44.635	1.355.395	515.240	-55.195	460.045
III.3	4.300	390,00	389,48	1.677.000	-2.236	1.674.764	210,70	906.010	30.449	936.459	770.990	-32.685	738.305
Produktgrp. III	12.300			4.907.000	-38.176	4.868.824		3.077.890	104.142	3.182.032	1.829.110	-142.318	1.686.792
Summe				**10.866.500**	**-30.974**	**10.835.526**		**6.563.390**	**220.416**	**6.783.806**	**4.303.110**	**-251.390**	**4.051.720**
Planfixkosten													3.271.519
Abweichung Fixkosten u. nicht zurechenbare Kostenabweichungen													68.932
Ergebnis													**711.269**

Tabelle 6.22: Beispiel zur Artikelergebnisrechnung (Ermittlung des Periodenergebnisses)

Von der Summe der Deckungsbeiträge werden zur Gewinnermittlung noch die Fixkosten, die in Planfixkosten und Fixkostenabweichungen unterschieden werden, und eventuell anfallende nicht zurechenbare Kostenabweichungen subtrahiert.

Im Beispiel ist der tatsächliche Gewinn des betrachteten Monats um 340.998 €/Mon niedriger als der geplante Gewinn. Von diesem Gewinnunterschied entfallen 220.415 €/Mon auf die Abweichungen der proportionalen Kosten und 68.932 €/Mon auf Abweichungen der Fixkosten und nicht zurechenbare Kostenabweichungen. Die verbleibende Gewinndifferenz ist durch die Erlösseite verursacht, wobei 30.990 €/Mon auf außerplanmäßig niedrige Verkaufspreise zurückzuführen sind und der Restbetrag in Höhe von 20.660 €/Mon auf verminderte Deckungsbeiträge infolge geringerer Absatzmengen als geplant.[14]

Abschließend sollen die Vor- und Nachteile der Artikelergebnisrechnung im Vergleich zur nachfolgend zu behandelnden geschlossenen Kostenträgererfolgsrechnung dargestellt werden. Das Verfahren weist folgende Vorteile auf:[15]

1. Wie das Beispiel zeigt, ist die Artikelergebnisrechnung einfach im Aufbau und in der Anwendung und daher mit geringem Erfassungs- und Rechenaufwand durchführbar.
2. Wegen dieser Einfachheit ist die Artikelergebnisrechnung für beliebig kurze Perioden anwendbar, d.h. es können auch wöchentliche oder gar tägliche Ergebnisse ausgewiesen werden.
3. Es besteht eine hohe Auswertungsflexibilität nach relevanten Absatzmerkmalen wie Erzeugnissen und Erzeugnisgruppen, Kunden- und Kundengruppen, regionalen Aspekten, Vertreterbezirken etc.
4. Die Gründe für Gewinnabweichungen können auf der Ebene der einzelnen Erzeugnisse nach den verschiedenen Abweichungsursachen getrennt ausgewiesenen werden.

Als Nachteile des Verfahrens sind zu nennen:

1. Es erfolgt keine monatsbezogene Abstimmung der Erfolgsrechnung mit den vorgelagerten Teilsystemen der Kostenrechnung, d.h. die tatsächlich im Abrechnungsmonat angefallenen Istkosten werden bei diesem Verfahren nicht ausgewiesen. Dies hat zum einen zur Folge, dass die Gewinnermittlung wegen der näherungsweisen Verrechnung der Kostenabweichungen nicht vollständig richtig sein kann, zum zweiten werden durch die fehlende Abstimmung eventuell auftretende Erfassungs- und Kontierungsfehler nicht erkannt.
2. Das Verfahren verzichtet auf eine rechnerische Bestandsführung der Halb- und Fertigfabrikatebestände. Abgesehen von den beschriebenen hieraus resultierenden Problemen der fehlenden Abstimmung der Teilgebiete der Kosten- und Leistungsrechnung und der ungenauen Verrechnung der Kostenabweichungen, haben rechnerische Bestände einen eigenständigen Informationswert für die Unternehmensführung. In Beständen ist zum einen Kapital gebunden, das sich einer anderweiti-

[14] Zur Aufspaltung von Gewinnabweichungen in Abweichungsursachen vgl. L. Hans u. V. Warschburger, (Controlling 1999), S. 338 ff.

[15] Zu den Vor- und Nachteilen der Artikelergebnisrechnung vgl. auch W. Kilger, (Plankostenrechnung 1992), S. 674 f.; L. Hans u. V. Warschburger, (Controlling 1999), S. 341 f.

gen Verzinsung entzieht, zum zweiten können durch hohe Bestände Unzulänglichkeiten und damit Unwirtschaftlichkeiten der Fertigungs- und Logistikprozesse überdeckt werden. In der Praxis ist daher ein eigenständiges Bestandscontrolling üblich, welches den rechnerischen Ausweis der Halb- und Fertigfabrikatebestände voraussetzt.[16]

Der letztgenannte Nachteil ist bei der Herstellung von Produkten mit starken Saisonschwankungen der Absatzmengen von besonderer Bedeutung. Hier kann es vorkommen, dass in manchen Monaten nur geringer oder kein Umsatz erzielt wird, so dass die unzulängliche Abgrenzung der Herstellkostenabweichungen besonders gravierende Auswirkungen hat. In Unternehmen mit Einzelfertigung ist das Verfahren nicht anwendbar, da hier keine periodenbezogenen Plankalkulationen vorliegen, sondern auftragsbezogene Vorkalkulationen erstellt werden. Die Istkosten werden für die Zwecke der Nachkalkulation den einzelnen Aufträgen vollständig belastet, was eine rechnerische Bestandsführung der in Arbeit befindlichen Aufträge bedingt.

6.4.2 Die geschlossene Kostenträgererfolgsrechnung

Das zweite Verfahren der Deckungsbeitragsrechnung wird als geschlossene Kostenträgererfolgsrechnung bezeichnet. Im Gegensatz zur Artikelergebnisrechnung erfolgt hier zum einen eine vollständige Abstimmung der erfolgswirksam verrechneten Kosten mit den in der Kostenarten- und Kostenstellenrechnung angefallen Kosten, zum zweiten nimmt das Verfahren einen rechnerischen Ausweis der Halb- und Fertigfabrikatebestände vor. Die Abstimmung und die Bestandsführung erfolgen dabei in vorgeschalteten eigenständigen Rechnungen, so dass sich die geschlossene Kostenträgererfolgsrechnung aus den folgenden drei Teilgebieten zusammensetzt:

1. Betriebsleistungsrechnung,
2. Bestandsrechnung,
3. Erfolgsrechnung.

In allen Teilgebieten werden die Kostenpositionen als Sollkosten und anteilige Kostenabweichungen ausgewiesen. Ein weiteres Merkmal der geschlossenen Kostenträgerrechnung besteht darin, dass wegen ihres komplexen Aufbaus im Allgemeinen eine Differenzierung nach einzelnen Erzeugnissen nicht mehr möglich ist; man beschränkt sich auf eine Erfolgsermittlung für einzelne Produktgruppen. Übersicht 6.2 zeigt die einzelnen Elemente der drei Teilsysteme der geschlossenen Kostenträgererfolgsrechnung.

Die Aufgabe der **Betriebsleistungsrechnung** besteht in der Abstimmung der Erfolgsrechnung mit der vorgeschalteten Kostenarten- und Kostenstellenrechnung. In ihr erfolgt der Ausweis der proportionalen Herstellkosten der Istproduktion getrennt nach Sollkosten und angefallenen Kostenabweichungen.

Übersicht 6.2 zeigt, dass als Erstes die Sollkosten der Einzelmaterialkosten sowie der Kostenstellen des Material- und Fertigungsbereiches und eventuell angesetzte Sondereinzelkosten der Fertigung ausgewiesen werden. Als Summe erhält man die proportionalen Sollherstellkosten der Istproduktion. Anschließend werden die im Rahmen der Kostenkontrolle ermittelten Preis-, Tarif- und Verbrauchsabweichungen sowie die

[16] Zur Planung und Kontrolle der Lagerbestände vgl. L. Hans u. V. Warschburger, (Controlling 1999), S. 261 ff.

Abweichungen zwischen Kostenstellenrechnung und Kalkulation aufgeführt. In der letzten Zeile der Betriebsleistungsrechnung werden dann die gesamten Abweichungen im Bereich der Herstellkosten ausgewiesen.

1. Betriebsleistungsrechnung

Soll-Einzelmaterialkosten
\+ proportionale Soll-Materialgemeinkosten
\+ proportionale Soll-Fertigungskosten
\+ Soll-Sondereinzelkosten der Fertigung
= Soll-Herstellkosten der Istproduktion (= Betriebsleistung)

Einzelmaterialkostenabweichungen
\+ Abweichungen der Material- u. Fertigungskostenstellen
\+ Abweichungen der Sondereinzelkosten der Fertigung
\+ Abweichungen zwischen Kalkulation und Kostenstellenrechnung
= Herstellkostenabweichung der Istproduktion

2. Bestandsrechnung

Anfangsbestand zu proportionalen Plan-Herstellkosten
\+ Zugang zu proportionalen Plan-Herstellkosten
./. Abgang zu proportionalen Plan-Herstellkosten
= Endbestand zu proportionalen Plan-Herstellkosten

Anfangsbestand Herstellkostenabweichung
\+ Zugang Herstellkostenabweichung
./. Abgang Herstellkostenabweichung
= Endbestand Herstellkostenabweichung

3. Erfolgsrechnung

Erlös zu Planpreisen
\+ Erlösabweichungen
./. proportionale Soll-Herstellkosten des Umsatzes
./. zurechenbare Herstellkostenabweichung
./. proportionale Soll-Verwaltungs- u. Vertriebskosten
./. Abweichungen Verwaltungs- u. Vertriebskosten
= Ist-Deckungsbeiträge
./. Plan-Fixkosten
./. Abweichung fixe Kosten
./. Nicht zurechenbare Kostenabweichung
= **Betriebsergebnis**

Übersicht 6.2: Aufbau der geschlossenen Kostenträgererfolgsrechnung

Die Summe der proportionalen Sollkosten und die Summe der Kostenabweichungen werden getrennt als Kostenzugänge in die **Bestandsrechnung** übernommen, in der als Erstes die Endbestände des Vormonats als Anfangsbestände des aktuellen zu übertragen sind. Von der Summe aus Anfangsbeständen und Kostenzugängen werden dann die Kostenabgänge subtrahiert, um die rechnerischen Endbestände zu proportionalen Sollkosten und zu Kostenabweichungen zu erhalten. Der Abgang zu Sollkosten ergibt sich dabei als Produkt aus den Planherstellkosten pro Stück laut Plankalkulation und den fakturierten Istabsatzmengen. Bezeichnen wir die proportionalen Sollherstellkosten des Umsatzes mit K_{HPU}, die proportionalen Planherstellkosten pro Stück mit k_{HPj} und die Istabsatzmengen mit x_{Aj}, so gilt:

$$K_{HPU} = \sum_{j=1}^{n} k_{HPj} \cdot x_{Aj}$$

Die Abgänge der Herstellkostenabweichungen erhält man, indem die Summe aus Anfangsbestand und Zugang der Herstellkostenabweichungen prozentual auf die Abgänge und den Endbestand zu Sollherstellkosten verteilt wird. Für die Abgänge der Herstellkostenabweichung gilt damit folgende Bestimmungsgleichung:

$$\text{Abgang Herstellkostenabweichung} = \frac{\text{Anfangsbest.+Zugang Herstellkostenabw.}}{\text{Anfangsbest.+Zugang Sollherstellkosten}} \cdot \text{Abgang Sollherstellkosten}$$

Nach Subtraktion der jeweiligen Abgänge erhält man die rechnerischen Endbestände der Halb- und Fertigfabrikate. Für diese gilt folgende Gleichung:

$$\text{Endbestand} = \text{Anfangsbestand} + \text{Zugänge} - \text{Abgänge}$$

In der Praxis ist es im Allgemeinen erforderlich, die Bestandsrechnung weiter zu differenzieren, indem für die sich im Fertigungsumlauf befindlichen Halbfabrikate und die im Fertigwarenlager liegenden Enderzeugnisse getrennte Bestände ausgewiesen werden.[17] Hier muss die Betriebsdatenerfassung monatlich neben den Absatzmengen den mengenmäßigen Zugang zum Fertigwarenlager angeben. Bewertet man diesen mit den Planherstellkosten, so ergibt sich der Abgang der Halbfabrikatebestände und der Zugang zum Fertigwarenlager zu Sollherstellkosten; die anteiligen Kostenabweichungen errechnen sich analog zur obigen Gleichung.

Im dritten Teilbereich der geschlossenen Kostenträgerrechnung, der **Erfolgsrechnung**, wird die eigentliche Gewinnermittlung durchgeführt. Als Erstes werden die Umsätze getrennt nach Planerlösen und Erlösabweichungen ausgewiesen. Von diesen werden zunächst die proportionalen Sollherstellkosten des Umsatzes, d.h. der Abgang Sollherstellkosten aus der Bestandsrechnung, und die anteiligen Herstellkostenabweichungen subtrahiert. Im Weiteren sind die Verwaltungs- und Vertriebsgemeinkosten und die Sondereinzelkosten des Vertriebs zu berücksichtigen, wobei auch hier Sollkosten und angefallene Preis-, Tarif- und Verbrauchsabweichungen getrennt ausgewiesen werden. Zur Ermittlung des Betriebsergebnisses werden dann von den Ist-Deckungsbeiträgen der Produktgruppen die Fixkosten, wiederum differenziert in Plankosten und Kostenabweichungen, sowie die nicht zurechenbaren Kostenabweichungen subtrahiert.

In der Betriebsleistungsrechnung ist eine Besonderheit zu beachten, wenn Abweichungen zwischen Kalkulation und Kostenstellenrechnung zu berücksichtigen sind, z.B. Verfahrens-, Seriengrößen- oder Bezugsartenabweichungen. Wie in Abschnitt 5.4 dargelegt, sind diese Abweichungen darauf zurückzuführen, dass von den Annahmen, die

[17] Vgl. W. Kilger, (Plankostenrechnung 1992), S. 683 ff.

beim Aufbau der Plankalkulationen bezüglich des Produktionsvollzuges getroffen wurden, im Ist abgewichen wird.

Hierbei ist zu beachten, dass der Errechnung der Sollkosten der betreffenden Fertigungsstellen die tatsächlichen Produktionsbedingungen (Verfahren, Seriengrößen etc.) zugrunde gelegt werden, d.h. innerhalb der Kostenstellenrechnung spielen die Abweichungen keine Rolle, sondern sie stellen eine Differenz zwischen den Sollkosten und den über die Plankalkulationen verrechnet Kosten dar.

Würde man nun in der Betriebsleistungsrechnung diese Abweichungen einfach additiv berücksichtigen, so wären die betreffenden Mehrkosten doppelt angesetzt, da sie schon in den proportionalen Sollkosten enthalten sind. Andererseits ist ein gesonderter Ausweis der Abweichungen wegen einer richtigen Bestandsabgrenzung notwendig, da, wie oben gesehen, die Bestandsabgänge anhand der Sollkosten laut Plankalkulation errechnet werden.

Die Lösung dieses Problems ist einfach, wenn die tatsächlichen Produktionsmengen der Produkte in den einzelnen Fertigungsstellen monatlich bekannt sind; dann können die über die Plankalkulation gedeckten Sollfertigungskosten anhand der entsprechenden Kalkulationsdaten unmittelbar errechnet werden. Die Summe aus den über die Plankalkulationen gedeckten Sollkosten und den Abweichungen zwischen Kalkulation und Kostenstellenrechnung muss dann den proportionalen Sollkosten des Soll-Ist-Vergleiches entsprechen.

In Unternehmen, in denen die Betriebsdatenerfassung aufgrund der hohen Erzeugnisvielfalt oder wegen nicht ausreichender Erfassungssysteme nicht in der Lage ist, die tatsächlichen Produktionsmengen der Stellen auszuweisen, werden die Sollkosten der Kostenstellenrechnung pauschal den Kostenträgergruppen zugeordnet. Hier ist es erforderlich, die Abweichungen zwischen Kalkulation und Kostenstellenrechnung in der Betriebsleistungsrechnung einmal von den Sollkosten der Kostenstellenrechnung zu subtrahieren und sie dann als gesonderte Kostenabweichung auszuweisen.

Damit wird auch in diesem Fall sichergestellt, dass den proportionalen Sollkosten der Betriebsleistungsrechnung, die als Kostenzugang in die Bestandsrechnung übernommen werden, der gleiche Plan-Produktionsvollzug zugrunde liegt wie dem Kostenabgang, d.h. dem Produkt aus proportionalen Herstellkosten laut Plankalkulation und Istabsatzmengen.

In Übersicht 6.3 sind die Modifikationen der Betriebsleistungsrechnung dargestellt, die erforderlich sind, wenn Abweichungen zwischen Kalkulation und Kostenstellenrechnung auftreten und die Sollkosten der Fertigungsstellen unmittelbar in die Berechnung einfließen. Die Unterschiede zum ursprünglichen Berechnungsschema sind dabei kursiv hervorgehoben.

Betriebsleistungsrechnung	
	Soll-Einzelmaterialkosten
+	proportionale Soll-Materialgemeinkosten
+	proportionale Soll-Fertigungskosten
+	Soll-Sondereinzelkosten der Fertigung
./.	***Abweichungen zwischen Plankalkulation und Kostenstellenrechnung***
=	***Soll-Herstellkosten der Istproduktion (auf Basis Plankalkulation)***
	Einzelmaterialkostenabweichungen
+	Abweichungen der Material- u. Fertigungskostenstellen
+	Abweichungen der Sondereinzelkosten der Fertigung
+	Abweichungen zwischen Plankalkulation und Kostenstellenrechnung
=	Herstellkostenabweichung der Istproduktion

Übersicht 6.3: Betriebsleistungsrechnung bei Abweichungen zwischen Kalkulation und Kostenstellenrechnung

Die beschriebene Problematik wollen wir an einem einfachen Beispiel einer Verfahrensabweichung verdeutlichen. Nehmen wir an, ein Erzeugnis wird nur in einer Kostenstelle bearbeitet, dessen proportionale Planherstellkosten 13,20 €/Stück betragen. Die Bearbeitung kann aber auch in einer zweiten Fertigungsstelle erfolgen, hier betragen die proportionalen Stückkosten 20,40 €/Stück. Aufgrund eines Maschinenschadens muss die gesamte Monatsproduktion in Höhe von 10.000 Stück/Mon auf dem Ausweichverfahren gefertigt werden. Die Absatzmenge beträgt im betreffenden Monat 8.000 Stück/Mon.

Als Abweichung zwischen Kalkulation und Kostenstellenrechnung wird in diesem Fall folgende Verfahrensabweichung erfasst:

$$\text{Verfahrensabweichung} = (20{,}40 - 13{,}20) \cdot 10.000 = 72.000 \text{ €/Mon}$$

In der ursprünglich geplanten Kostenstelle sind die proportionalen Sollkosten gleich Null, in der Ausweichstelle betragen sie:

$$\text{Proportionale Sollkosten} = 20{,}40 \cdot 10.000 = 204.000 \text{ €/Mon}$$

Gehen wir davon aus, dass keine weiteren Kostenabweichungen auftreten, so würden ohne Korrektur in der Betriebsleistungsrechnung folgende Beträge angesetzt:

Sollkosten:	204.000 €/Mon
Verfahrensabweichung:	72.000 €/Mon

Damit wäre die Verfahrensabweichung fälschlicherweise in der Betriebsleistungsrechnung zweimal berücksichtigt. Um dies zu vermeiden, müssen die Sollkosten der Kostenstellenrechnung zuerst um diese Abweichung korrigiert werden, dann können korrigierte Sollkosten und Verfahrensabweichung als Zugänge in die Bestandsrechnung übernommen werden.

Korrigierte Sollkosten:	132.000 €/Mon	(Zugang Sollherstellkosten)
Verfahrensabweichung:	72.000 €/Mon	(Zugang Kostenabweichungen)

Werden nun 8.000 Stück/Mon verkauft, so wird der Bestandsabgang mit Hilfe der Planherstellkosten gemäß Plankalkulation ermittelt; man erhält:

$$\text{Sollherstellkosten des Umsatzes} = 13{,}20 \cdot 8.000 = 105.600 \text{ €/Mon}$$

Der Abgang der Herstellkostenabweichungen ergibt sich dann nach der obigen Gleichung als:

$$\text{Abgang Abweichungen} = \frac{72.000}{132.000} \cdot 105.600 = 57.600 \text{ €/Mon}$$

Gehen wir davon aus, dass keine Anfangsbestände vorlagen, so bleiben als Endbestände:

Endbestand Sollherstellkosten:	26.400 €/Mon
Endbestand Kostenabweichungen:	14.400 €/Mon

Dividiert man die Summe der Bestandswerte durch die Lagermenge von 2.000 Stück, so ergeben sich die proportionalen Herstellkosten des Ausweichverfahrens von 20,40 €/Stück. Damit wird deutlich, dass die beschriebene Vorgehensweise zu richtigen Ergebnissen führt. Sie ist auch dann anwendbar, wenn die verschiedenen Arten von Kostenabweichungen gemeinsam auftreten und wenn nur ein Teil der Produktionsmengen von den Abweichungen im Produktionsvollzug betroffen ist.

Den Aufbau der geschlossenen Kostenträgererfolgsrechnung wollen wir an dem Zahlenbeispiel erläutern, für das im voranstehenden Abschnitt die Artikelergebnisrechnung aufgebaut wurde. Tabelle 6.23 zeigt den die Ergebnisrechnung mit den vorgeschalteten Teilsystemen Betriebsleistungsrechnung und Bestandsrechnung.

Die Tabelle zeigt zunächst, dass in der geschlossenen Kostenträgererfolgsrechnung der Ergebnisausweis nicht mehr für die einzelnen Produkte erfolgt, der umfangreiche Aufbau lässt nur noch eine Differenzierung nach Produktgruppen zu.

In der Betriebsleistungsrechnung werden als Erstes die Sollkosten der Einzelmaterialkosten und der Material- und Fertigungsgemeinkosten übernommen; es folgen die verschiedenen Kategorien der in der Kostenkontrolle ermittelten Kostenabweichungen. Bei den Fertigungsgemeinkosten wurde unterstellt, dass die Istproduktionsmengen vorliegen und damit die über die Plankalkulation verrechnet Sollkosten angesetzt werden können.

	Nr.	Bezeichung	Summe	Produktgruppe		
				I	II	III
Betriebsleistungsrechnung	1	Solleinzelmaterialkosten	1.593.680	465.848	491.449	636.383
	2	Prop. Soll-Materialgemeinkosten	154.697	46.202	48.639	59.856
	3	Prop. Soll-Fertigungskosten	4.254.532	1.164.946	1.067.691	2.021.895
	4	Soll-Sondereinzelk. d. Fertigung				
	5	**Prop. Sollherstellkosten**	**6.002.909**	**1.676.996**	**1.607.779**	**2.718.134**
	6	Verbrauchsabweichung Einzelmaterial	23.905	6.988	7.372	9.546
	7	Preisabweichungen Einzelmaterial	14.343	4.193	4.423	5.727
	8	Preisabweichung Sonstige	9.437	2.607	2.427	4.403
	9	Tarifabweichungen	17.791	4.891	4.514	8.387
	10	Verbrauchsabweichung Kostenstellen	111.313	30.602	28.249	52.463
	11	Verfahrensabweichung	12.764	3.495	3.203	6.066
	12	Seriengrößenabweichung	4.255	1.165	1.068	2.022
	13	**Summe Herstellkostenabweichungen**	**193.808**	**53.940**	**51.255**	**88.613**
Bestandsrechnung	14	Anfangsbestand prop. Sollherstellkosten	2.659.825	737.555	687.294	1.234.976
	15	Zugang prop. Sollherstellkosten	6.002.909	1.676.996	1.607.779	2.718.134
	16	Abgang prop. Sollherstellkosten	5.910.722	1.639.010	1.527.320	2.744.392
	17	Endbestand prop. Sollkostenkosten	2.752.012	775.541	767.753	1.208.718
	18	Anfangsbestand Herstellkostenabw.	85.895	23.723	21.911	40.261
	19	Zugang Herstellkostenabweichungen	193.808	53.940	51.255	88.613
	20	Abgang Herstellkostenabweichungen	190.877	52.718	48.690	89.469
	21	Endbestand Herstellkostenabweichungen	88.826	24.945	24.476	39.405
Erfolgsrechnung	22	Sollerlöse	10.866.500	3.363.000	2.596.500	4.907.000
	23	Erlösabweichungen	-30.974	-3.292	10.494	-38.176
	24	**Isterlöse**	**10.835.526**	**3.359.708**	**2.606.994**	**4.868.824**
	25	Prop. Sollherstellkosten d. Umsatzes	5.910.722	1.639.010	1.527.320	2.744.392
	26	Zurechenbare Herstellkostenabweich.	190.877	52.718	48.690	89.469
	27	Soll-V.u.V.-Gemeinkosten	569.165	157.312	123.726	288.127
	28	Kostenabweichungen V.u.V.-Stellen	13.659	3.775	2.969	6.915
	29	Soll-Sondereinzelk.d. Vertriebs	83.503	22.238	15.894	45.371
	30	Abweich. Sondereinzelk.d. Vertriebs	2.088	556	397	1.135
	31	**Selbstkosten des Umsatzes**	**6.770.014**	**1.875.609**	**1.718.997**	**3.175.408**
	32	**Dechungsbeitrag**	**4.065.512**	**1.484.099**	**887.997**	**1.693.416**
	33	Deckungsbeitrag in % v. Umsatz	37,5%	44,2%	34,1%	34,8%
	34	Plan-Fixkosten	3.271.519			
	35	Abweichung Fixkosten	62.425			
	36	Nichtzurechenbare Kostenabweichungen	6.508			
	37	**Betriebsergebnis**	**725.061**			

Tabelle 6.23: Beispiel zur geschlossenen Kostenträgererfolgsrechnung

In einer Abstimmungsrechnung ist zu prüfen, ob die im Soll-Ist-Vergleich angefallenen Sollkosten mit der Summe aus den ausgewiesenen Sollkosten und der Verfahrens- und Seriengrößenabweichung übereinstimmen, d.h. es müssen in dem betreffenden Monat im Soll-Ist-Vergleich Sollkosten der Fertigungsstellen in folgender Höhe angefallen sein:

Sollfertigungskosten Soll-Ist-Vergleich = 4.254.532 + 12.764 + 4.255 = 4.271.551 €/Mon

Die Summen der Sollherstellkosten und der Herstellkostenabweichungen werden als Kostenzugänge in die Bestandsrechnung übernommen, wo sie neben den Anfangsbeständen, die den Endbeständen des Vormonats entsprechen, ausgewiesen werden. Die Abgänge der Sollherstellkosten errechnen sich aus den fakturierten Istabsatzmengen der einzelnen Produkte und den Planherstellkosten pro Stück laut Plankalkulation; sie werden zu den Produktgruppen zusammengefasst. Die Summe aus Anfangsbeständen und Zugängen der Kostenabweichungen wird, wie oben beschrieben, anteilig auf den Abgang und den Endstand zu Sollkosten aufgeteilt. Der Abgang Kostenabweichungen der Produktgruppe I ergibt sich damit wie folgt:

$$\text{Abgang HK-Abweich. Prod.grp. I} = \frac{23.723+53.940}{737.555+1.676.996} \cdot 1.639.010 = 52.718\ \text{€/Mon}$$

Die Endbestände ergeben sich, indem die Kostenabgänge von der Summe aus Anfangsbeständen und Zugängen subtrahiert werden.

In der Erfolgsrechnung werden zunächst die Erlöse differenziert nach Sollerlösen und Erlösabweichungen ausgewiesen; diese stimmen mit den entsprechenden Beträgen der Artikelergebnisrechnung in Tabelle 6.22 überein. Von den Isterlösen werden dann die proportionalen Herstellkosten des Umsatzes, d.h. die Kostenabgänge der Bestandsrechnung, und die gesamten Verwaltungs- und Vertriebskosten subtrahiert. Das Betriebsergebnis erhält man, indem die Summe der Deckungsbeiträge der drei Produktgruppen um die Fixkosten und die nicht den Kostenträgern zurechenbaren Kostenabweichungen vermindert wird.

Ein Vergleich des Periodenerfolges der geschlossenen Kostenträgererfolgsrechnung mit dem der Artikelergebnisrechnung zeigt, dass die Gewinne nicht übereinstimmen; der Gewinn der geschlossenen Kostenträgerrechnung ist um 13.790 €/Mon höher als derjenige der Artikelergebnisrechnung. Dies ist darauf zurückzuführen, dass die Artikelergebnisrechnung die angefallenen Kostenabweichungen nicht exakt verrechnet, sondern mit normalisierten Abweichungsprozentsätzen arbeitet, während in der geschlossenen Kostenträgerrechnung die tatsächlich angefallenen Kostenabweichungen erfasst und auch bestandsmäßig abgegrenzt werden.

Die geschlossene Kostenträgererfolgsrechnung weist im Vergleich zur Artikelergebnisrechnung folgende Vorteile auf:

1. Es erfolgt eine exakte Abstimmung der kurzfristigen Erfolgsrechnung mit der Kostenarten- und Kostenstellenrechnung. Hierdurch ergibt sich zum einen ein genauer Gewinnausweis, zum zweiten können eventuell auftretende Erfassungs- und Verrechnungsfehler besser erkannt werden.
2. Es erfolgt eine genaue Verrechnung der Kostenabweichungen auf die Kostenträger und eine exakte Abgrenzung der erfolgswirksam zu verrechnenden und den Beständen zuzuordnenden Kostenabweichungen.
3. Es wird ein laufender Überblick über die Bestandsentwicklung der Halb- und Fertigfabrikatebestände geliefert. Dies ist einerseits Voraussetzung für ein Bestandscontrolling, andererseits sind nicht plausible Veränderungen der rechnerischen Bestände häufig ein Hinweis für Fehler in der Kostenerfassung und Kostenverrechnung, denen dann entsprechend nachgegangen werden kann.

Als Nachteile des Verfahrens gegenüber der Artikelergebnisrechnung sind folgende Sachverhalte anzuführen:

1. Die geschlossene Kostenträgerrechnung ist vom Aufbau her deutlich komplizierter als die Artikelergebnisrechnung und setzt im Gegensatz zu diesem Verfahren, das mit näherungsweisen Abweichungsprozentsätzen arbeitet, den Abschluss der monatlichen Betriebsabrechnung voraus. Damit liegen die Ergebnisse erst nach etwa 10 bis 15 Arbeitstagen des Folgemonats vor; in den meisten Unternehmen wünscht die Unternehmensführung aber schnellere, dafür aber nicht vollständig exakte Aussagen über die Betriebsergebnisse.
2. Die Möglichkeiten der Differenzierung der Ergebnisse nach Erzeugnissen, Kunden und sonstigen Absatzmerkmalen sind wegen des komplexen Aufbaus sehr begrenzt, so dass die Auswertungsflexibilität deutlich geringer ist als bei der Artikelergebnisrechnung.
3. In manchen Branchen ist die beschriebene Standardform nicht anwendbar, so dass hier noch komplexere Sonderformen der Erfolgsrechnung eingesetzt werden müssen. Dies ist beispielsweise dann erforderlich, wenn bei Vor- und Zwischenprodukten im Zeitpunkt der Herstellung noch nicht feststeht, in welche Enderzeugnisse sie eingehen; hier müssen neben den Produktgruppen eigene Vorkostenträger für die Teile und Baugruppen eingerichtet werden.[18]

Vergleich man die Vor- und Nachteile beider Verfahren der Deckungsbeitragsrechnung, so ist in allen Fällen, in denen dies möglich ist, zu empfehlen, beide Verfahren nebeneinander anzuwenden. Die Artikelergebnisrechnung liefert dann schnelle Ergebnisse, die darüber hinaus einen hohen Differenzierungsgrad und eine hohe Auswertungsflexibilität besitzen, dafür allerdings etwas ungenau sind. Die geschlossene Kostenträgererfolgsrechnung bringt mit einer zeitlichen Verzögerung die exakten, mit den Vorsystemen der Kostenrechnung abgestimmten Betriebserfolge.

6.5 Die mehrstufige Deckungsbeitragsrechnung

Den beschriebenen Formen der Deckungsbeitragsrechnung ist gemeinsam, dass die Fixkosten über alle Kostenstellen addiert und dann pauschal von der Summe der Deckungsbeiträge subtrahiert werden. Die mehrstufige Deckungsbeitragsrechnung versucht nun, zusätzliche Informationen über die Erfolgsbeiträge der einzelnen Produkte und Produktgruppen dadurch zu liefern, dass die fixen Kosten nach ihrer Erzeugisnähe differenziert und dementsprechend den Kostenträgern bzw. Kostenträgergruppen zugerechnet werden.[19] Dabei werden die Fixkosten in folgende Kategorien unterteilt:

1. **Erzeugnisfixkosten**
   Diese fallen für betriebliche Teilkapazitäten an, auf denen nur eine Produktart hergestellt wird. Beispiele sind die fixen Abschreibungen einer Sondermaschine oder Pauschallizenzen für die Herstellung eines Produktes.

---

[18] Zu diesen Sonderformen vgl. W. Kilger, (Plankostenrechnung 1992), S. 687 ff.

[19] Die mehrstufige Deckungsbeitragsrechnung wurde von K Aghte und K. Mellerowicz entwickelt, vgl. K. Aghte, (Fixkostendeckung 1959) u. K. Mellerowicz, (Kalkulationsverfahren 1972), S. 187 ff.

2. **Erzeugnisgruppen-Fixkosten**
   Hierunter versteht man die Fixkosten von Kostenstellenbereichen, in denen jeweils eine Produktgruppe bearbeitet oder betreut wird, z.B. Abschreibungen und Flächenkosten oder die Kosten von Vertriebsmitarbeitern, die für einen bestimmten Sortimentsbereich zuständig sind.

3. **Bereichsfixkosten**
   Dies sind die Bereitschaftskosten spezieller Werksbereiche oder eigenständiger Werke eines Großunternehmens, z.B. die Flächenkosten der allgemeinen Bereiche, wie Außenanlagen u.ä., und die Gehälter der Bereichs- oder Werkleitung.

4. **Unternehmensfixkosten**
   Alle nicht zurechenbare Fixkosten werden dieser Kategorie zugeordnet; dies sind insbesondere die Kosten der Unternehmensleitung und der Zentralbereiche.

In der praktischen Durchführung dieser Systematisierung müssen die Fixkosten der einzelnen Kostenstellen den genannten Kategorien geordnet werden. Dies wird in manchen Fällen pauschal möglich sein, d.h. die Fixkosten der betreffenden Stelle lassen sich vollständig einer Kategorie zurechnen. Es wird aber auch vorkommen, dass eine kostenartenweise Analyse der Fixkosten einer Stelle notwendig ist, es ist sogar denkbar, dass die Beträge einer Kostenart aufgespalten werden müssen, z.B. wenn sich in einer Kostenstelle neben einem Spezialaggregat Maschinen befinden, die von mehreren Produkten genutzt werden.

Liegen die Fixkosten nach den einzelnen Kategorien differenziert vor, so wird die Ergebnisrechnung nach folgendem Schema aufgebaut:

	Verkaufserlöse der Produkte
-	Proportionale Selbstkosten des Umsatzes
=	Deckungsbeitrag I
-	Erzeugnisfixkosten
=	Deckungsbeitrag II
-	Erzeugnisgruppen-Fixkosten
=	Deckungsbeitrag III
-	Bereichsfixkosten
=	Deckungsbeitrag IV
-	Allgemeine Unternehmensfixkosten
=	Gewinn

Anhand der Deckungsbeiträge II bis IV kann nun festgestellt werden, ob die einzelnen Produkte, Produktgruppen und Unternehmensteilbereiche in der Lage sind, die ihnen zurechenbaren Fixkosten zu decken und somit einen positiven Erfolgsbeitrag zu erbringen. Dies kann Anhaltspunkte für Rationalisierungsmaßnahmen in den betreffenden Bereichen oder auch für Stilllegungsentscheidungen liefern.

In Tabelle 6.24 haben wir ein Beispiel zur mehrstufigen Deckungsbeitragsrechnung wiedergegeben. Dabei wird das oben dargestellte Beispiel zu Artikelergebnisrechnung und geschlossener Kostenträgererfolgsrechnung um einen zweiten Werksbereich erweitert, in dem ebenfalls drei Produktgruppen mit unterschiedlicher Anzahl von Einzelerzeugnissen hergestellt werden. In der Tabelle werden zunächst die regulären Deckungsbeiträge der Produkte und Produktgruppen ausgewiesen. Anschließend werden die Fixkosten nach ihrer Erzeugnisnähe gemäß dem angegebenen Berechnungsschema den Produkten, Produktgruppen und den beiden Werken zugeordnet und die entsprechenden Kategorien der Deckungsbeiträge errechnet. Von der Summe der Deckungsbeiträge IV der beiden Werke werden in der vorletzten Zeile die allgemeinen Unternehmensfixkosten subtrahiert, um den Unternehmensgewinn für den betreffenden Monat zu erhalten.

Produkt-art	Deckungs-beitrag I [€/Mon]	Erzeugnis-fixkosten [€/Mon]	Deckungs-beitrag II [€/Mon]	Erzeugnisgruppenfixkosten [€/Mon]	Deckungs-beitrag III [€/Mon]	Bereichs-fixkosten [€/Mon]	Deckungs-beitrag IV [€/Mon]
I.1	423.222	41.230	381.992				
I.2	436.984		436.984				
I.3	620.109	87.420	532.689				
Produktgrp. I	1.480.315	128.650	1.351.665	410.820	940.845		
II.1	195.979	45.330	150.649				
II.2	225.818	38.060	187.758				
II.3	277.263		277.263				
II.4	185.553	36.110	149.443				
Produktgrp. II	884.613	119.500	765.113	311.020	454.093		
III.1	488.442		488.442				
III.2	460.045	41.770	418.275				
III.3	738.305	102.860	635.445				
Produktgrp. III	1.686.792	144.630	1.542.162	498.110	1.044.052		
Summe Werk A	**4.051.720**	**392.780**	**3.658.940**	**1.219.950**	**2.438.990**	**1.292.502**	**1.146.488**
IV.1	376.023	48.672	327.351				
IV.2	400.096	82.865	317.231				
IV.3	581.865	120.648	461.217				
IV.4	433.831	75.906	357.925				
Produktgrp. IV	1.791.815	328.091	1.463.724	481.175	982.549		
V.1	109.621	48.939	60.682				
V.2	130.465	38.880	91.585				
V.3	153.736	79.225	74.511				
Produktgrp. V	393.822	167.044	226.778	298.350	-71.572		
VI.1	408.477		408.477				
VI.2	328.046	26.819	301.227				
VI.3	740.487	78.390	662.097				
Produktgrp. VI	1.477.010	105.209	1.371.801	373.260	998.541		
Summe Werk B	**3.662.647**	**600.344**	**3.062.303**	**1.152.785**	**1.909.518**	**879.315**	**1.030.203**
Summe Werke	**7.714.367**	**993.124**	**6.721.243**	**2.372.735**	**4.348.508**	**2.171.817**	**2.176.691**
Unternehmensfixkosten							862.281
Ergebnis							**1.314.410**

Tabelle 6.24: Beispiel zur mehrstufigen Deckungsbeitragsrechnung

Im Beispiel ist die Produktgruppe V nicht in der Lage, die ihr zugeordneten Erzeugnis- und Erzeugnisgruppen-Fixkosten zu decken; der Deckungsbeitrag III dieser Produktgruppe ist negativ. Hieraus darf aber nicht der Schluss gezogen werden, dass diese Erzeugnisgruppe sofort aus dem Sortiment zu entfernen ist. Die Erzeugnisnähe der Fixkosten sagt nämlich noch nichts über deren kurz- und mittelfristige Abbaufähigkeit aus. So fallen beispielsweise die Abschreibungen einer Spezialmaschine, auf der nur ein Produkt bearbeitet wird, auch dann noch weiter an, wenn dieses Erzeugnis aus dem Sortiment genommen wird, die Maschine aber nicht weiter veräußert werden kann oder soll. Auch ist nicht sichergestellt, dass die Fläche, auf der eine Produktgruppe hergestellt oder bearbeitet wird, nach deren Aufgabe anderweitig genutzt werden kann.

Derartige Fixkosten müssten von dem verbleibenden Sortiment gedeckt werden, falls die betreffenden Produkte oder Produktgruppen nicht mehr gefertigt werden würden. Entscheidungen über Stilllegungen haben längerfristige Auswirkungen und sind daher nicht mit dem Instrumentarium der kurzfristigen Kosten- und Leistungsrechnung zu beurteilen; hier ist ein Einsatzfeld der mehrperiodigen Investitionsrechnung.[20]

Dennoch geben die Ergebnisse der mehrstufigen Deckungsbeitragsrechnung Anhaltspunkte dafür, in welchen Produktbereichen eher unbefriedigende Ergebnissituationen vorliegen. Dies wird Anstöße für Rationalisierungsmaßnahmen und auch für Überlegungen bezüglich einer langfristigen Eliminierung derartiger Erzeugnisse nach sich ziehen.

[20] Zu den Wirtschaftlichkeitsbeurteilungen bei Stilllegungsentscheidungen vgl. L. Hans u. V. Warschburger, (Controlling 1999), S. 140 ff.

7 Instrumente des Kostenmanagements

7.1 Die Prozesskostenrechnung

7.1.1 Entstehungsgründe und Ziele der Prozesskostenrechnung

Den im zweiten Kapitel dargestellten Entwicklungsformen der Kostenrechnung ist gemeinsam, dass sie die Kosten der indirekten Unternehmensbereiche auf der Grundlage von indirekten Leistungsmaßstäben planen und weiterverrechnen. Zu diesen Bereichen zählen im Einzelnen:

- die Kostenstellen des Materialbereiches,
- der Bereich der Forschung und Entwicklung,
- die Leitungskostenstellen im Bereich der Fertigung,
- die Kostenstellen der allgemeinen Verwaltung,
- die Vertriebskostenstellen.

Die Kosten der Material-, Verwaltungs- und Vertriebsstellen werden mit Hilfe von prozentualen Zuschlägen auf die Einzelmaterialkosten bzw. die Herstellkosten des Umsatzes verrechnet. Hierbei werden in der Ist- und der Normalkostenrechnung einheitliche Zuschlagssätze für sämtliche Gemeinkosten der jeweiligen Bereiche verwendet, in der Plankostenrechnung ist die Verwendung differenzierter Zuschläge für einzelne Materialgruppen bzw. Erzeugnisgruppen üblich.[1]

Die Kosten des Bereiches Forschung und Entwicklung werden entweder ebenfalls mit Hilfe von Zuschlägen auf die Fertigungs- oder Herstellkosten verrechnet oder auf Werkaufträgen gesammelt und nach Abschluss des Auftrages den neu entwickelten Produkten oder Fertigungsverfahren belastet.

Die Leitungsstellen des Fertigungsbereiches werden als Hilfskostenstellen abgerechnet, d.h. ihre Kosten werden im Rahmen der innerbetrieblichen Leistungsverrechnung den betreuten Kostenstellen belastet, wobei die Verteilung anhand des Betreuungsaufwandes erfolgt; hier wird die Technik der Deckungsbezugsgrößen angewandt.

In Abschnitt 4.2 haben wir dargelegt, dass die Verwendung indirekter Bezugsgrößen die Anforderungen an eine verursachungsgerechte bzw. leistungsentsprechende Kostenverrechnung nicht in vollem Umfang erfüllt. Diese Ungenauigkeiten werden aber in Kauf genommen, da eventuell verwendbare direkte Leistungsmaßstäbe keinen unmittelbaren Produktbezug aufweisen und damit nicht direkt als Kalkulationsmaßstab verwendet werden können. Weiterhin bereiten diese Leistungsmaßstäbe teilweise erhebliche Erfassungsschwierigkeiten.

Die Unzulänglichkeiten der kalkulatorischen Verrechnung der Gemeinkosten indirekter Bereiche war nun der Ausgangspunkt zur Ergänzung der Plankostenrechnung um eine Prozesskostenrechnung. Das grundsätzliche Merkmal der Prozesskostenrechnung besteht dabei darin, dass die Gemeinkosten der indirekten Kostenstellen auf der Grundlage direkter Bezugsgrößen geplant und kalkulatorisch weiterverrechnet werden, wobei als Verrechnungsgrundlage die betrieblichen Prozesse dienen, d.h. die stelleninternen oder stellenübergreifenden Arbeitsabläufe.

---

[1] Vgl. hierzu unsere Ausführungen in Abschnitt 4.4.3.

Die Notwendigkeit der Prozesskostenrechnung wird von deren Vertretern weiterhin damit begründet, dass das Verfahren der traditionellen Zuschlagskalkulation angesichts der steigenden Bedeutung der Gemeinkosten ungeeignet ist.[2] Diese Kritik mag angesichts der immer noch gegebenen praktischen Verbreitung dieses Kalkulationsverfahrens ihre Berechtigung haben, aus theoretischer Sicht ist sie allerdings unverständlich, da die Mängel der Zuschlagskalkulation seit langem bekannt sind und durch die Bezugsgrößenkalkulation, der das differenzierte Bezugsgrößensystem der Plankostenrechnung zugrunde liegt, beseitigt werden können. Im Fertigungsbereich erfüllt die Bezugsgrößenkalkulation die Anforderungen einer verursachungsgerechten bzw. leistungsentsprechenden Kalkulation in vollem Umfang, Ungenauigkeiten treten allerdings, wie gesehen, in den indirekten Unternehmensbereichen auf.

Der Bedarf einer intensiveren Beschäftigung mit den Kosten der indirekten Bereiche wird mit deren gestiegener Bedeutung begründet. Für die höhere Relevanz sind folgende Aspekte ausschlaggebend:

1. **Verstärkte Rationalisierung**
   Durch Rationalisierung verschiebt sich zum einen die Kostenstruktur von den variablen Fertigungslöhnen hin zu kalkulatorischen Abschreibungen und Zinsen. Zum zweiten erfordern technisch anspruchsvollere Anlagen einen höheren Betreuungsaufwand seitens der Leitungskostenstellen. In diesen Bereichen werden demzufolge Strukturen aufgebaut, wodurch sich deren Kostenanteil erhöht.
2. **Zunahme der Produkt- und Variantenvielfalt**
   Die Befriedigung der Kundenbedürfnisse verlangt von vielen Unternehmen eine Ausweitung von Sortimentsbreite und Sortimentstiefe. Hierdurch steigen unter anderem die Tätigkeitsbedarfe in der Auftragsbearbeitung und der Artikelverwaltung.
3. **Erhöhte Qualitätsanforderungen**
   Die Sicherstellung der Qualität bedingt ebenfalls einen Strukturaufbau in den entsprechenden indirekten Bereichen.
4. **Verkürzung der Lebenszyklen der Produkte**
   Die Verweildauern der Erzeugnisse im Markt nehmen aufgrund des technischen Fortschrittes und der gestiegenen Kundenansprüche ab. Hierdurch müssen in verstärktem Maße neue Produkte entwickelt werden, was mit entsprechenden Kostensteigerungen im Bereich Forschung und Entwicklung einhergeht.

Die genannten Veränderungen führen zu einer Erhöhung des Kostenanteils der administrativen Unternehmensbereiche. Auch ist damit eine Erhöhung des Anteils beschäftigungsunabhängiger Kosten verbunden, da in diesen Bereichen eine kurzfristige Anpassung der Kosten an Beschäftigungsschwankungen nicht möglich oder aber nicht wirtschaftlich ist.

Eine weitere Besonderheit der Leistungserstellung in indirekten Bereichen besteht darin, dass sich ihre Tätigkeiten häufig zu kostenstellenübergreifenden Abläufen oder Prozessen zusammenfassen lassen. Für die Aufgaben der Kostenkontrolle und für die Unterstützung betrieblicher Entscheidungen, z.B. bezüglich der Frage Eigenerstellung oder Fremdbezug von Vorprodukten und Dienstleistungen, können Informationen über

[2] Vgl. u.a. A. Coenenberg u. T. Fischer, (Prozesskostenrechnung 1991), S. 31.

die Höhe der mit der Durchführung derartiger Prozesse verbundenen Kosten von Bedeutung sein.

Die Prozesskostenrechnung wird nun definiert als eine Methodik, mit deren Hilfe die Gemeinkosten der indirekten Bereiche besser geplant, gesteuert und kalkulatorisch weiterverrechnet werden.[3] Da die Prozesskostenrechnung auf die traditionellen Teilgebiete der Kostenrechnung – Kostenartenrechnung, Kostenstellenrechnung und Kostenträgerrechnung – zurückgreift, wird sie nicht als ein vollständig neues Kostenrechnungssystem angesehen, sondern als Ergänzung der bekannten Systeme der Plankostenrechnung.

Neben dem Begriff Prozesskostenrechnung finden sich in der Literatur noch die Bezeichnungen "prozessorientierte Kostenrechnung", "aktivitätsorientierte Kostenrechnung" und "Vorgangskostenrechnung" mit gleichen oder ähnlichen Begriffsinhalten.[4] Ihren Ursprung hat die Konzeption in den USA. R. Kaplan und R. Cooper stellten dort Ende der achtziger Jahre das sogenannte "Activity-Based Costing" vor, auf dessen Grundlage die Prozesskostenrechnung in Deutschland konzipiert und weiterentwickelt wurde.[5]

Grundsätzlich verfolgt die Prozesskostenrechnung die Zielsetzung der Verbesserung von Planung und Kontrolle der Gemeinkosten indirekter Bereiche. Im Einzelnen werden mit der Einführung einer Prozesskostenrechnung die folgenden Ziele verbunden:[6]

- Erhöhung der Kostentransparenz der Gemeinkostenbereiche,
- Ermöglichung einer analytischen Kostenplanung über direkte Bezugsgrößen,
- Aufzeigen der Kapazitätsauslastung in den indirekten Bereichen und damit Ermöglichung einer Wirtschaftlichkeitskontrolle,
- Aufzeigen von Einsparpotentialen durch Eliminierung nicht notwendiger und Optimierung notwendiger Prozesse,
- Ermittlung der Kosten der betrieblichen Aktivitäten,
- Verhaltenssteuerung der Mitarbeiter durch Förderung von Leistungsdenken und Kostenverantwortung,
- Erhöhung der Genauigkeit der Produktkalkulation.

Durch die Zuordnung der Gemeinkosten auf einzelne kostenstellenbezogene und kostenstellenübergreifende Tätigkeiten soll die Wirtschaftlichkeit des *Kostenanfalls transparenter* werden. Die Zielsetzung der *Ermöglichung einer analytischen Kostenplanung* durch die Prozesskostenrechnung unterstellt, dass dies in der traditionellen Plankostenrechnung nicht möglich sei. Hierzu ist anzumerken, dass die flexible Plankostenrechnung zwar aus den oben genannten Gründen indirekte Bezugsgrößen verwendet, mit denen eine analytische Kostenplanung in der Tat nur schwer durchführbar ist; dies bedeutet aber nicht, dass beim Aufbau der Kostenpläne derartiger Bereiche nicht auf direkte Leistungsmaßstäbe zurückgegriffen wird, sofern sich die Leistungen

[3] Vgl. A. Biel, (Prozesskostenrechnung 1991), S. 85; C. Olshagen, (Prozesskostenrechnung 1994), S. 4.

[4] Vgl. A. Müller, (Gemeinkostenmanagement 1992), S. 52; C. Olshagen, (Prozesskostenrechnung 1994), S. 3; K. Küting u. P. Lorson, (Prozesskostenrechnung 1995), S. 87.

[5] Vgl. R. Cooper, (Aktivity-Based Costing 1990); R. Kaplan, (Entwicklung 1991).

[6] Vgl. A. Coenenberg u. T. Fischer, (Prozesskostenrechnung 1991), S. 25; A. Biel, (Prozesskostenrechnung 1991), S. 85.

der betreffenden Stellen quantifizieren lassen.[7] Häufig werden direkte Leistungsmaßstäbe auch zur Berechnung der Sollkosten im Rahmen der *Kostenkontrolle* herangezogen. Voraussetzung für eine verbesserte Kostenkontrolle durch die Verwendung direkter Bezugsgrößen ist allerdings, dass diesen die geplanten Gemeinkosten getrennt nach fixen und variablen Bestandteilen zugeordnet werden.

Das *Aufzeigen von Einsparpotentialen* durch die Prozessoptimierung erfolgt mit Hilfe der einschlägigen Verfahren zur Rationalisierung betrieblicher Abläufe, wie z.B. Gemeinkostenwertanalyse oder Geschäftsprozessoptimierung.[8] Eine prozessbezogene Kalkulation, welche die Kosten einer einmaligen Durchführung der jeweiligen Aktivitäten ermittelt, unterstützt die Optimierung der administrativen Prozesse. Weiterhin führt dies sicherlich zu einer *Erhöhung des Kostenbewusstseins* bei den für die Prozesse verantwortlichen Mitarbeitern.

Auf den Nutzen der Prozesskostenrechnung für die *Kalkulation der betrieblichen Erzeugnisse* und auf die damit verbundenen Probleme gehen wir weiter unten ausführlich ein.

7.1.2 Der Aufbau der Prozesskostenrechnung

Wie oben erläutert, ergänzt die Prozesskostenrechnung die Plankostenrechnung insbesondere in den Teilgebieten der Kostenstellenrechnung und der Kalkulation. Während die Kostenartenrechnung der Plankostenrechnung keine Modifizierung erfährt, wird die Planung der Kostenstellen der indirekten Bereiche durch die Betrachtung von Prozessen ergänzt, wobei weiter zwischen Teilprozessen und aus diesen hervorgehenden Hauptprozessen unterschieden wird.

Allgemein werden Prozesse definiert als sich wiederholende Aktivitäten, die in den Stellen und Abteilungen eines Unternehmens bei der Durchführung der Arbeitsaufgaben anfallen. Es werden die folgenden drei Kategorien von Prozessen unterschieden:[9]

- **Vorleistungsprozesse**
  Hierunter versteht man die Aktivitäten in der Phase der Forschung und Entwicklung von Produkten und Fertigungsverfahren. Als Beispiele werden die Prozesse „Neuteile einführen" oder „neue Produkte einführen" genannt.
- **Betreuungsprozesse**
  Unter Betreuungsprozessen fasst man solche Tätigkeiten zusammen, die grundsätzlich durch die Existenz eines Produktes, eines Vorproduktes, eines Lieferers oder eines Kunden anfallen, ohne dass konkrete mengenbezogene Aktivitäten erfolgen. Beispiel für Betreuungsprozesse sind Tätigkeiten wie „Material verwalten" oder „Kunden betreuen".
- **Abwicklungsprozesse**
  Abwicklungsprozesse umfassen alle Aktivitäten, die erforderlich sind, um die zur betrieblichen Leistungserstellung notwendigen Mengen- und Werteströme abzuwi-

[7] Vgl. hierzu ausführlich W. Kilger, (Plankostenrechnung 1992), S. 337 ff.
[8] Zu den Verfahren der Ablaufrationalisierung vgl. u.a. L. Hans u. V. Warschburger, (Controlling 1999), S. 169 ff.
[9] Vgl. P. Horvath u. R. Mayer, (Prozesskostenrechnung 1993), S. 17.

ckeln, z.B. „Material beschaffen", „Kundenaufträge abwickeln", „Rechnungen prüfen".

Unter **Teilprozessen** versteht man die Zusammenfassung homogener Tätigkeiten innerhalb einer Kostenstelle, deren Anfall sich mit genau einer Maßgröße messen lässt.[10] Ein Teilprozess umfasst demnach ausschließlich Arbeitsabläufe in einer Stelle, wobei die Häufigkeit der Durchführung mit einem Leistungsmaßstab gemessen wird, der in Abgrenzung zu den Bezugsgrößen der Plankostenrechnung als Maßgröße bezeichnet wird.

Ein **Hauptprozess** umfasst dann mehrere inhaltlich zusammenhängende Teilprozesse, die zu einer kostenstellenübergreifenden Prozesskette bzw. einem Arbeitsablauf zusammengefasst werden.[11] Ein Hauptprozess setzt sich somit aus mehreren Teilprozessen zusammen, die im Allgemeinen in verschiedenen Kostenstellen durchgeführt werden. Die Leistungsmessung erfolgt bei den Hauptprozessen durch sogenannte Kostentreiber. Diese sollen neben ihrer Funktion als Leistungsmaßstab der Prozessdurchführung auch für die Kalkulation der Kosten der Hauptprozesse auf die betrieblichen Erzeugnisse herangezogen werden.

Die Forderung der Leistungsmessung durch geeignete Maßgrößen bzw. Kostentreiber wird sich nicht bei allen Prozessen erfüllen lassen, da ein Teil der Tätigkeiten innerhalb von Kostenstellen von deren Leistungsvolumen unabhängig ist. Demzufolge unterteilt man die möglichen Prozesse nach dem Kriterium der Leistungsabhängigkeit in:[12]

- **Leistungsmengeninduzierte Prozesse (lmi-Prozesse)**
  Hierunter versteht man Prozesse, für die Maßgrößen gefunden werden können, die sich variabel zum Leistungsvolumen der Kostenstelle verhalten. Ein Beispiel hierfür ist der Prozess „Rechnungen prüfen" im Rahmen der Auftragsbearbeitung. Hier kann die Prozessmenge mit der Maßgröße „Anzahl Rechnungspositionen" gemessen werden.

- **Leistungsmengenneutrale Prozesse (lmn-Prozesse)**
  Lassen sich für Prozesse keine Maßgrößen finden, die sich variabel zum Leistungsvolumen der Stelle verhalten, so spricht man von leistungsmengenneutralen Prozessen. Beispiele hierfür sind Prozesse wie „Abteilung leiten" oder „Schulungen durchführen". Die Kosten der leistungsmengenneutralen Prozesse werden üblicherweise im Rahmen der Ermittlung von Prozesskostensätzen den Kosten der leistungsmengeninduzierten Prozesse mit Hilfe prozentualer Verrechnungssätze zugeschlagen.

In Übersicht 7.1 sind die Zusammenhänge zwischen Tätigkeiten, Teil- und Hauptprozessen skizziert.[13] Sie zeigt, dass jeweils mehrere Tätigkeiten einer Kostenstelle zu einem Teilprozess verdichtet und anschließend die Teilprozesse zu – meist kostenstellenübergreifenden – Hauptprozessen zusammengefasst werden. Durch diese Verdichtung erhält man eine Prozesshierarchie.

---

[10] Vgl. P. Horvath u. R. Mayer, (Prozesskostenrechnung 1993), S. 17.
[11] Vgl. R. Mayer, (Prozesskostenrechnung 1991), S. 76.
[12] Vgl. P. Horvath u. R. Mayer, (Prozesskostenrechnung 1989), S. 216 f.
[13] Vgl. C. Olshagen, (Prozesskostenrechnung 1994), S. 46.

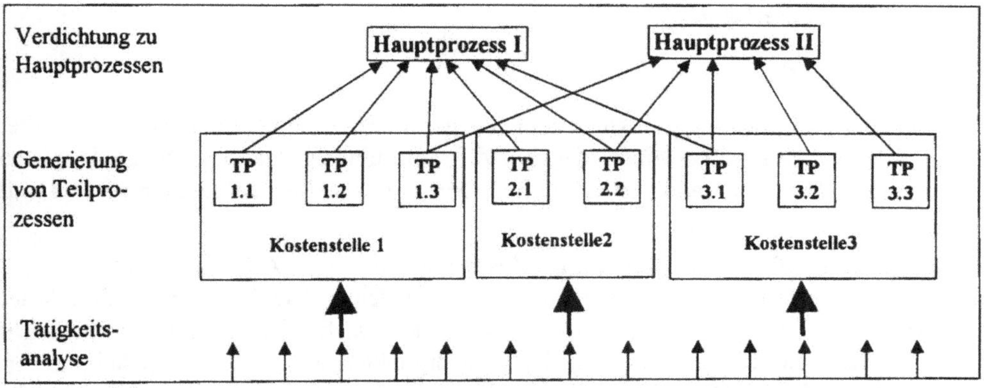

Übersicht 7.1: Prozesshierarchie zwischen Tätigkeiten, Teil- und Hauptprozessen

Grundsätzlich kann man bei der Verdichtung von Teilprozessen zu Hauptprozessen zu folgenden Ergebnissen kommen:

1. Mehrere Teilprozesse verschiedener Kostenstellen bilden einen Hauptprozess.
2. Mehrere Teilprozesse einer Kostenstelle werden zu einem Hauptprozess zusammengefasst.
3. Ein Teilprozess ist Bestandteil mehrerer Hauptprozesse.
4. Ein Teilprozess einer Kostenstelle lässt sich nicht weiter verdichten, d.h. er ist gleichzeitig Hauptprozess.

Die Verdichtung der Teilprozesse zu Hauptprozessen kann nach zwei grundsätzlichen Möglichkeiten erfolgen. Zum einen lässt sich die Prozesshierarchie von unten nach oben aufbauen. Hier werden zunächst die Teilprozesse festgelegt, die anschließend zu Hauptprozessen zusammengefasst werden. Die zweite Möglichkeit geht von oben nach unten vor; es werden als Erstes die Hauptprozesse identifiziert, die anschließend in entsprechende Teilprozesse zerlegt werden. Grundsätzlich sind beide Methoden anwendbar, bei der zweiten ist allerdings darauf zu achten, dass alle zum betrachteten Hauptprozess gehörenden Teilprozesse berücksichtigt werden.

Den organisatorischen Aufbau der Prozesskostenrechnung wollen wir am Beispiel des Hauptprozesses Auftragsabwicklung erläutern.[14] Dieser soll alle Tätigkeiten von der Auftragsannahme bis zur Lieferung der Produkte und der Fakturierung umfassen. Als Kostentreiber kommt für diesen Hauptprozess die Maßgröße „Anzahl bearbeiteter Aufträge" in Frage.

Zur Bestimmung der zu diesem Hauptprozess gehörenden Teilprozesse ist als Erstes eine Tätigkeitsanalyse in den mit der Auftragsbearbeitung im Zusammenhang stehenden Kostenstellen erforderlich. Für diese Tätigkeitsanalysen können folgende Methoden eingesetzt werden:

- Dauerbeobachtungen,
- Multimomentaufnahmen,
- Dokumentenanalyse,

[14] Ein ähnliches Beispiel findet sich bei R. Stoi u. M. Giehl, (Prozesskostenrechnung 1995), S. 142.

- Selbstaufschreibungen,
- Fragebogen,
- Interviews.

Unter *Dauerbeobachtung* versteht man die permanente Betrachtung von Tätigkeiten und Arbeitsabläufen über einen längeren Zeitraum hinweg. Da diese Methode mit erheblichem Arbeitsaufwand verbunden ist, wird sie nur in Ausnahmefällen zum Einsatz kommen.

Multimomentaufnahmen werden im Zusammenhang mit Arbeitszeitstudien eingesetzt.[15] Hier werden die Häufigkeiten zuvor festgelegter Tätigkeits- oder Ablaufarten an Hand von stichprobenartig durchgeführten Kurzzeitbeobachtungen ermittelt. Die Beobachter erfassen dabei in festgelegten Zeitpunkten die Art der Tätigkeit, die im jeweiligen Arbeitssystem gerade durchgeführt wird. Im Rahmen der Tätigkeitsanalysen der Prozesskostenrechnung können Multimomentaufnahmen dann sinnvoll eingesetzt werden, wenn die betrachteten Tätigkeiten und Arbeitsabläufe sich in einer annähernd gleichbleibenden Häufigkeit regelmäßig wiederholen.

Unter *Dokumentenanalyse* versteht man die Auswertung vorhandener Unterlagen wie z.B. Stellenbeschreibungen, Arbeitsanweisungen oder Ablaufdiagramme. Weitere Dokumente, anhand derer Tätigkeiten untersucht werden können, sind Materialentnahmescheine, Lieferscheine und Rechnungen.

Mit Hilfe derartiger Unterlagen kann man sich einen groben Überblick über die in einer Kostenstelle stattfinden Prozesse und auch über ihre Zugehörigkeit zu übergeordneten Hauptprozessen verschaffen. Bei der Auswertung ist allerdings zu beachten, dass derartige Dokumente häufig einen gewünschten Sollzustand der Tätigkeiten und Abläufe wiedergeben, von denen sich der Istzustand unterscheiden kann. Auch ist darauf zu achten, dass die herangezogenen Unterlagen eine ausreichende Aktualität aufweisen.

Bei *Selbstaufschreibungen* werden die benötigten Daten durch die am Arbeitsablauf beteiligten Personen erfasst und schriftlich auf Vordrucken oder Formularen festgehalten.[16] Hierbei ist eine zweckmäßige Strukturierung der Formulare für eine spätere Auswertung der Ergebnisse hilfreich. Solche Aufschreibungen haben den Vorteil, dass sie bei genügend langer Dauer eine statistisch sichere Grundlage darstellen und nicht auf unsicheren Schätzungen beruhen. Allerdings ist zu beachten, dass es nicht zu willkürlichen Verfälschungen seitens der Betroffenen kommt. Hiermit ist insbesondere dann zu rechnen, wenn sich anhand der Ergebnisse ein eventuelles Fehlverhalten nachweisen lässt.

Neben der Selbstaufschreibung kommen zur Tätigkeitsanalyse noch die schriftliche und die mündliche Befragung in Betracht. Die schriftliche Befragung ist dann zweckmäßig, wenn ein größerer Personenkreis befragt werden soll und sich die Antwortmöglichkeiten weitgehend standardisieren lassen. Voraussetzung ist allerdings, dass geeignete *Fragebögen* ausgearbeitet werden, mit denen eine aussagefähige Auswertung der Ergebnisse sichergestellt ist.

[15] Vgl. REFA, (Methodenlehre 1992), S. 232 ff.
[16] Vgl. REFA, (Methodenlehre 1992), S. 292.

Die mündlichen Befragungen anhand von *Interviews* haben den Vorteil, dass sie schnell und flexibel durchgeführt werden können. Ansprechpartner der Befragung sind im Allgemeinen die Kostenstellenleiter, es können aber auch Gespräche mit ausgewählten Mitarbeitern der Abteilungen durchgeführt werden.[17] Die Probleme mündlicher Befragungen liegen in der Gefahr von Fehleinschätzungen seitens der Fragenden und einer nicht erkannten Verweigerungshaltung der Ansprechpartner.

Für das Beispiel einer Kostenstelle Auftragsbearbeitung sollen sich anhand der verschiedenen Formen der Tätigkeitsanalyse die in der folgenden Tabelle 7.1 angegebenen Teilprozesse ermitteln lassen. In der zweiten Spalte der Tabelle ist dabei für jeden Teilprozess vermerkt, ob sich eine quantitative Maßgröße zur Leistungsmessung angeben lässt.

Kostenstelle Auftragsbearbeitung	
Teilprozesse	**Leistungsbezug**
• Eingabe der Aufträge in EDV	lmi
• Überprüfung der Auftragsformulare auf Plausibilität	lmi
• Weitergabe der Aufträge an die Fachabteilungen zur Prüfung	lmi
• Terminüberwachung der Aufträge für die Auslieferung	lmi
• Auslieferung veranlassen	lmi
• Abteilung leiten	lmn

Tabelle 7.1. Teilprozesse einer Kostenstelle Auftragsbearbeitung

Damit wird deutlich, dass parallel zur Festlegung der Teilprozesse die Ermittlung geeigneter Maßgrößen zur Leistungsmessung zu erfolgen hat, die gleichzeitig als Maßstäbe für die Ressourcenbeanspruchung und damit für den Kostenanfall der betreffenden Tätigkeiten dienen sollen. Im Gegensatz zu den Bezugsgrößen der Plankostenrechnung wird für die in der Prozesskostenrechnung verwendeten Maßgrößen keine Proportionalität zu den variablen Kosten gefordert. Die Prozesskostenrechnung strebt als Vollkostenrechnung eine kalkulatorische Verrechnung sämtlicher Kosten in einheitlichen Verrechnungssätzen an; daher brauchen derartige Maßstäbe den Anspruch, als Maßgrößen für die Kostenverursachung zu dienen, nicht zu erfüllen.

Die Maßgrößen für Teilprozesse sollen folgende Anforderungen erfüllen:[18]

- **Maßstab für die Teilprozessleistung**
  Die Maßgrößen müssen die Beschäftigung des Teilprozesses wiedergeben.
- **Einfache Ableitbarkeit**
  Die Maßgrößen sollen sich anhand verfügbarer Unterlagen, wie Aufschreibungen oder Dateiabfragen, leicht ermitteln lassen.
- **Eigenständige Steuerungs- und Optimierungsgrößen**
  Die Maßgrößen müssen für die Kostenstellenverantwortlichen nachvollziehbar und verständlich sein.

[17] Zu den verschiedenen Interviewformen, ihren Vor- und Nachteilen vgl. A. Müller, (Gemeinkostenmanagement 1992), S. 67 ff.

[18] Vgl. A. Biel, (Prozesskostenrechnung 1991), S. 88; A. Coenenberg u. T. Fischer, (Prozesskostenrechnung 1991), S. 26.

- **Maßstab für Kostenparallelität**
  Es wird gefordert, dass die Maßgrößenausprägungen und die Ressourcenbeanspruchung in der Kostenstelle parallel verlaufen. Diese Forderung kann bei einigen Kostenarten, wie z.B. den Personalkosten, nur langfristig, bei anderen Kostenarten, wie Abschreibungen oder Raumkosten, überhaupt nicht erfüllt werden.

Aus diesen Anforderungen folgt, dass sich derartige Maßgrößen nur für leistungsmengeninduzierte Teilprozesse angeben lassen; die Prozessleistung der leistungsmengenneutralen Prozesse lassen sich ex definitione nicht messen. Wie oben gesehen, werden die Kosten der leistungsmengenneutralen Prozesse üblicherweise mit Hilfe prozentualer Zuschläge auf die leistungsmengeninduzierten Prozesse verrechnet.

Die in Frage kommenden Maßgrößen lassen sich in ähnlicher Weise wie die Bezugsgrößen der Plankostenrechnung nach folgenden Arten systematisieren:[19]

- **Mengengrößen**
  Die Anzahl der Prozessdurchführungen ist dann ein geeigneter Leistungsmaßstab, wenn der Zeitbedarf und damit die Ressourcenbeanspruchung bei jeder Durchführung annähernd konstant sind.

- **Zeitgrößen**
  Sie kommen dann zur Anwendung, wenn der Zeitbedarf je Prozessdurchführung erheblich variiert und die Ressourcenbeanspruchung zumindest teilweise zeitabhängig ist.

- **Wertgrößen**
  Zur vollständigen Abbildung der Kostenstruktur kann es in manchen Fällen sinnvoll sein, eigene wertbezogene Prozesse zu definieren, denen dann wertbezogene Maßgrößen zuzuordnen sind. Ein Beispiel hierfür ist im Lagerbereich der Prozess „Verzinsung der Bestände“, dem als Maßgröße der Wert der durchschnittlichen Lagerbestände zuzuordnen ist.

Kostenstelle Auftragsbearbeitung			
Teilprozesse			**Maßgröße**
Nr.	**Bezeichnung**	**Art**	
1	Eingabe der Aufträge in EDV	lmi	Anzahl Auftragspositionen
2	Überprüfung der Auftragformulare auf Plausibilität	lmi	Anzahl Auftragspositionen
3	Weitergabe der Aufträge an die Fachabteilungen zur Prüfung	lmi	Anzahl Aufträge
4	Terminüberwachung der Aufträge für die Auslieferung	lmi	Anzahl Aufträge
5	Auslieferung veranlassen	lmi	Anzahl Aufträge
6	Abteilung leiten	lmn	

Tabelle 7.2: Maßgrößen einer Kostenstelle Auftragsbearbeitung

In unserem Beispiel des Hauptprozesses „Auftragsabwicklung“ lassen sich für die angegebenen Teilprozesse die in Tabelle 7.2 angegebenen Maßgrößen verwenden.

[19] Vgl. A. Müller, (Gemeinkostenmanagement 1992), S 92; Coenenberg u. T. Fischer, (Prozesskostenrechnung 1991), S. 27.

Nachdem für jede Kostenstelle die auftretenden Teilprozesse ermittelt und für diese geeignete Maßgrößen festgelegt sind, ist im letzten Schritt der Organisation der Prozesskostenrechnung eine kostenstellenübergreifende Struktur der Hauptprozesse festzulegen. Für die Zusammenfassung von Teilprozessen zu übergeordneten Hauptprozessen werden in der Literatur zwei Möglichkeiten diskutiert:[20]

1. Aggregation solcher Teilprozesse zu einem Hauptprozess, die identische Maßgrößen aufweisen, die dann auch als Kostentreiber für den jeweiligen Hauptprozess verwendet werden können.
2. Aggregation solcher Teilprozesse zu einem Hauptprozess, die sachlich zusammen gehören, wobei aber keine identischen Maßgrößen vorliegen müssen.

Aus theoretischer Sicht ist die erste Methode vorzuziehen, da hier die Zuordnung der Teilprozesse zu den Hauptprozessen aufgrund der Identität der Maßgrößen einfach und richtig sein wird. Dies gilt insbesondere auch in den Fällen, in denen sich ein Teilprozess nicht vollständig einem Hauptprozess zuordnen lässt, so dass seine Kosten auf mehrere aufzuteilen sind. Allerdings wird die Forderung nach anschaulichen und leicht erfassbaren Maßgrößen diese Art der Aggregation in vielen Fällen nicht zulassen.

Bei der zweiten Methode werden die Teilprozesse nach inhaltlichen Überlegungen zu Hauptprozessen zusammengefasst, ohne dass die Einheitlichkeit der Maßgrößen beachtet wird. Hier müssen dann für die Hauptprozesse eigene, übergeordnete Kostentreiber ausgewählt werden, die nicht mit den Maßgrößen der Teilprozesse identisch sind. Für die Planung der Prozessmengen ist es dann aber erforderlich, funktionale Beziehungen zwischen den Maßgrößen der Teilprozesse und den Kostentreibern der übergeordneten Hauptprozesse zu bestimmen, d.h. es muss festgelegt werden, welche Mengen der Maßgrößen mit dem einmaligem Anfall des jeweiligen Kostentreibers korrespondieren.

Bei der Festlegung der Kostentreiber der Hauptprozesse ist darauf zu achten, dass diese neben der Aufgabe der Leistungsmessung noch als Maßstäbe für die kalkulatorische Verrechnung der Kosten der Hauptprozesse auf die Produkte im Rahmen der prozessorientierten Kalkulation dienen sollen. Die Prozesskostenrechnung versucht, im Gegensatz zur herkömmlichen Plankostenrechnung, die Kosten der indirekten Bereiche mit direkten Bezugsgrößen, den Kostentreibern, auf die betrieblichen Erzeugnisse zu verrechnen. Dies setzt voraus, dass die gewählten Kostentreiber zumindest einen entfernten Produktbezug aufweisen.

In unserem Beispiel soll der Hauptprozess „Auftragsabwicklung“ aus den in der Tabelle 7.3 angegebenen Teilprozessen bestehen. Die letzte Spalte zeigt die Maßgrößen der einzelnen Teilprozesse, die sich in diesem Fall voneinander unterscheiden. Als Kostentreiber des Hauptprozesses soll die „Anzahl Aufträge“ verwendet werden.

[20] Vgl. H. Glaser, (Prozesskostenrechnung 1992), S. 278; P. Horvath u. R. Mayer, (Prozesskostenrechnung 1995), S. 62.

Teilprozess		Kostenstelle	Maßgröße
Nr.	**Bezeichnung**		
1	Entgegennahme des Auftrages	Vertriebsaußendienst	Anzahl eingehende Aufträge
2	Übermittlung an Auftragsabteilung	Vertriebsaußendienst	Anzahl eingehende Aufträge
3	Eingabe des Auftrages in EDV	Auftragsabteilung	Anzahl Auftragspositionen
4	Überprüfung der Plausibilität	Auftragsabteilung	Anzahl Auftragspositionen
5	Weitergabe an Fachabteilungen	Auftragsabteilung	Anzahl Aufträge
6	Kundenbonität prüfen	Debitorenbuchhaltung	Anzahl Aufträge
7	Bestandsprüfung im Fertigwarenlager	Lagerbuchhaltung	Anzahl zu prüfende Positionen
8	Prüfung der Fertigungskapazität	Fertigungsplanung	Anzahl zu prüfende Positionen
9	Veranlassung und Überwachung der Fertigung	Fertigungssteuerung	Anzahl zu fertigende Positionen
10	Terminüberwachung	Auftragsabteilung	Anzahl Aufträge
11	Auslieferung veranlassen	Auftragsabteilung	Anzahl Aufträge
12	Lieferschein und Rechnung schreiben	Fakturierung	Anzahl Positionen
13	Rechnungen prüfen	Fakturierung	Anzahl Positionen
14	Versandpapiere erstellen	Versand	Anzahl Auftragspositionen
15	Rechnung versenden	Poststelle	Anzahl Rechnungen
16	Zahlungseingang überwachen	Debitorenbuchhaltung	Anzahl eingehende Zahlungen

Tabelle 7.3: Teilprozesse des Hauptprozesses Auftragsbearbeitung

Auf die Problematik hinsichtlich der Zusammenhänge zwischen den Produktions- und Absatzprogramm und den Kostentreibern einerseits und zwischen Kostentreibern und Maßgrößen der Teilprozesse andererseits werden wir in der folgenden Darstellung der Planung der Prozessmengen eingehen.

7.1.3 Der Ablauf der Prozesskostenrechnung

7.1.3.1 Die Planung der Prozessmengen

Nachdem die organisatorische Grundstruktur der Prozesskostenrechnung – die Teil- und Hauptprozesse sowie die zugehörigen Maßgrößen bzw. Kostentreiber – festgelegt ist, kann die eigentliche Planung, Kontrolle und kalkulatorische Weiterverrechnung der Prozesskosten erfolgen. In gleicher Weise wie in der flexiblen Plankostenrechnung steht dabei am Anfang der Planungstätigkeiten die Festlegung der Planbeschäftigung, d.h. der Planprozessmengen der Maßgrößen und Kostentreiber. Auf der Grundlage dieser Planprozessmengen erfolgt dann die Planung der zugehörigen Prozesskosten und die Ermittlung der geplanten Prozesskostensätze, mit deren Hilfe die prozessorientierte Kalkulation durchgeführt wird.

Dabei ist zu beachten, dass infolge der Ausgestaltung der Prozesskostenrechnung als Vollkostenrechnung die Höhe der Prozesskostensätze und damit letztendlich auch die

Höhe der kalkulatorisch verrechnet Prozesskosten von der Festlegung der Planprozessmengen abhängig ist.

Die Planung der Prozessmengen kann in analoger Weise zur Festlegung der Planbezugsgrößen in der flexiblen Plankostenrechnung nach den beiden folgenden Verfahren erfolgen:

1. Kapazitätsplanung,
2. Engpassplanung.

Bei Anwendung der **Kapazitätsplanung** wird die geplante Maßgröße der einzelnen Prozesse aus dem Leistungsvermögen der betreffenden Kostenstellen abgeleitet. Hierbei wird in den betrachteten indirekten Bereichen die Kapazität auf den Produktionsfaktor Arbeit bezogen und beispielsweise in Personalstunden pro Jahr gemessen.[21] Die gesamten geplanten Personalstunden müssen dann auf die einzelnen Teilprozesse der Kostenstelle aufgeteilt werden. Hierzu sind wiederum Annahmen über die Anteile der einzelnen Teilprozesse an der Gesamtbeschäftigung der Kostenstelle nötig.

In diesem Zusammenhang bleibt unklar, wie sich aus den so ermittelten Planprozessmengen der Teilprozesse die Prozessmengen der kostenstellenübergreifenden Hauptprozesse bestimmen lassen, falls sich die Maßgrößen der Teilprozesse und diejenigen der Kostentreiber der zugehörigen Hauptprozesse unterscheiden. Umgekehrt wird es auch kaum möglich sein, die pro Periode maximal durchführbare Anzahl kostenstellenübergreifender Hauptprozesse in sinnvoller Weise zu planen.

Neben diesen Problemen treten im Bereich der Prozessmengenplanung bei der Kapazitätsplanung die gleichen Effekte auf wie bei der Anwendung dieser Methode zur Planung der Bezugsgrößen der Plankostenrechnung. Das Verfahren führt zum einen zu den geringst möglichen Kalkulationssätzen, zum anderen treten bei Unterbeschäftigung schon im Planungsstadium Beschäftigungsabweichungen auf.

Beim Verfahren der **Engpassplanung** leitet sich die Planung der Prozessmengen aus den Engpässen ab, die sich beim Aufbau der kurzfristig operativen Planung ergeben. Konkret bedeutet dies, dass in gleicher Weise wie bei der Festlegung der Planbezugsgröße die Prozessmengen aus den Ergebnissen der Produktions- und Absatzplanung abgeleitet werden. Um diese Art der Planung durchführen zu können, muss zunächst bekannt sein, wie viele Hauptprozesse zur Realisierung des geplanten Produktions- und Absatzprogramms erforderlich sind, d.h. es muss ein Datenbestand existieren, aus dem die Kostentreibermengen pro Produkteinheit hervorgehen.

Aus den so ermittelten Planprozessmengen der Hauptprozesse sind dann die zu deren Realisierung benötigten Prozessmengen der einzelnen Teilprozesse zu bestimmen. Dies setzt wiederum voraus, dass in einem Datenbestand die Prozessmengen aller Teilprozesse pro Anfall des zugehörigen Kostentreibers hinterlegt sind. Übersicht 7.2 zeigt die erforderlichen Datenbestände, die zu einer exakten engpassorientierten Planung der Prozessmengen erforderlich sind.

[21] Vgl. hierzu u.a. R. Brühl, (Prozesskostenrechnung 1995), S. 74 ff.

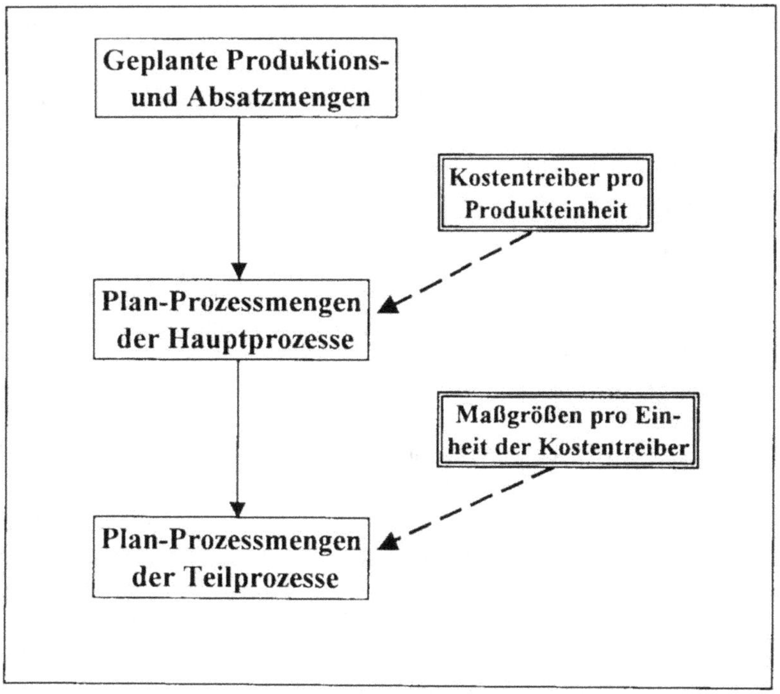

Übersicht 7.2: Datengrundlagen einer engpassbezogenen Planung der Prozessmengen

Damit wird deutlich, dass eine exakte, mit dem System der kurzfristig operativen Planung abgestimmte Planung der Prozessmengen hohe Anforderungen an die Datengrundlagen stellt und damit einen hohen vorgelagerten Planungsaufwand erfordert. Auch wird die praktische Festlegung der funktionalen Beziehungen zwischen Produktions- und Absatzmengen und Kostentreibermengen bzw. zwischen Kostentreibern und Maßgrößen der Teilprozesse in vielen Fällen nicht ohne mehr oder weniger grobe Schätzungen auskommen. Die hier auftretenden Fehleinschätzungen beeinträchtigen dann aber die Richtigkeit der prozessorientierten Kalkulation.[22]

Die beschriebene Problematik tritt auch in unserem Beispiel des Hauptprozesses „Auftragsabwicklung" auf. Der gewählte Kostentreiber „Anzahl Aufträge" ist normalerweise nicht unmittelbar von den geplanten Produktions- und Absatzmengen abhängig, da die Auftragsgrößen für die gleiche Erzeugnisart im Allgemeinen von Auftrag zu Auftrag variieren. Damit muss eine Annahme über die durchschnittliche Auftragsgröße betroffen werden.

Betrachten wir die fünf leistungsmengeninduzierten Teilprozesse in der Kostenstelle Auftragsbearbeitung, so entspricht bei den Teilprozessen 3 bis 5 die Maßgröße dem Kostentreiber des Hauptprozesses, bei den ersten beiden Teilprozessen wird aber die Anzahl Auftragspositionen als Maßgröße verwendet. Damit ist für diese beiden Teilprozesse eine Annahme über die durchschnittliche Zahl der Positionen je Auftrag erforderlich. In Tabelle 7.4 sind die Planprozessmengen des Hauptprozesses und der

[22] Vgl. hierzu H. Glaser, (Prozesskostenrechnung 1992), S. 279.

leistungsmengeninduzierten Teilprozesse der Kostenstelle Auftragsbearbeitung wiedergegeben.

Hauptprozess	Kostentreiber	Teilprozesse	Prozessparameter	Maßgrößen
Auftrags-bearbeitung	560 Auftr. pro Jahr	Eingabe	8 Pos./Auftrag	4.480 Pos./Jahr
		Überprüfung	8 Pos./Auftrag	4.480 Pos./Jahr
		Weitergabe		560 Auftr./Jahr
		Terminüberw.		560 Auftr./Jahr
		Auslieferung		560 Auftr./Jahr

Tabelle 7.4: Prozessmengenplanung (Engpassplanung)

Ausgehend von dem geplanten Produktions- und Absatzprogramm wird die Zahl der zu bearbeitenden Aufträge auf 560 Aufträge pro Jahr festgelegt und die durchschnittliche Zahl der Auftragspositionen auf 8 Positionen je Auftrag. Damit erhält man die oben angegebenen Planprozessmengen des Hauptprozesses und der Teilprozesse. In gleicher Weise müssen nun für alle in der Tabelle 7.3 angegebenen Teilprozesse der Auftragsabwicklung die Planprozessmengen festgelegt werden.

7.1.3.2 Die Planung der Prozesskosten

Auf der Grundlage der geplanten Prozessmengen erfolgt im zweiten Schritt des Ablaufes der Prozesskostenrechnung die prozessorientierte Kostenplanung. Diese setzt sich aus den folgenden Teilelementen zusammen:

1. Planung der Kosten der einzelnen Teilprozesse,
2. Bildung von Planprozesskostensätzen der Teilprozesse,
3. Zurechnung der Teilprozesskosten auf die Hauptprozesse.

Für die **Planung der Kosten der Teilprozesse** werden folgende Methoden vorgeschlagen:[23]

- Planung der Kostenarten unmittelbar auf der Ebene der Teilprozesse,
- Planung der Kostenarten auf der Ebene Kostenstelle und anschließende Schlüsselung auf die Teilprozesse.

Die Planung auf der Ebene der Teilprozesse entspricht sinnvollerweise einer analytischen Kostenplanung, d.h. auf der Grundlage der Planprozessmengen werden kostenartenweise die Plankosten festgelegt, die bei wirtschaftlicher Betriebsführung zur Realisierung der Planprozessmengen erforderlich sind. Bei einer größeren Anzahl von Teilprozessen wird diese Methode allerdings mit einem erheblichen Planungsaufwand verbunden sein.

Von den Vertretern der Prozesskostenrechnung wird daher vorgeschlagen, die Planung der Kosten zunächst für die einzelnen Kostenstellen durchzuführen und anschließend die Summe der Plankosten über geeignete Verteilungsschlüssel auf die Teilprozesse zu

[23] Vgl. R. Mayer, (Prozesskostenrechnung 1991), S. 90; P. Horvath u. R. Mayer, (Prozesskostenrechnung 1989), S. 214 ff.

verrechnen.[24] Für Kostenstellen mit einem hohen Anteil an Personalkosten wird als Verteilungsmaßstab der Arbeitsaufwand in Mannjahren empfohlen. Dies bedeutet, dass die Tätigkeiten sämtlicher Mitarbeiter der Kostenstelle in Mannjahren gemessen und anschließend die Summe der Mannjahre auf die einzelnen Teilprozesse aufgeteilt wird. Die Aufteilung soll dabei durch Schätzungen der Kostenstellenverantwortlichen erfolgen. Anschließend werden die geplanten Gemeinkosten im Verhältnis der Mannjahre auf die einzelnen Teilprozesse verteilt.

Diese Arbeitsweise wollen wir an unserem Beispiel der Kostenstelle Auftragsbearbeitung verdeutlichen. In der Stelle Auftragsbearbeitung seien 6 Mitarbeiter im Einsatz; Tabelle 7.5 zeigt eine grobe Planung der Kosten dieser Stelle.

Kostenart		**Plankosten**
Gehälter	(6 MA)	255.000
Personalnebenkosten	(54 % d. Gehälter)	137.700
Sonst. Gemeinkosten		25.000
Kalk. Abschreibungen		9.000
Kalk. Zinsen		1.200
Raumkosten	(45 qm 120 €/qm)	5.400
Summe		**433.300**

Tabelle 7.5: Kostenplanung der Kostenstelle Auftragsbearbeitung

Im Beispiel entfallen etwa 90% der geplanten Kosten auf die Personalkosten. Die gesamten Plankosten werden nun nach dem Verteilungsschlüssel Mannjahre auf die einzelnen Teilprozesse der Kostenstelle aufgeteilt. Hierzu müssen als Erstes die 6 Mannjahre den Teilprozessen zugeordnet werden, anschließend erfolgt die entsprechende Verteilung der Kosten; Tabelle 7.6 zeigt die Berechnungen.

Teilprozesse		**Maßgröße**	**Prozess-**	**"Mann-**	**Prozesskosten**		
Nr.	**Bezeichnung**		**menge**	**jahre"**	**ohne Umlage**	**Umlage lmn**	**mit Umlage**
1	Eingabe in EDV	Anzahl Positionen	4.480	0,5	36.108	3.283	39.391
2	Überprüfung der Plausibilität	Anzahl Positionen	4.480	0,9	64.995	5.909	70.904
3	Weitergabe an Fachabteilungen	Anzahl Aufträge	560	1,1	79.438	7.222	86.660
4	Terminüberwachung	Anzahl Aufträge	560	1,7	122.768	11.161	133.929
5	Auslieferung veranlassen	Anzahl Aufträge	560	1,3	93.882	8.535	102.416
	Summe lmi-Prozesse			**5,5**	397.192	36.108	433.300
6	Abteilung leiten			0,5	36.108		
	Summe lmn-Prozesse			**0,5**	36.108		
	Gesamtsumme			**6,0**	**433.300**		

Tabelle 7.6: Aufteilung der Plankosten auf Teilprozesse

Im Beispiel fallen 0,5 Mannjahre auf den leistungsmengenneutralen Teilprozess „Abteilung leiten", auf den damit Plankosten in Höhe von 36.108 €/Jahr verrechnet werden. Für die Weiterverrechnung dieser Kosten werden folgende Möglichkeiten vorgeschlagen:[25]

---

[24] Vgl. P. Horvath u. R. Mayer, (Prozesskostenrechnung 1995), S. 73.

[25] Vgl. A. Coenenberg u. T. Fischer, (Prozesskostenrechhung 1991), S. 30 sowie P. Horvath u. R. Mayer, (Prozesskostenrechnung 1995), S. 73.

- Anteilige Verteilung auf die leistungsmengeninduzierten Teilprozesse und Weiterverrechnung über deren Prozesskostensätze. Dies entspricht dem Wesen nach der Kostenzuordnung nach dem Verfahren der Zuschlagskalkulation, die von den Vertretern der Prozesskostenrechnung als veraltet und ungenau kritisiert wird. Da dies weiterhin zu Fehleinschätzungen in der Beurteilung der effektiven Kosten der Teilprozesse führen wird, sollten die Kosten immer – wie in obigem Beispiel – vor und nach Umlage ausgewiesen werden.
- Gesonderte Abrechnung dieser Kosten über eine kostenstellenübergreifende Sammelposition und prozentuale Zurechnung auf die Produkte in der Kalkulation. In Bezug auf die Art der Zurechnung gilt hier die gleiche Kritik wie bei der ersten Methode, die Teilprozesse werden allerdings nicht mit der Umlage belastet. Dafür muss eine gesonderte Verrechnungsmethodik von den einzelnen Kostenstellen zu dieser Sammelposition festgelegt werden, was zweckmäßigerweise über eine zusätzliche Verrechnungskostenstelle erfolgt.

Im Beispiel sind die Kosten des leistungsmengenneutralen Teilprozesses anteilig auf die fünf leistungsmengeninduzierten Prozesse umgelegt, so dass nach der Umlage sämtliche Plankosten der Stelle auf die leistungsmengeninduzierten Teilprozesse verrechnet sind.

Das Beispiel verdeutlicht die Problematik dieser Art der Kostenzuordnung, wobei insbesondere folgende Probleme hervorzuheben sind:

- Bei der Kostenzuordnung spielen die eigentlichen Maßgrößen der Teilprozesse keine Rolle, d.h. jeglicher Zusammenhang zwischen der Höhe der Maßgrößen und den Plankosten je Teilprozess wird vernachlässigt. Damit bestehen keinerlei Ursache-Wirkungs-Beziehungen zwischen den Maßgrößen der Teilprozesse und den zugeordneten Plankosten, d.h. es kann keine Aussage darüber gemacht werden, wie sich die Plankosten verändern sollen, wenn sich die Maßgrößen erhöhen oder vermindern.
- Die Verrechnung der sonstigen Gemeinkosten anhand der Mannjahre wird in vielen Fällen nicht leistungsentsprechend sein, da die Inanspruchnahme der betreffenden Produktionsfaktoren nach anderen Maßstäben erfolgen wird. Dies ist umso gravierender, je höher der Anteil der sonstigen Kostenarten an den gesamten Plankosten der Stelle ist. Weiterhin ist zu bedenken, dass aufgrund der unzulänglichen Zuordnung eine Kontrolle dieser Kostenarten dann nicht mehr möglich ist, wenn diese beschäftigungsabhängige Kostenbestandteile enthalten.
- Auch bezüglich der Verteilung der Personalkosten bestehen bei dieser Methode erhebliche Ungenauigkeiten. So ist anzunehmen, dass die verschiedenen Teilprozesse von Mitarbeitern mit unterschiedlichem Qualifikations- und damit Gehaltsniveau durchgeführt werden. Diese Unterschiede in der Kostenverursachung lassen sich nicht abbilden, was zur Folge hat, dass eine aussagefähige Kostenkontrolle der Personalkosten dann nicht mehr möglich ist, wenn die Zusammensetzung der Maßgrößen im Ist sich von derjenigen der Planung unterscheidet.

Aus diesen Gründen ist zu erwägen, ob nicht auf eine prozessorientierte Kostenverrechnung verzichtet werden sollte, wenn eine analytischen Kostenplanung für die einzelnen Teilprozesse zu aufwendig erscheint.

Der Planung der Kosten je Teilprozess folgt die **Bildung von Prozesskostensätzen**. Hierbei werden die für die Teilprozesse geplanten Kosten auf die zugehörige Maßgröße bezogen. Es gilt somit:

$$\text{Prozesskostensatz} = \frac{\text{Prozesskosten des Teilprozesses}}{\text{Maßgröße des Teilprozesses}}$$

Prozesskostensätze werden nur für die leistungsmengeninduzierten Teilprozesse errechnet, die Kosten der leistungsmengenneutralen werden wie oben beschrieben weiterverrechnet.

Im Beispiel der Kostenstelle Auftragsbearbeitung erhält man die in Tabelle 7.7 angegebenen Prozesskostensätze der fünf leistungsmengeninduzierten Teilprozesse. Dabei werden der besseren Transparenz wegen die Prozesskostensätze vor und nach der Umlage der Kosten der leistungsmengenneutralen Prozesse ausgewiesen.

Teilprozesse			Prozess-	Prozesskosten		Prozesskostensatz	
Nr.	Bezeichnung	Maßgröße	menge	ohne Umlage	mit Umlage	ohne Umlage	mit Umlage
1	Eingabe in EDV	Anzahl Positionen	4.480	36.108	39.391	8,06	8,79
2	Überprüfung der Plausibilität	Anzahl Positionen	4.480	64.995	70.904	14,51	15,83
3	Weitergabe an Fachabteilungen	Anzahl Aufträge	560	79.438	86.660	141,85	154,75
4	Terminüberwachung	Anzahl Aufträge	560	122.768	133.929	219,23	239,16
5	Auslieferung veranlassen	Anzahl Aufträge	560	93.882	102.416	167,65	182,89

Tabelle 7.7: Errechnung der Prozesskostensätze

Im letzten Schritt der Kostenplanung erfolgt nun die **Zurechnung der Kosten der Teilprozesse auf die kostenstellenübergreifenden Hauptprozesse**, um damit Kostensätze für die Hauptprozesse zu ermitteln. Für die Zuordnung der Kosten der Teilprozesse auf die Hauptprozesse werden zwei Methoden vorgeschlagen:[26]

1. Kostenzurechnung mit Hilfe der Teilprozesskostensätze über die vorher definierten Mengenbeziehungen zwischen den Kostentreibern der Hauptprozesse und den Maßgrößen der Teilprozesse (vgl. das Beispiel in Tabelle 7.4).
2. Zurechnung der periodenbezogenen Kosten der Teilprozesse auf die Hauptprozesse und anschließende Bildung von Prozesskostensätzen der Hauptprozesse. Probleme treten hier auf, wenn ein Teilprozess mehreren Hauptprozessen zuzuordnen ist; dann ist eine prozentuale Aufteilung der Kosten des betreffenden Teilprozesses vorzunehmen.

In Übersicht 7.3 sind die beiden Methoden der Kostenzuordnung für den Teilprozess 1 der Kostenstelle Auftragsbearbeitung skizziert.

[26] Vgl. P. Horvath u. R. Mayer, (Prozesskostenrechnung 1995), S. 74.

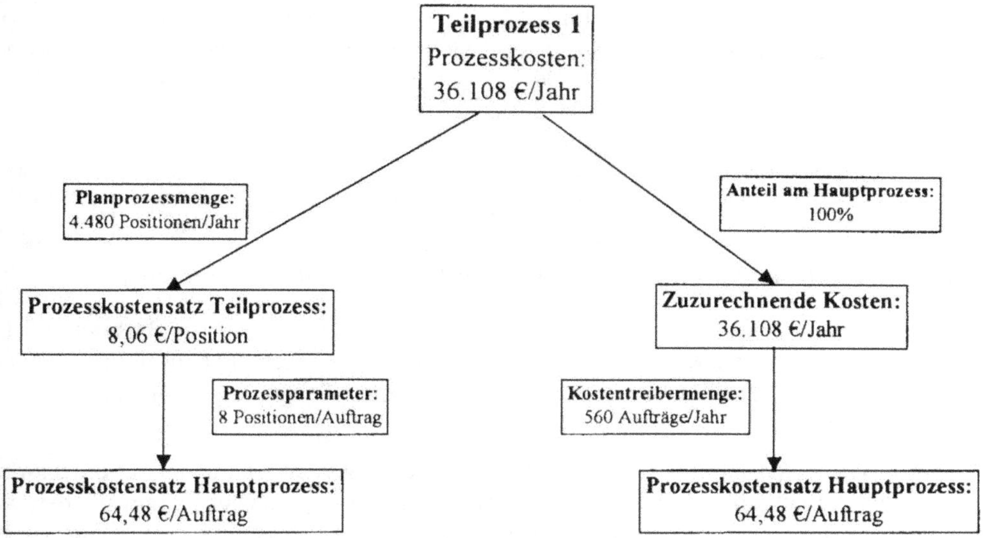

Übersicht 7.3 Methoden der Zuordnung von Kosten auf Hauptprozesse

Die erste Methode setzt voraus, dass die Mengenbeziehungen zwischen den Teil- und den Hauptprozessen vollständig festgelegt sind. Ist dies der Fall, so hat sie den Vorteil, dass die Zusammenhänge zwischen dem Kostensatz des Hauptprozesses und den Teilprozesskostensätzen transparent dargestellt werden. Die zweite Methode ist insofern einfacher, als hier lediglich die prozentualen Aufteilungen der Teilprozesse festzulegen sind, wobei allerdings die Gefahr besteht, dass dies mit geringerer Genauigkeit geschieht als die konkrete Festlegung der Mengenbeziehungen über Prozessparameter.

In den Hauptprozess Auftragsabwicklung unseres Beispiels fließen aus der Kostenstelle Auftragsbearbeitung die fünf Teilprozesse ein, für die in der Tabelle 7.7 die Teilprozesskostensätze ermittelt wurden. Unter Berücksichtigung dieser Teilprozesskostensätze und der in Tabelle 7.4 festgelegten Prozessparameter ergibt sich der in der nachstehenden Tabelle 7.8 errechnete Hauptprozesskostensatz für diesen Ausschnitt der Teilprozesse. Dabei ist zu beachten, dass den beiden ersten Teilprozesse die Maßgröße Anzahl Auftragspositionen zugeordnet wurde, während die übrigen auf die Anzahl Aufträge bezogen wurden. In Tabelle 7.4 wurde für die beiden ersten die Beziehung zum Hauptprozess über die Prozessparameter 8 Positionen pro Auftrag festgelegt.

Teilprozesse		Teilprozesskostensatz		Prozess-	Hauptprozesskostensatz	
Nr.	Bezeichnung	ohne Umlage	mit Umlage	parameter	ohne Umlage	mit Umlage
1	Eingabe in EDV	8,06	8,79	8	64,48	70,32
2	Überprüfung der Plausibilität	14,51	15,83	8	116,08	126,64
3	Weitergabe an Fachabteilungen	141,85	154,75	1	141,85	154,75
4	Terminüberwachung	219,23	239,16	1	219,23	239,16
5	Auslieferung veranlassen	167,65	182,89	1	167,65	182,89
	Summe				**709,29**	**773,76**

Tabelle 7.8: Errechnung des Hauptprozesskostensatzes Auftragsabwicklung

Die Berechnung des Kostensatzes des Hauptprozesses haben wir im Beispiel auf die fünf Teilprozesse der Kostenstelle Auftragsbearbeitung beschränkt. In gleicher Weise sind die Kosten der übrigen in Tabelle 7.3 angeführten Teilprozesse dem Hauptprozess zuzuordnen.

Die Prozesskostensätze der Teil- und Hauptprozesse werden zum einen zur prozessorientierten Kalkulation der betrieblichen Erzeugnisse herangezogen; hierauf werden wir weiter unten näher eingehen. Zum zweiten liefern die Prozesskostensätze eigenständige Informationen über die durchschnittlichen Kosten bei einmaliger Durchführung der jeweiligen Prozesse. Aufgrund der Zusammenfassung beschäftigungsabhängiger und fixer Kosten in den Prozesskostensätzen ist allerdings zu beachten, dass die ausgewiesenen Kostensätze nur für die zugrunde gelegte Prozessmenge gelten, d.h. die geplanten Maßgrößen und Kostentreiber; mit jeder Veränderung der Prozessmengen ergeben sich andere Kostensätze.

Aus entscheidungsorientierter Sicht ist weiterhin darauf hinzuweisen, dass mit einer Erhöhung oder Verminderung der Prozessmengen keine prozentual gleiche Veränderung der Prozesskosten einher geht; aufgrund des ausschließlichen Ausweises von Vollkosten kann keine Aussage über die Veränderung der Prozesskosten bei kurzfristigen Veränderungen der Prozessmengen gemacht werden.

7.1.3.3 Die Kontrolle der Prozesskosten

Die Ergebnisse der Planung der Prozesskosten und der Ermittlung der Prozesskostensätze sollen für die Zwecke der Kostenkontrolle eingesetzt werden. Kostenkontrolle bedeutet den Vergleich der tatsächlich angefallen Istkosten mit zugehörigen Kostenvorgaben, wobei in der flexiblen Plankostenrechnung die Sollkosten, d.h. die an die Istbeschäftigung angepassten Plankosten, als Kostenvorgaben verwendet werden. Wie in Abschnitt 4.4.4 dargelegt, verläuft die Kostenkontrolle in der flexiblen Plankostenrechnung in folgenden Arbeitsschritten:

- Erfassung der Istkosten,
- Erfassung der Istbezugsgrößen,
- Errechnung der Sollkosten,
- Errechnung und Auswertung der Verbrauchsabweichungen.

Bezüglich einer Kostenkontrolle mit den Ergebnissen der prozessorientierten Kostenplanung sind bezüglich dieser Arbeitsschritte folgende Aspekte zu berücksichtigen. Als Erstes ist das Objekt der Kostenkontrolle festzulegen, wobei zum einen das Kontrollobjekt der flexiblen Plankostenrechnung – die Kostenstelle – in Frage kommt und zum anderen die gebildeten Teil- und Hauptprozesse.[27]

Wird die Kostenkontrolle weiterhin auf der Ebene der Kostenstelle durchgeführt, kann die **Kontierung der Istkosten** in gleicher Weise erfolgen wie bei den sonstigen Entwicklungsformen der Kostenrechnung. Werden Teilprozesse als Kontrollobjekte gewählt, so wird eine unmittelbare Zuordnung der Istkosten auf die Teilprozesse nicht möglich sein, da sich viele Kostenarten dieser Kontierungseinheit nicht unmittelbar zuordnen lassen. Daher müssen in diesem Fall die auf Kostenstellen verrechneten Kosten auf die Teilprozesse aufgeteilt werden; hier stellt sich dann wiederum die Frage nach der Bestimmung geeigneter Verteilungsmaßstäbe.

Eine Kostenkontrolle auf der Ebene der kostenstellenübergreifenden Hauptprozesse hat zur Konsequenz, dass in der Betriebsabrechnung neben oder anstelle der Kontierungseinheiten Kostenstellen die Kontierungseinheiten Hauptprozesse treten, auf welche die angefallenen Istkosten verrechnet werden müssten. Dies wird bei vielen Kostenarten nur mit recht willkürlichen Schlüsselungen möglich sein.

Eine weitere Möglichkeit zur Verrechnung der Istkosten auf Hauptprozesse besteht darin, dass diese von den Kostenstellen über die Teilprozesse mit Hilfe der Prozessparameter den Hauptprozessen zugeordnet werden. Dies kann allerdings nur dann richtig erfolgen, wenn neben den tatsächlichen Prozessmengen der Teil- und Hauptprozesse auch die Prozessparameter, d.h. die Maßgrößen der Teilprozesse bei einmaliger Durchführung des zugehörigen Hauptprozesses, im Ist erfasst werden. Dies bedeutet einen erheblichen Erfassungsaufwand in der laufenden Abrechnung. Bei dieser Art der Verrechnung erscheint auch die Zuweisung von Verantwortlichkeiten für Kostenabweichungen problematisch. Aus diesen Gründen empfiehlt sich auch in der Prozesskostenrechnung die Beibehaltung des Kontrollobjektes Kostenstelle.

Eine Anpassung der ursprünglichen Plankosten an die tatsächliche Beschäftigung setzt bei Einsatz der Prozesskostenrechnung die **Erfassung der Maßgrößen** der kostenstellenbezogenen Teilprozesse voraus. Hierzu muss ein entsprechendes Erfassungssystem installiert werden; eine retrograde Ableitung der Ist-Prozessmengen aus den hergestellten Erzeugnissen ist in den indirekten Bereichen wegen der fehlenden funktionalen Beziehungen zwischen Prozessmengen und Produkten nicht möglich.

Die Vertreter der Prozesskostenrechnung schlagen daher vor, auf der Grundlage der Ist-Maßgrößen der Teilprozesse Sollkosten nach folgender Bestimmungsgleichung zu errechnen:[28]

$$\text{Sollkosten Teilprozess} = \text{Plan-Teilprozesskostensatz} \cdot \text{Ist-Maßgröße}$$

Die Sollkosten der Kostenstelle ergeben sich als Summe der Sollkosten aller Teilprozesse.

Der Begriff Sollkosten ist allerdings für die so berechnete Größe völlig unzweckmäßig. Wie in den Abschnitten 2.3 und 4.4.4 dargelegt, errechnen sich die Sollkosten der Plankostenrechnung, indem die variablen Plankosten an die Istbeschäftigung angepasst

---

[27] Vgl. P. Horvath u. R. Mayer, (Prozesskostenrechnung 1995), S. 77; O. Fröhling, (Prozesskostenrechnung 1992), S. 732.

[28] Vgl. u.a. R. Brühl, (Prozesskostenrechnung 1995), S. 74 ff.; P. Horvath u. R. Mayer, (Prozesskostenrechnung 1995), S. 77.

und hierzu die fixen Plankosten addiert werden. Aufgrund der fehlenden Kostenauflösung ist die Prozesskostenrechnung zur Errechnung einer derartigen Größe nicht in der Lage. Die nach der obigen Gleichung errechneten Sollkosten entsprechen den verrechneten Plankosten der starren Plankostenrechnung (vgl. Abschnitt 2.3).

Daraus folgt aber, dass die aus diesen Sollkosten errechneten **Kostenabweichungen** für eine Beurteilung der Wirtschaftlichkeit der Kostenstelle nicht geeignet sind, da sie zusammengefasst die Abweichungen infolge außerplanmäßiger Wirtschaftlichkeit und die Abweichung infolge außerplanmäßiger Beschäftigung enthalten.

Für den Fall, dass in einer Kostenstelle keine oder vernachlässigbare variable Kosten anfallen, zeigt die Abweichung zwischen den Sollkosten und den ursprünglichen Plankosten die Über- oder Unterdeckung der Plankosten aufgrund der außerplanmäßigen Beschäftigung. Für diese Beschäftigungsabweichung gilt folgende Bestimmungsgleichung:[29]

  Plan-Prozesskosten = Plan-Prozesskostensatz · Plan-Prozessmenge
- Soll-Prozesskosten = Plan-Prozesskostensatz · Ist-Prozessmenge

= Beschäftigungsabweichung

Der Ansicht P. Horvaths und R. Mayers, es handele sich bei dieser Abweichung um Leerkosten bzw. Mehrkosten in Anspruch genommener Zusatzkapazitäten,[30] kann nur zugestimmt werden, wenn die Planung der Maßgrößen der Teilprozesse nach dem Verfahren der Kapazitätsplanung erfolgt; auf die Problematik dieses Verfahrens sind wir in Abschnitt 7.1.3.1 eingegangen. Auch bei relevanten beschäftigungsabhängigen Kostenbestandteilen gilt die Aussage nicht mehr, da dann ein Teil der Differenz durch die höhere oder geringere Beschäftigung zu erklären ist.

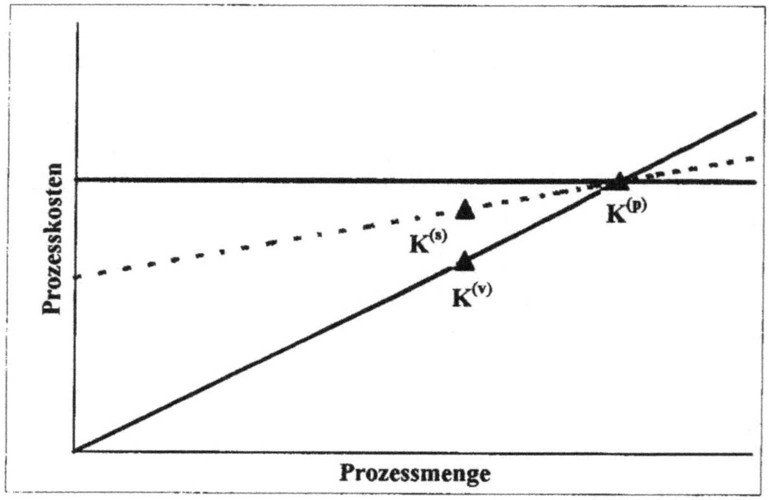

Abbildung 7.2: Beschäftigungsabweichung der Teilprozesse

29 Vgl. P. Horvath u. R. Mayer, (Prozesskostenrechnung 1989), S. 217.
30 P. Horvath u. R. Mayer, (Prozesskostenrechnung 1995), S. 65.

Abbildung 7.2 zeigt die beschriebene Problematik. In obiger Gleichung werden die Plankosten bei Planprozessmenge $K^{(p)}$ mit den verrechneten Plankosten $K^{(v)}$ verglichen. Für den Fall, dass sämtliche Kosten beschäftigungsunabhängig sind, die Kostenfunktion demnach parallel zur Abszisse verläuft, entspricht die Differenz der Beschäftigungsabweichung. Ist aber ein Teil der Kosten beschäftigungsabhängig – dies entspricht der gestrichelten Kostenfunktion in Abbildung 7.2 – so stellt die Differenz zwischen den Sollkosten $K^{(s)}$ und den verrechneten Plankosten die Beschäftigungsabweichung dar, der restliche Betrag geht auf einen veränderten Ressourcenverbrauch infolge der veränderten Prozessmenge zurück.

Da mit Hilfe der Prozesskostenrechnung allenfalls eine sinnvolle Kontrolle der Kapazitätsauslastung erfolgen kann, wird vorgeschlagen, die Ermittlung von Kostenabweichungen nicht monatlich, sondern für längere Zeiträume (Quartal, Halbjahr, Jahr) durchzuführen.[31]

Im Beispiel der Kostenstelle Auftragsbearbeitung soll eine jahresbezogene Ermittlung der Kostenabweichungen vorgenommen werden. Im betreffenden Jahr sollen Istkosten in Höhe von 431.305 €/Jahr angefallen sein, die Anzahl Aufträge betrug im Ist 535 Aufträge/Jahr, die Anzahl Positionen war mit 9 Positionen/Auftrag um eine größer als ursprünglich geplant. Tabelle 7.9 zeigt die Errechnung der „Sollkosten" mit Hilfe der angegebenen Ist-Prozessmengen und der Plan-Prozesskostensätze. Dabei werden die Prozesskostensätze ohne Umlage verwendet und die Kosten des leistungsmengenneutralen Teilprozesses „Abteilung leiten" ohne Beschäftigungsanpassung bei der Berechnung hinzuaddiert.

Teilprozesse		Maßgröße	Ist-Prozess-menge	Prozess-kostensatz	Sollkosten
Nr.	**Bezeichnung**				
1	Eingabe in EDV	Anzahl Positionen	4.815	8,06	38.809
2	Überprüfung der Plausibilität	Anzahl Positionen	4.815	14,51	69.866
3	Weitergabe an Fachabteilungen	Anzahl Aufträge	535	141,85	75.890
4	Terminüberwachung	Anzahl Aufträge	535	219,23	117.288
5	Auslieferung veranlassen	Anzahl Aufträge	535	167,65	89.693
6	Abteilung leiten	lmn-Prozess			36.108
	Summe				**427.654**

Tabelle 7.9: Errechnung der Sollkosten der Kostenstelle Auftragsbearbeitung

Damit ergibt sich im betreffenden Jahr folgende Kostenabweichung:

$$\text{Kostenabweichung} = 431.305 - 427.654 = 3.651 \text{ €/Jahr}$$

Es wird vorgeschlagen, die Istkosten der Stelle den einzelnen Teilprozessen zuzuordnen, um so Anhaltpunkte über die Kostenabweichungen auf der Ebene der Teilprozesse zu erhalten. Dabei wird eine Aufteilung nach der gleichen Schlüsselgröße empfohlen, die bei der planmäßigen Verteilung der Kosten auf Teilprozesse verwendet wird; in unserem Beispiel sind dies die Mannjahre der einzelnen Teilprozesse (siehe Tabelle 7.6). Tabelle 7.10 zeigt die Aufteilung der Istkosten auf die Teilprozesse nach diesem

[31] Vgl. P. Horvath u. R. Mayer, (Prozesskostenrechnung 1995), S. 77.

Verteilungsmaßstab und die Errechnung der Kostenabweichungen für jeden Teilprozess.

Teilprozesse		Mannjahre	Istkosten	Sollkosten	Kosten-
Nr.	Bezeichnung				abweichung
1	Eingabe in EDV	0,5	35.942	38.809	-2.867
2	Überprüfung der Plausibilität	0,9	64.696	69.866	-5.170
3	Weitergabe an Fachabteilungen	1,1	79.073	75.890	3.183
4	Terminüberwachung	1,7	122.203	117.288	4.915
5	Auslieferung veranlassen	1,3	93.449	89.693	3.756
6	Abteilung leiten	0,5	35.942	36.108	-166
	Summe	6	431.305	427.654	**3.651**

Tabelle 7.10: Aufteilung der Kostenabweichungen auf Teilprozesse

Die Aussagefähigkeit dieser Abweichungen ist nicht zuletzt wegen den Unzulänglichkeiten bei der Zuordnung der Istkosten auf die Teilprozesse begrenzt. Abschließend soll noch die Differenz zwischen Sollkosten und ursprünglichen Plankosten ausgewiesen, die unter den genannten Voraussetzungen eine Aussage über die Kostenwirkungen von Über- oder Unterkapazitäten geben kann.

Teilprozesse		Sollkosten	Plankosten	Beschäft.-
Nr.	Bezeichnung			abweichung
1	Eingabe in EDV	38.809	36.108	2.701
2	Überprüfung der Plausibilität	69.866	64.995	4.871
3	Weitergabe an Fachabteilungen	75.890	79.438	-3.548
4	Terminüberwachung	117.288	122.768	-5.480
5	Auslieferung veranlassen	89.693	93.882	-4.189
6	Abteilung leiten	36.108	36.108	0
	Summe	**427.654**	**433.300**	**-5.646**

Tabelle 7.11: Errechnung von Kostenabweichungen infolge außerplanmäßiger Beschäftigung

Im Beispiel ist die Aussagekraft der dargestellten Abweichung eingeschränkt, da bei einer jahresbezogenen Betrachtung ein Teil der Personalkosten, die in der Kostenstelle den überwiegenden Teil der Kosten darstellen, sicher an eine veränderte Beschäftigung angepasst werden würde. Dies gilt insbesondere für Kostenstellen mit einem großen Anteil repetitiver Tätigkeiten.

7.1.3.4 Die prozessorientierte Kalkulation

Die Ergebnisse der Kostenplanung auf der Ebene der Teil- und Hauptprozesse werden für eine prozessorientierte Kalkulation der betrieblichen Erzeugnisse genutzt. Während in der flexiblen Plankostenrechnung die Kosten der indirekten Bereiche mit Hilfe geplanter prozentualer Zuschlagssätze kalkuliert werden, sucht die Prozesskostenrechnung nach Mengenbezugsgrößen, um die Kosten über die Teil- und Hauptprozesse auf die Produkte zu verrechnen. Es sind somit für jede Produkteinheit die Anzahl Erzeugnisse pro Einheit der Kostentreiber oder – falls die Kalkulation unmittelbar über einen Teilprozess erfolgen soll – pro Einheit der Maßgrößen der Teilprozesse planmäßig festzulegen.

Für die prozessbezogenen Stückkosten eines Hauptprozesses gilt somit folgende Bestimmungsgleichung:

$$\text{Prozessbezogene Stückkosten} = \frac{\text{Haupt-Prozesskostensatz}}{\text{Anzahl Erzeugnisse pro Einheit des Kostentreibers}}$$

Bei unmittelbarer Verrechnung der Kosten eines Teilprozesses wird analog der Teil-Prozesskostensatz durch die Anzahl Erzeugnisse je Maßgröße dividiert.

Im Beispiel des Hauptprozesses Auftragsabwicklung muss somit festgelegt werden, wie viele Produkteinheiten der einzelnen Erzeugnisse in einem Auftrag enthalten sind. Nehmen wir an, dass für ein beliebiges Erzeugnis die planmäßige Auftragsgröße 500 Stück/Auftrag beträgt, d.h. der Prozess der Auftragsabwicklung fällt für 500 Stück dieser Produktart einmal an, so erhält man unter Verwendung des oben ermittelten Haupt-Prozesskostensatzes folgende geplanten Stückkosten:[32]

$$\text{Stückkosten Auftragsbearbeitung} = \frac{773{,}76}{500} = 1{,}55\ \text{€/Stück}$$

Das Beispiel zeigt, dass die Arbeitsweise der prozessorientierten Kalkulation der Verrechnung der auflagefixen Rüstkosten entspricht, bei der die planmäßige Losgröße der Produkte festzulegen ist, durch die dann die Kosten eines Rüstvorganges dividiert werden.

Diese Art der Kalkulation hat gegenüber der Verrechnung mit Hilfe wertmäßiger Zuschläge den Vorteil, dass die Inanspruchnahme stückzahlunabhängiger Prozesse in der Kalkulation richtig abgebildet wird. Bei auflage- oder variantenabhängigen Prozessen führt die Verwendung stückzahlproportionaler (wertmäßiger)Verrechnungsgrößen wie Einzelmaterial- oder Herstellkosten zu dem Problem, dass großvolumige Erzeugnisse mit zu viel und Produkte mit kleinen Auftragsgrößen mit zu wenig Kosten belastet werden. Dies kann zu Fehlsteuerungen in der Preis- und der Sortimentspolitik führen, insbesondere wird eine unwirtschaftliche Variantenvielfalt nicht erkannt. Die Vertreter der Prozesskostenrechnung sehen als Vorteile der prozessorientierten Kalkulation drei Effekte:[33]

1. **Allokationseffekt**
   Es erfolgt eine genauere Verteilung der Kosten der indirekten Bereiche nach der Inanspruchnahme der betrieblichen Ressourcen.

2. **Komplexitätseffekt**
   Die Kostenwirkungen der Komplexität der Produkte, d.h. der höhere Bedarf an Aktivitäten in den indirekten Bereichen wie z.B. Materialdisposition, Fertigungssteuerung oder Qualitätssicherung, können in den Kalkulationen besser abgebildet werden.

[32] Dabei wird nur der Teil des Haupt-Prozesskostensatzes verwendet, der auf die Teilprozesse der Kostenstelle Auftragsbearbeitung entfällt.

[33] Zu diesen Effekten vgl. ausführlich A. Coenenberg u. T. Fischer, (Prozesskostenrechnung 1991), S. 31 ff.

3. **Degressionseffekt**
   Hiermit ist der oben angesprochene auflagefixe Charakter vieler Abläufe in den indirekten Bereichen angesprochen, was dazu führt, dass für Erzeugnisse mit großen Stückzahlen weniger Kosten pro Erzeugniseinheit anfallen.

Die Vertreter der Prozesskostenrechnung räumen allerdings ein, dass diese Art der kalkulatorischen Verrechnung nur für solche Prozesse sinnvoll ist, die einen Bezug zu den Erzeugnissen aufweisen, für die sich also mengenbezogene Verrechnungsmaßstäbe finden lassen.[34] Die Kosten, für die solche Beziehungen nicht bestehen, werden weiterhin mit Hilfe prozentualer Gemeinkostenzuschlagssätze kalkuliert.

Die Verwendung mengenbezogener Verrechnungsmaßstäbe zur Kalkulation der Kosten der indirekten Bereiche, auf welche die herkömmliche Plankostenrechnung wegen der fehlenden Proportionalität zu den Erzeugnismengen bewusst verzichtet,[35] bereitet in der praktischen Anwendung folgende Probleme. Zum einen besteht ein erheblicher Planungsaufwand, da für jedes Produkt und für jeden zur Kalkulation herangezogenen Haupt- und Teilprozess die Mengeneinheiten pro Kostentreiber bzw. pro Maßgröße festzulegen und in einem Datenbestand für die Kalkulation bereitzustellen sind.

Ein noch gravierenderes Problem tritt in der laufenden Abrechnung auf, wenn die Ergebnisse der prozessorientierten Kalkulation für die Zwecke der Erfolgsermittlung nach dem Umsatzkostenverfahren genutzt werden sollen. Nehmen wir in unserem Beispiel an, die tatsächliche Anzahl des Hauptprozesses Auftragsabwicklung für das betrachtete Produkt entspricht der geplanten, es treten auch sonst keinerlei Kostenabweichungen auf, die durchschnittliche Auftragsgröße beträgt aber 380 Stück/Auftrag anstatt der geplanten 500 Stück/Auftrag. Damit sind von den Prozesskosten der Auftragsbearbeitung folgender Betrag gedeckt:

$$\text{Gedeckte Prozesskosten} = 1{,}55 \cdot 380 = 589{,}00\ €/\text{Auftrag}$$

Gegenüber den tatsächlich angefallen Prozesskosten tritt damit die folgende Kostenabweichung auf:

$$\begin{aligned}\text{Abweichung infolge außerplanmäßiger Auftragsgröße} &= 773{,}76 - 589{,}00\\ &= 184{,}76\ €/\text{Auftrag}\end{aligned}$$

Diese Abweichung entspricht ihrem Wesen nach der Seriengrößenabweichung, die auftritt, wenn sich die tatsächlichen Losgrößen der Produkte von den geplanten unterscheiden. Wie in Abschnitt 5.4 dargelegt, führt ein Verzicht auf die Erfassung derartiger Abweichungen zu Fehlern in der Ergebnisermittlung und im Bestandsausweis.

Bei einer Verwendung der Ergebnisse der prozessorientierten Kalkulation in der laufenden monatlichen Kostenrechnung müssten damit die Stückzahlen pro Einheit der Kostentreiber bzw. Maßgrößen erfasst und für alle Produkte und alle kalkulationsrelevanten Prozesse derartige Abweichungen errechnet werden. Dies wird insbesondere in Unternehmen mit einer großen Anzahl von Erzeugnissen, Teilen und auch Prozessen mit wirtschaftlichem Aufwand nicht möglich sein. Abgesehen davon beinhalten die prozessorientierten Kalkulationsdaten alle Nachteile der Vollkostenkalkulation und des darauf aufbauenden Ergebnisausweises.

---

[34] Vgl. u.a. P. Horvath, M. Kieninger, R. Mayer u. C. Schimank, (Prozesskostenrechnung 1993), S. 621.
[35] Vgl. die diesbezügliche Begründung bei W. Kilger, (Plankostenrechnung 1992), S. 327.

Die prozessorientierte Kalkulation sollte daher, wie auch das gesamte System der Prozesskostenrechnung, als Ergänzung neben die flexible Plankosten- und Deckungsbeitragsrechnung gestellt werden, die in größeren zeitlichen Abständen die Kosten der betrieblichen Abläufe darstellt und die produktbezogenen Kostenwirkungen der effektiven Ressourceninanspruchnahme in den indirekten Bereichen abbildet. Ein Ersatz der Ergebnisse der flexiblen Plankostenrechnung kann weder aus Sicht der Aufgaben der Kostenkontrolle noch der kurzfristigen entscheidungsbezogenen Aufgaben in Frage kommen.

Dabei darf allerdings die langfristige Aussagekraft der Kalkulationsergebnisse im Sinne einer strategischen Kalkulation[36] nicht überbewertet werden. Es ist nämlich zu bedenken, dass sich in den meisten Unternehmen aufgrund von Erweiterungs- und Rationalisierungsinvestitionen sowie aufgrund von Änderungen in Stücklisten und Arbeitsplänen das originäre Mengengerüst der Produkte schnell ändert, so dass die Aktualität von Kalkulationsdaten derart begrenzt ist, dass zumindest für jedes Planjahr neue Kalkulationen aufzustellen sind, die sich insbesondere bei neueren Erzeugnissen in hohem Maße von ihren Vorgängern unterscheiden.

Abschließend ist darauf hinzuweisen, dass im System der Plankostenrechnung die Kosten der indirekten Bereiche keineswegs mit undifferenzierten prozentualen Zuschlagssätzen kalkulatorisch weiterverrechnet werden. In Abschnitt 4.4.3 wurde gezeigt, dass bei der Festlegung der Plan-Verrechnungssätze für die Material- und die Vertriebsgemeinkosten eine differenzierte Planung für einzelne Material- bzw. Erzeugnisgruppen erfolgt (vgl. auch die Kalkulationsbeispiele in Abschnitt 5.3.2). Bei der Festlegung der Material- und Erzeugnisgruppendifferenzierung kann die unterschiedliche Kostenverursachung beispielsweise infolge variantenabhängiger Inanspruchnahme betrieblicher Prozesse berücksichtigt werden. Wie in den Beispielen gesehen, erfolgt die Zuordnung zu den einzelnen Material- und Erzeugnisgruppen für viele Kostenbestandteile nach funktionsanalytischen Methoden, die ebenfalls auf Tätigkeits- und Prozessanalysen beruhen, so dass ähnliche Resultate wie in der prozessorientierten Kalkulation zu erwarten sind.

7.2 Das Zielkostenmanagement

In zentralverwaltungswirtschaftlich organisierten Wirtschaftssystemen war die Festlegung der Verkaufspreise aufgrund der vorberechneten oder nachkalkulatorisch ermittelten Selbstkosten der Produkte üblich, d.h. die Verkaufspreise setzten sich aus den Selbstkosten und einem meist prozentualen Gewinnzuschlag zusammen. Diese Form der Preisbildung hat in marktwirtschaftlichen Wirtschaftssystemen gravierende Nachteile; hier bilden sich die Verkaufspreise durch das Zusammentreffen von Angebot und Nachfrage.[37]

Das Zielkostenmanagement oder Target-Costing ist nun ein Konzept, dass den Zusammenhang zwischen Selbstkosten und Verkaufspreisen umkehrt. Hier werden die zulässigen bzw. anzustrebenden Selbstkosten eines Erzeugnisses aus dem erzielbaren

[36] Den Begriff der strategischen Kalkulation prägen P. Horvath u. R. Mayer, (Prozesskostenrechnung 1989), S. 218.

[37] Zu den Nachteilen der Preisbildung aufgrund von Selbstkosten vgl. im Einzelnen L. Hans u. V. Warschburger (Controlling 1999), S. 201 f.

Marktpreis dieses Produktes abgeleitet.[38] Anschließend werden in einem weiteren Schritt die so bestimmten Zielkosten auf die wesentlichen Kostenkomponenten des betrachteten Produktes aufgeteilt, so dass dann auch für diese abgestimmte Zielkosten vorliegen.

Ausgangspunkt des Verfahrens ist somit die Bestimmung der erzielbaren Marktpreise der betrachteten Enderzeugnisse. Diese lassen sich bei Produkten des laufenden Sortimentes zunächst unmittelbar aus der Ist-Fakturierung bzw. der kurzfristig operativen Absatzplanung ableiten. Es müssen dann noch geplante langfristige Veränderungen dieses Preisniveaus etwa infolge von Änderungen der Marktgegebenheiten oder ausgelöst durch eigene Preisstrategien berücksichtigt werden.[39]

Bei neuen Erzeugnissen muss zunächst ein marktgerechter Einführungspreis mit Hilfe entsprechender Methoden der Marktforschung ermittelt werden. Weiterhin ist zu diesem Zeitpunkt eine für das betreffende Produkt geeignete Preisstrategie zu definieren. Grundsätzliche Preisstrategien sind in diesem Zusammenhang zum einen die Hochpreisstrategie, bei der ein relativ hoher Einführungspreis bei zunehmender Marktausdehnung und zunehmendem Wettbewerb sukzessive gesenkt wird, und zum andern die Niedrigpreisstrategie; hier wird versucht, einen eher niedrigen Einführungspreis über längere Zeit beizubehalten.[40]

Damit wird deutlich, dass sich für neue Produkte und Erzeugnisse des laufenden Sortiments hinsichtlich der Konstanz der Marktpreise im Zeitablauf zwei Fälle unterscheiden lassen:[41]

1. Während des Verweildauer des Produktes im Markt ist, abgesehen von eventuellen inflationsbedingten Preisänderungen, mit einem weitgehend konstanten Verkaufspreis zu rechnen.
2. Während des Lebenszyklusses werden aus strategischen Gründen planmäßig Preisreduzierungen vorgenommen.

Diese Unterscheidung wird für die Konstanz der Zielkosten im Zeitablauf von Bedeutung sein.

Liegen die erwarteten Verkaufspreise der Produkte fest, so besteht der nächste Schritt der Zielkostenermittlung in der Bestimmung des gewünschten Stückgewinnes der betrachteten Produkte. Ausgangspunkt hierfür ist die langfristige Gewinnerwartung der Unternehmensleitung, die zumeist in einer Kapital- oder einer Umsatzrendite ausgedrückt wird. Aus den Zielrenditen lassen sich die gewünschten Gewinnbeiträge pro Erzeugniseinheit ermitteln.

Die Zielkosten eines Produktes ergeben sich damit nach folgender Bestimmungsgleichung:

[38] Zu den Grundlagen des Zielkostenmanagements siehe H. Seidenschwarz, (Target-Costing 1993).

[39] Zu den Bestimmungsfaktoren der Preisplanung für Erzeugnisse des laufenden Sortimentes vgl. L. Hans u. V. Warschburger, (Controlling 1999), S. 199 ff.

[40] Zu diesen Preisstrategien und ihren Vor- und Nachteilen vgl. L. Hans u. V. Warschburger, (Controlling 1999), S. 120 ff.

[41] Vgl. L. Hans; V. Warschburger, (Target-Costing 1998), S. 133 ff.

Planverkaufspreis
\- gewünschter Gewinnbeitrag
= Zielkosten

Bezüglich des vorgegebenen Zielgewinnes lassen sich wiederum zwei Fälle unterscheiden:

1. Für das Erzeugnis wird ein für den Planungszeitraum annähernd konstanter Zielgewinn vorgegeben.
2. Aufgrund erwarteter Veränderungen von Kosten und/oder Verkaufspreisen wird der Zielgewinn im Zeitablauf variiert. Eine realistische Vorgabe des Zielgewinnes muss beispielsweise berücksichtigen, dass die Höhe der Stückkosten in hohem Maße von der produzierten Menge abhängig ist. Nach dem Konzept der Kostenerfahrungskurve sinken die Stückkosten bei Ausweitung der Produktionsmenge in erheblichem Umfang.[42] Damit ist mit einer deutlichen Verminderung der anfänglichen Stückkosten zu rechnen, wenn das Produkt in der Wachstumsphase eine wesentliche Mengensteigerung erfährt; in diesen Fällen werden die Gewinnerwartungen im Zeitablauf erhöht werden. Umgekehrt kann es auch vorkommen, dass aufgrund einer veränderten Konkurrenzsituation die Renditeerwartungen zurückgenommen werden müssen.

Kombiniert man die Möglichkeiten der zeitlichen Entwicklung der Verkaufspreise mit denen der zeitlichen Entwicklung der Renditevorgaben, so lassen sich die folgenden vier Fälle unterscheiden:

1. **Verkaufspreise und Zielgewinn sind im Zeitablauf konstant**
   Hier ergeben sich konstante Zielkostenvorgaben der Produkte. Aufgabe der betrieblichen Funktionsbereiche ist es nun, diese Zielkosten durch geeignete Maßnahmen möglichst rasch zu erreichen.

2. **Verkaufspreise werden konstant geplant, der Zielgewinn verändert sich im Zeitablauf**
   Hier liegt eine dynamische Entwicklung der Zielkosten vor, die darauf zurückzuführen ist, dass der letztendlich gewünschte Zielgewinn erst im Zeitablauf erreicht werden kann. In der japanischen Literatur zum Target-Costing wird in diesem Zusammenhang unterschieden zwischen den „Allowable Costs", den endgültigen Zielkosten, und den „Target Costs" als realisierbaren Zwischenschritten zu diesem Ziel hin.[43]

   Die Gründe für die zeitliche Entwicklung von Zielgewinn und damit Zielkosten können zum einen in der Veränderungen der Stückkosten aufgrund des Kostenerfahrungseffektes liegen, zum anderen kann zwischen endgültigen Zielkosten und aktuellem Kostenniveau eine sehr große Lücke bestehen, die sich nur über einen längeren Zeitraum schließen lässt.

[42] Zum Konzept der Kostenerfahrungskurve vgl. L. Hans u. V. Warschburger, (Controlling 1999), S. 78 ff. und die dort angegebene Literatur.
[43] Vgl. hierzu u.a. H. Müller, (Target-Costing 1994), S. 112 ff., J. Graßhoff, (Zielkostenmanagement 1995), S. 99, H. Seidenschwarz, (Target-Costing 1993), S. 6 ff. sowie die dort angegebene Literatur.

3. **Verkaufspreise sinken planmäßig im Zeitablauf, der festgelegte Zielgewinn soll beibehalten werden**
   Auch hier ergeben sich, wenn auch aus anderen Gründen, in jeder Periode des Betrachtungszeitraumes unterschiedliche Zielkosten.

4. **Verkaufspreise und Zielgewinn verändern sich im Zeitablauf**
   Dieser Fall liegt beispielsweise dann vor, wenn bei einer Hochpreisstrategie eines neuen Erzeugnisses in der Phase einer monopolähnlichen Stellung der Zielgewinn höher sein soll als in den späteren Perioden mit intensivem Wettbewerb. Wie oben angedeutet, kann es auch aufgrund des Erfahrungseffektes zu steigenden Zielgewinnen kommen.

   Abbildung 7.1 zeigt schematisch den Verlauf von Verkaufspreisen und Zielkosten für diese beiden Fälle.

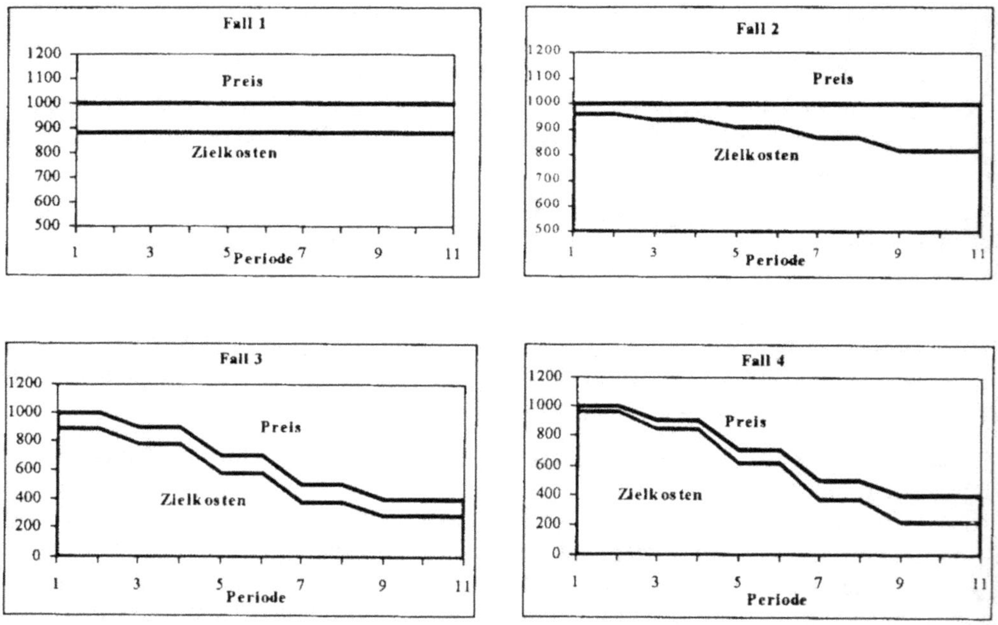

Abbildung 7.1: Verläufe von Verkaufspreisen und Zielkosten

Sind die Zielkosten des Enderzeugnisses festgelegt, besteht die nächste Aufgabe des Zielkostenmanagements in einer Aufspaltung dieser Zielkosten, um damit stückkostenbezogene Zielvorgaben für die einzelnen Verantwortungsbereiche zu erhalten. Bezüglich dieser Stückkostenaufspaltung sind zwei Ebenen zu unterscheiden:

1. **Stücklistenbezogene Aufspaltung**
   Hier erfolgt die Aufspaltung der gesamten Zielkosten auf wichtige Baugruppen und Teile. Dabei wird der Umfang der Aufspaltung zum einen von der Komplexität des Enderzeugnisses abhängen und zum anderen von der wertmäßigen Bedeutung der einzelnen Kostenkomponenten.

2. **Aufspaltung nach Kalkulationsbereichen**
   Für die sich nach der stücklistenbezogenen Aufspaltung ergebenden Kalkulationsobjekte wird im nächsten Schritt eine Kostenaufspaltung in Materialkosten, Fertigungslöhne, sonstige Fertigungskosten sowie auf der Ebene des Endproduktes in Verwaltungs- und Vertriebskosten vorgenommen. Bei neu zu entwickelnden Produkten sind darüber hinaus noch für die disponierbaren Forschungs- und Entwicklungskosten Zielvorgaben festzulegen.

Ausgangspunkt sowohl der stücklistenbezogenen Kostenaufspaltung als auch der Aufspaltung nach Kalkulationsobjekten sind aktuelle Kalkulationsunterlagen der betrachteten Produkte. Bei laufenden Erzeugnissen wird man hierzu die aktuellen Plankalkulationen heranziehen, bei neuen Produkten werden auf geplanten Konstruktionsdaten basierende Kostenschätzungen zur Verfügung stehen, wobei auch hier in der Regel die Kalkulationsdaten sowohl nach Stücklistenkomponenten als auch nach Kalkulationsbereichen differenziert vorliegen.

Im Allgemeinen werden die aktuellen Kalkulationsergebnisse mehr oder weniger weit über den zugehörigen Zielkosten liegen. In der japanischen Literatur zum Target-Costing wird für diese aktuellen Kalkulationsdaten der Begriff „Drifting Costs" verwendet.

Bei der stücklistenbezogenen Kostenaufspaltung muss nun die Differenz zwischen den Zielkosten und den aktuellen Kalkulationsdaten des Enderzeugnisses auf die in die Betrachtung eingehenden Stücklistenkomponenten verteilt werden. Hierbei ist zu untersuchen, inwieweit die einzelnen Stücklistenkomponenten zur Schließung der Lücke zwischen aktuellen Kosten und Zielkosten beitragen können. Dies geschieht im Allgemeinen in einem Abstimmungsprozess zwischen den betroffenen Verantwortungsbereichen. Dabei werden einzelne Komponenten sehr stark zur Schließung dieser Lücke beitragen, bei anderen werden keine oder nur geringe Kostensenkungsspielräume vorliegen. Die Zielkosten der einzelnen Komponenten ergeben sich dann nach folgender Gleichung:

  Aktuelle Kalkulation der Stücklistenkomponente
- Vereinbarte Kostensenkung
= Zielkosten der Stücklistenkomponente

Eine Besonderheit der stücklistenbezogenen Zielkostenspaltung liegt dann vor, wenn die betreffende Komponente unter mehreren eigenen Standorten und/oder externen Zulieferern ausgeschrieben wird. Hier orientieren sich die Zielkosten am günstigsten Angebot.

Im nächsten Schritt werden die für die Einhaltung der Zielkosten Verantwortlichen die Zielkosten der jeweiligen Komponente in zweckmäßiger Weise auf die einzelnen Kalkulationsbereiche aufteilen. Auch hier werden die aktuellen Kalkulationsdaten in einer entsprechenden Differenzierung Ausgangspunkt sein. Es wird untersucht, inwieweit die einzelnen Kalkulationsbereiche zur Beseitigung der Differenz zwischen aktuellen Stückkosten und Zielkosten beitragen können.

Übersicht 7.4 zeigt ein einfaches Beispiel zur Zielkostenspaltung sowohl nach Stücklistenkomponenten als auch nach Kalkulationsbereichen.

Zielkosten		**Selbstkosten**	
Material:	1.000	Material:	1.300
Lohn:	160	Lohn:	200
Frtg-Gemeinkosten:	740	Frtg-Gemeinkosten:	980
V.u.V.-Gemeinkosten	200	V.u.V.-Gemeinkosten	220
Zielkosten:	2.100		
Ziellücke:	**600**	Selbstkosten	2.700

Komponente II			
Zielkosten II		**Selbstkosten II**	
Material:	220	Material:	330
Lohn:	0	Lohn:	0
Frtg-Gemeinkosten:	25	Frtg-Gemeinkosten:	30
Zielkosten:	245		
Zielratio:	**115**	Herstellkosten	360

Komponente I			
Zielkosten I		**Selbstkosten I**	
Material:	415	Material:	520
Lohn:	75	Lohn:	80
Frtg-Gemeinkosten:	320	Frtg-Gemeinkosten:	390
Zielkosten:	810		
Zielratio:	**180**	Herstellkosten	990

Komponente III			
Zielkosten III		**Selbstkosten III**	
Material:	365	Material:	450
Lohn:	60	Lohn:	90
Frtg-Gemeinkosten:	250	Frtg-Gemeinkosten:	380
Zielkosten:	675		
Zielratio:	**245**	Herstellkosten	920

Übersicht 7.4 : Beispiel zur Zielkostenspaltung

Betrachtet wird ein mehrteiliges Enderzeugnis, dessen aktuelle Selbstkosten 2.700,00 €/Stück betragen. Bei der stücklistenbezogenen Aufspaltung werden drei Baugruppen ausgewählt, deren Herstellkosten in der Summe 2.270,00 € betragen, womit der größte Teil der Selbstkosten des Enderzeugnisses abgedeckt ist. Für das Enderzeugnis ergibt sich hier eine Differenz zwischen aktuelle Kosten und Zielkosten in Höhe von 600,00 €/Stück. Diese Ziellücke wird so weit wie möglich auf die Baugruppen aufgeteilt. Gemeinsam mit den für die jeweilige Baugruppe Verantwortlichen wird dabei abgeschätzt, welches Rationalisierungspotential die jeweilige Baugruppe realisieren kann.

Im Beispiel ergibt sich für die Komponente I eine Zielratio von 180,00 €/Stück, d.h. bei dieser Baugruppe wird eine entsprechende Verminderung der Herstellkosten als realisierbar angesehen, wobei die einzelnen Kalkulationsbereiche mit den angegebenen Werte zur Rationalisierung beizutragen haben.

Addiert man die Zielratio der einzelnen Komponenten, so verbleibt eine Differenz zur Gesamt-Ziellücke von 60,00 €/Stück. Hiervon entfallen 40 €/Stück auf Lohn und Gemeinkosten für Montage und Prüfung des Enderzeugnisses und 20,00 €/Stück auf Rationalisierungsmaßnahmen im Bereich der Verwaltungs- und Vertriebskosten.

Die wesentliche Aufgabe des Zielkostenmanagements besteht nun in der Festlegung geeigneter Maßnahmen zur Erreichung der so differenzierten Zielkosten. Diese Maßnahmen werden unter dem Begriff Rationalisierung zusammengefasst, wobei man die folgenden grundsätzlichen Rationalisierungsfelder unterscheidet:[44]

1. **Produktrationalisierung**
   Die Produktrationalisierung untersucht Kostensenkungspotentiale am unmittelbaren Mengen- und Wertgerüst der Produkte. Beispiele für die Produktrationalisierung sind Normung und Typung, d.h. die Verwendung standardisierter Teile und Baugruppen, und die Produktwertanalyse, in der aufbauend auf einer systemati-

[44] Vgl. hierzu L. Hans u. V. Warschburger, (Controlling 1999), S. 154 ff.

schen Analyse der Funktionen und der Kosten eines Erzeugnisses untersucht wird, wie sich die erforderlichen Funktionen des Produktes kostengünstiger gestalten lassen, ob unnötige Funktionen eliminiert werden können oder ob gegebenenfalls die Funktionspalette zu erweitern ist, falls hiermit Gewinnverbesserungen verbunden sind.

2. **Verfahrensrationalisierung**
Unter Verfahrensrationalisierung versteht man die Verbesserung der Kostenstruktur im Bereich der Fertigungslöhne und der Fertigungsgemeinkosten. Es lassen sich Rationalisierungsmaßnahmen ohne und mit zusätzlicher Kapitalbindung unterscheiden. Unter Rationalisierungsmaßnahmen ohne zusätzliche Kapitalbindung versteht man solche technisch-organisatorische Veränderungen in der Fertigung, die eine Verbesserung der Kostenstruktur bewirken, ohne dass ein zusätzlicher Kapitaleinsatz im Anlagevermögen erforderlich ist. Beispiele hierfür sind die Verminderung der Vorgabezeiten infolge von Lerneffekten, die Optimierung der ergonomischen Arbeitsplatzgestaltung oder die Einführung einer Mehrmaschinenbedienung durch geänderte räumliche Anordnung der Betriebsmittel.

   Rationalisierung mit zusätzlicher Kapitalbindung sind Investitionen und unterliegen einer entsprechenden Wirtschaftlichkeitsbeurteilung.[45] Man unterscheidet hierbei zwischen Ergänzungen der im Einsatz befindlichen Verfahren und dem vollständigen Ersatz vorhandener Technologien durch technisch verbesserte. Beispiele hierfür sind die Automatisierung von Transport- und Beschickungsvorgängen, die Umstellung auf Mehrfachspannvorrichtungen, der Einbau von Messvorrichtungen zur Erfassung des Werkzeugverschleißes sowie der Ersatz konventioneller Bohrtechnik durch Hochgeschwindigkeitsbohrer.

3. **Ablaufrationalisierung**
Letztes Rationalisierungsfeld sind die betrieblichen Abläufe bzw. Prozesse. Bei dieser Art der Rationalisierung steht die Kostenwirtschaftlichkeit der indirekten Leistungsbereiche im Vordergrund der Betrachtung. Es sind zwei grundsätzliche Fragestellungen zu untersuchen:

   - Sind die in Frage stehenden Prozesse notwendig?
   - Sind die an sich notwendigen Abläufe wirtschaftlich gestaltet?

   Hier kann als Instrument die im letzten Abschnitt dargestellte Prozesskostenrechnung zum Einsatz kommen.

Das Zielkostenmanagement ist somit ein leistungsfähiges Managementinstrument, mit dessen Hilfe sich stückkostenbezogene Zielvorgaben für die einzelnen betrieblichen Teilbereiche festlegen lassen, deren Einhaltung dann in einem Controlling-Prozess überprüft werden kann. Weiterhin lassen sich anhand dieser Vorgaben die notwendigen Rationalisierungsmaßnahmen zur kostengünstigen Gestaltung des Produktaufbaus, der Fertigungsverfahren und der betrieblichen Prozesse ableiten.

[45] Zu den Wirtschaftlichkeitskriterien zur Beurteilung von Rationalisierungsinvestitionen vgl. L. Hans u. V. Warschburger, (Controlling 1999), S.163 ff.

Verzeichnis der Übersichten

Verzeichnis der Abbildungen

Literaturverzeichnis

Adam, D.: Wiederbeschaffungswertorientierte Bewertung in der Kostenrechnung, in: Kostenrechnungspraxis 1998, S. 44-47

Aghte, K.: Stufenweise Fixkostendeckung im System des Direct Costing, in: Zeitschrift für Betriebswirtschaft 1959, S. 404 ff.

Agthe, K.: Kostenplanung und Kostenkontrolle im Industriebetrieb, Baden-Baden 1963

Bieg, H u. Kußmaul,H.: Externes Rechnungswesen, München 1996

Biel, A.: Einführung in die Prozesskostenrechnung, in: Kostenrechnungspraxis 1991, S. 85-90

Birgel, K.: Preissrechtliche Vorschriften zur Ermittlung kalkulatorischer Zinsen, in: Kostenrechnungspraxis 1998, S. 103-106

Brühl, R.: Informationen der Prozesskostenrechnung als Grundlage der Kostenkontrolle, in: Kostenrechnungspraxis 1995, S. 73-79

Coenenberg, A. u. Fischer, T,: Prozesskostenrechnung – Strategische Neuorientierung in der Kostenrechnung, in: Die Betriebswirtschaft 1991, S. 21-38

Coenenberg, A.: Kostenrechnung und Kostenanalyse, 3. Aufl., Landsberg am Lech 1997

Cooper, R.: Activity-Based Costing, in: Kostenrechnungspraxis 1990, S. 210-220, S. 271-279, S. 345-351

Ehrt, R.: Die Zurechenbarkeit von Kosten auf Leistungen auf der Grundlage kausaler und finaler Beziehungen, Stuttgart 1967

Eisele, W.: Technik des betrieblichen Rechnungswesens. Buchführung – Kostenrechnung – Sonderbilanzen, 6. Aufl., München 1998

Franke, G.: Kalkulatorische Kosten: ein funktionsgerechter Bestandteil der Kostenrechnung?, in: Die Wirtschaftsprüfung 1976, S. 185-194

Freidank, C.: Kostenrechnung, 6. Aufl., München 1997

Fröhling, O.: Thesen zur Prozesskostenrechnung , in: Zeitschrift für Betriebswirtschaft 1992, 723-741

Glaser, H.: Prozesskostenrechnung – Darstellung und Kritik, in: Zeitschrift für betriebswirtschaftliche Forschung 1992, S. 275-288

Graßhoff J.: Zielkostenmanagement, in: Controller-Magazin 1995, S. 98-102

Gutenberg, E:: Grundlagen der Betriebswirtschaftslehre, Bd. 1: Die Produktion, 1. Aufl., Berlin u.a. 1951; 24. Aufl., Berlin u.a. 1983

Haberstock, L.: Kostenrechnung I Einführung, 10. Aufl., Hamburg 1998

Haberstock, L.: Kostenrechnung II (Grenz-)Plankostenrechnung, 8. Aufl., Hamburg 1999

Hans, L. u. Warschburger, V.: Target-Costing als Instrument des Produkt-Controlling, in: Controller Magazin 1998, S. 132 – 137

Hans, L.: Planung und Plankostenrechnung in Betrieben mit Selbstkostenpreis-Erzeugnissen, Würzburg-Wien 1984

Hans. L. u. Warschburger V.: Controlling, 2. Aufl., München 1999

Heinen, E. Reformbedürftige Zuschlagskalkulation, in: Zeitschrift für handelswissenschaftliche Forschung 1958, S. 1-27

Hohenbild, R.: Das Verursachungsdenken in der betriebswirtschaftlichen Kostenlehre, Bern-Frankfurt 1974

Hoitsch, H.J.: Kosten- und Erlösrechnung, 3. Aufl., Berlin-Heidelberg-New York 1999

Horvath, P. u. Mayer, R.: Konzeption und Entwicklung der Prozesskostenrechnung, in: Kostenrechnungspraxis 1995, S. 59-86

Horvath, P. u. Mayer, R.: Prozesskostenrechnung – Konzeption und Entwicklung, in: Kostenrechnungspraxis 1993, Sonderheft 2/93, S. 15-28

Horvath, P. u. Mayer, R.: Prozesskostenrechnung (Der neue Weg zu mehr Kostentransparenz und wirkungsvolleren Unternehmensstrategien, in: Controlling 1989, S. 214-219

Horvath, P., Kieninger, M., Mayer, R. u. Schimank, C.: Prozesskostenrechnung – oder wie die Praxis die Theorie überholt, in: Die Betriebswirtschaft 1993, S. 609-628

Kaplan, R.: Das Vier-Stufen-Modell der Entwicklung von Kostenrechnungssystemen, in: IFUA Horvath & Partner (Hrsg.): Prozesskostenmanagement, München 1991

Kilger, W.: Betriebliches Rechnungswesen, in: H. Jacob (Hrsg.): Allgemeine Betriebswirtschaftslehre. Handbuch für Studium und Prüfung, 4. Aufl., Wiesbaden 1981

Kilger, W.: Einführung in die Kostenrechnung, 3. Aufl. Nachdruck, Wiesbaden 1992

Kilger, W.: Flexible Plankostenrechnung und Deckungsbeitragsrechnung, 9. Aufl., Wiesbaden 1992

Kilger, W.: Industriebetriebslehre, Bd. 1, Wiesbaden 1986

Kilger, W.: Optimale Produktions- und Absatzplanung, Opladen 1973

Kilger, W.: Produktions- und Kostentheorie, Wiesbaden 1958

Kloock, J., Sieben, G. u. Schildbach T.: Kosten- und Leistungsrechnung, 8.Aufl., Düsseldorf 1999

Koch,H.: Das Prinzip der traditionellen Stückkostenrechnung, in: Zeitschrift für Betriebswirtschaft 1965, S. 325-337

Kosiol, E.: Kosten- und Leistungsrechnung. Grundlagen – Verfahren – Anwendung, Berlin-New York 1979

Kosiol, E.: Kritische Analyse der Wesensmerkmale des Kostenbegriffes, in: Betriebsökonimisierung durch Kostenanalyse, Absatzrationalisierung und Nachwuchserziehung. Festschrift für R. Seyffert, hrsg. v. E. Kosiol und F. Schlieper, Köln-Opladen 1958, S. 9-37

Küpper, H.U.: Pagatorische und kalkulatorische Rechensysteme, in: Kostenrechnungspraxis 1997, S. 20-26

Küting, K. u. Lorson, P.: Grenzplankostenrechnung versus Prozeßkostenrechnung, in: Der Betrieb 1991, S. 1421-1433

Küting, K. u. Lorson, P.: Stand, Entwicklung und Grenzen der Prozesskostenrechnung, in Männel, W. (Hrsg.): Prozesskostenrechnung, Wiesbaden 1995, S. 87-101

Küting, K.: Bilanzpolitik, in: K Küting (Hrsg.), Saarbrücker Handbuch der betriebswirtschaftlichen Beratung, Herne-Berlin 1998, S. 513-590

Laßmann, G.: Stand und Weiterentwicklung des Internen Rechnungswesens, in: Zeitschrift für betriebswirtschaftliche Forschung 1995, S. 1044-1063

Männel, W.: Reorganisation des führungsorientierten Rechnungswesens durch Integration der Rechenkreise, in: Kostenrechnungspraxis 1997, S. 9-19

Männel, W.: Zinsen im innerbetrieblichen Rechnungswesen, in Kostenrechnungspraxis 1998, S. 83-97

Mayer, R.: Prozesskostenrechnung und Prozesskostenmanagement – Konzept, Vorgehensweise und Einsatzmöglichkeiten, in: IFUA Horvath & Partner (Hrsg.): Prozesskostenmanagement, München 1991, S. 75-99

Mellerowicz, K.: Neuzeitliche Kalkulationsverfahren, 5. Aufl., Freiburg 1972

Müller, A.: Gemeinkostenmanagement. Vorteile der Prozesskostenrechnung, Wiesbaden 1992

Müller, H.: Target Costing und Kaizen Costing, in: Jahrbuch für Controlling und Rechnungswesen, 1994, S. 103-127

Munzel, G.: Die fixen Kosten in der Kostenträgerrechnung, Wiesbaden 1966

Olshagen, C.: Prozesskostenrechnung – Aufbau und Einsatz, Wiesbaden 1994

Piroth, E.: Die Potentialkosten im System der Plankostenrechnung, Köln-Berlin-Bonn-München 1983

REFA: Methodenlehre im Arbeitsstudium, München 1992

Riebel, P.: Einzelkosten- und Deckungsbeitragsrechnung, 7. Aufl., Wiesbaden 1994

Riebel, P.: Einzelerlös-, Einzelkosten- und Deckungsbeitragsrechnung als Kern einer ganzheitlichen Führungsrechnung, in: Kostenrechungspraxis 1994, S. 9-31

Rummel, K.: Einheitliche Kostenrechnung, 3. Aufl., Düsseldorf 1967

Schneeweiß, H.: Ökonometrie, 4. Aufl., Heidelberg 1990

Schweitzer, M. u. Küpper, H.U.: Systeme der Kosten- und Erlösrechnung, 7. Aufl., München 1998

Seidenschwarz, H.: Target Costing, München 1993

Stoi, R. u. Giehl, M.: Prozesskostenrechnung im Vertriebsmanagement, in: Controlling 1995, s. 140-147

Ueberbach, J.: Kalkulatorische Kosten – ein notwendiges operatives Controlling-Instrument, in: A.W. Scheer (Hrsg.): Rechnungswesen und EDV, 14. Saarbrücker Arbeitstagung, Heidelberg 1993, S. 447-467

Vormbaum, H.: Kalkulationsarten und Kalkulationsverfahren, Stuttgart 1970

Warschburger, V.: Gestaltungsmaßnahmen des Rechnungswesens zur Bewältigung der Preissteigerungsproblematik, Saarbrücken 1989

Weber, H.K.: Betriebliches Rechnungswesen, 3. Aufl., München 1994

Wöhe G. u. Kußmaul H.: Buchführung und Bilanztechnik, 3. Aufl., München 2000

Wöhe, G.: Betriebswirtschaftliche Steuerlehre, 7. Aufl., München 1992

Wöhe, G.: Einführung in die Betriebswirtschaftslehre, 20. Aufl., München 2000

Ziegler, H.: Neuorientierung des internen Rechnungswesens für das Unternehmens-Controlling im Hause Siemens, in: Zeitschrift für betriebswirtschaftliche Forschung 1994, S. 175-188

Sachregister

www.ingramcontent.com/pod-product-compliance
Lightning Source LLC
LaVergne TN
LVHW080807011026
849160LV00015B/1560